KB189176

新羅 法華思想史 研究

| 박광연 朴姚娟 |

이화여자대학교 사학과 졸업. 동 대학원 문학박사(한국고대사, 사상사 전공). 서울대학교 규장각한국학연구원 박사후과정(post-doc.) 이수. 현재 동국대학교 HK연구교수.

논문으로 「동아시아의 '王卽佛' 전통과 미륵불 궁예」(2013), 「고려후기 '法華經 戒環解'의 유통과 사상사적 의미 : 고려후기 天台宗의 사상 경향에 대한 일고찰」(2013), 「高麗前期 佛敎 敎團의 전개 양상 : '業'과 '宗'의 용례를 중심으로」(2012), 「신라 사원의 田莊 운영과 국가」(2012), 「『彌勒上生經述贊』의 저자 및 성격에 대한 고찰」(2012), 「고려전기 유가업의 『법화경』 전통 계승과 그 의미」(2009), 「眞表의 占察法會와 密敎 수용」(2006), 「圓光의 占察法會 시행과 그 의미」(2002) 등이 있으며, 공저서로 『테마Thema 한국불교 I』(동국대출판부, 2013), 공역서로 『근대 역사 교과서3 : 보통교과 대동역사략』(소명출판, 2011), 『(精選)文化』(대한불교조계종 한국전통사상총서 간행위원회, 2009)가 있다.

新羅 法華思想史 研究

박광연(朴姚娟)

2013년 8월 31일 초판 1쇄 발행

펴낸이 | 오일주
펴낸곳 | 도서출판 혜안
등록번호 | 제22-471호
등록일자 | 1993년 7월 30일

주   소 | ⑨ 121-836 서울시 마포구 서교동 326-26번지 102호
전   화 | 3141-3711~2 / 팩시밀리 | 3141-3710
E-Mail | hyeanpub@hanmail.net

ISBN   978-89-8494-473-2 93220

값 25,000 원

본서는 재단법인 한국연구원의 학술지원사업의 일환으로 발간된 한국연구총서 82집임

본서는 2011년 정부(교육과학기술부)의 재원으로 한국연구재단의 지원을 받아 수행된 연구임 (NRF-2011-361-A00008)

新羅 法華思想史 研究

박 광 연

혜안

머리말

지금도 제일 좋아하는 책이 『논어(論語)』라고 말한다. 한때는 『장자(莊子)』를 좋아했었다. 이런 내가 불교사를 공부하게 될지 몰랐다. 불교(佛敎), 붓다의 말씀이 내 마음속에 처음 들어온 건 대학원 수업시간이었다. 지도교수님께서 불교사 강의에 앞서 무지한 학생들을 위해 불교의 기본 개념을 설명해주셨다. 제행무상(諸行無常), 제법무아(諸法無我)… 이 말씀들이 왠지 모르게 내 마음을 흔들었다. 그때부터 불교 관련 책들을 찾아 읽고, 불교를 배울 수 있는 곳들을 인연 따라 찾아다녔다. 그러기를 딱 10년 만에 박사논문을 썼다. 불교를 모른 채 불교사 논문을 썼으니, 부끄럽기 그지없다. 다만 '불교의 역사'가 아니라 '역사 속의 불교'를 알고 싶었고, 몇 가지 질문들에 대한 답을 찾아보고 싶었다.

첫째는 "믿음은 어떻게 만들어지는가"라는 질문이었다. 무언가에 대한 믿음은 어떻게 생기고 왜 변하는 것일까. 불교가 무엇인지 전혀 모르던 신라인들이 불교가 전래된(5~6세기) 후 이삼백 년 만에(8세기) 일상의 아주 소소한 일에서조차 불교에 의지하게 되는데, 그 변화가 무엇 때문인지 궁금하였다. 이 이삼백년의 시간을 거치면서 보편 종교로 평가받는 불교가 신라라는 공간에서 어떤 특색을 갖게 되는지를 이해하는 것은 한국 문화의 성격을 이해하는 하나의 방편이 되리라 생각하였다.

둘째는 "교학과 신앙의 접점은 어디인가"라는 질문이었다. 『한국불교전서(韓國佛敎全書)』에 수록된 저술을 쓴 신라 승려들과 『삼국유사(三國遺事)』에 나오는 신라인들은 전혀 다른 세상의 사람 같았다. 어쩌면 지금도 마찬가지일지 모른다. 불교학을 공부하는 이들과 불교를 신앙하는 이들 사이에는

6

약간의 괴리가 있는 것 같다. 그래도 접점이 있을 것이고, 그 접점이 바로 역사 속에서 불교가 의미를 가지는 부분이라고 생각한다. 그 접점을 찾기 위해 '법화(法華)'라는 주제를 선택하였고, 원효(元曉), 의적(義寂) 등을 통해 설명해보고자 하였다. 법화교학과 법화신앙을 포괄하는 의미에서 법화사상(法華思想)을 책 제목으로 달았다. 한편 여기에는 '화엄(華嚴)' 중심으로 설명되는 신라 불교의 다른 변모를 드러내보고자 하는 의도도 있었다.

지금도 이렇게 자판을 두드리며 글을 쓸 수 있는 건 지도교수이신 김영미 선생님 덕분이다. 평생 방황만 하고 살았을 나를 붙잡아주셨다. 그리고 때로는 혹독하게, 때로는 다정하게 공부의 재미를 느끼게 해주셨다. 아직도 지도교수님께서 내주신 숙제를 다 하지 못하였다. 그 숙제를 다할 때까진 계속 야단맞으며 공부하고 싶다. 학문에 대해, 삶에 대해 가르침을 주신 선생님들이 너무나 많으시다. 공부하는 장인이 되어 그분들의 은혜에 조금이나마 보답하고 싶다. 묵묵히 지켜봐주는 가족들에게도. 보잘 것 없는 원고를 출간할 수 있도록 도움을 주신 한국연구원과 혜안의 가족들께도 감사의 말씀을 드린다.

2013년 8월
저자 박광연

목차

표 목차

Ⅰ. 서 론

　인도에서 발생한 불교는 스리랑카·미얀마·타이와 중앙아시아 諸國을 비롯해 티베트·중국·한국·일본 등 광범한 지역으로 전파되어 각 지역의 민족문화와 융합하면서 다채로운 종교 문화를 이룩하였다. 신라는 西域 및 南北朝·隋·唐 그리고 高句麗·百濟와의 직접적인 교류를 통해 大乘佛教를 받아들였다. 대승불교의 특징은 다양성에 있다. 대승불교에는 다양한 佛, 다양한 菩薩, 그리고 다양한 經典이 등장한다. 오랜 역사 경험과 여러 민족의 문화를 거치면서 성장해온 대승불교, 그 가운데 신라는 어떠한 측면을 받아들였을까. 이에 대한 이해는 신라 문화의 보편성과 고유성을 동시에 찾아가는 첩경이라 생각한다.

　본서는 기본적으로 새로운 문화의 형성 과정에 대한 관심에서 출발하였다. 불교가 신라에 전래되었을 때, 사람들이 처음부터 불교를 믿지는 않았다. 그러나 점차 시간이 흘러갈수록 불교에 대한 믿음은 신라 사회에서 중요한 역할을 차지하게 되었다. 이러한 변화는 어떠한 과정으로 이루어졌는지, 변화가 미친 사회적 영향은 무엇인지, 특히 불교 수용의 내적 요인이 궁금하다. 토양이 다른 인도에서 발생한 불교가 신라인들에게 어떤 측면에서 부합하였는지, 시대 상황이 신앙 양상의 변화에 미친 영향이 있는지 등의 질문이다. 본서에서 고찰 시기를 신라로 상정한 것은 이와 같은 수용의 문제를 밝혀보기 위해서이다. 더욱이 신라는 고구려나 백제에 비하여 많은 자료가 남아 있다. 『三國史記』 외에도 『韓國佛教全書』 1~3권에 달하는 승려들의 저술이 현존하고, 『三國遺事』및 金石文 등을 통해 신앙의 성격도 확인할 수 있어 연구의 가치가 크다고 생각한다.

신라 불교사의 연구는 오랜 축적으로 방대한 성과를 이루었다. 한국사 연구가 차츰 체계를 잡아가던 1950년대부터 佛敎思想史에 대한 관심이 나타났고, 1980년대 이후에는 연구자들의 수가 늘어나면서 심도 있는 연구가 진행되었다. 華嚴宗·法相宗·禪宗 등의 특정 종파(교단), 阿彌陀·觀音 등의 특정 신앙, 元曉·義相 등의 개별 高僧을 중심으로 그 사상 내용 및 정치·사회적 역할을 다양하게 조명함으로써 신라 사회에서 불교가 지녔던 의의를 설명할 수 있는 밑그림이 마련되었다. 이와 같은 역사적 맥락 속에서 불교사상의 의미를 찾아가는 일련의 연구 성과들에 힘입어 본서에서는 新羅 法華思想의 전개와 그 역사적 의미에 대해 생각해보고자 한다.

인류 사회에서 종교가 수행한 역할은 다양하다. 신라 사회에서 불교가 수용된 초기에 왕권 강화, 사회 통합 등에 기여하였다고 하는데, 시간이 흐르면서 점차 신라인의 삶에 미친 영향도 많았을 것이다. 그런데 출가 승려들의 불교에 대한 지식과 불교 교리를 잘 모르던 신라인들의 이해 사이에는 괴리가 있었을 것이다. 예컨대 華嚴 승려나 唯識 승려들의 저술에서 논의된 지식(이나 사상)을 일반 민들이 얼마나 이해하였을까. 신라인들이 과연 華嚴學이나 唯識學의 차이를 알고서 신앙 대상을 선택하였을까 하는 의문이 든다. 불교 전래 및 수용에서 전달자로서의 승려들의 역할이 중요한 것은 분명하지만, 그들의 불교 지식은 수용자의 상식적인 불교 이해 및 신앙과는 층위가 달랐다. 그러므로 본서에서는 전달자와 수용자를 연결시켜주는 매개체로서 '經典'에 주목해보고자 한다. 당시 보편적으로 읽었거나 접할 수 있었던 불교 경전이 어떤 것이었는지 알 수 있다면 전달자인 승려들의 불교 이해뿐만 아니라 일반 민들이 받아들인 불교의 내용도 알 수 있을 것이라 생각하기 때문이다. 본서에서 신라시대 『法華經』의 수용과 유통에 주목하는 첫 번째 이유가 여기에 있다.

'신라 사회에 수용된 경전 가운데 고도의 사변적 작업이 아니라 대중적 접촉을 갖는 신앙으로서의 경전을 문제삼아' 신라의 불교 문화를 이해하고자 한 선행 연구가 있다. 이 연구는 그 대상 시기를 삼국시대로 하여 고구려, 백제, 신라 때 유통된 경전으로『法華經』,『仁王經』,『勝鬘經』,『彌勒下生經』,『涅槃經』 등을 언급하고, 이를 바탕으로 王卽佛思想 등을 설명하였다.[1] 이 연구의 문제의식에 전적으로 공감한다. 다만 이 연구에서는 경전의 구절을 자의적으로 선택하여 사회 현상에 직접 연결시키는 설명 방식을 취하고 있는데, 여기에는 조심스러운 접근이 필요하다고 생각한다. 대부분의 대승경전은 하나의 경전 안에 다양한 시간 층위와 사상 층위가 포함되어 있기 때문에, 경전 가운데 어떤 부분을 강조하는가는 論者에 따라 시대에 따라 달라질 수 있다. 경전의 유통을 통해 신라 사회의 불교 문화를 이해하기 위해서는 경전의 주석서가 현존하여 신라 승려들의 구체적인 인식을 살펴볼 수 있어야 하고, 구체적인 유통 사례를 확인할 수 있어야 한다.

현재 신라시대 주석서가 전하는 경전으로는『無量壽經』·『彌勒上生經』 등의 淨土 관련 경전과『梵網經』·『菩薩瓔珞本業經』 등 戒律 관련 경전 외에는『華嚴經』과『法華經』이 대표적이다. 정토 관련 경전들은 정토교학 연구들에서, 계율 관련 경전들은 菩薩戒思想史 연구에서 자세히 분석하였다. 『화엄경』 관련 저술로는 義相의『華嚴一乘法界圖』, 明皛의『海印三昧論』, 表員의『華嚴經文義要決問答』, 見登의『華嚴一乘成佛妙義』 등이 현전하고, 이들 저술에 대한 연구도 활발하게 이루어지고 있다.『법화경』 관련 저술로는 元曉의『法華宗要』, 義寂의『法華經論述記』 일부와『法華經集驗記』가 현전하고 이밖에 이름만 전하는『법화경』 관련 주석서도 많은데, 이에 대해서는 화엄 저술만큼 주목하지 못하였다. 승려들의 저술뿐만 아니라 『삼국유사』, 금석문 등을 통해 法華信仰의 사례도 확인할 수 있다. 본서에서

---

1) 정경희, 1990,「三國時代 社會와 佛教」,『韓國古代社會文化研究』, 일지사, 271~340쪽.

14

신라 법화사상에 주목하는 두 번째 이유가 여기에 있다. 현존 자료를 통해 『법화경』에 대한 신라 승려들의 교학적인 이해와 각종 신앙 행위를 상호 연관지어 살펴봄으로써 신라 법화신앙의 형성 과정을 이해하고, 나아가 신라 사회에서 불교가 수행한 역할도 고찰할 수 있으리라 기대한다.

『법화경』은 중국, 일본 등 동아시아에서 그 파급력이 매우 컸다. 중국에서는 竺法護의 『正法華經』 및 鳩摩羅什의 『妙法蓮華經』이 譯出된 이후 신앙 차원에서나 교학 연구 차원에서나 그 영향력이 매우 컸다. 南岳 慧思(515~577)－天台 智顗(538~597)에 의해 『법화경』에 기반한 天台敎學이 정립되기에 이르러, 천태 승려들이 唐·宋代까지 『법화경』 연구를 주도하였다. 뿐만 아니라 慈恩이 『妙法蓮華經玄贊』을 저술한 이후에는 유식 승려들도 『법화경』 연구나 신앙에 적극적이었다. 한편 일본 문화에서 『법화경』이 차지하는 역할도 매우 커서 많은 연구가 진행되었다. 반면 한국의 경우를 살펴보면, 백제사에서 법화사상의 역할이 강조되고, 한참 시간을 건너뛰어 高麗後期에 가서야 법화신앙이 활성화되는 것으로 논해지고 있다. 선학들에 의해 신라의 법화사상에 대한 많은 연구가 진행되었음에도 불구하고, 『화엄경』에 비하여 『법화경』과 관련한 불교 활동에 대해서는 그다지 주목하지 않고 있다. 그러므로 선행 연구들을 바탕으로 신라 법화사상의 존재 여부를 밝히고 그 사회적 역할을 살펴봄으로써 신라 불교의 성격을 동아시아 불교사적 맥락에서 설명하고자 하는 것이 본서에서 신라 법화사상에 주목하는 세 번째 이유이다.

신라 법화사상 관련 선행 연구들은 크게 법화사상 전반을 대상으로 하여 그 성격을 밝힌 글과 개별적인 주제로 다룬 글로 구분할 수 있다. 먼저 전반적으로 다룬 글들을 살펴보면 다음과 같다. 우선 법화신앙에 초점을 두어 『법화경』의 初傳과 고구려, 백제, 신라의 관련 기록들을 정리한 논문이 있다. 이 연구에서는 신라 법화신앙의 특징을 신라 위주의 法華淨土觀 형성, 법화신앙의 현실화라고 결론짓고 있는데,[2] 신라 법화신앙 전체의 성격을 처음으로 규명하였다는 점에서 중요하다. 천태사상에 대한 관심에서 한국 천태-법화사상의 계보를 그리면서 신라 법화사상에 대해 설명하기도 하였고,3) 『법화경』이 우리나라에서 가장 많이 持誦·信奉된 경전의 하나라고 보고, 그 역사성과 신앙적 비중을 높이 평가한 연구도 있다.4) 또한 신라 승려들의 『법화경』연구를 개관하고 佛國土 관념 속에서 多寶塔思想이 전개되었음을 밝히면서 특히 원효의 『법화경』 一乘 논리가 삼국통일 이념으로 뒷받침되었다고 보는 연구가 발표되었다.5) 고려전기 법화사상을 설명하기에 앞서 신라 법화신앙을 간단히 언급한 논문도 있는데, 이 연구에서는 靈驗信仰이 강조되는 점과 법화신앙 내에 화엄사상의 전통이 나타나는 점이 신라 법화신앙의 특징이라고 밝히고 있다.6)

　다음으로 개별적인 주제로 법화사상을 다룬 연구들이 있다. 사상가로서는 『法華宗要』를 남긴 元曉가 가장 주목받았다. 원효 사상 내에서 『법화종요』가 차지하는 위치,7) 중국 법화사상과의 차이점,8) 논리 전개 방식9)

2) 金煐泰, 1977, 「법화신앙의 전래와 그 전개」, 『한국불교학』 3(1983, 「三國時代의 法華受容과 그 信仰」, 『韓國天台思想研究』 재수록).
3) 李永子, 1988, 『韓國 天台思想의 展開』, 民族社 ; 李永子, 2002, 『법화천태사상연구』, 동국대 출판부.
4) 목정배, 1996, 「한국불교와 법화경 : 삼국시대와 고려시대를 중심하여」, 『불교대학원 논총』 3, 1~20쪽 ; 목정배, 2000, 「법화·천태사상의 전개」, 『한국불교학의 현대적 모색』, 411~463쪽.
5) 安啓賢, 1982, 「法華思想과 三國統一理念」, 『韓國佛教史研究』, 同和出版社, 69~73쪽.
6) 金杜珍, 2003, 「高麗前期 法華思想의 변화」, 『韓國思想과 文化』 21.
7) 李箕永, 1983, 「법화종요에 나타난 원효의 법화경관」, 『韓國天台思想研究』 ; 李箕永, 1984, 「원효의 법화사상-金剛三昧經論과의 관계」, 『新羅文化』 1.
8) 金昌奭, 1979, 「元曉の法華宗要について」, 『印度學佛教學研究』 27-2(梁銀容 편, 『新羅 元曉研究』, 원광대학교출판부 재수록) ; 徐輔鐵, 1985, 「法華宗要における元曉の和諍思想」, 『駒澤大學佛教學部論集』 16 ; 徐輔鐵, 1985, 「法華宗要の研究」, 『印度學佛教學研究』 33-2 ; 李永子, 1988, 「元曉의 法華經 理解」, 『韓國學의 課題와 展望 2』, 한국정신문화연구원 ; 李永子, 1988, 「元曉의 天台會通思想 研究」, 『한국 천태사상의 전개』, 民族社 ; 福士慈稔, 1991, 「元曉の法華經觀に於ける諸問題」, 『天台思想と東アジア文化の研究』, 山喜房佛書林.

등을 살피면서 원효의 법화사상이 가지는 의미가 무엇인가에 대해[10] 밝히고 있다. 다음 현전하는『法華經論述記』와『法華經集驗記』의 저자인 義寂의 법화사상에 대해서도 관심이 증가하고 있다. 저술을 중심으로 연구가 진행되었는데,『法華經論述記』에 대한 연구[11]와『法華經集驗記』에 대한 연구[12]로 구분할 수 있다.

　한편 신앙의 측면에서는 주로 觀音信仰을 분석하며『삼국유사』소재 관음신앙 사례에『法華經』「觀世音菩薩普門品」에 의거한 현세구복적 성격이 강함을 밝혔다.[13] 張保皐에 대한 관심에서『入唐求法巡禮行記』에 나오는 赤山 法花院의 성격에도 시선이 집중되었는데, 적산 법화원의 법화신앙을 관음신앙 측면에서 해석하기도 하고,[14] 천태종과의 관련 속에서 해석하기도 하였다.[15] 또한 신라 하대 정권의 사상적 배경에 대한 관심에서 緣會가

9) 日空, 1995,「元曉의 法華宗要에 대하여」,『僧伽學人』2 ; 李妙先(智曉), 1997,「元曉 法華經觀의 研究」, 원광대 교육대학원 석사학위논문 ; 李丙旭, 1997,「元曉 法華宗要의 敎理體系 研究」,『韓國佛敎學』23.

10) 김영호, 1993,「법화경의 일승원리와 종교 다원주의 : 원효의 법화경종요를 중심으로」,『한기두박사화갑기념 한국종교사상의 재조명(상)』; 金英吉, 1998,「원효의『법화경종요』로 본 일승 통일」,『元曉學研究』3 ; 김종인, 2003,「법화종요에 나타난 원효의『법화경』이해」,『淨土學研究』6.

11) 李起雲, 1996,「신라 義寂의 法華思想 연구」,『대학원연구논집』26, 동국대 ; 李萬, 2004,「新羅 義寂의 一乘思想과 修行論」,『佛敎學報』41 ; 三友健容, 2004,「新羅義寂と天台敎學」,『韓國佛敎學結集大會論集』2-1.

12) 李起雲, 1997,「義寂의『法華經集驗記』」,『彌天睦楨培博士華甲記念論叢』, 藏經閣 ; 金相鉉, 2000,「의적의『法華經集驗記』에 대하여」,『東國史學』34 ; 金敬姬, 2003,「義寂의『法華經集驗記』에 대한 고찰」,『日本文化學報』19.

13) 홍승기, 1976,「관음신앙과 신라사회」,『호남문화연구』8(2001,『고려사회사연구』, 일조각 재수록) ; 金煐泰, 1980,「삼국유사에 전하는 관음신앙」,『신라문화제학술발표회논문집』1(1992,『불교사상사론』, 民族社 재수록) ; 정병삼, 1982,「統一新羅 觀音信仰」,『韓國史論』8, 서울대 국사학과 등 많은 연구가 있다.

14) 김문경, 2001,「신라 무역선단과 관세음신앙」,『장보고와 21세기』, 혜안 ; 권덕영, 2001,「재당 신라인 사회와 적산 법화원」,『사학연구』62(2005,『재당 신라인사회 연구』, 일조각 재수록) ; 조범환, 2002,「장보고와 적산 법화원 : 적산 법화원과 9세기 동아시아 세계」,『대외문물교류연구』창간호 ; 조영록, 2002,「張保皐 船團과 9세기 동아시아 세계」,『대외문물교류연구』창간호.

원성왕대에 國師가 되었다는 기록에 주목한 연구도 있다.16)

이와 같이 원효의『법화종요』, 의적의『법화경론술기』와『법화경집험기』, 관음신앙, 적산 법화원 등을 주제로 한 연구를 통해 신라 사회에서의『법화경』유통 흔적을 볼 수 있다. 선행 연구를 통해 신라 사회 법화사상의 존재에 대한 공감은 이루어졌지만, 아직까지 신라 법화사상의 전체 흐름이나 그것이 가지는 사회적 의미에 대해서는 규명되지 않은 것 같다. 무엇보다 신라 법화교학에 대한 역사학계의 관심이 필요하고, 법화교학이 신라 사상사에서 갖는 위상에 대해서도 신중한 해석이 요구된다. 그러므로 본서에서는 선행 연구를 바탕으로 신라 법화사상의 전개 과정을 법화교학의 측면과 법화신앙의 측면으로 나누어 살펴보고, 그것이 가지는 역사적 의미를 생각해보도록 하겠다.

본서는 신라 사회에서의『법화경』관련 활동을 분석 대상으로 한다.『법화경』관련 활동에는『법화경』의 수용부터 시작하여『법화경』에 의거한 신앙 행위, 그리고 승려들의『법화경』연구 활동 및 저술 등이 포함된다. 이러한『법화경』관련 모든 행위와 그 의미를 포괄하여 '法華思想'이라 표현하고자 한다. 법화사상을 세분하면『법화경』관련 신앙 행위는 '法華信仰', 저술에 나타난 교학적 이해는 '法華敎學'의 범주로 나눌 수 있다. Ⅱ장에서는『법화경』의 수용에 대해 다루고, 다음 Ⅲ장에서는 승려들의 법화교학을 분석하고자 한다. Ⅳ장에서는『법화경』의 보급 과정을 추적하고 법화신앙 사례의 성격을 파악해보도록 하겠다.

역사학계의 불교사상사 연구에는 크게 두 가지 방법론이 적용되고 있는

---

15) 정순모, 2006, 「唐代 寺院과 張保皐의 法花院」, 『대외문물교류연구』 5 ; 장일규, 2007, 「신라 하대 서남해안 일대 천태 관련 사찰과 장보고 선단」, 『新羅史學報』 10.

16) 곽승훈, 2009, 「신라 하대 초기 신정권과 법화사상」, 『韓國思想史學』 32.

18

데, 일찍이 華嚴思想을 둘러싸고 팽팽한 의견 대립이 있었다. 즉 화엄사상을 정치권력과 관련짓는 연구 방법이 선행하자,[17] 사상과 정치상황의 즉자적인 연결에 신중함을 요구하며 사상의 역사적 의미를 사회 전체로 확대하는 방법이 제안되었다.[18] 일련의 논쟁을 거치면서 사상사 연구 방법론에 대한 깊은 성찰이 이루어졌지만,[19] 현재도 여전히 두 방법론은 평행선을 걷고 있는 것 같다. 법화사상에 대해서는 본격적인 논쟁이 전개되지 않았지만, 역사학자들의 연구는 주로 전자의 방법을 선택하고 있다. 예를 들어 신라 삼국통일의 사상적 배경을 원효의 會三歸一思想에서 찾는다거나,[20] 신라 원성왕이 법화신행자인 연회를 國師로 삼으면서 정치 사회의 통합을 시도하였다는 해석도[21] 이와 같은 맥락 속에 있다고 생각한다.

　본서는 신라 승려의 『법화경』 관련 저술과 구체적인 법화신앙 사례의 분석을 목표로 한다. 승려들의 저술 속에서 『법화경』을 통해 강조하고자 했던 바가 무엇이고 법화신앙 사례들이 지니는 성격이 어떠한지를 밝힘으로써 그 의미를 역사적 맥락 속에서 해석해보고자 함이다. 법화사상의 역사적 의미를 정치 상황과 무리하게 연결시키기보다는 신라 사회 문화의 형성 제반에 미친 영향을 다른 사상과 비교하는 방법 등을 이용해 다각도로 접근해보고자 한다.

17) 李基白, 1972, 「新羅 五岳의 成立과 그 意義」, 『震壇學報』 33(1974, 『新羅政治社會史研究』, 일조각 재수록) ; 이기동, 1987, 「新羅社會와 佛敎」, 『佛敎와 諸科學』, 동국대출판부(1997, 『신라사회사연구』, 일조각 재수록) ; 金杜珍, 1983, 『均如華嚴思想研究』, 일조각.
18) 金相鉉, 1984, 「新羅中代 專制王權과 華嚴宗」, 『東方學志』 44(1991, 『新羅華嚴思想史研究』, 民族社 재수록) ; 정병삼, 1991, 「義相 華嚴思想 연구 : 그 思想史的 意義와 社會的 性格」, 서울대 박사학위논문(1998, 『의상 화엄사상 연구』, 서울대학교출판부 재수록) ; 남동신, 1996, 「의상 화엄사상의 역사적 이해」, 『역사와 현실』 20 ; 최연식, 1999, 「均如 華嚴思想研究 : 敎判論을 중심으로」, 서울대 박사학위논문.
19) 金英美, 1997, 「신라 사회의 변동과 불교신앙」, 『한국사상사방법론』, 소화.
20) 安啓賢, 1982, 「法華思想과 三國統一理念」, 『韓國佛敎史研究』, 同和出版社.
21) 곽승훈, 2009, 「신라 하대 초기 신정권과 법화사상」, 『韓國思想史學』 32.

　오늘날 불교사 연구는 문헌 자료와 유물 자료를 모두 활용하고 있다.
본서는 문헌 연구를 기본으로 한다. 元曉의『法華宗要』, 義寂의『法華經論述
記』와『法華經集驗記』, 憬興의『無量壽經連義述文贊』과『三彌勒經疏』등의
저술과『三國遺事』,『三國史記』, 각종 金石文 자료 등을 기본으로 하고,
그 밖에 고려시대 자료 및 중국의『법화경』관련 저술 및 법화신앙 자료들도
적극 활용하고자 한다. 하지만 현전하는 문헌 자료가 너무나 부족하기
때문에 유물 자료를 활용하지 않을 수 없는데, 필요한 경우에 한해서 보조
자료로 제시하겠다.

　본론에서 전개할 내용들을 간략히 소개하면 다음과 같다. 우선 Ⅱ장은
『법화경』의 성립과 수용에 대해 살펴보도록 한다. 1절에서는『법화경』에
대한 역사학적 이해를 돕고자 인도에서의 성립부터 중국에서의 수용까지를
다루고자 한다. 우선 인도에서의『법화경』성립 배경, 대승 경전에서『법화
경』의 위치,『법화경』寫本의 현황에 대해 알아보도록 하겠다. 그리고
중국에서의『법화경』漢譯 사항을 조사하고, 교학적 측면과 신앙적 측면에
서의『법화경』수용 태도를 살펴보고자 한다. 다음 2절에서는 고구려,
백제, 신라 즉 삼국의 법화신앙에 대해 알아보고자 한다. 먼저 고구려
및 백제의『법화경』수용 사례와 성격을 간략히 개관한 뒤 신라 중고기
법화신앙의 양상을 정리하도록 하겠다.
　Ⅲ장에서는 신라 승려들의『법화경』이해를 구체적으로 살펴보고자
한다. 신라 법화교학의 특징이나 승려들이 법화신앙의 보급에 미친 영향력
을 파악하기 위해서는 그들이『법화경』을 어떻게 인식하였는가를 먼저
알아야 한다. 현존하는 신라 승려의 저술 가운데『법화경』과 관련된 것으로
元曉의『法華宗要』와 義寂의『法華經論述記』,『法華經集驗記』가 있는데,
『법화경집험기』는 그 성격상 Ⅵ장 신앙 부분에서 다루도록 하겠다.
　1절에서는『法華宗要』를 분석하도록 하겠다. 원효의 현존 모든 저술에서

의『법화경』인용 태도를 조사하여『법화경』의 어떤 내용을 중시하였는지 살펴보고, 一乘에 대한 논의에 담겨 있는 의미를 파악해보고자 한다.

2절에서는『法華經論述記』를 분석하도록 하겠다.『법화경론술기』를 통해 의적의 사상을 밝히기 위해서는 먼저 話者의 문제를 해결해야 한다. 즉『법화경론술기』에서 어느 부분이 의적의 사상인가 하는 점이다. 인용 전거에 대한 분석을 통해 이를 밝히고, 一乘에 대한 논의를 살펴보고자 한다.

3절에서는 憬興의 法華經觀을 분석하고자 한다. 憬興의 경우『法華經疏』8권(또는 16권)을 찬술하였지만, 현재 전하지 않는다. 8권(또는 16권)이라는 논서의 분량을 볼 때『법화경』에 대한 심도 깊은 논의를 펼쳤을 것으로 보인다. 때문에『無量壽經連義述文贊』및『三彌勒經疏』에서의『법화경』인용 태도를 조사하고, 그의 淨土觀 속에서『법화경』이해가 가지는 의미를 파악하고자 한다. 각 절에서 중국의 선행 법화사상 및 동 시대 신라 승려들과의 비교를 통해 사상사적 의미도 생각해보도록 하겠다.

다음 Ⅳ장에서는 본격적으로 신라 법화신앙의 문제를 다루고자 한다. 우선 1절에서는 義寂의『法華經集驗記』를 분석하여 편찬 의도를 밝히고자 한다.『법화경집험기』에 수록된 사례의 인용 전거를 찾고, 선행 영험집과 비교함으로써『법화경집험기』의 특징을 밝히고, 의적이 쓴 序·別序 및 사례의 내용을 통해『법화경집험기』의 편찬 목적을 생각해보고자 한다.

2절에서는 신라 승려들이 법화신앙의 보급에 미친 영향을 전공 별로 따져보고자 한다.『법화경』관련 저술을 남긴 唯識 승려들의 사회적 영향력에 대해 생각해보고, 아울러 신라 불교계의 주류라 평가되는 華嚴 승려들의『법화경』에 대한 입장도 고찰하고자 한다. 한편『법화경』중심의 교학·실천을 내세웠던 天台 승려의 활동 여부를 확인하기 위해, 法融, 理應, 英純 세 승려에 대한 국내외 자료를 모두 활용하여 그들의 귀국 여부, 사상 및 영향을 설명하고자 한다.

3절에서는 법화신앙의 구체적 사례들을 소개하고자 한다. 각종 사례들을 '講經과 讀誦', '佛事와 祈禱'의 두 유형으로 구분하여 정리한 뒤, 그 성격을 분석하도록 하겠다.

이와 같이 신라의 법화교학 및 법화신앙 사례가 지니는 성격을 종합적으로 파악함으로써, 신라 불교계의 흐름 및 사회 변동 속에서 법화사상이 가지는 의미를 Ⅴ장에서 정리해보고자 한다. 역사학계에서 법화사상의 핵심으로 파악하고 있는 '會三歸一'의 해석을 둘러싼 여러 문제들도 검토하여 불교사상의 역사적 의미 부여에 대한 문제도 함께 고민해보고자 한다.

Ⅱ. 『법화경』의 수용

1. 『법화경』의 성립과 전파

1) 인도의 『법화경』 성립과 연구

기원 전후 인도 사회 내에서의 새로운 불교 움직임을 '大乘佛敎 운동'이라 통칭한다. 대승불교 운동의 기원에 대해서는 다양한 견해가 있다. 처음에는 部派佛敎 내 大衆部의 사상이 대승 운동의 연원이라고 보았다. 그러다 일상생활 속에서 불교의 최고 이상을 실현하려던 재가자들, 특히 佛塔信仰을 지닌 일군의 사람들이 부파불교의 폐쇄성에 반발하며 벌인 움직임이 대승불교 운동이라는 견해가 제시되었다. 최근에는 大乘이라는 표현이나 개념이 문헌 자료로서는 2세기 경에 존재하지만 문헌 외 자료에는 5세기에 가서야 등장하는 점, 在家·出家를 양분할 수 있는가 하는 점 등을 문제로 제시하면서 대승불교 운동을 부파불교 즉 출가 교단 내에서 생겨나 발전한 사상운동으로 보고 있다.[1] 어떤 기원에서 성립하였든 대승불교의 논의에서 공통된 것은 大乘經典이다. 즉 재가자들이 그들의 이상을 담아 만들었든,[2] 출가자가 재가자를 위해 만든 것이든[3] 佛說을 표방한 새로운 경전이 등장하였고,

---

1) 下田正弘, 2003, 「大乘佛敎起源論にみる日本の佛敎學界と佛敎界」, 『宗敎研究』 73-4, 365~366쪽 ; 下田正弘, 2003, 「インド大乘佛敎研究の現狀」, 『伽山學報』 11, 324~ 325쪽.
2) 水野弘元, 1965, 「部派佛敎と法華經の交渉」, 『法華經の思想と文化』, 平樂寺書店, 67 ~96쪽.

이를 신앙하였다는 것이다.

대승경전은 大乘이라는 공통의 입장은 있었지만 각기 성격이 다르다. 하나의 대승경전 속에도 처음 부분과 마지막 부분의 차이가 두드러진 경우도 있다. 초기 대승경전의 대표격인『般若經』,『維摩經』,『華嚴經』,『法華經』의 특징을 비교해보면 다음과 같다.『반야경』은 聲聞, 緣覺의 二乘과 菩薩乘을 확연히 구별 짓고 菩薩乘(大乘)의 우위를 내세웠다.『유마경』은 성문, 연각 본위의 불교에 반대한 것은 마찬가지이지만 깨닫는다고 하는 집착이 일체 미망의 근원임을 강조하였다. 한편『화엄경』은 성문, 연각과의 비교 우위라는 설명 방식을 버리고, 보살행을 실천하는 보살의 입장에서만 말하고 있다.『법화경』은 처음으로 부처가 이 세상에 출현한 목적이 一切衆生에게 부처의 智慧를 얻게 하기 위함에 있음을 강조하였다.『법화경』의 특색은 方便이라는 원리로 부처를 명확히 하는 것이라 볼 수 있는데,『반야경』의 방편이 보살행 상에서 논하는 데 대해『법화경』은 부처 상에서 말한다.4)

『법화경』전체가 순차적으로 성립한 것인지 시간 간격을 두고 합해진 것인지의 여부는 논란이 있지만,5)『법화경』을 관통하는 특징은 구원자로서

---

3) 藤近惠市, 2003,「大乘佛敎成立の問題點」,『宗敎硏究』73-4, 206쪽.
4) 대승불교 운동에서 석존이 가르침을 펼친 까닭은 어느 누구라도 부처(Buddha, 覺者)로 만들기 위함이었으므로, 성문승이나 연각승에 만족하는 것은 석존의 본의가 아니라며 보살의 자각에 서서 부처가 될 것을 추구해야 한다고 주장하였다. 그 선구가『반야경』인데, 부처를 추구하는 자는 般若波羅蜜(지혜의 완성)을 배워야 한다고 강조하였다. 그런데 보살승을 강조한 나머지 二乘을 배척·부정하여 이승은 부처가 되지 못한다고 설하는 등 이승을 배제하는 결과를 초래하였다. 說一切有部가 성문의 입장에서 성문·연각·불 삼승의 차별을 말하는 데 대해서, 대승은 보살의 입장에서 성문·연각·보살 삼승의 차별을 말하는 결과가 되었다. 그것에 대해서『법화경』은 그 양자의 모순·대립을 높은 차원으로 끌어올려 결합하는 一佛乘을 내세웠다. 즉『법화경』은 一乘 혹은 一佛乘이란 사고에 기반하여 二乘, 더욱이 三乘을 통합하는 사상을 제창하였다.
5) '법화경성립론'은 하나의 연구 주제를 이루고 있다.『법화경』이 기원 전후 대승불교의 움직임 속에서 태동하였음은 모두 인정하지만, 諸品이 一時에 씌어진 것인가 아닌가

의 佛·菩薩과 그에 대한 믿음을 강조한다는 데 있다. 「方便品」, 「譬喩品」을 중심으로 三乘은 方便이므로 궁극에는 一乘(佛乘)으로 돌아가야 한다고 주장하고, 성문, 연각 등 모두가 언젠가는 부처가 될 것이라고 授記한다. 또 「如來壽量品」을 중심으로 부처는 오래 전에 성불하였고 영원한 수명을 지닌 존재이지만 석가모니로 이 세상에 출현한 까닭은 중생 구제를 위한 것이라 한다. 이러한 『법화경』의 사유는 인도 전통 관념의 영향을 받은 것이다. 인도에서는 기원전 1, 2세기 경부터 인격신에 대한 강력한 신앙이 나타났고, 그 영향으로 불교에서도 천상계의 구원자라는 이념을 허용하게 되었다. 처음에는 보살을 중심으로 구원자 이념이 발달하다가 점차 부처에게로 범주가 확대되었는데, 『법화경』이 이를 잘 대변해준다.

　인도에서의 『법화경』 유포 상황을 구체적으로 확인하기는 어렵다. 교학 상의 연구보다 문학적 가치가 더 컸다고 보기도 한다. 다만 『涅槃經』에서 『법화경』을 인용하고 있는 것으로 보아 후기 대승경전 형성에 미친 영향을 짐작할 수 있다.6) 또한 龍樹가 찬한 『大智度論』에서 『법화경』을 『반야경』보다 높이 평가하며7) 자주 인용하고 있는 것으로 보아8) 교학 상의 연구에도

는 논란이 있다. 『법화경』諸品의 이질성이 강조되면서 이 경이 역사적 단계를 거치면서 형성되었다는 '단계적 성립론'이 아직까지는 대세이다. 일본학계에서는 제1류(序品→人記品), 제2류(法師品→如來神力品), 제3류(囑累品→普賢品)로 분류한 布施浩岳의 연구를 기본 토대로 하면서 학자들마다 강조점에 차이를 보이고 있다(吉田龍英, 紀野一義, 平川彰 등). 橫超慧日의 경우는 『법화경』의 원시적 부분이 方便品에서 人記品까지의 8品이고, 序品 및 法師品 이하는 모두 후에 증보된 것이라 한다(橫超慧日, 1975, 「諸品의 要旨と問題點」, 『法華思想』, 平樂寺書店). 한편 提婆達多品을 제외한 각 品이 거의 일시에 성립하였을 가능성도 제기되었다(勝呂信靜, 1993, 『法華經の成立と思想』, 大東出版社).
6) 『大般涅槃經』 卷9, 如來性品 第4(『大正藏』 12, 420a22~26).
7) 『大智度論』 卷100, 囑累品 第90(『大正藏』 25, 754b18~22).
8) 『大智度論』 卷7, 序品 第1(『大正藏』 25, 109b22~28) ; 『大智度論』 卷9, 序品 第1(『大正藏』 25, 126c28~127a9) ; 『大智度論』 卷26, 序品 第1(『大正藏』 25, 249c1~4) ; 『大智度論』 卷32, 序品 第1(『大正藏』 25, 299b15~25) ; 『大智度論』 卷50, 出到品 第21(『大正藏』 25, 420b22~26) ; 『大智度論』 卷57, 寶塔校量品 第32(『大正藏』 25, 466b5~6) ; 『大智度論』 卷79, 囑累品 第66(『大正藏』 25, 619b3~14) ; 『大智度論』 卷93, 淨佛國土品

이용되었음을 알 수 있다.『열반경』이나『대지도론』의 인용 태도에서 당시
불교 교학을 연구하던 지식인들은 성문, 연각도 부처가 될 수 있다는 二乘作
佛說을『법화경』의 핵심으로 파악하였음을 알 수 있다.9) 그 밖에 彌勒의
『大乘莊嚴經論』, 無着의『攝大乘論』등에서 '說一乘經'으로서『법화경』을
지적하고 있다.10) 현존하는 인도의『법화경』연구서로는 世親의『妙法蓮華
經優婆提 舍』가 있다.11)

『법화경』의 전파 여부는『법화경』산스크리트 原典 寫本의 발견을 통해
파악할 수 있다. 1837년 영국의 네팔주재공사였던 호지슨(B. H. Hodgson,
1800~1894)이 네팔에서 가져온 산스크리트어 佛典 가운데『법화경』이
포함되어 있었는데, 이것이 최초로 발견된『법화경』사본이었다. 이후
각지에서『법화경』사본이 발견되었다. 크게 네팔-티베트계, 카시미르(길
기트)계, 중앙아시아계로 나뉜다.12) 이 사본들에 대한 여러 연구자의 노력으
로 범어 정판본이 만들어졌고,13) 불어譯, 영어譯, 일어譯 등이 진행되어

第82(『大正藏』 25, 712b6~9).
9) 橫超慧日, 1975,「印度佛敎學上의『法華經』」,『法華思想』, 平樂寺書店, 199~212쪽.
10) 眞諦도『법화경』一(佛)乘의 뜻을 가지고 '究竟說一乘'을 해석하였다. 塩田義遜,
1978,「世親의 法華經觀」,『法華敎學史의 硏究』, 日本圖書, 55~60쪽.
11)『妙法蓮華經優婆提舍』, 줄여서『법화경론』은 6세기에 菩提流支, 勒那摩提 등에 의해
漢譯된 후 隋·唐 및 新羅의『법화경』연구에 적극 활용되었다.『법화경론』은『법화경』
각품을 차례로 주석한 것이 아니라, 제1 서품, 제2 방편품, 제3 비유품에 대한
해설을 통해『법화경』전반에 대한 세친의 견해를 드러내고 있다.『법화경』에는
등장하지 않는 佛性, 如來藏 등의 용어를 사용해가면서 七種功德成就, 五分示現,
七喩, 三平等, 十無上 등을 밝히고 있다. 본책 Ⅲ장 2절「義寂의『法華經論述記』와
一乘觀」참조.
12) 李永子, 2002,『법화·천태사상연구』, 동국대출판부, 4~6쪽 ; 우제선, 2006,「법화경
의 범어사본과 현대학계에서의 연구동향」,『천태학연구』9, 155~172쪽.
13) 최초의 범어 정판본은 1882년 Hendrik Kern(1883~1971)과 南條文雄(1849~1927)이
네팔계 일부 사본들을 저본으로 하여 만들었다. 그리고 戶田宏文이 만든
<Saddharmapuṇḍarīkasūtra : Central Asian Manuscripts : Romanized Text>(1981)가 실질
적 의미의 비판적 정판본이라 평가받고 있다(우제선, 2006,「법화경의 범어사본과
현대학계에서의 연구동향」,『천태학연구』9, 166~169쪽).

산스크리트어를 모르는 이들도 확인이 가능하게 되었다.[14] 이와 같이 네팔, 티베트, 카시미르, 중앙아시아 등지에서 『법화경』 사본이 발견되었다는 사실은, 이 지역에서 『법화경』이 널리 읽혔음을 말해준다.[15] 뿐만 아니라 서역과 돈황 사이의 여러 석굴에서 일찍부터 『법화경』의 내용을 형상화한 모습들이 나타나고 있다.[16] 『법화경』은 이들 지역을 거쳐 중국으로 전해졌다.

2) 중국의 『법화경』 수용 태도

중국에서의 『법화경』 수용은 漢譯의 역사와 그 흐름을 같이 한다. 費長房의 『歷代三寶記』부터 智昇이 730년에 편찬한 『開元釋敎錄』에 나오는 『법화경』의 漢譯에 대한 내용을 종합하면 다음 <표 1>과 같다.[17]

『法華經』은 『法華三昧經』, 『正法華經』, 『方等法華經』, 『薩藝芬陀利經』, 『妙法蓮華經』, 『添品妙法蓮華經』 등의 이름으로 번역되었는데, 각 경전의 권수라든지 각 경전 간의 관계에 대해 목록마다 약간씩 차이가 난다. 현존하는 것으로는 『正法華經』 10권본, 『妙法蓮華經』 7권본, 『添品妙法蓮華經』 7권본이 있다. 산스크리트어 사본과 대조해보면, 『正法華經』은 중앙아시아

---

14) 일본에서는 산스크리트어 『법화경』 번역 작업이 꾸준히 진행되어 왔다. 植木雅俊, 2008, 『梵漢和文照·現代語譯 法華經(下)』, 岩波書店, 590쪽 참조. 植木雅俊은 Hendrik Kern과 南條文雄이 만든 정판본을 저본으로 하고 있다.
南條文雄·泉芳璟 共譯, 1913, 『梵漢對照新譯法華經』, 平樂寺書店 ; 岡敎邃 譯, 1923, 『梵文和譯法華經』, 大阪屋書店 ; 坂本幸男·岩本裕 共譯, 1962·1964·1967, 『法華經 上·中·下』, 岩波文庫 ; 松濤誠廉·長尾雅人 譯, 1975·1976, 『法華經 Ⅰ·Ⅱ』, 中央公論社 ; 植木雅俊, 2008, 『梵漢和對照·現代語譯 法華經上·下』, 岩波書店.

15) 오지연, 2010, 「敦煌寫本 『妙法蓮華經』 異本에 관한 고찰」, 『불교학연구』 25.

16) 한지연, 2012, 「서역에서의 법화신앙 전개 : 천산남로와 양주를 중심으로」, 『불교학연구』 31 참조.

17) 출전 및 비고에 나오는 三寶는 『歷代三寶記』, 三藏은 『出三藏記集』, 法經은 法經의 『衆經目錄』, 彦琮은 彦琮의 『衆經目錄』, 大唐은 『大唐內典錄』, 大周는 『大周刊定衆經目錄』, 開元은 『開元釋敎錄』을 가리킨다.

〈표 1〉『法華經』漢譯本 종류

경전명	역자	시기, 장소	출전	비고
法華三昧經 6권	支彊良[梁]接	甘露元年(256) 交州	三寶, 三藏, 法經, 彦琮, 大唐, 大周, 開元	開元 卷11·20 ; 宋涼州沙門釋智嚴譯
正法華經 10권	竺法護	太康七年(286) 長安	三寶, 三藏, 法經, 彦琮, 大唐, 大周, 開元	三寶·開元 ; 或7卷 三藏 ; 或方等正法華法經 ; 7卷
方等法華經 5권	支道林	咸康元年(335)	三寶, 大周, 開元	
薩藝芬陀利經 6권	竺法護	太始元年(357)	三藏, 大周, 開元	開元 卷19·20 ; 薩曇分陀利經1卷
妙法蓮華經 7권(8권)	鳩摩羅什	弘始八年(406) 長安 草堂寺	三寶 卷8 ; 7권, 僧叡 筆受 三寶 卷13 ; 8권 三藏 ; 新妙法蓮華經 7권 法經, 彦琮 ; 7권 大周 ; 7권 大唐 ; 7권 혹 8권 開元 卷6 ; 8품(僧祐錄云 新法華經 初爲7卷27品 後人益天授品成28)	
添品妙法蓮華經 7권	闍那崛多 외	仁壽元年(601)	大唐, 開元	開元 卷19·20 ; 或8卷

계 사본을 저본으로 하였고, 『妙法蓮華經』은 네팔계 사본을 저본으로 하였다고 한다.18) 중국 법화사상의 전개에서 『정법화경』과 『묘법연화경』이 오래도록 유통되었다. 특히 鳩摩羅什이 번역한 『묘법연화경』이 가장 유행하였는데, 그 까닭으로는 구마라집 문도들에 의해 널리 보급되었다는 점, 『정법화경』에 비하여 이해하기 쉬운 번역 등을 들 수 있다. 구마라집역 『묘법연화경』의 경우 처음에는 7권 27품으로 구성되어 있었는데, 이후에 「提婆達多品」이 추가되어 28품으로 늘었다. 智顗의 『妙法蓮華經文句』에 의하면 『묘법연화경』 번역에 筆受로 참여했던 僧叡가 강의할 때 長安 사람들이 「제바달다품」이 있기를 원하여 28품을 강의하였고, 이때 강동에 전해진 것은 27품이었다고 한다.19) 『법화경』의 최초 주석서인 道生의 『法華經疏』나 法雲(467~529)

---

18) 우제선, 2006, 「법화경의 범어사본과 현대학계에서의 연구동향」, 『천태학연구』 9, 172쪽.

19) 『妙法蓮華經文句』 卷8, 「釋提婆達多品」(『大正藏』 34, 114c23~26). 한편 慈恩의 『妙法

의 『法華義記』는 『묘법연화경』 27품본을 대상으로 하고 있고, 智顗의 『妙法蓮華經文句』, 吉藏의 『法華義疏』, 慈恩의 『妙法蓮華經玄 贊』은 모두 28품본을 대상으로 하고 있다.

중국의 『법화경』 수용 태도에 대해 교학 연구의 측면과 신앙의 측면으로 나누어 살펴보도록 하겠다.

(1) 교학 연구 측면

중국에서 경전의 본격적 연구는 南北朝 이후부터 시작되었다. 남북조시대 불교계에는 涅槃學, 三論學, 成實學, 毘曇學, 地論學, 攝論學, 俱舍學, 律學, 禪學 등 각 학파가 출현하였다. 이전 시기가 空性 또는 眞空에 관한 논의를 기저로 한 般若學이 주류였다면, 남북조시대에는 대체로 '妙有'에 초점을 맞춘 涅槃學 또는 佛性論이 주류를 형성하였다. 대승경전으로 말하면 『般若經』에서 『涅槃經』, 『法華經』으로 무게 중심이 옮겨갔다.[20]

『법화경』의 持誦과 연구는 鳩摩羅什 문도들에게서 본격적으로 시작되었다.[21] 구마라집이 406년 草堂寺에서 『법화경』을 번역한 이후, 僧叡, 道生, 慧觀 등에 의해 『법화경』이 연구되었다.[22] 僧叡, 道生, 慧觀 등은 『법화경』의

蓮華經玄贊』 卷1, 序品에는 다소 다른 내용이 나오는데, 요약하면 다음과 같다. "구마라집이 번역한 27품에는 「제바달다품」이 없었다. 上定林寺의 승려 法獻이 于闐國에서 『법화경』 범본을 가지고 왔는데 거기에는 「제바달다품」 1품이 더 있었다. 이를 瓦官寺 승려 法意가 永明 8年(490) 12월에 역출하였으나 바로 『법화경』 안에 포함시키지는 않았다. 梁 말에 서천축의 승려 拘羅那陀(眞諦)가 다시 이 품을 번역하여 「견보탑품」 뒤에 넣었다."(『大正藏』 34, 659a17~25).

20) 이종철, 2008, 『중국 불경의 탄생』, 창비, 101쪽.

21) 鳩摩羅什 문도들의 법화 연구는 金東華, 1984, 『韓國佛敎思想의 座標』, 保林社, 98~101쪽 참조.

22) 僧叡는 『법화경』을 '諸佛의 秘藏, 衆經의 實體'라고 하며 諸經의 최고 자리에 위치 지웠다. 道生은 『법화경』 내용에 따라 敎相判釋을 조직하였는데 『법화경』을 중심에 놓고 있다(采睪晃, 2002, 「中國における大乘思想의 受容」, 『印度學佛敎學硏究』 49-2, 752쪽).

강남 전파자로서의 역할도 담당하여[23] 梁 光宅寺 法雲(467~529), 天台 智顗(538~597) 및 嘉祥寺 吉藏(549~623)과 같은 쟁쟁한 『법화경』 연구자가 등장할 수 있는 문을 열어주었다.

중국 법화교학의 전개에서 가장 주목되는 것은 역시 智顗에 의한 天台敎學의 정립이다. 智顗는 慧文-南岳 慧思의 법을 이어 『법화경』을 근본으로 삼아 全불교를 재편성하였다. 지의의 주 저술은 천태삼부작이라 불리는 『妙法蓮華經玄義』, 『妙法蓮華經文句』, 『摩訶止觀』이다. 『묘법연화경현의』는 『법화경』 개론에 해당하고, 『묘법연화경문구』는 『법화경』의 經文을 구절구절 지의가 독자적으로 해석한 것이고, 『마하지관』은 『법화경』의 정신을 규범으로 삼아 止觀을 체계화시킨 것이다.[24] 그러므로 천태교학은 법화교학이라고도 말할 수 있다. 천태교학의 특색은 '五時八敎'의 교판에서 한 눈에 확인할 수 있다.[25] 지의가 활동하였던 시기는 陳·隋연간이지만, 天台宗은 唐代에도 명맥을 이어가면서 華嚴宗과 더불어 중국적인 불교로서의 면모를 유지하였다.[26]

---

23) 道生, 僧叡, 慧觀 외에도 장안이 赫連勃發의 침공으로 황폐해지자 羅什 교단에 속해 있던 沙門 수백 명이 武帝가 세운 壽春의 東山寺로 도망왔다(鎌田茂雄, 章輝玉 역, 1996, 『中國佛敎史 3 : 南北朝의 佛敎(上)』, 장승, 115쪽).

24) 塩入良道, 차차석 옮김, 1996, 「천태지의의 법화경관」, 『법화사상』, 여래, 227쪽.

25) 천태종의 교판인 '五時八敎'는 釋迦 一代의 설법 순서를 시간적으로 분류하여 '五時'로 나누고, 가르침의 방법을 化儀四敎, 가르침의 내용을 化法四敎로 구분한 것이다. 五時는 華嚴時, 鹿苑時, 方等時, 般若時, 法華涅槃時로 생애 마지막 8년에 『법화경』을 설하였다고 본다. 化儀四敎는 頓敎, 漸敎, 秘密敎, 不定敎이고 化法四敎는 三藏敎, 通敎, 別敎, 圓敎이다. 圓敎는 화엄시, 방등시, 반야시에서도 설했지만 『법화경』의 것이 가장 뛰어나다고 본다.

26) 章安 灌頂(561~632) 이후, 智威(?~680), 慧威(634~713), 玄朗(673~754)이 천태교단을 이끈 시기를 천태종의 제1 암흑기라 부르기도 한다. 灌頂의 제자로는 光英, 智威, 道素가 있고, 智威의 제자는 겨우 慧威뿐이며, 慧威의 제자도 玄覺과 玄朗만을 꼽을 수 있다. 이 시기 천태종은 교세를 확장하지 못했음은 물론, 교학 면에서도 진전을 이루지 못하였다. 때문에 唐代 천태학은 湛然에게서 시작되었다고 평가하기도 한다(日比宣正, 1975, 『唐代天台學研究』, 山喜房佛書林, 26~41쪽). 그렇다고 천태교학이 불교계에서 완전히 무시되었다거나 교학 연구가 전혀 행해지지 않은 것은

法雲, 吉藏, 智顗에다가 唯識學에 입각하여 『법화경』을 새롭게 해석한 慈恩(632~682)을 더하여 4대 법화학자라 부른다. 唐代 법화교학은 吉藏 및 智顗의 '一乘眞實三乘方便說'과 玄奘－慈恩의 '一乘方便三乘眞實說'의 대립이었다고도 볼 수 있다. 법화교학은 그 사상의 범주가 넓지만, 전개 과정을 첫째 一乘과 三乘의 관계에 대한 논의, 둘째 佛性論, 셋째 佛身論의 주제로 간략히 정리해보도록 하겠다.

첫 번째는 一乘과 三乘의 관계에 대한 문제이다. 『法華經』「譬喩品」에 설해진 '불타는 집 비유'의 해석을 둘러싸고 일찍부터 三車家와 四車家로 나뉘어 대립하였다. '불타는 집 비유'는 아버지인 長者가 불이 난 집에서 아이들을 구해내는 이야기이다. 이 이야기에서 '아이들'은 불법에 무지한 중생들이고, '불타는 집'은 우리들이 사는 사바세계이고, '羊車, 鹿車, 牛車의 세 가지의 수레'는 성문승, 연각승, 보살승을 비유한 것이다. 이 비유에서 牛車와 大白牛車가 같은 것인지, 다른 것인지 입장이 나뉘는데 삼거가는 대백우거가 우거와 같은 것이라는 입장이고 사거가는 대백우거가 一佛乘으로 우거와 다른 것이라는 입장이었다. 삼거가의 대표는 慈恩이고,[27] 사거가의 대표는 法雲, 智顗, 華嚴宗의 法藏(643~712)이다. 삼거가와 달리, 사거가는 삼승의 구별은 방편이고 불승이야말로 진실이므로 재가자도 출가자도 남자도 여자도 어떤 차별도 없이 누구나 성불할 수 있다고 하는 평등사상을 주장하였다. 이와 같이 일승을 어떻게 보느냐가 『법화경』이해의 관건이었으며 이는 불성론에 대한 견해와도 연결된다.

법화교학의 두 번째 범주는 佛性論과 관련된 논의이다. 『법화경』에는 '佛性'이라는 용어가 한 번도 나오지 않는다. 그런데 『법화경』을 불성의

아니라고 한다(安藤俊雄, 1963, 『天台學 : 根本思想とその展開』, 平樂寺書店).
27) 吉藏을 三車家로 보는 견해가 우세하지만, 末光愛正의 연구에 의하면 吉藏은 三車家, 四車家를 모두 인정하였다고 한다(末光愛正, 1984, 「吉藏三車家說の誤りについて」, 『曹洞宗研究員研究生研究紀要』 16, 42~67쪽).

문제로 다루는 것은 앞서 언급했듯이 南北朝 이후 불교 교학의 주된 관심이 불성에 있었기 때문이다. 특히 南朝에서는 일찍부터 闡提成佛을 둘러싼 논쟁이 있었다. 구마라집과 廬山 慧遠의 제자 道生이 建康에 왔을 때(407년) 승려 지승은 『泥洹經』을 강의하며 闡提不成佛을 주장하고 있었다. 도생이 悉有佛性을 말하며 반격하자 사람들은 싫어하였다. 그러나 이후 曇無讖이 번역한 40권본 『열반경』이 전해지자(430년 경) 사람들은 도생의 탁견에 감탄하며 『열반경』을 연구하기 시작하였다. 이후 『열반경』이야말로 '悉有佛性 法身常住'의 이치를 말하는 최고의 경전이라는 교판이 만들어지면서 佛性이 무엇인가에 대한 논의도 활발해졌다.[28] 『법화경』에 대한 초기 평가는 이러한 연구 경향 속에서 이루어졌다. 즉 慧觀이나 劉虯(436~495)는[29] 『법화경』은 삼승을 회통하여 동일하게 일승에 돌아가게 하는 同歸敎로서 『열반경』의 常住敎에 미치지 못하는 가르침으로 평가하였다. 梁의 『법화경』 해석을 주도하던 法雲도 이와 같은 맥락에서 『열반경』은 '佛身常住'와 '佛性'을 밝히고 있는데 『법화경』은 그렇지 못하므로 비교적 가치가 낮다고 하였다.

吉藏은 『法華玄論』, 『法華義疏』, 『法華統略』, 『法華遊意』, 『法華論疏』 등의 법화 관계 주소를 많이 찬술하였는데, 그 목적이 法雲의 『法華義記』를 비판하는 데 있었다. 즉 吉藏은 『법화경』에서도 '佛身常住'와 '佛性'을 밝히고 있음을 논증하였다. 吉藏의 주장에는 僧肇 이후 三論學에서의 불성 이해와 世親의 『法華經論』이 중요한 뒷받침이 되었다.[30] 『법화경』에서

---

28) 南北朝時代 諸家의 佛性에 관한 학설을 집성한 자료로는 吉藏의 『大乘玄論』, 『涅槃經遊意』, 元曉의 『涅槃宗要』, 慧均의 『大乘四論玄義』 등이 있다. 眞身佛性說 등의 불성 논의는 중국 불교의 큰 특색이다.

29) 劉虯는 道安(312~385), 支道林(314~366), 慧遠(334~417), 道壹, 鳩摩羅什(344~413), 道融(372~445), 僧肇(384~414), 道恒(346~417) 8명의 설을 모아서 『注法華經』을 찬하였다.

30) 奧野光賢, 2002, 「吉藏敎學と『法華論』」, 『佛性思想の展開 : 吉藏を中心として法華經受容史』, 大藏出版, 37~39쪽.

32

悉有佛性을 말하고 있다는 입장은 天台 智顗도 같다. 이후 智顗나 吉藏의 견해가 『법화경』 이해의 주류로 자리잡게 되었는데, 이에 대해 문제를 제기한 것이 玄奘과 그의 제자들이다. 慈恩 등 유식학파들은 五性各別說을 내세우며, 無性有情(깨달음의 種性을 가지지 않은 중생)과 定性二乘(決定種姓, 즉 성문 또는 연각으로 결정하여 대승에 廻向하지 않는 種性을 가진 이들)은 결코 성불할 수 없다고 하였다.[31] 이러한 주장은 불성을 둘러싼 논쟁을 불러 일으켰다. 慈恩은 유식학파의 입장에서 『법화경』을 새롭게 해석함으로써 재천명하였는데, 그 저술이 바로 『妙法蓮華經玄贊』이다.

세 번째는 佛身論과 관련된 논의이다. 앞에서 언급했듯이 『법화경』에 대한 본격적 연구는 구마라집의 제자들에게서 비롯되었다. 406년 『법화경』 번역이 완성될 때 序를 썼던 僧叡나 道朗은 「如來壽量品」에서 부처의 수명이 무량하다고 한 것을 적극 해석하여 법신의 常住를 주장하였다. 慧觀의 경우는 『法華宗要序』에서 法身의 常住를 인정하긴 하나 「여래수량품」의 佛身觀에 대해 '滅影澄神(그림자를 없애서 神을 깨끗이 하는 것)' 이외에는 명확한 표현을 하지 않았다. 道生의 경우는 멀고 가까움은 상대적인 것으로 壽量의 長短은 중생에 따른 것이지 부처의 본질은 常住하며 無爲라고 하고, 나아가 非常非無常을 이야기하였다. 劉虬도 常·無常을 초월한 非常非無常, 絶代空寂인 法身을 말하여 단순히 법신상주설과는 달랐다. 한편 『법화경』을 『열반경』보다 낮게 평가했던 法雲은 佛身에 대해서도 이전과 다른 이야기를 하였다. 즉 부처의 수명은 有量한 것이고 결국은 극한에서는 無常을 밝힌 것이라고 주장하였다. 法雲의 주장에 대해 智顗와 吉藏은 반박하였는데, 불성론과 마찬가지로 世親의 『法華經論』을 주요 논거로 사용하였다. 智顗와 吉藏은 『법화경론』의 法身·報身·化身 三身說을 따랐다는 점에서는 같지만, 智顗가 報身을 더욱 강조한 데 비해 吉藏은 法身을 강조하였다는 차이가

---

31) 金東華, 1973, 『唯識哲學』, 寶蓮閣, 364~366쪽 ; 吉村誠, 2004, 「唯識學派の五性各別說について」, 『驅澤大學佛敎學部硏究紀要』 62, 驅澤大學, 223~258쪽.

있다. 한편 慈恩의 『妙法蓮華經玄贊』에는 불신에 관한 논의는 별로 없다.[32]

(2) 신앙적 측면

법화신앙의 한 형태로 흔히 관음신앙을 이야기한다. 이는 『妙法蓮華經』에 「觀世音菩薩普門品」이 자리하고 있기 때문이다. 그런데 『弘贊法華傳』 卷2를 보면, 竺法護가 『正法華經』을 번역한 사실에 이어 "普門品經 光世音經 右二經 亦沙門法護別出"[33]이라는 구절이 있다. 이는 축법호가 『정법화경』을 번역한 이후 「觀世音菩薩普門品」을 별도의 경전으로 편집하였음을 말해준다. 관음신앙은 법화신앙에서 출발하여 점차 독립적 성격을 지니게 되었다. 관음 관련 경전은 이밖에도 曇無竭이 계빈국에서 구해와 劉宋 武帝 때(420~422) 번역한 『觀世音授記經』이나[34] 『出三藏記集』을 지은 僧祐의 스승 法憲이 우전국에서 얻은 『觀世音滅罪呪』 등도 있었다.[35] 이는 관음신앙의 유행 정도를 대변해주는 것이라 하겠는데, 六朝시대에 관음신앙은 서민 구제의 종교로서 크게 발달하였다. 이러한 사실은 중국 찬술 경전 및 영험집의 편찬과 관음상의 조성을 통해서도 확인할 수 있다.

중국 찬술 경전으로는 『北史』 卷30, 盧景裕條에 등장하는 『高王觀世音經』이 대표적이다. 그 밖에 『日藏觀世音經』, 『觀世音詠託生經』, 『觀世音懺悔除罪呪經』, 『觀世音十大願經』, 『觀世音三昧經』 등이 속출하였다.[36] 구체적인 관음보살의 영험사례를 담은 영험집도 편찬되었다. 3세기 말 東晉 謝敷의 『光世音應報記』, 劉宋 傅亮(374~426)의 『光世音應驗記』[7話], 劉宋 張演(5세기 전반)의 『續光世音應驗記』[10話], 齊 陸杲(459~532)의 『繫觀世音應驗記』

32) 坂本幸男, 1972, 「中國における法華經硏究史の硏究」, 『法華經の中國的展開』, 平樂寺書店, 3~41쪽.
33) 『弘贊法華傳』 卷2(『大正藏』 51, 15a5~6).
34) 『高僧傳』 卷3(『大正藏』 50, 338b).
35) 『高僧傳』 卷3(『大正藏』 50, 353b).
36) 牧田諦亮, 1970, 『六朝古逸觀世音應驗記の硏究』, 平樂寺書店, 10쪽, 161~165쪽.

[69話] 순서로 증보되어 나갔다. 대부분 한족과 호족 간의 전쟁이나 갈등을 소재로 포로가 되거나 잡혀갔다가 돌아오는 과정 중에 겪은 관음보살의 영험한 힘을 강조하고 있다. 그리고 5세기 중엽 이후부터 소규모 금동관음상이 조성되었다. 초기에는 주로 亡者追善을 기원하였는데, 6세기 이후부터 자신과 眷屬의 보호나 成佛·得道의 바램이 추가되었다.[37]

南北朝·隋·唐시대 법화신앙의 전개는 크게 두 방향으로 나누어 살펴볼 수 있다. 첫째는 출가 승려들의 『법화경』 찬앙으로, 이는 『高僧傳』, 『續高僧傳』 등에 잘 나타난다. 『高僧傳』의 경우 수록 인물 267명 가운데 62명(내지 80, 90명)이 『법화경』 찬앙자로 약 1/4에 해당하고, 『續高僧傳』의 경우는 487명 가운데 84명(내지 110여 명)으로 『법화경』 찬앙자가 전체의 1/5 정도 된다고 한다. 『법화경』의 讀誦, 講說, 書寫, 주석서 찬술, 독송 수행으로 인한 보현보살의 감응, 관음보살의 구제 등의 사례들을 확인할 수 있다.[38] 둘째는 일반 民의 법화신앙으로, 관음보살에 대한 신앙이나 일반 대중을 위해 개설된 俗講 등을 통해 『법화경』 강의를 듣고(聽聞), 기뻐하고(隨喜), 합장 예배하며 최대의 공덕을 기대하였다. 속강의 교재로 「法華經變文」이 만들어지기도 하였다. 이러한 사례는 『弘贊法華傳』 및 『法華傳記』 등에서 볼 수 있다.[39]

한편 『高僧傳』, 『續高僧傳』 등의 법화신앙 사례 가운데는 度牒을 받기 위해 『법화경』을 외운 사례도 많다. 대표적으로 玄奘을 예로 들 수 있다.[40] 이를 통해 볼 때 唐代에 『법화경』은 불교 입문서의 역할을 하였던 것 같다. 천태학을 전공하지 않은 학승들도 『법화경』에 대한 관심이 높았는데, 예를 들어 道宣은 『妙法蓮華經苑』 30卷, 『妙法蓮華經音義』 1卷, '妙法蓮華經

---

37) 강희정, 2004, 『中國觀音菩薩像研究 : 南北朝時代에서 唐까지』, 일지사, 54~60쪽.
38) 坂本幸男, 1965, 「中國佛教と法華思想の連關」, 『法華經の思想と文化』, 平樂寺書店, 489~514쪽.
39) 道端良秀, 1975, 「中國佛教と法華經の信仰」, 『法華思想』, 平樂寺書店, 506~523쪽.
40) 『續高僧傳』 卷4, 玄奘(『大正藏』 50, 446c).

弘傳序'를 썼고, 이 가운데 '妙法蓮華經弘傳序'가 현존하고 있다.[41] 정토왕생
을 위해서도 『법화경』을 독송하는[42] 등 법화신앙은 여러 형태로 사회
전반에 넓게 펴져 있었다. 중국의 법화신앙 사례 가운데 가장 주목되는
것은 燒身·燒指供養이다.[43] 소신·소지공양이란 몸이나 손가락을 태워 부처
께 공양하고, 그것에 의해 자신의 수행을 완성함과 동시에 사회 일반 대중의
이익을 도모하고자 하는 것이다. 이러한 사례가 삼국 및 통일신라에서는
전혀 나타나지 않고 있다.

41) 平川彰은『妙法蓮華經苑』30卷,『妙法蓮華經音義』1卷이 실재하지 않았고, '妙法蓮華
    經弘傳序'도 도선이 쓴 것이 아니라고 본다. 도선은 율학 연구에만 전념하였고,
    그의 율학 관련 논서에『법화경』인용이 거의 없기 때문에 믿지 못하겠다고 한다(平川
    彰, 1972,「道宣の法華經觀」, 板本幸男 編,『法華經の中國的展開』, 平樂寺書店,
    319~341쪽). 도선의 전기를 자세히 밝힌 藤善眞澄의 연구에 따르면, 이 주장은
    성립하기 어렵다. 그리고 宋代에는 '妙法蓮華經弘傳序'가 도선의 것임을 아무도
    의심하지 않았다(祥邁의『法華經要解』卷1, 聞達의『法華經句解』卷1).
42) 金英美, 1994,『新羅佛敎思想史硏究』, 民族社, 40쪽.
43)『高僧傳』卷12「亡身篇」의 法羽, 慧紹, 僧瑜, 慧益, 僧慶, 法光, 曇弘,『續高僧傳』
    卷27「遺身篇」의 法凝, 僧崖, 會通, 비구니 2인, 서생 1인,『宋高僧傳』卷23「遺身篇」의
    無染, 定蘭, 元慧, 息塵, 景超, 紹巖, 懷德 등의 사례가 있다.

2. 삼국시기 『법화경』의 수용

1) 고구려 및 백제의 법화신앙

(1) 고구려의 『법화경』 수용

고구려 불교는 자료의 부족으로 연구의 어려움이 있다. 법화사상에 대해서도 소략한 모습만 살펴볼 수 있다. 고구려의 법화신앙자로는 『三國遺事』卷5 避隱篇에 나오는 波若(반야)[44]가 있다.

> 가) 또 고구려의 승려 波若는 중국 천태산에 가서 지자대사에게 天台敎觀을 배웠다. 신이한 능력 때문에 천태산에서 유명하였고, 그곳에서 죽었다. 『당고승전』에도 반야를 실은 장이 있는데, 자못 영험한 사례가 많았다.[45]

波若는 天台 智顗의 문하에서 천태교관을 익히다가 그곳에서 죽었다고 한다. 한편 반야의 생애는 『續高僧傳』에 보다 자세하게 나온다. 반야는 陳末 隋初에 金陵으로 가서 불교 강의를 듣다가 隋가 들어서자 천태산에 들어가 天台 智顗에게 禪法의 가르침을 구하였다. 지의는 반야의 근기가 높음을 보고 그에게 천태산 최고봉인 華頂峰에 올라가 두타행을 닦을 것을 권하였다. 반야는 즉시 그 가르침을 받들었으니, 이때가 開皇 18년(598)이었

---

44) 『三國遺事』에 '波若'로 표기되어 있어 '파야', '파약'으로 읽고 있으나, 다른 용례를 살펴보면 불교에서 지혜를 가리키는 '般若'를 '波若'로 표기한 경우가 있으므로 '반야'라 읽는 것이 좋다고 생각한다. 『金剛三昧經』卷1, 入實際品 第5(『大正藏』9, 370c4~5), "具足波若海 不住涅槃城 如彼妙蓮華 高原非所出." 波若海의 주석에 波＝般으로 달려 있다. 『佛說無上依經』卷1, 如來界品 第2(『大正藏』16, 470b11~12), "因漚和拘舍羅 攝持波若波羅蜜 雖有煩惱 不能點汚." 여기에도 波＝般의 주석이 있다. 이밖에도 많은 용례를 살펴볼 수 있다.

45) 『三國遺事』卷5, 避隱, 惠現求靜.

다. 이후 반야는 수행에 정진하다 52세의 나이로 국청사에서 죽었다.[46)] 이와 같이 반야는 고구려의 승려로 천태교학을 수학하였음에 틀림없지만, 유학 후 고구려로 돌아오지 않았기 때문에 고구려의 『법화경』 수용과 직접 연결시키기는 어렵다.

한편 고구려에 『법화경』이 수용되었고 이에 대한 연구도 진행되었음을 말해주는 이는 慧慈이다. 다음 기록이 참조된다.

> 나) 上宮의 王師는 고구려 慧慈法師이다. 왕이 [성덕태자에게] 『涅槃經』의 常住五種佛性의 이치를 깨닫고 **『法華經』의 三車權實二智의 뜻을 환히 열고**, 『維摩經』의 不可思議한 解脫의 종지를 통달하게 하였다. (중략) 그리하여 **『法華經』 등의 경전 주석서[疏] 7권을 지었다.**[47)]

위 인용문의 주체는 聖德太子(?~622)이다. 성덕태자는 595년(영양왕 6) 왜로 건너간 고구려 승려 慧慈의 가르침으로 『열반경』의 佛性 常住의 이치를 깨달았고, 『법화경』의 三車 및 방편과 진실 두 지혜의 뜻을 훤히 알았으며, 『유마경』의 不可思議한 解脫의 가르침을 통달하였다고 한다. 성덕태자의 사상 형성에 스승인 慧慈의 가르침이 큰 역할을 하였음을 알 수 있다. 이를 통해 6세기 후반 고구려의 승려들이 『열반경』, 『유마경』과 더불어 『법화경』도 연구하였음을 알 수 있다. 성덕태자의 『法華義疏』는 『법화경』의 우월성을 강조하지만 法雲의 『法華義記』를 주로 依用하면서 『법화경』을 五時敎 가운데 제4 法華敎로 배정하는 견해를 그대로 따르고 있다.[48)] 그러므로 고구려 혜자의 『법화경』 이해도 智顗나 吉藏의 해석을 수용하기 이전의 것이었을 듯하다.

---

46) 『續高僧傳』 卷17(『大正藏』 50, 570c21~571a10).
47) 「上宮聖德法王帝設」(『大日本佛敎全書』 112) ; 정선여, 2007, 「7세기대 불교정책의 변화」, 『고구려불교사연구』, 서경문화사, 107쪽에서 재인용.
48) 橫超慧日, 1975, 「日本佛敎における法華思想」, 『法華思想』, 平樂寺書店, 524~530쪽.

(2) 백제의『법화경』수용

백제의 경우, 법화사상이 백제 불교에 미친 영향이 큰 것으로 논의되고 있다. 관음신앙의 수용, 玄光, 惠現(慧顯)으로 나누어 간략히 소개하도록 하겠다.

먼저 관음신앙에 대해서이다. 백제의 관음신앙이 언제 수용되었고, 어떤 과정으로 전개되었는지 정확히 알 수 없지만『觀世音應驗記』에 전하는 發正의 사례를 봤을 때 6세기 후반에는 관음신앙이 수용되었을 것으로 본다.[49] 발정은 梁 天監연간(502~519)에 서쪽으로 바다를 건너가 스승을 찾아 道를 배웠다. 30여 년이 지나 본토로 귀국하려 할 때 越州 경계에 있는 산에 관세음보살의 堵室이 있다고 말하는 것을 듣고 가서 보았다고 한다.[50]

백제의『법화경』이해에 결정적인 영향을 미친 승려는 玄光이다. 그는『神僧傳』卷5,『宋高僧傳』卷18,『佛祖統紀』卷9 등에 전기가 전한다. 高麗末 了圓의『法華靈驗傳』卷1에도 실려 있다. 중국 기록에 新羅人으로 되어 있지만 출신지 熊州를 근거로 백제인으로 보는 것이 대세이다.[51] 현광은 天台 智顗의 스승인 南岳 慧思(514~577)에게『法華經』安樂行門을 은밀히 받아 열심히 수행하여 法華三昧를 증득하였다. 스승의 인가를 받고 威德王 연간에 귀국하였을 것이라 추정한다. 귀국 후 고향 翁山에 범찰을 세우고 교화 활동을 전개하여, 그의 제자 가운데 升堂授莂者(堂에 올라 수기를 받은 자) 1인, 火光三昧에 든 자 1인, 水光三昧에 든 자 2인이 있었다.

49) 金煐泰, 1979,「百濟의 觀音信仰」,『馬韓百濟文化』3, 원광대(1985,『百濟佛敎思想硏究』, 동국대학교출판부 재수록).

50) 牧田諦亮, 1970,『六朝古逸觀世音應驗記の硏究』, 平樂寺書店, 58쪽.

51)『佛祖統紀』에서는 "禪師玄光 海東新羅人"(卷9), "大建中南岳思禪師 爲海東玄光法師 說法華安樂行 歸國演敎 爲高麗東國傳敎之始"(卷23)라 표기하고 있다. 한편 현광을 웅천주에서 활동한 신라인으로 보는 견해도 있다(金福順, 2006,「수·당의 교체 정국과 신라 불교계의 추이」,『韓國古代史硏究』43, 180~181쪽).

수덕사 대웅전

현광은 귀국하기 이전에 陳에서도 이미 영향력이 있어 慧旻이라는 法嗣가 있었고, 南岳 慧思 영당 내의 28人圖에 포함되었고, 天台山 國淸寺 祖堂에도 모셔졌다.[52] 현광의 영향으로 백제의 法華敎義는 觀行의 실천이 강조되었다고 한다.[53]

　현광의 귀국 후 활동에 대한 평가는 의견이 나뉜다. 현광이 백제에 귀국하여 중앙과 연결되지 않고 무주의 옹산에 사찰을 건립한 것을 볼 때 지방 중심의 포교활동을 전개하였을 가능성이 많다고 보는 견해가 있다. 현광은 중앙 불교계와 관계가 원활하지는 못했지만, 제자들에 의해 『법화경』 사상이 백제 전역으로 확산되어 지방 세력들에게 佛道에 이를 수 있는 가능성을 열어놓았다는 평가이다.[54] 한편 왕권과 관련시켜 해석하기도 한다. 현광이

52) 『宋高僧傳』 卷18(『大正藏』 50, 821a9~11), "南嶽祖構影堂內圖二十八人 光居一焉 天台國淸寺祖堂亦然."
53) 金煐泰, 1977, 「법화신앙의 전래와 그 전개」, 『한국불교학』 3, 21~23쪽.
54) 길기태, 2005, 「백제 사비시기 법화신앙」, 『대구사학』 80, 2~18쪽.

혜사에게 전수받은 안락행문은『법화경』「安樂行品」의 교설인데, 전륜성왕이 正法으로 小王을 토벌한다는 「안락행품」의 내용이 당시 위덕왕이 추구하고자 했던 왕권강화책과 들어맞았고 이를 사상적으로 뒷받침해준 이가 현광이라고 한다.[55]

다음 백제의 대표적인 법화신행자로는『三國遺事』에 전기가 수록된 惠現(570~627)이 있다.[56] 일연은 혜현이 유학한 적이 없는데도『송고승전』등[57]에 전기가 실린 것을 높이 평가하였다. 혜현의 활동시기는 威德王~武王대로, 그가『법화경』受持·讀誦을 일상으로 삼은 데에는 현광의 영향이 있었을 것으로 본다. 혜현이 修德寺에 머물다가 江南 達拏山으로 옮긴 행적을 둘러싸고 다양한 논의가 전개되었다. 정치권력과 그 이데올로기로서의 불교라는 측면에서 위덕왕 때에는 법화신앙 세력이 크게 각광받다가 무왕이 들어서면서 미륵신앙 세력에 밀려 어쩔 수 없이 남쪽으로 내려갔다는 해석도 있고,[58] 처음엔 왕실과 일정한 관계를 유지하다가 본질에 대한 탐구를 지향하여 수행을 위해 달나산으로 옮겨갔다고 보는 견해도 있다.[59] 관음신앙의 맥락에서 보면, 백화산 중심의 관음신앙이 惠現을 통해 남쪽의 달나산(현재 월출산으로 비정하고 있음) 지역으로 확산되었다고 한다. 즉 혜현이 달나산을 선택한 까닭 가운데 하나가 관음신앙과 관련 있는 지역을 찾았기 때문이라는 해석이다.[60] 이와 같이 혜현의 활동에 대한 평가도

---

55) 조경철, 2005,「百濟佛敎史의 展開와 政治活動」, 한국학중앙연구원 박사학위논문, 93쪽.
56)『三國遺事』卷5,「避隱篇」의 첫머리에는 신라, 백제, 고구려의 법화신앙자에 대한 이야기가 실려 있는데, 신라의 朗智와 緣會, 백제의 惠現, 고구려의 波若가 그 주인공이다.
57)『弘贊法華傳』卷8, 釋慧顯 ;『法華傳記』卷4, 百濟國達拏山寺釋慧顯二十一에도 전기가 전한다.
58) 김수태, 2000,「백제 법왕대의 불교」,『선사와 고대』15.
59) 길기태, 2005,「백제 사비시기 법화신앙」,『대구사학』80.
60) 최연식, 2008,「月出山의 觀音信仰에 대한 고찰」,『천태학연구』10, 219~223쪽.

다양하다.

정리하면 백제 법화신앙은 관음신앙을 시작으로 6세기 말부터 그 흔적이
나타나고, 法華信行者로 玄光과 惠現 등이 있었다. 일찍부터 백제 사회에
『법화경』 및 법화신앙이 보급되었음이 분명하다. 백제 법화신앙의 성격에
대해서는 해석이 분분한데, 크게 보아 법화사상이 정치 이데올로기로서의
역할을 하였는지 안 하였는지의 문제이다. 이는 법화사상의 사회적 역할에
대한 해석 문제로 신중한 고찰이 요구된다. 쉽게 단정지을 수는 없지만
玄光의 「安樂行品」에 의거한 三昧 수행을 바로 위덕왕의 왕권강화책과
연결시키는 것은 재고의 여지가 있다고 생각한다.[61]

2) 신라 중고기의 법화신앙

신라가 불교를 공인한 것은 법흥왕 때이지만, 그 이전부터 불교가 전래되
었다. 신라 불교 전래의 통로는 크게 두 갈래로 구분된다. 일찍부터 北朝
불교의 영향을 받은 고구려로부터 전해졌고, 南朝 불교의 영향이 강한
백제 불교도 전래되었다. 6세기 신라의 불교 수용은 왕실 및 지배층을
중심으로 이루어졌는데, 『법화경』의 전래와 수용도 마찬가지일 것이다.
7세기에 접어들면서 구체적인 법화신앙 사례가 등장하고 있다.

(1) 관음보살상의 조성

불교의 수용은 불경 및 불상의 전래와 함께 이루어졌다.[62] 신라 중고기에
석가상, 미륵상과 함께 그 이름을 보이는 것이 바로 관음보살상이다.

---

61) Ⅴ장 「新羅 法華思想의 역사적 의미」에서 法華敎學 특히 會三歸一思想의 해석 문제에
　　대해 논해보았다.
62) 『三國史記』 卷18, 小獸林王 ; 『三國遺事』 卷3, 興法, 阿道基羅 ; 『海東高僧傳』 卷1.

다) 慈藏의 아버지는 청요직을 두루 역임하였는데, 아들이 없었다. 그리하여
　　佛·法·僧 三寶에게 정성을 쏟아 千部의 관음상을 만들어 아들을 낳게
　　해달라고 빌었다. "만약 아들을 낳게 해주신다면 집을 바쳐 불법의
　　바다를 건널 수 있는 나루터인 절을 만들겠습니다."63)

　『三國遺事』에 나오는 慈藏의 전기이다. 자장의 아버지 金武林은 진덕왕대
(647~654)까지도 나랏일에 참여하던 진골 귀족이었다.64) 자장의 출생
연도에 대해서는 590년경이라는 추정과 608년(眞平王 30)~614년경일 것이
라는 견해 등이 있다.65) 600년을 전후한 때라 할 수 있는데, 이 무렵에
김무림은 아들을 낳게 해달라는 바램을 담고 천 부의 관음보살상을 만들고
있다.66) 김무림이 만든 것이 왜 하필 관음보살상이었을까.
　자식 낳기를 바라며 관음보살을 찾는 사례가 道世의 『法苑珠林』에도
나온다.

라) 晉의 孫道德은 益州人이다. (중략) 나이가 오십이 넘었는데도 자식이
　　없었다. 절 가까이에 살았는데, 景平 연간(423)에 그 절의 사문이 손도덕
　　에게 말하였다. "반드시 아이가 있기를 원하시면 지극한 마음으로
　　『觀世音經』을 禮誦하십시오. 그러면 소원을 이루실 수 있을 것입니다."
　　손도덕은 마침내 도를 섬기지 않았던 것을 파하고 굳은 마음으로 관세음
　　보살에게 정성껏 귀의하였다. 며칠 지나지 않아 꿈에 감응이 있었고
　　부인이 곧 임신하여 마침내 아들을 낳았다고 한다.67)

---

63) 『三國遺事』 卷4, 義解, 慈藏定律.
64) 『三國遺事』 卷2, 紀異, 眞德王.
65) 자장의 출생 연도에 대해서는 南東信, 1992, 「慈藏의 佛敎思想과 佛敎治國策」, 『韓國史
　　研究』 76, 6~10쪽 참조.
66) 『삼국유사』 원문은 '千部觀音'으로 되어 있다. 이를 『관음경』 천 부로 볼 수도
　　있다. 하지만 신라 중고기의 상황에서 『관음경』 천 부를 베껴쓰는 것보다 관음보살상
　　천 개를 만드는 게 더 현실성이 있다고 생각한다.
67) 『法苑珠林』 卷17(『大正藏』 53, 41b13~17).

東晉 때 살았던 孫道德은 나이 50살이 넘도록 자식을 얻지 못했는데 집 가까운 절의 승려가『觀世音經』을 지극한 마음으로 독송하면 아이를 얻을 것이라고 말해 주었다. 이에 정성껏 관음보살에 귀의하였더니 과연 며칠 지나지 않아 꿈에 감응이 있었고 사내아이를 얻었다. 자장의 아버지처럼 상을 만든 것은 아니지만 자식을 얻기 위해 관음보살에게 귀의한 것은 같다. 손도덕의 이야기에 나오는『觀世音經』이란 바로『法華經』「觀世音菩薩普門品」(이하「보문품」으로 줄임)을 독립시켜 별도의 경전으로 엮은 것이다. 그러므로 자장이 자식을 기원하며 만든 관음보살상은『법화경』에 근거한 관음신앙임에 틀림없다.[68] 때문에 신라 중고기의 관음신앙은 법화신앙의 한 양상으로 설명할 수 있다.

신라 중고기에『법화경』에 대한 이해가 있었음을 증명해주는 기록이 있다.

마) 신라국에 金果毅라는 이가 남자아이를 낳았는데, 어려서 출가하여『법화경』을 즐겨 읽었다.『법화경』2권에 이르러 실수로 한 글자를 태워먹었다. 18살이 되어 갑자기 일찍 죽었다. 다시 또다른 김과의 집에 태어났다. 또 출가하였는데,『법화경』독송만을 좋아하였다. (중략) 이는 貞觀 때의 일이다.[69]

인용문 마)는『弘贊法華傳』에 실린 신라인 이야기로, 金果毅의 아들이 전생, 후생에 걸쳐『법화경』독송을 즐겨하였다고 한다. 이는 貞觀 연간,

68) 鄭炳三은 삼국시대 신라의 관음신앙으로 김무림의 천부관음상 조성과 솔거의 분황사 관음보살도를 들어 이 시기의 관음신앙이『법화경』「보문품」의 성격에서 벗어나지 않으며 독존 관음을 예배 대상으로 하였음을 밝히고 있다(鄭炳三, 1982,「統一新羅 觀音信仰」,『韓國史論』8, 서울대 국사학과, 29~32쪽). 본서는 이 견해와 크게 다르지 않다. 다만 신라 법화신앙을 다룬 논문들에서는 관음신앙에 대한 서술에 차이가 있기 때문에 재조명해보았다. 또한 솔거의 분황사 관음보살도는 경덕왕대의 작품으로 추정하였다.
69)『弘贊法華傳』卷9(『大正藏』51, 41c9~20).

즉 진평왕 49년(627)~진덕여왕 3년(649) 사이에 있었던 일이다. 이를 통해
볼 때, 7세기 전반 신라 사회에서 출가자나 김무림 같은 귀족층 사이에서는
『법화경』이 받아들여지고 있었다는 사실을 알 수 있다.

한편 선행 연구에서는 신라의 법화신앙과 관음신앙의 관계에 대한 설명이
다소 극단적인 차이를 보이고 있다. 신라 법화신앙을 서술하면서 관음신앙
부분은 완전히 배제한 연구도 있고,[70] 신라 법화신앙이 관음영험신앙을
매개로 확산되었다고 보는 연구도 있다.[71] 이러한 차이는 관음보살이 가진
다양한 성격에서 기인하는 것일 것이다. 즉 관음신앙의 성격이 다양하므로
법화신앙으로 한정해서 말할 수 없다고 보기도 하고, 한편 관음신앙이
법화신앙의 가장 핵심이라고 보기도 한다. 이 문제는 신라 관음신앙이
시간 차를 두고 그 성격이 변화해갔으므로, 이러한 변화를 염두에 두고
『삼국유사』 소재 관음신앙의 전개 양상을 살펴보면 쉽게 설명이 가능하리라
생각한다.

관음보살은 여러 가지 재난에서의 救援이나 아들을 바라는 求子의 호소를
현실화시켜 주는 기복적, 현세적 성격에 주안점이 있다. 『법화경』 「보문품」
에는 이러한 현실적 성격이 강조되어 있다. 한편 아미타계 경전인 『無量壽
經』, 『阿彌陀經』, 『觀無量壽經』에서는 관음보살이 아미타불의 협시로 등장
하여 죽은 이의 영혼을 來迎하여 극락정토로 인도해주는 역할을 한다.
『화엄경』에서는 남방의 보타락가산이라는 관음의 住處를 알려준다. 이렇게
관음보살은 여러 대승경전 속에서 다양한 모습으로 나타나고 있다.[72] 이들
경전의 성립연대로 미루어보면 관음신앙은 『법화경』 「보문품」을 기반으로
『관무량수경』을 비롯한 미타계 경전에 의하여 더욱 풍부해지는 모습으로
전개되었는데,[73] 이러한 전개 양상은 신라 사회에서도 마찬가지였다.

70) 金煐泰, 1977, 「법화신앙의 전래와 그 전개」, 『한국불교학』 3.

71) 金杜珍, 2003, 「高麗前期 法華思想의 변화」, 『韓國思想과 文化』 21.

72) 鄭炳三, 1982, 「統一新羅 觀音信仰」, 『韓國史論』 8, 6~10쪽.

  현존하는 7세기 신라의 관음보살상을 보면 형식 면에서 7세기 전반에는 독존, 중반에는 독존과 삼존이 공존하고, 후반으로 가면서 칠존 등이 나타나고 있다.[74] 이를 통해 7세기 신라에서 관음보살상이 많이 만들어졌는데, 7세기 전반에는 독존 형식으로만 만들다가 시간이 지나면서 독존상과 협시상이 공존하게 되었음을 알 수 있다. 여기서 독존과 협시가 가지는 의미가 무엇일까. 독존상은 바로 『법화경』「보문품」에 나오는 관음보살로, 홀로 나타나 사람들을 구원해주는 존재의 표상이다. 협시상은 다름 아닌 아미타불의 협시이다. 정토왕생을 돕고, 정토왕생을 이루기 위한 수행을 도와주는 존재로서의 관음보살이다. 그러므로 독존에서 협시로의 변화는 관음보살이 현실의 어려움을 해결해주는 존재에서 정토왕생을 도와주는 매개자로 역할이 바뀌어감을 보여준다. 독존에서 협시로 바뀌었다고 해서 독존의 성격이 사라지는 것은 아니고, 독존의 성격에 협시의 성격이 더해지는 양상으로 변화하고 있다. 신라 사회에 아미타신앙이 수용되기 시작한

---

73) 강희정, 2004, 『中國觀音菩薩像 硏究 : 南北朝時代에서 唐까지』, 일지사, 39~51쪽.
74) 아래 표는 신승오, 2006, 「7세기 新羅菩薩像 硏究」, 홍익대 미술사학과 석사학위논문, 46쪽의 <표>를 참조하여 7세기 신라 관음보살상만 정리한 것이다. 宿水寺址出土 金銅菩薩立像과 寧越出土 金銅菩薩立像은 훼손이 있어 정확한 지물을 확인하기 어렵다고 하나 三陽洞出土 金銅菩薩立像과 양식이 매우 흡사한 점을 근거로 관음보살상으로 추정하였다고 한다.

시 기	像 名	형 식	비고
7세기초반	三陽洞出土 金銅菩薩立像	독존	
7세기중반	善山出土 金銅菩薩立像(국보183)	독존	
	善山出土 金銅菩薩立像(국보184)	독존	
	湖巖美術館所藏 金銅菩薩像	독존	
	國立中央博物館 金銅菩薩立像	독존	
	宿水寺址出土 金銅菩薩立像	독존	추정
	寧越出土 金銅菩薩立像	독존	추정
	拜洞三體石佛 左脇侍菩薩像	삼존	
	仙桃山磨崖佛 左脇侍菩薩像	삼존	
7세기후반	軍威三尊佛 左脇侍菩薩像	삼존	
	癸酉銘 阿彌陀佛碑像 左脇侍	삼존	

좌 · 삼양동 출토 금
동보살입상
우 · 계유명아미타
불비상(국립청주박
물관 소장)

것은 7세기 중반을 전후한 무렵이고,[75] 『화엄경』의 관음보살이 알려진
것은 의상의 입국(671) 이후라고 한다.[76] 그러므로 신라 관음신앙은 600년을
전후하여 『법화경』 「보문품」의 독존 관음보살이 유포되면서 그 저변을
넓힌 상태에서 7세기 중반 이후 아미타신앙 및 『화엄경』과 결합되면서
확고하게 자리잡아 나갔다고 할 수 있다.

　신라 관음신앙의 사례를 전하는 『삼국유사』는 이미 다양한 성격의 관음신
앙이 결합된 뒤의 모습을 담고 있다.[77] 『삼국유사』의 관음신앙은 관음보살
이 단순히 어느 하나의 소의경전에 근거해서만 의미를 부여받은 것이
아니라 관음보살이라는 그 이름 자체로 신앙받는 존재였음을 보여준다.
이를 잘 나타내는 것이 『삼국유사』에서 법화신앙 사례와 관음신앙 사례를

---

75) 金英美, 1994, 「신라 중고기의 불교와 아미타신앙의 수용」, 『新羅佛敎思想史硏究』,
　　民族社, 71~75쪽.
76) 鄭炳三, 1982, 「統一新羅 觀音信仰」, 『韓國史論』 8, 38~41쪽.
77) 『三國遺事』 관음신앙 사례는 다음 논문에서 자세히 설명하고 있다. 金煐泰, 1976,
　　「新羅의 觀音思想 : 三國遺事를 중심으로」, 『佛敎學報』 13 ; 鄭炳三, 1982, 「統一新羅
　　觀音信仰」, 『韓國史論』 8 ; 라정숙, 2009, 「『삼국유사』를 통해 본 신라와 고려의
　　관음신앙」, 『역사와 현실』 71.

분리하여 기록한 것이다. 법화신앙 사례는 「避隱篇」 전반부에 등장한다. 반면 관음신앙 사례는 주로 「塔像篇」(8개)과 「感通篇」(3개)에 배열되어 있고, 관음신앙 사례에 『법화경』의 이름이 함께 등장하는 경우도 없다. 그러므로 『삼국유사』 관음신앙의 성격을 법화신앙이나 정토신앙이나 화엄신앙의 범주 속에서 이해하는 것은 어쩌면 그 자체로서 한계를 지닐 수도 있다. 이처럼 관음신앙은 법화신앙의 한 양상이기도 하지만 그 범주 안에만 묶을 수 없는 다양한 모습을 지녔다. 다만 이 글에서는 『법화경』의 수용과 더불어 7세기 전반에 관음신앙이 신라 사회에 뿌리 내리기 시작했음에 그 의미를 부여하고자 한다. 샤머니즘의 전통 속에 있던 중고기의 신라인에게 관음보살이라는 존재가 귀의의 대상이 되었다는 사실이 의미 있게 다가온다.

(2) 보현보살의 감응

『三國遺事』 卷5 「避隱篇」에 朗智 이야기가 실려 있다.

> 바) **삼량주 아곡현의 靈鷲山에 기이한 승려가 있었다. 암자를 짓고 산 지 여러 해가 지났으나 마을 사람들은 모두 승려를 알지 못하였다. 그도 이름을 말하지 않았다. 항상 『법화경』을 講하였고, 이 때문에 신통력이 있었다.**[78)]

낭지는 항상 『법화경』을 講하는 法華信行者였다. 「피은편」에는 낭지뿐만 아니라 원성왕대(재위 785~798)에 활동한 緣會, 惠現, 波若와 같은 법화신행자들을 나열하고 있다. 朗智와 緣會는 신라, 惠現은 백제, 波若는 고구려 승려이다. 신라 승려만 두 명이라는 점에서 『삼국유사』의 '新羅遺事'[79)]로서

---

78) 『三國遺事』 卷5, 避隱, 朗智乘雲普賢樹.
79) 李圭景, 『五洲衍文長箋散稿』, 經史5 論史類2 元曉義相辨證說, "鷄林之薛 見新羅遺事 儒理王九年 改六部之名 仍賜姓 以明活村爲習比部 賜性薛氏."

의 성격도 볼 수 있지만, 낭지와 연회의 이야기가 밀접하게 연결되어 있기 때문에 한 명만을 선택할 수 없었던 것 같기도 하다. 낭지와 연회의 이야기는 하나의 서사구조를 지니고 있다. 낭지의 전기에서는 普賢菩薩의 授戒를, 연회의 전기에서는 文殊菩薩의 조언을 중시하고 낭지와 智通, 연회와 文殊를 이어주는 존재로서 각기 辯才天女가 등장한다. 이는『삼국유사』편찬자가 낭지와 연회의 전기를 한 시점에, 한 지역에서 채집하였음을 말해준다. 실제 낭지의 전기는 연회가 썼다고 한다.[80] 그렇다면 그 이전까지 낭지의 이야기는 영취산 일대에서 전설처럼 전해져왔을 것이다. 때문에『삼국유사』의 낭지 이야기를 표면 그대로 믿을 수는 없다. 그렇다고 낭지의 존재 자체를 부정할 필요도 없다. 사람들의 입을 통해 전승되는 과정에서의 변모를 감안해서 해석하면 될 것이다.

우선 朗智의 활동연대부터 파악해 보자. 智通이 "靈鷲山에 사신 지 오래되신 듯하다"고 말하자 낭지는 "法興王 丁未年(527)에 처음으로 여기 와서 살았다"고 말하였다. 일연은 이 이야기를 근거로 "법흥왕 14년 이차돈이 불법을 위해 죽은 그 해에 낭지법사가 영취산에서 法場을 열었다"고 「興法篇」에서 언급하였다.[81] 일연은 낭지가 법흥왕 때 사람이고, 그의 나이가 135세가 넘는다는 것을 믿었나보다. 하지만 이러한 표현은 낭지의 신통력을 돋보이게 하고, 법화신앙의 역사성을 강조하는 기능은 하지만 사실 여부를 확인할 수 없다. 낭지가 원효 및 지통의 스승이었다는 점이 그의 활동연대를 추정할 수 있는 유일한 근거가 된다. 원효의 생몰연대가 617~686년이고, 650년에 유학길에 올랐다는 것으로 보아 그 이전에 국내 여러 스승을 찾아다니며 배움에 몰두하였을 것이다. 그러므로 원효가 낭지를 찾아간

---

80)『三國遺事』편찬자는 낭지와 연회의 전기를 서술할 때 연회가 쓴 <朗智傳>과 원성왕대 이후 씌어진 <靈鷲寺記>를 참조하였다고 한다. 곽승훈, 2006,『新羅古文獻研究』, 韓國史學, 85~90쪽 및 114~117쪽.

81)『三國遺事』卷3, 興法, 原宗興法厭髑滅身.

양산 영취산

것도, 낭지가 영취산에 정착한 것도 650년 이전으로 추정된다.

낭지와 동시대 인물 가운데 산에 은둔한 채 평생 불교 수행에 정진하는 승려는 찾아보기 어렵다. 자장이 출가 전에 홀로 깊숙하고 험준한 곳에서 枯骨觀을 닦았으나 유학 다녀온(643) 후에는 불교 교단을 정비하는 등 중앙 불교계에서 활동하게 된다. 낭지는 왜 삽량주 영취산에 은거한 채 『법화경』을 독송하였을까? 그의 이야기를 자세히 살펴볼 필요가 있다.

사-1) 한때 낭지는 구름을 타고 中國 淸凉山에 가서 승려들 사이에 껴서 강의를 듣고 얼마간 있다가 돌아오곤 하였다. 그 곳의 승려들은 낭지를 이웃에 사는 자라고 생각하였다. 그러나 (정확히) 어디에서 왔는지는 몰랐다.

사-2) (영취)산 동쪽에 태화강이 있는데, 이 강은 中國 태화지에 사는 용이 선행을 많이 쌓아 그 과보에 의해 만들어진 것이다. 그러므로 龍淵이라 하였다.

낭지가 중국 청량산[82]에 구름을 타고 오고갔다고 하고, 그가 있던 靈鷲山

50

동쪽에 중국 태화지의 용이 사는 태화강이 있었다고 한다. 그런데 청량산이나 태화지의 이름은 자장의 전기에 등장한다.[83] 자장이 정말 청량산 즉 오대산까지 갔는지 안 갔는지에 대해서는 논란이 있지만, 자장은 신라에 오대산으로 상징되는 신라불국토설을 정립하는 데 크게 기여한 것으로 이해되고 있다.[84] 낭지 이야기에 청량산이나 태화지가 결합된 것은 그와 거의 동시대를 살았던 자장과 관련된 불국토설의 영향이 크다고 생각한다. 한편 이 설화 같은 이야기에서 한 가지 유추해볼 수 있는 것은 낭지가 자장처럼 유학을 다녀왔을 가능성이다.[85]

첫 번째 근거는 낭지가 있었던 지역이다. 낭지가 머물던 곳은 歃良州 靈鷲山이다. 고려시대 지명으로는 良州, 오늘날로 말하면 경상남도 양산과 울산시 일대이다. 이곳은 해안가에 위치하고 있고, 진흥왕 무렵에도 큰 배가 드나드는 항구가 있던 곳이다.[86] 낭지가 영취산에 정착한 것은 귀국 후 바로 근처의 산을 찾았기 때문인 것 같다.[87]

82) 吉藏이 머물렀던 建康의 攝山 근처에 淸凉山이 있다. 이곳은 훗날 法眼宗의 발상지이기도 하다(京戶慈光, 1975, 『天台大師の生涯』, 第三文明社 ; 최기표·김승일 역, 2006, 『천태대사의 생애』, 시대의창, 76쪽 지도 및 112쪽 설명). 낭지가 갔다는 청량산이 이 곳일 가능성도 상정해보았지만, 청량산-태화지로 이어지는 구도는 자장의 설화와 유사한 면이 많으므로 오대산으로 보는 것이 좋을 것 같다. 이와 관련하여 오대산 大華嚴寺의 옛 이름이 大孚靈鷲寺라는 사실이 흥미롭다(澄觀, 『大方廣佛華嚴經隨疏演義鈔』 卷76, 住處品 第32[『大正藏』 36, 601c4~16]).

83) 『三國遺事』 卷4, 義解, 慈藏定律.

84) 慈藏의 불국토설에 관련된 논문으로는 다음이 있다. 辛鍾遠, 1982, 「慈藏의 佛敎思想에 대한 再檢討 : 新羅佛敎 初期戒律의 意義」, 『韓國史硏究』 39 ; 鄭柄朝, 1987, 「慈藏의 文殊信仰」, 『新羅文化』 3·4 ; 金杜珍, 1989, 「慈藏의 文殊信仰과 戒律」, 『韓國學論叢』 12 ; 金英美, 1992, 「慈藏의 佛國土思想」, 『韓國史市民講座』 10 ; 南東信, 1992, 「慈藏의 佛敎思想과 佛敎治國策」, 『韓國史硏究』 76 ; 金相鉉, 1995, 「慈藏의 政治外交的 役割」, 『佛敎文化硏究』 4.

85) 낭지의 유학 가능성에 대해서는 남동신, 1995, 「원효의 대중교화와 사상체계」, 서울대 박사학위논문, 81쪽에서도 언급하고 있다.

86) 『三國遺事』 卷3, 塔像, 皇龍寺丈六.

87) 낭지가 왜 경주로 가지 않았는가에 대해서는 다양한 해석이 있을 수 있다. 먼저 낭지의 연고지 또는 출신지가 삽량주였을 가능성이 있다. 두 번째로 국가의 요구에

두 번째 근거는 낭지의 행동이다. 낭지는 늘 『법화경』을 강하며 보현보살의 감응을 기대하였다고 한다. 이러한 모습은 낭지 이전 신라 사회에서는 찾아보기 힘들지만 중국에서는 일찍부터 많은 사례가 나타나고 있다.[88]

南北朝時代 『법화경』 持誦과 연구는 鳩摩羅什 문도들이 주도해갔는데, <표 2>의 僧翼, 慧基 모두 구마라집의 제자로 『법화경』 독송을 업으로 하였으며 普賢菩薩이 앞에 나타나는 감응을 경험하였다. 구마라집의 번역 이후 『법화경』은 출가 승려가 가장 먼저 독송하는 경전이면서, 가장 애호하는 경전이 되었다. 『成實論』, 三論 등 논서 중심의 교학 연구가 활발해지는 분위기 속에서도 『법화경』에 대한 교학적 연구는 물론 『법화경』에 근거한 禪觀 수행도 깊어갔다. 그 대표적인 인물이 慧思(515~577)이다. 그는 꿈에 보현보살이 六牙白象을 타고 와서 정수리를 만져주고 간 이후 『법화경』을 저절로 이해하게 되었고, 이후 10년 동안 『법화경』 독송을 멈추지 않아 법화삼매를 깨달았다고 한다.[89]

혜사는 자신을 찾아온 智顗(538~597)에게 普賢道場을 열어 四安樂行을 설해줌으로써 『법화경』을 보는 눈을 뜨게 해주었다. 智顗의 천태교학은 항상 禪觀과의 병행을 강조하는 점이 특징이라 할 수 있는데 이는 慧思의 영향이었다. 지의가 『佛說觀普賢菩薩行法經(줄여서 普賢觀經)』을 중시한 것도 이 때문이었다.[90] 지의와 더불어 『법화경』 연구의 대가로 꼽히는

의해 삽량주에 머물렀을 가능성도 생각해 볼 수 있다. 하지만 『三國遺事』의 "有異僧 庵居累紀 而鄕邑皆不識 師亦不言名氏"라는 구절에 의하면 낭지가 적극적인 사회 활동을 했다고 보기는 어렵다.

88) 『高僧傳』, 『弘贊法華傳』, 『法華傳記』, 『集神州三寶感通錄』, 『三寶感應要略錄』, 『往生西方淨土瑞應傳』, 『法苑珠林』 등에서 『法華經』 관련 普賢信仰 15사례를 뽑아서 시대 순으로 정리하여 <표 2>에 실었다. 제시한 사례 외에도 더 많은 보현신앙 관련 기사가 있으나 時代와 感應이 명료한 것만 제시하였다.

89) 『法華傳記』 卷3, 釋慧思(『大正藏』 51, 59a29~b13).

90) 『弘贊法華傳』 卷4, 釋智顗(『大正藏』 51, 22b17~23a20) ; 『法華傳記』 卷2, 釋智顗(『大正藏』 51, 56c14~57a14) ; 『續高僧傳』 卷17, 釋智顗(『大正藏』 50, 564a18~568a14). 智顗의 『普賢觀經』 이해는 由木義文, 1974, 「智顗と普賢觀經」, 『印度學佛敎學硏究』

52

〈표 2〉南北朝·隋·唐『法華經』관련 普賢信仰 사례

	이름	연도	행업	전거
1	釋僧翼 (?~450)	晉 義熙13 (417)	여산 혜원에게 수학. 라집에게 배움. 회계산으로 가서 법화정사를 짓고 법화경 독송. 독송의 공덕으로 깊은 밤에 광명이 나며 보현보살이 앞에 나타남.	전기 홍찬 주림
2	釋慧基 (412~496)		꿈에 보현보살을 본 것을 계기로 구마라집을 스승으로 모심. 절이 완성되자 보현보살과 六牙의 흰코끼리를 만들어 봉안. 법화경을 종지로 하여『法華義疏』3卷을 지음.	고승전
3	釋道冏(璟)	宋 元嘉2 (425)	법화경 독송에만 힘씀. 이해 9월에 낙양에서 사람들을 위해 普賢齋 열고 遍吉像 장엄함. 7일이 지난 날 어떤 사람이 말을 타고 와서 불상에 예배하고 사라짐.	홍찬 집신주 주림
4	釋普明	宋 孝建중 (454~456) 에 죽음	법화경 유마경 독송. 법화경 보현보살권발품에 이를 때마다 보현보살이 코끼리 타고 앞에 나타남. 유마경 독송시엔 공중에서 음악소리가 남.	홍찬 전기 삼보 집신주 주림
5	釋慧思 (514~577)	陳	꿈에 보현보살이 六牙白象을 타고 와서 정수리를 만져주고 감. 그때 아직 글을 알지 못했는데, 법화 1부가 절로 이해됨.	전기
6	釋大善	陳	남악 반야사에서 법화경 독송. 보현참 닦음.	전기
7	釋智顗 (538~597)	陳 (560년경)	혜사가 보현도량 열어 四安樂行을 설해줌. 이 산에서 法華三昧 행함.	홍찬 전기
8	釋僧遷	梁 天保4 (565)	법화경 독송 50여 년. 꿈에 보현보살이 흰코끼리 타고 동쪽에서 옴. 손에 흰 물건을 가지고서 승천의 정수리를 가리킴.	홍찬
9	釋僧融	梁	江陵에서 항상 법화경 전독. 보현보살이 감응함.	전기
10	蕭璟	隋 大業 (605~617)	스스로 법화경 독송하고, 경전에 의거하여 다보탑 만듦. 매일 법화경 독송.	홍찬 전기
		唐 貞觀12 (638)	임종시 보현보살이 와서 맞이해감.	
11	釋僧定	唐 貞觀7 (633)	방등참회 행하고, 보현도량 열고, 법화경 풍송. 이에 여러 부처가 응현.	전기
12	釋智琰	唐	호구산에 들어가 講誦하는 나머지 시간에 항상 法華普賢 등의 懺을 행함. 법화경 독송을 3천 번 이상하여 冥府를 감응시켰고 신이한 상서가 많았음.	홍찬
13	釋法誠 (?~640)	唐	법화경 독송이 일상. 법화삼매 닦음. 꿈에 보현보살이 나타나 가르쳐줌. 법화경 사경.	전기 주림
14	釋弘景	唐	道素 문인. 법화경 독송. 보현보살이 코끼리 타고 와서 句逗를 줌.	전기
15	釋僧安	唐	손수 법화경 반야경 등 대승경전 사경. 꿈에 보현보살이 앞에 나타나 빠뜨린 부분 가르쳐줌.	전기

* 전기는『法華傳記』, 홍찬은『弘贊法華傳』, 주림은『法苑珠林』, 집신주는『集神州三寶感通錄』, 삼보는『三寶感應要略錄』을 가리킨다.

吉藏 또한 보현보살을 존숭하여 장막 앞에 별도로 보현보살상을 두고서
마주보고 앉아 좌선하며 實相의 이치를 관하는 등 普賢行을 실천하였다.[91]
이와 같이 법화신행자에게 보현보살은 뗄래야 뗄 수 없는 존재였다.

한편 보현보살은 『법화경』뿐 아니라 『無量壽經』, 『悲華經』,[92] 『華嚴經』
등에 중요하게 등장한다. 오늘날은 이 가운데 『화엄경』의 보현보살이 가장
유명하다.[93] 하지만 南北朝·隋·唐에서의 보현신앙 사례를 정리해보면, 대
부분 『법화경』과 관련된다. 특히 『법화경』 독송 등의 수행에 대한 감응으로
보현보살이 나타나고 있다(<표 2> 참조). 南朝에서부터 『법화경』 연구와
수행이 활발하게 진행되었고, 隋의 통일 이후 장안 등 전국으로 확산되어
나갔음을 알 수 있다.[94]

---

91) 『續高僧傳』 卷11, 釋吉藏(『大正藏』 50, 508b26~509b18) ; 『法華傳記』 卷2, 唐京師延
　　興寺釋吉藏九(『大正藏』 51, 57a15~b2).
92) 『悲華經』의 보현보살은 前生에 無諍念王으로서 수행하던 보살로, 來生에 성불하여
　　북방의 知水善淨功德世界를 다스린다고 한다.
93) 『華嚴經』 관련 영험담을 싣고 있는 法藏(643~712)의 『華嚴經傳記』(『大正藏』 51)에는
　　경전 독송에 대한 감응으로 보현보살이 등장하는 사례가 2회(釋智炬, 釋辯才), 普賢行
　　을 닦는 사례가 3회(釋普濟, 釋杜順, 樊玄智) 등장한다. 『법화경』 관련 영험담에서
　　보현신앙이 빈출하는 것과는 대조적이다. 『화엄경전기』는 692년 무렵의 저술이라고
　　한다(장애순, 2005, 「법장 저술의 찬술연대 재검토」, 『普照思想』 25). 그렇다면
　　이 무렵까지 『화엄경』과 보현보살의 관계가 밀접하지 않았던 것일까. 『화엄경전기』
　　에 智儼의 스승 杜順의 보현행이 언급된 것으로 보아 반드시 그렇지만은 않은
　　것 같다. 그런데 均如의 <普賢十願歌>로 유명한 普賢十大願은 40권본 『화엄경』에만
　　나오는 내용으로 이는 795~798년에 般若가 번역하면서 추가한 부분이다. 『화엄경』
　　과 보현신앙의 관계 변화에 대한 역사적 고찰이 필요하다고 생각한다.
94) 『大智度論』에서도 "『法華經』을 독송하는 사람이 있으면 흰코끼리를 타고 와서
　　敎導하겠다고 한 遍吉菩薩이 바로 보현보살이다"라고 말하고 있다. 『大智度論』
　　卷9, 序品(『大正藏』 25, 126c28~127a9). 『大智度論』은 東魏·北齊의 수도였던 鄴에서
　　시작하여 산서성 중부의 晉陽, 산동성 북부의 靑州, 長安 및 建康 등을 중심으로
　　활발히 연구되고 강설되어 이 지역 사람들의 신앙 형성에 큰 영향을 미쳤으며
　　대승불교, 특히 禪觀을 이해하기 위한 필독서로서 존중받았다(佐藤心岳, 1973, 「六朝
　　時代における『大智度論』の研究講説」, 『印度學佛教學研究』 21-2, 305~312쪽). 뿐만
　　아니라 『대지도론』의 이 구절을 『홍찬법화전』(『大正藏』 51, 13c25~29 ; 『大正藏』
　　51, 40b25~40c5)과 『법화전기』(『大正藏』 51, 79a14~24)에서도 인용하고 있는 것으

54

다시 낭지 이야기로 돌아가보자.

아) 얼마 있다가 朗智가 智通에게 계를 주려고 하자, 지통이 말하였다.
"저는 동네 입구 나무 아래에서 이미 보현보살을 만나 淨戒를 받았습니
다." 낭지가 탄식하였다. "훌륭하구나! 너는 이미 직접 보살의 滿分戒를
받았구나. 나는 태어나서 지금까지 줄곧 해가 져도 조심하고 부지런히
노력하며 성인 만날 것을 생각하였는데도 아직 성인의 감응을 받지
못하였다. 그런데 지금 너는 이미 감응을 받았으니, 내 너에게 한참
못 미치는구나." 그러고는 반대로 지통에게 예를 표하였다. 이 때문에
동네 입구의 그 나무를 보현수라 불렀다.95)

낭지는 태어나서 줄곧 해가 져도 조심하고 부지런히 노력하며 성인,
즉 보현보살을 만날 것을 생각하였다고 한다. 낭지는 보현보살을 만나고자
어떤 노력을 하였을까. 『삼국유사』에는 구체적인 수행 내용이 나와 있지
않지만, 『법화경』「普賢菩薩勸發品」및 『법화경』의 結經이라 불리는 『普賢觀
經』에는 普賢行이 설명되어 있다.

자-1) 세존이시여, 만약 이 다라니를 들을 수 있는 보살이 있다면 보현보살의
신통력임을 알아야 합니다. 만약 『법화경』이 염부제에서 행해져서
受持하는 자가 있다면 마땅히 '이는 보현보살의 위신력이다'라는 생각
을 하여야 합니다. (『법화경』을) 受持하고, 讀誦하고, 바르게 憶念하고,
그 뜻을 이해하고, 말한 대로 수행하는 것이 普賢行을 행하는 것임을
알아야 합니다.96)
자-2) 부처가 아난에게 말씀하셨다. "나는 현겁 여러 보살 및 시방제불들과
대승 진실의 뜻을 생각하였기에 백만억아승지겁 만큼이나 되는 생사의

로 보아 『법화경』과 보현보살의 관계에 대해 당시 널리 인식하고 있었으리라 생각한
다.
95) 『三國遺事』卷5, 避隱, 朗智乘雲普賢樹.
96) 『妙法蓮華經』卷7, 「普賢菩薩勸發品」第28(『大正藏』9, 61b28~c3).

죄를 없앴다. 이 뛰어난 참회법 때문에 지금 시방에서 각각 부처가 될 수 있다. 빨리 아뇩다라삼먁삼보리를 이루고자 하고, 現身하여 시방 부처 및 보현보살을 보고자 한다면 마땅히 깨끗이 씻고 정결한 옷을 입고 향을 피우며 空閑處에서 대승경전을 독송하고 大乘義를 생각해야 한다." 부처가 아난에게 말씀하셨다. "**어떤 중생이 보현보살을 보고자 한다면 마땅히 이러한 觀을 해야 한다. (중략) 부처가 滅度하신 후 부처의 모든 제자는 부처의 말씀에 따라 참회를 행해야 한다. 이 사람의 행이 普賢行임을 알아야 한다.** 보현행을 행하는 자는 나쁜 相과 나쁜 業報를 만나지 않는다. 어떤 중생이 晝夜 6시로 시방 부처께 예배하고 대승경을 독송하고 第一義의 깊고 깊은 空法을 생각하면, 잠깐 뒤에 백만억아승지겁 동안의 죄가 제거될 것이다. 이 (보현)행을 행하는 자가 참 佛子이다."[97]

『법화경』「보현보살권발품」과 『보현관경』은 일찍부터 하나의 세트로 인정되었고 보현행의 지침서 역할을 하였다.[98] 낭지의 수행도 자-1)「보현보살권발품」의 '受持' '讀誦' '正憶念' '解其義趣' '如說修行' 및 자-2)『보현관경』의 懺悔法을 크게 벗어나지 않았을 것이라 생각한다.[99] 『보현관경』에서는 반복해서 참회할 것을 말하고 있다. 깨끗이 씻고, 정갈히 입고, 대승경전을 독송하고, 대승의 의미를 생각하며 전생의 죄를 참회하는 것이 바로 普賢行이다.

한편 낭지의 법화수행을 安樂行으로 보는 견해도 있다.[100] 『법화경』 독송을 통한 수행은 크게 普賢行과 安樂行으로 구분할 수 있는데, 백제 승려 玄光은 南岳 慧思의 문하에서 수학하면서 安樂行을 익혔다고 한다. 안락행과 보현행은 모두 法華三昧의 행법이지만 안락행은 無相行, 보현행은

---

97) 『佛說觀普賢菩薩行法經』 卷1(『大正藏』 9, 393b23~c7).
98) 橫超慧日, 1975, 「中國における法華思想史」, 『法華思想』, 平樂寺書店, 270쪽.
99) 金煐泰, 1977, 「법화신앙의 전래와 그 전개」, 『한국불교학』 3, 36쪽.
100) 南東信, 1995, 「元曉의 大衆敎化와 思想體系」, 서울대 박사학위논문, 79~81쪽.

56

有相行으로 구분할 수 있다. 남악 혜사가 설한 안락행은 『법화경』「安樂行品」에 의거한 것으로 行住座臥, 음식, 언어의 일체 威儀에 있어서 마음을 한결같이 안정시키는 행법이다. 心相寂滅의 선정 수행을 통하여 제법은 본래청정하며 중생의 본성도 본래 無垢임을 증득함으로써 번뇌를 단절하지 않고도 곧바로 無事自然의 佛境界에 들어가게 되는 것이다. 반면 보현행은 『법화경』「보현보살권발품」 및 『보현관경』에 의거한 것으로 산란한 마음으로 『법화경』 독송에 정진함으로써, 선정을 닦거나 삼매에 들어가지도 않고, 앉아있거나 서 있거나 걷고 있거나 一心으로 신명을 바쳐 법화문자를 전념하는 행법이다. 그 결과 보현보살이 코끼리를 타고 나타나면 죄가 멸하고 청정한 안근을 얻고, 시방삼세 제불을 보고, 지극한 마음으로 참회하게 된다.101) 안락행은 천태의 행법으로 규정되지만, 보현행은 천태 승려뿐만 아니라 『법화경』 독송을 실천하는 이는 누구나 닦을 수 있었다. 낭지의 행법은 천태의 안락행이라기보다는 보현행의 실천이었던 것 같다.

　낭지의 법화신앙은 三論敎學의 영향을 받았다는 견해가 있긴 하나,102) 자료의 부적확성 때문에 그 계보를 명확히 할 수가 없다. 『법화경』에 근거한 실천을 강조했던 天台 智顗의 영향을 받았으리라는 짐작도 가지만 확언할 수 없다. 그런데 직접 天台 智顗에게 배우고 신라로 돌아온 緣光이라는 인물이 있었다. 연광의 이야기는 『弘贊法華傳』의 찬자 惠祥을 통해 문자화되었다.

　　차) 釋緣光은 신라인이다. (중략) 隋 仁壽 연간에 오에 와서 마침 智者를 바로 찾아갔다. [지자가] 妙典(『법화경』)을 널리 펴시니, 아침저녁으로

101) 徐潗烈, 1999, 「법화삼매의 형성 과정에 관한 소고」, 『중앙승가대학교논문집』 8, 74~76쪽.
102) 원효가 낭지에게 보낸 『初章觀文』이 三論學과 관련 있음은 高翊晉이 처음 설명하였다. 高翊晉, 1989, 「원효의 기신론 철학과 화엄경관」, 『韓國古代佛敎思想史』, 동국대출판부, 179~180쪽.

스승을 섬겨 行과 解가 모두 깊어졌다. 몇 년 뒤 문득 크게 깨닫자 지자가 곧 『묘법연화경』을 강하게 하였다. [그의 강의에] 젊은 무리들이 신복하지 않음이 없었다. 훗날 天台別院에서 妙觀을 더욱 닦았다. (중략) 연광은 본국에 돌아와 늘 이 경전(『법화경』)을 홍보하여 법문이 크게 열렸으니 참으로 공이 크다. (중략) 신라 승려 連義라는 이가 있는데, 나이가 바야흐로 80세이고 거친 옷에 하루 한 끼만 먹으며 각고의 노력을 하여 무리 가운데 빼어났다. 나[혜상]와 같은 곳에 머물고 있었는데, 그가 연광의 일을 말해주어 여기에 기록한다.103)

연광은 隋 仁壽연간(601~604)에 天台 智顗 문하에 들어갔고, 지의로부터 깨달음을 증득했음을 인정받아 『법화경』을 강의하였으며, 신라로 돌아와 고향에서 『법화경』을 弘通하였다고 한다.104) 惠祥은 자신과 같은 절에 있던 나이 80세의 신라 승려 連義로부터 연광의 이야기를 직접 듣고 책에 수록하였다. 惠祥이 『홍찬법화전』을 찬술한 것이 706년 무렵이니,105) 그 전후해서 連義의 나이가 80세라면 태어난 것은 620년대이다. 連義가 유학을 떠나기 전에 緣光을 보았을 것이므로 연광의 활동 연대는 7세기 전반 경으로 추정된다. 지의의 제자가 7세기 전반에 신라에서 활동하고 있었다는 사실은 천태교학의 수용이라는 점에서 중요한 의미를 지닌다.106) 낭지의 법화수행과도 같이 생각해보면 7세기 전반 신라 사회가 법화신앙의 세례를 받았음을 알 수 있다. 다만 낭지의 경우는 은둔 수행하여 그가 생존한 시기로부터 150여 년의 시간이 경과한 뒤에 전기가 기록되었고, 연광의

103) 『弘贊法華傳』 卷3, 釋緣光(『大正藏』 51, 20a17~b13).
104) 智顗는 597년에 죽었으므로 緣光은 지의를 직접 만나지는 못하였을 것이다. 기록의 오류에 대해서는 김은희, 1996, 「천태지자의 문하인 신라 연광스님」, 『金剛』 134 등에서 언급하고 있다.
105) 『弘贊法華傳』에 나오는 가장 늦은 연호가 神龍 2年(706)이다(『大正藏』 51, 47c, "神龍二年三月一日也").
106) 金煐泰, 1977, 「법화신앙의 전래와 그 전개」, 『한국불교학』 3, 28쪽 ; 李永子, 1988, 「한국 천태사상의 전개」, 『韓國 天台思想의 展開』, 民音社, 21쪽 등.

경우는 신라 내에 그 흔적을 남기지 못하였다.

(3) 중고기 법화신앙의 역사적 의미

신라 불교계는 7세기에 접어들면서 많은 변화가 일어났다. 여기에는 유학 다녀온 승려들의 공이 컸다. 600년이라는 원광의 귀국연대가 상징하듯이, 7세기에 접어들면서 유학 승려들이 증가하였고 그들의 불교 이해가 깊어가면서 그들의 역할도 다변화하였다. 승려들 교화 활동의 증가로 재가자들의 개별적 신앙행위가 나타나기도 하고, 승려들이 스스로의 체험을 얻고자 수행에 매진하기도 한다. 지금까지 중고기 불교신앙으로 釋迦信仰과 彌勒信仰이 강조되어 왔다. 지배층이 수용한 불교가 정치 이데올로기로서의 역할을 한 측면을 무시할 수는 없지만, 신앙으로서의 불교 모습도 있었음을 7세기 전반 법화신앙이 잘 보여준다.

중고기 법화신앙의 성격은 크게 관음신앙과 보현신앙 두 모습으로 대별할 수 있다. 관음신앙은 어려움에 처했거나 간절히 바라는 것이 있을 때 관음보살의 도움을 요청하는 형태였고, 보현신앙은 『법화경』 독송 등의 수행으로 보현보살의 감응을 기대하는 형태로 나타났다. 관음신앙과 보현신앙의 차이를 잘 보여주는 사례가 있다.

> 카) 釋道冏은 扶風好濤人이다. 본래 성은 마씨이다. 순순하게 학업하여 어린 나이에 소문이 자자했다. 처음 출가하여서는 道懿의 제자가 되었다. 도경은 평소 『법화경』을 독송하여 오로지 이 일에만 정성을 쏟았다. 元嘉 2년(425) 9월 洛陽에서 사람들을 위해 普賢齋를 열었다. 이때 눈을 쓸고 마당을 깨끗이 하여 안팎이 청정하였다. 변길상(보현상)을 장엄하기를 엄숙히 같이 계신 듯한 마음으로 하였다. (중략) 3년이 지난(428) 어느 날 백의에 집에서 또 보현재를 열었다. (중략) 훗날 동학 4명과 남쪽으로 양도에 가서 풍화를 보고자 하였다. 밤에 얼음을 타고 강을 건너는데 중도에 얼음이 깨어져 세 사람이 빠져 죽었다. 도경은

　　정성껏 관음에게 귀의하였더니 다리 아래에 어떤 물건이 있는 듯 느꼈고
　　다시 붉은 빛이 앞에 보이더니 그 빛을 타고 해안에 이르렀다.107)

　　道冏은 훗날 齊 文宣王 蕭子良(460~494)의 귀의를 받았던 승려로 유명한데, 이 이야기는 宋 文帝 元嘉 연간(424~453)에 있었던 일이다. 도경은 평소 『법화경』 독송에 전념하였고 사람들을 위해 보현법회를 열고, 보현상(변길상)을 장엄하였다. 그러다 물에 빠지려는 危難에 처했을 때는 관음보살을 찾고 있다. 관음신앙과 보현신앙은 법화신앙의 하나이면서 둘인 성격을 잘 보여준다. 이러한 성격의 차이 때문에 신앙의 수용자도 달랐을 것이다.

　　관음신앙의 경우 危難 구제, 소원 성취 등 현실에서의 어려움을 호소할 수 있었기에 재가자들이 받아들이기에 무리가 없었을 것이다. 자장의 아버지 金武林 같은 상류층에서 시작하여 점차 향유자가 확대되어 갔으리라 생각한다. 어려운 일이 있거나 바라는 일이 있을 때 관음보살에게 기도하는 형태의 신앙은 매우 求福的 성격을 지닌다. 삼국의 불교는 전래 초기부터 崇信求福을 강조하여108) 황룡사탑 등 왕실 및 국가의 안위를 위한 佛事를 거행하였다. 하지만 이러한 佛事가 개개인의 구복과는 거리가 있었다. 求子라는 개인적인 이유로 관음보살상을 조성하였다는 사실은 불교를 국가의 종교로만 이해하는 것이 아니라 자신의 신앙으로 받아들였음을 보여준다. 다른 한편 이는 불교 수용 이전 자연신(天神, 山神, 水神 등)을 숭배하며 자신의 소원을 빌던 이들이 그 대상을 관음보살로 바꾸었음을 말해준다. 관음신앙은 샤머니즘의 전통 속에 있던 신라인들에게 불교를 알리는 데 큰 역할을 하였으리라 생각한다.

　　한편 보현신앙은 재가자의 신앙이 되기는 어려웠을 것이다. 보현보살은

---

107) 『弘贊法華傳』 卷1(『大正藏』 51, 14a9~b5). 그 밖에 『法華傳記』, 『集神州三寶感通錄』, 『法苑珠林』 등에도 실려 있다.
108) 『三國史記』 卷18, 高句麗本紀6 故國壤王 9年 3月 ; 『三國遺事』 卷3, 興法, 原宗興法.

『법화경』수행을 증험해주는 존재이다. 신라 사회에 불교가 전래된 지 200여 년이 흘렀다고는 하나 7세기 전반에 일반 민들이 경전 독송, 억념 등을 행할 만큼의 분위기는 형성되지 않았던 것 같다. 그러므로 중고기 법화신앙의 한 일면으로서의 보현신앙은 출가자의 전유물이었다고 생각한다. 그런데 낭지가 스스로의 수행 결과 보현보살의 감응이 있기를 기대하면서, 은둔한 채 국가와 거리를 둔 것은 신라 사회에서는 새로운 변화의 모습이었다. 7세기 신라에서 불교는 상류사회에 소속되고자 하는 이들에게는 이미 필수 교양이 되었을 것이다. 왕의 이름이 왜 淨飯이고, 왕비의 이름이 왜 摩耶인가를 알기 위해서는 불교를 알아야만 하였다. 당시 圓光이나 慈藏 같은 승려들은 최고의 지식인으로서 국가나 왕실의 요구에 부응하며 신라 사회를 이끌어갔다. 불교에 대한 지식은 이미 하나의 권력이 되어가고 있었다. 그런 상황에서 스스로의 은둔 수행을 통해 부처의 가르침을 체득하고자 한 이가 등장했다는 것은 불교 저변의 확산으로 인한 결과이기도 하며 신라 불교계의 새로운 변화의 조짐이기도 하였다.

　元曉는『菩薩戒本持犯要記』에서 자신만의 해탈을 추구하며 산 속에 머무르고 현실을 외면하는 승려들을 비판하였다.[109] 원효는 아마도 자신의 수행에만 전념한 朗智의 태도도 비판하였을 것 같다. 수행승에 대한 원효의 비판이 정당하다고 볼 수 있는지는 해석의 여지가 남지만, 주목할 점은 원효의 비판 대상이 된 존재들이 신라 사회에 존재했다는 것이다.[110] 대승불교의 은둔 수행은 수행 그 자체로 끝나지 않는다. 수행으로 지혜를 획득하여 중생에게 나아갈 것을 목표로 한다. 낭지의 수행도 마찬가지였을 것이다.

---

109) 金英美, 1994,「元曉의 阿彌陀信仰과 淨土觀」,『新羅佛敎思想史硏究』, 91~93쪽.
110) 진흥왕의 巡狩 기록을 싣고 있는「北漢山眞興王巡狩碑」를 보면, 진흥왕이 산에서 "道人이 석굴에 살고 있는 것을 보고 (결략) 돌에 새겨 辭를 기록한다."는 구절이 있다(韓國古代社會硏究所 編, 1992,「北漢山眞興王巡狩碑」,『譯註韓國古代金石文 2』, 72쪽). 그러므로 어쩌면 불교 수용 초기부터 세상에 나오지 않고 은거하면서 수행에 전념한 이들이 있었을지도 모르지만, 그들에 대한 기록이 없다.

낭지는 僧政에 관여한다거나 국왕에게 조언한다거나 하는 일은 하지 않았지만, 당시 신라 사회를 이끌어가는 숨어있는 지도자의 역할을 하였을 것이다. 원효나 지통이 낭지를 찾아갔다는 사실이 이를 증명한다.

　신라 불교에서 은둔 수행승으로서 자신의 전기를 남긴 인물로는 낭지가 처음이다. 낭지의 기록이 그나마 남게 된 것은 원성왕 때 緣會가 전기를 쓰고 이들의 행적을 중요하게 여긴 一然이 『三國遺事』에 실어줬기 때문에 가능하였다. 정치적 활동 흔적이 없는 은둔 수행승의 존재가 역사에 남기란 쉬운 일이 아니다. 더구나 당시가 신라로서는 존립의 위기를 느끼던 심각한 상황이었다는 점에서 더욱 그러하다. 신라를 비롯한 삼국은 숱한 전쟁을 겪으면서 성장하였지만, 7세기 중반 들어 조성된 전쟁의 분위기는 그 이전과는 달랐다. 선덕왕 11년(642) 대야성 함락 이후[111] 신라는 백제 정벌의 의지를 확고히 하고, 당의 원조를 수락받았다. 이후 신라는 모든 인력과 자원을 동원하여 전쟁 준비에 몰두하였다. 태종무열왕(재위 654~660) 때 승려 道玉이 승복을 벗고 이름을 驟徒로 바꾸며 전쟁에 참여했듯이[112] 신라의 승려들도 가만히 앉아 있을 수만은 없었다. 義相이 나라의 위기를 외면하지 못해 급히 귀국하고, 明朗이 문두루법을 사용하여 唐兵을 퇴치하고, 義寂이 재가자의 무기 소지를 허용하는 적극적인 계율 해석을 하였던 것[113]도 모두 이 때문이었을 것이다. 이런 상황에서 은둔 수행승의 존재가 겉으로 드러나기는 어려웠을 것이다. 하지만 통일전쟁 이후 신라 사회의 불교에 대한 열의는 더 강해지고, 이 과정에서 『법화경』이나 자력 수행에 대한 관심도 증가한다. 전쟁 때문에 전후 시기가 단절되었다고 볼 수도 있지만, 중고기의 경험이 전혀 무의미했다고 말할 수는 없을 것이다.

---

111) 『三國史記』 卷5, 新羅本紀5, 善德王.
112) 『三國史記』 卷47, 列傳7, 驟徒.
113) 崔源植, 1992, 「新羅 義寂의 梵網菩薩戒觀」, 『何石金昌洙敎授華甲紀念 史學論叢』 (1999, 『新羅菩薩戒思想史硏究』, 民族社, 172~174쪽 재수록).

Ⅲ. 『법화경』 이해의 심화

1. 元曉의 『法華宗要』와 일승관

元曉의 사상은 一心, 和諍, 如來藏, 華嚴, 大乘起信論 등의 다양한 키워드로 연구되어 왔다. 본장에서는 범주를 약간 달리하여 法華思想에 초점을 맞추어 접근하고자 한다. 7세기를 전후하여 신라에서는 관음신앙의 형태로『법화경』에 대한 이해가 나타나기 시작하였는데,『법화경』에 대한 본격적인 관심을 표명한 이는 원효였다. 원효는『법화경』과 관련하여『法華經方便品料簡』1권,『法華宗要』1권,『法華要略』1권,『法華略述』1권을 저술하였고, 이 가운데『법화종요』가 현존하고 있다.

『법화종요』에 대한 연구는 불교학계에서 주로 진행되었다. 원효 저술 전체 맥락에서『법화종요』가 차지하는 위상을 밝히는 데 주력하기도 하고,[1] 원효가 법화사상의 주요 논점을 어떻게 이해하였는가를 설명하기도 하였다. 주로 三乘과 一乘의 관계, 三車家와 四車家의 논쟁 등에 대한 원효의 견해를 다루고, 원효 이전『법화경』주석가와의 비교를 통해 원효의 독창성을 찾는 데 공통된 관심을 보이고 있다. 先代 주석가와의 비교에서 吉藏의 영향을 강조하느냐[2] 智顗의 영향을 강조하느냐[3]의 차이는 있다. 또한

---

1) 李箕永, 1983,「법화종요에 나타난 원효의 법화경관」,『韓國天台思想硏究』; 李箕永, 1984,「원효의 법화사상 : 金剛三昧經論과의 관계」,『新羅文化』1.

2) 徐輔鐵, 1985,「法華宗要における元曉の和諍思想」,『駒澤大學佛敎學部論集』16 ; 徐輔鐵, 1985,「法華宗要の硏究」,『印度學佛敎學硏究』33-2.

원효의 『법화경』 '一乘'에 대한 이해가 가지는 의미에 대해서도 의견이
나뉘는데, 삼국통일의 기본 원리가 되었다고 해석하기도 하고[4] 화쟁·회통
의 사상적 기반이 되었다고 보기도 한다.[5] 『법화종요』의 교리 구조를
밝히는 데 주력한 논고들도 있다.[6]

　이상의 선행 연구들을 바탕으로 원효가 『법화경』을 통해 강조했던 바가
무엇이고, 그것이 신라 사회에 던지는 메시지가 무엇이었는가를 찾아보고
자 한다. 원효는 경전을 인용할 때 다소 선택적이었다고 한다. 예를 들어
『금광명경』의 경우 三身思想을 말하고 있는 「佛三身品」만 항상 중시하였다
고 한다.[7] 그렇다면 원효는 『법화경』에서는 어떤 측면을 중시하였을까.
이를 두 가지 방법으로 분석하고자 한다. 첫째 원효 저술 전체에서의 『법화
경』 인용 태도를 조사해보겠다. 둘째 『법화종요』의 종지인 '一乘實相'이
가진 함의를 파헤쳐보도록 하겠다. 이를 통해 『법화경』을 통해 제시한
원효의 一乘觀이 지니는 사상사적 의미에 대해서도 생각해보고자 한다.

---

3) 李永子, 1988, 「元曉의 法華經 理解」, 『韓國學의 課題와 展望 2』, 한국정신문화연구
　　원 ; 李永子, 1988, 「元曉의 天台會通思想 研究」, 『한국 천태사상의 전개』, 民族社 ; 福
　　士慈稔, 1991, 「元曉の法華經觀に於ける諸問題」, 『天台思想と東アジア文化の研究』,
　　山喜房佛書林.
4) 安啓賢, 1982, 「法華思想과 三國統一理念」, 『韓國佛教史研究』, 同和出版社 ; 金英吉,
　　1998, 「원효의 『법화경종요』로 본 일승 통일」, 『元曉學研究』 3.
5) 金昌奭, 1979, 「元曉の法華宗要について」, 『印度學佛教學研究』 27-2(梁銀容 편, 『新羅
　　元曉研究』, 원광대학교출판부 재수록) ; 김영호, 1993, 「법화경의 일승원리와 종교
　　다원주의 : 원효의 법화경종요를 중심으로」, 『한기두박사화갑기념 한국종교사상의
　　재조명(상)』 ; 김종인, 2003, 「법화종요에 나타난 원효의 『법화경』 이해」, 『淨土學研
　　究』 6.
6) 日空, 1995, 「元曉의 法華宗要에 대하여」, 『僧伽學人』 2 ; 李丙旭, 1997, 「元曉 法華宗要
　　의 敎理體系 研究」, 『韓國佛敎學』 23 ; 李妙先(智曉), 1997, 「元曉 法華經觀의 研究」,
　　원광대 교육대학원 석사학위논문.
7) 李箕永, 1984, 「원효의 윤리관」, 『김정배박사고희기념논문집』(1994, 『원효사상연구
　　Ⅰ』, 한국불교연구원, 169~170쪽 재수록).

1) 『법화경』 인용 태도

원효의 『법화경』 인용 태도는 먼저 『법화종요』를 제외한 원효 저술 전반에서의 『법화경』 인용 사항을 조사한 뒤 『법화종요』와 비교하는 방법을 취하도록 하겠다. 다음 <표 3>은 현존 원효 저술에서 『법화경』을 인용한 빈도이다.[8]

〈표 3〉 元曉 저술 『法華經』 인용 빈도(『법화종요』 제외)

	합계	方便品	如來壽量品	法師品	信解品	기타
涅槃宗要	3	1				2(일승, 번역예증)
金剛三昧經論	4	1		1	1	1(문세)
大慧度經宗要	1	1				
彌勒上生經宗要	1		1			
합계		3	1	1	1	3

<표 3>을 통해 가장 먼저 알 수 있는 것은 원효가 『열반종요』와 『금강삼매경론』에서 『법화경』을 많이 인용하였다는 사실이다. 『열반종요』에서는 『열반경』의 종요인 佛性이 『법화경』의 一乘, 『반야경』의 智慧, 『유마경』의 眞解脫과 다르지 않으므로 모든 경전이 一味임을 강조하고 있다.[9] 『금강삼

---

8) 원효의 현존 저술의 경전 인용에 대해서는 선행 연구가 있다. 李箕永, 1982, 「經典引用에 나타난 元曉의 獨創性」, 『韓國佛敎硏究』, 한국불교연구원, 397쪽에 의하면, 원효의 『법화경』 인용 빈도는 다음과 같다.

	大慧度經宗要	涅槃宗要	彌勒上生經宗要	無量壽經宗要	金剛三昧經論
법화경	2	3	1	1	5

필자가 조사한 결과는 이와 크게 다르지 않다. 다만 '내용'을 중심으로 했을 때 약간의 수정이 필요할 것 같다. 『대혜도경종요』의 경우 하나로 연결되는 문맥이기 때문에 2회가 아니라 1회로 하였고, 『금강삼매경론』도 마찬가지로 하나의 문맥에서 2번 사용되므로 5회가 아니라 4회로 보았다. 『열반종요』에서는 교판을 소개하면서 3회의 표현이 더 나오나 이는 경문의 인용이 아니므로 합계에서 제외하였다. 『무량수경종요』에는 『법화경』 인용 구절이 없었다. 한편 安啓賢도 『법화종요』에 인용된 문헌을 조사하였는데, 해당 구절을 소개하는 데 주력하고 있다(安啓賢, 1983, 「元曉 著書에 보이는 引用書」, 『韓國佛敎思想史硏究』, 동국대출판부, 141~145쪽).

9) 『涅槃宗要』(『韓國佛敎全書』 2, 545a4~10).

매경론』에서는 원효 스스로『金剛三昧經』서분과『법화경』서분의 文勢가
비슷하다고 하고,『금강삼매경』은 '無量義宗'인데『법화경론』에서『법화
경』의 16가지 이름 가운데 하나가 '無量義經'이라고 하였음을 거론하고
있다.10) 이와 같이 저술 별로, 문맥 별로『법화경』을 인용한 이유는 다르다.

　품 별로 분석해보면, 원효는「방편품」(3회),「여래수량품」(1회),「법사품」
(1회),「신해품」(1회)을 인용하고 있다. 기타로 분류한 것은 특정 구절을
인용하지 않은 경우이다.「방편품」의 인용이 가장 많은데, 다만『大慧度經宗
要』에서 인용한「방편품」구절11)은『대지도론』에서 그대로 옮겨온 것이다.
즉 원효는 석존이『반야경』을『법화경』보다 뒤에 설법하였다는 증거로
「畢定品」에서 수보리가『법화경』을 들었다는 구절 등을 제시하고 있는데,
이 표현이『大智度論』과 똑같다.12)『涅槃宗要』와『金剛三昧經論』에서 인용
한「방편품」은 "제불여래가 一大事因緣 때문에 세상에 출현하셨다"는 구절
이다.13)「여래수량품」은『彌勒上生經宗要』에서 인용하고 있는데, "나는
실로 成佛한 지 無量無邊百千萬億那由他劫이 지났다"14)는 구절을 통해
석가의 수명이 무량함을 밝히고 있다.『금강삼매경론』에서 인용한「법사
품」은『금강삼매경』의 뜻이『법화경』의 의미와 같음을 말하고 있다.15)
즉『금강삼매경론』의 "여래의 옷을 입고서 法空의 처소에 들어간다"는
구절이「법사품」의 "온화함과 인욕을 옷으로 삼는다"와 뜻이 같고,『금강삼

10)『金剛三昧經論』卷上(『韓國佛敎全書』2, 607c7~13). 때문에 李箕永은 원효가『금강삼
　　매경』을『법화경』사상의 총결적 의미를 갖는 경전으로 보았다고 평가한다. 李箕永,
　　1984,「元曉의 法華思想」,『新羅文化』1(1994,『원효사상연구Ⅰ』, 한국불교연구원,
　　63쪽 재수록).
11)『大慧度經宗要』(『韓國佛敎全書』2, 486c8~18).
12)『大智度論』卷93, 畢定品 第83(『大正藏』25, 713b25~29).
13)『涅槃宗要』(『韓國佛敎全書』2, 525a10~17) ;『金剛三昧經論』卷上(『韓國佛敎全書』
　　2, 610a2~16).
14)『彌勒上生經宗要』(『韓國佛敎全書』2, 552c10~17).
15)『金剛三昧經論』卷上(『韓國佛敎全書』2, 647c1~12).

매경론』의 "菩提의 자리에 앉아 正覺의 如一한 경지에 오른다"는 구절이
「법사품」의 "모든 법의 공적함을 자리로 삼는다"와 뜻이 같다는 것이다.
「신해품」은『금강삼매경론』의 '미혹한 아들[迷子]'이라는 표현과 비교하기
위해 「신해품」의 '곤궁한 아들[窮子]'을 끌어오고 있다.16)

　이상의 인용 태도를『법화종요』에서의 인용과 비교해보도록 하겠다.
『법화종요』의 전체 경전 인용 상황은 다음의 <표 4>와 같다.17) 經論의
인용은 자신의 주장을 분명히 하기 위해 하는 것이다. <표 4>를 통해
볼 때, 원효는『법화경』의 종지를 밝히는 부분, 즉 一乘實相이 무엇인가를
설명하는 經宗에서 가장 많은 경론을 인용하고 있다. 그 가운데서도 一乘果
> 一乘因 > 一乘理 > 一乘敎의 순서로 인용 빈도가 많다. 일승실상의 구체
적 내용은 다음 장으로 미루고, 여기서는『법화경』의 인용 태도만 설명해보
도록 하겠다.

　<표 4> 가운데『법화경』인용 구절만 품 별로 정리해보면, 「方便品」(8회),
「譬喩品」(6회), 「如來壽量品」(4회), 「常不輕菩薩品」(1회), 「如來神力品」(1회),
「見寶塔品」(1회), 「藥草喩品」(1회) 등을 인용하고 있다.18) 원효 저술 전반
및『법화종요』모두에서 「방편품」의 인용이 가장 많음을 볼 수 있다. 인용
빈도가 많은 「방편품」, 「비유품」, 「여래수량품」을 중심으로 그 내용을
살펴보도록 하겠다.19) 원효가 「방편품」을 인용한 주요 구절은 다음과 같다.

---

16)『金剛三昧經論』卷上(『韓國佛敎全書』2, 635b3~6).

17)『법화종요』는 제1 大意, 제2 經宗, 제3 能詮用, 제4 題名, 제5 敎攝의 5장으로 구성되어
　　있다. 이 가운데 제1 大意에는 경론의 인용이 없고, 제5 敎攝은 교판과 관련하여
　　다른 학자들의 견해를 소개하는 부분이 많아 빈도를 헤아리기가 곤란하여 제외하였
　　다.

18) 安啓賢은『法華宗要』의 引用書를 분석하면서 제2 經宗에서는 「방편품」, 「비유품」,
　　「상불경보살품」, 「수량품」, 「보탑품」, 제3 能詮用에서는 「방편품」, 「약초유품」,
　　「법사품」, 제4 題名에서는 「비유품」, 「방편품」, 「신력품」, 제5 敎攝에서는 「신해품」,
　　「안락행품」, 「화성유품」이 인용되어 있다고 밝히고, 해당 경문과 비교하고 있다(安啓
　　賢, 1983, 「元曉著書에 보이는 引用書」, 『韓國佛敎思想史硏究』, 동국대출판부,
　　141~145쪽).

〈표 4〉『法華宗要』 경론 인용

經宗					能詮用	題名
能乘人	所乘法				법사품 비유품 [問答] 방편품 방편품 법화경 수량품 비유품 약초유품	신력품 비유품 방편품
	一乘理	一乘敎	一乘因	一乘果		
법화경 및 법화경론	방편품 비유품 방편품 법화경론	서품 법화경론 법화경론	방편품	[性因] 상불경보살품 법화경론 법화경론 [作因] 방편품 법화경론 법화경론	[本有果] 수량품 [始起果] 법화경론 수량품 견보탑품 방편품 수량품 법화경론 [問答] 비유품 비유품	
소계	4	3	1	6	9	8	3
기타	보운경	살차니건자경 금광명경		본업경 대비경 살차니건자경	본업경 보운경 대운밀장경 화엄경 화엄경 열반경 본업경	지도론	
합계	5	5	1	9	16	9	3

가-1) 또 [「방편품」에서] 말하기를, **"제법은 본래부터 항상 스스로 적멸한 모습이므로 부처의 아들이 도를 행하면 미래세에 부처가 될 수 있다"**고 하였다. 그렇다면 어떤 한 중생도 부처의 아들이 아님이 없다. 그러므로 광대한 이 중생계가 곧 열반계이다. 그러므로 깊고 깊다고 한다.[20]

가-2) 이를테면 「방편품」에서 말하기를, **"이 모든 부처께서 또한 무량하고 무수한 方便으로 갖가지 因緣과 갖가지 譬喩와 갖가지 言辭로 중생을 위해 諸法을 연설하였으니 이 법이 모두 一佛乘이다. 이 모든 중생이 부처에게서 법을 들어 마침내는 모든 종류의 지혜를 얻게 된다"**고

---

19) 인용문을 모두 나열하기에는 지면상 한계가 있으므로, 주요 구절만 제시하도록 하겠다.

20)『法華宗要』(『韓國佛敎全書』 1, 488b7~10).

하였다. 이 가르침이 시방 삼세 무량 무수한 데 두루 통하므로 광대하다고 한다. 그러므로 일언일구가 모두 불승이고 동일한 모습이고 동일한 맛이므로 깊고 깊다고 한다. 이와 같은 것을 一乘敎라 한다.[21]

가-3) 이를테면 아래 글(『법화경』「방편품」)에서 다음과 같이 말하였다. **"간혹 어떤 사람은 예배하고, 간혹은 다시 합장하기만 하고, 심지어 한 손을 들기만 하고, 간혹은 약간 머리를 숙이기[만 해도 불도를 이룰 수 있다.] 마음이 산란한 사람이 탑 안에 들어가 나무불을 한 번 외기만 해도 모두 불도를 이룰 수 있다. 등등"**[22]

가-4) 일체 중생이 모두 만행을 닦아 함께 이와 같은 菩提의 果를 얻었으니 이것이 一乘·一乘果이다. 예를 들면 「방편품」에서 말하기를 "사리불아 내가 본래 세운 서원을 알아야 한다. 모든 무리들을 나와 같아 다름이 없게 한다. 나와 같아 옛날에 서원한 것이 지금 다 이루어졌으니 일체 중생을 교화하여 모두 불도에 들어가게 한다."고 하였다.[23]

가-5) 「방편품」에서 말하기를 **"부처는 무수한 방편으로 제법을 연설하는데 이 법은 모두 일불승이다"**고 하였다. 이 경문은 바로 用三爲一의 증명이다. 또 「방편품」에서 말하기를, **"이 모든 중생이 부처에게서 법을 들어 마침내는 모두 일체종지를 얻을 것이다"**고 하였다. 이 말은 바로 將三致一의 증명이다.[24]

가-1)은 一乘實相의 能乘人에 모든 중생이 포함됨을 증명하는 부분이다. 모든 중생이 부처의 아들이므로 중생계가 곧 열반계라고 한다. 가-2)는 所乘法 가운데 一乘敎를 설명하는 부분으로, 부처의 모든 가르침이 一乘敎이므로 모든 중생이 부처의 가르침을 듣고 지혜를 얻게 된다고 한다. 가-3)은 一乘因 가운데 作因 즉 善根을 쌓는 방법을 제시하는데, 예배하거나 합장하거나 한 손을 들거나 머리를 조금 숙이거나 탑 안에 들어가 나무불을 한

21) 『法華宗要』(『韓國佛敎全書』 1, 488c11~15).
22) 『法華宗要』(『韓國佛敎全書』 1, 489a10~14).
23) 『法華宗要』(『韓國佛敎全書』 1, 489c6~10).
24) 『法華宗要』(『韓國佛敎全書』 1, 491b10~15).

번 외우기만 해도 된다고 말하고 있다. 누구에게나 선근이 있음을 강조하는 부분이다. 가-4)는 一乘果의 증명으로 과거에 부처가 세운 서원이 이루어져 일체 중생이 불도에 들어가게 됨을 말하고 있다. 가-5)는 一乘과 三乘의 관계를 설명하는 부분인데 원효는 「방편품」을 근거로 用三爲一, 將三致一이라 말하고 있다. 일승과 삼승의 관계를 用三爲一, 將三致一로 표현함은 원효 이전에는 없던 것으로,[25] 원효가 「방편품」을 토대로 만들어낸 것임을 알 수 있다. 이와 같이 원효는 能乘人과 所乘法(一乘教, 一乘因, 一乘果) 등 一乘實相의 여러 측면을 설명하는 데 모두 「방편품」을 인용하고 있다. 인용 내용의 초점은 '모든 중생'으로, 모든 중생이 부처의 아들이고, 모든 중생이 부처의 가르침을 듣고, 모든 중생에게 선근이 있고, 모든 중생이 부처의 서원으로 佛道에 들어갈 수 있다는 것이다.

다음으로 「비유품」을 6회 인용하고 있는데, 부처가 방편으로 중생을 이끄는 방법이나 부처의 힘에 대해 주로 말하고 있다.

나-1) 셋째, 『법화경』의 여섯 군데에 授記 내용이 나오는데, 아뇩보리를 이룰 것이라 기별한다. 이 기별을 얻음으로써 마음은 當果를 닦는 데 나아간다. (결락) 그것을 움직일 수 있기 때문이다. 『법화경』 아래 경문에서 말하기를, "여러 아들에게 각각 똑같은 하나의 큰 수레를 준다"라고 하였다.[26]

나-2) 넷째, 『법화경』에서 말하는 모든 종류의 지혜는 (결락)을 다하지 않음이 없고 덕을 갖추지 않음이 없다. 일체 중생이 똑같이 이 果에 도달하고, 중생은 이를 인연으로 하여 言表할 바를 언표하고 마음을 일으킨다. 수승하게 [十住·十行·十回向·十地의] 40心을 지나면 즐겁고 신통력을 지니며 [胎生·卵生·濕生·化生의] 4종류의 중생을 교화한다. 그러므로 중생이 果의 수레에 因 상태의 중생을 태워 운반한다고 말한다.

25) 李永子, 1988, 「元曉의 法華經 理解」, 『韓國學의 課題와 展望 2』, 한국정신문화연구원, 368쪽.
26) 『法華宗要』(『韓國佛敎全書』 1, 490b5~8).

예를 들면 『법화경』의 아래 게송에서 "모든 아들들이 이때 기뻐하여 뛰며 보배 수레를 타고서 사방으로 간다"고 하였다.[27]

나-3) 지금 一乘敎를 설하는데 셋이라 말한 것은 방편이니, 바야흐로 방편문을 열어 一乘으로 들어가게 하기 위함이다. 예를 들어 『법화경』아래 경문에서 말하기를, "모든 부처는 방편력이 있기 때문에 일불승을 나누어 셋으로 설명함을 알아야 한다"고 하였다. 이 말은 방편문을 바르게 연 것이다. 다른 말들도 이를 예로 하여 알 수 있다.[28]

나-1)과 나-2)는 一乘法을 理·敎·因·果의 네 가지 측면에서 설명하고 난 뒤 究竟의 자리에 도달한 一乘果가 중생을 열반에 이르게 하는 방법이 무엇인가 하는 질문을 던지고[問理敎及因 共運衆生到薩婆若 此事可爾 果旣到究竟之處 云何與三共運衆生] 네 가지의 답을 제시하는 가운데[29] 세 번째, 네 번째에 해당한다. 미래에 부처가 될 것이라는 기별을 주는 것을 「비유품」의 '여러 아들에게 하나의 큰 수레를 주는 것'으로 설명하고, 부처의 지혜를 통해 十地·神通力을 얻은 이가 다른 因地의 중생을 이끄는 것을 '여러 아들이 기뻐하며 보배 수레를 타고 사방으로 가는 것'으로 설명하고 있다. 이것이 모두 부처의 방편력임을 나-3)에서도 말한다.

다음 「여래수량품」은 주로 一乘果에서 인용하고 있다.

다-1) 本有果란 法佛菩提를 말하니 이를테면 「여래수량품」에서 "여래는 여실하게 三界의 모습을 안다. 생도 없고 사도 없으며 물러남도 나옴도 세상에 있지 않다. 멸도에 이른다는 것은 실도 아니고 허도 아니며 같지도 않고 다르지도 않다"고 한 것과 같다.[30]

다-2) 始起果란 나머지 두 신[報身과 應化身]이다. 예를 들면 『법화경론』에서

---

27) 『法華宗要』(『韓國佛敎全書』 1, 490b9~13).
28) 『法華宗要』(『韓國佛敎全書』 1, 490c18~21).
29) 『法華宗要』(『韓國佛敎全書』 1, 490a20~b13).
30) 『法華宗要』(『韓國佛敎全書』 1, 489b14~17).

말하기를, "보불보리란 십지의 수행이 완성되어 常涅槃의 증득을 얻은 것이다"고 하였고, 『법화경』에서는 "나는 실로 성불한 이후 無量無邊百千萬億那由他劫이 지났다"고 하였다.31)

다-3) 이와 같은 經文에 의하여 諸佛께서 처음 정각을 이룰 때 일념으로 삼세를 두루 교화하였음을 알아야 한다. 일체 중생이 한 사람도 無上菩提를 이루지 못함이 없는 것은 [부처께서] 옛날에 서원한 것이 이미 충족되었기 때문이고, 가령 어떤 한 사람이 보리를 이루지 못한 것은 [부처께서] 옛날에 서원한 것이 충족되지 않았기 때문이다. 비록 진실로 제도하여도 다함이 없고, 비록 진실로 다함이 없어도 제도하지 못함이 없다. 무한한 지혜의 힘으로 무한한 중생을 제도하기 때문이다. 이 『법화경』의 아래 경문에서 말하기를 "내가 본래 보살도를 행하여 이룬 수명이 지금 아직도 다하지 않았는데 다시 배가 된다"라고 하였다.32)

如來는 生도 없고 死도 없으며 물러남도 없고 나옴도 없는 法身이고[다-1)], 성불한 지 無量無邊百千萬億那由他劫이 지났다[다-2)]. 그 무량한 수명 때문에 일체 중생을 모두 제도할 수 있다고 한다[다-3)]. 이와 같이 「여래수량품」은 '여래'의 수명, '여래'의 덕을 설명할 때 인용하고 있다.

이상과 같이 원효는 저술 전반에서 『법화경』 가운데 「방편품」·「비유품」·「여래수량품」을 주로 인용하였다. 「방편품」은 '모든 중생'의 성불에 대해, 「비유품」은 여래가 중생을 이끄는 '방편'에 대해, 「여래수량품」은 '여래'의 수명이 무량함에 대해 말할 때 인용하고 있다. 『법화경』에 대한 원효의 기본 인식이 '모든 중생' '방편' '무량한 여래'에 있음을 확인할 수 있다.33)

---

31) 『法華宗要』(『韓國佛敎全書』 1, 489b24~c3).

32) 『法華宗要』(『韓國佛敎全書』 1, 489c22~490a5).

33) 「方便品」·「譬喩品」·「如來壽量品」은 오늘날도 『법화경』 전체 28품 가운데 중요하게 평가되는 부분이다. 「방편품」과 「비유품」을 중심으로 三乘은 方便이므로 궁극에는 一乘(佛乘)으로 돌아가야 한다고 주장하고, 성문, 연각 등 모두가 언젠가는 부처가 될 것이라고 수기한다. 또 「여래수량품」을 중심으로 부처는 오래 전에 성불하였고 영원한 수명을 지닌 존재이지만 석가모니로 이 세상에 출현한 까닭은 중생 구제를 위한 것이라고 말한다.

2) 원효의 일승관

원효는 여러 경의 宗要를 쓰면서 각 경전의 宗을 밝혔다. 宗이란 經典이나 論書가 밝히고자 하는 이치, 즉 저술의 宗旨를 말한다. 『涅槃宗要』에서는 涅槃과 佛性, 『彌勒上生經宗要』에서는 觀行의 因果, 『無量壽經宗要』에서는 淨土의 因果, 『大慧度經宗要』에서는 般若를 宗으로 한다고 말하고 있다. 원효는 『법화경』의 宗을, 『열반종요』에서도 밝혔듯이,[34] '一乘實相(일승의 참 모습)'이라고 보았다. 그리고 『법화종요』 전반에 걸쳐 일승이 가지는 함의를 풀고 있다. 원효는 '일승이 무엇인가'를 정의하기 위해 『법화종요』를 썼다고 해도 과언이 아니다.

원효는 일승실상을 크게 能乘人과 所乘法으로 나누었다. 能乘人(一乘人)은 모든 중생이다. 원효는 無性有情도 佛性이 있기 때문에 성불할 수 있고,[35] 모두 佛子이기 때문에 중생계가 곧 열반계라고 한다.[36] 所乘法(一乘法)은 理·敎·因·果의 다양한 측면에서 설명을 시도하고 있다.[37] 그런데 『彌勒上生經宗要』나 『無量壽經宗要』에서는 因果의 측면만 말하고 있는 반면, 『법화종요』에서는 理·敎를 더 설정하고 있다. 그 이유가 무엇일까.

결론부터 말하면, 一乘理나 一乘敎라는 표현이 원효 이전의 『법화경』 주석서에서 이미 사용되고 있었기 때문인 듯하다. 法雲은 여래의 지혜가 비추는 대상이 敎, 理, 機, 人이라 보았고,[38] 一家의 內德을 알 수 있는 방법이 理와 敎를 이해하는 것이라고 하였다.[39] 또한 吉藏의 삼론교학은 理[無所得]와 敎[二諦]가 근본 구조라고 할 수 있다.[40] 원효가 낭지에게서

---

34) 『涅槃宗要』(『韓國佛敎全書』 1, 545a3~10). 여러 경전이 이름이 다르나 一味라고 하면서 각 경전의 종지를 말하고 있는데, 『법화경』의 종지는 一乘이라 하였다.
35) 『法華宗要』(『韓國佛敎全書』 1, 488a20~24).
36) 『法華宗要』(『韓國佛敎全書』 1, 488b8~10).
37) 『法華宗要』(『韓國佛敎全書』 1, 488b13~15).
38) 『法華經義記』 卷2, 方便品(『大正藏』 33, 593a5~17).
39) 『法華經義記』 卷1, 序品(『大正藏』 33, 580c10~19).

『법화경』을 수학하였고, 낭지가 삼론교학을 익혔을 것이라는 견해를 수용하면, 理와 敎의 설정이 삼론교학의 영향이었을 가능성도 있다. 어느 쪽이든 원효의 일승 해석은 一乘의 因果와 더불어 一乘理와 一乘敎를 설정하여 그 의미를 함께 추구하였다는 점이 특징이라 할 수 있다.[41)

원효는 一乘理란 하나의 法界, 法身, 如來藏이라고 정의하였다.[42) 여래의 법신·여래장성은 일체 중생이 똑같이 가지고 있어 일체를 이끌어 똑같이 本願으로 돌아가게 할 수 있다는 것이다.[43) 그렇다면 이 一乘理와 一乘因果의 관계는 어떻게 설정되는 것일까. 즉 一乘理인 如來藏과 一乘因인 佛性의 관계, 一乘理인 法界·法身과 一乘果인 法佛菩提·報佛菩提·應化佛菩提의 관계를 원효는 어떻게 설정하고 있는 것일까. 일반적으로 如來藏과 佛性은 동일한 개념으로 이해하고, 法身과 法佛菩提도 언뜻 보아 그 차이를 알기가 어렵다. 그런데 원효는 왜 구분하고 있는 것일까. 이를 해명하기 위해 一乘因과 一乘果의 설명을 분석해보도록 하겠다.

원효는 一乘因을 性因과 作因으로 나누었다.[44) 성인은 佛性을 가리키고, 작인은 善根을 가리킨다. 一乘因의 설명을 자세히 들여다보면 원효가 性因보다 作因의 설명에 더 노력을 기울이고 있음을 볼 수 있다. 원효는 일체 중생에게 佛性[性因]이 있어 三身果를 이룰 수 있다는 명제를 증명하기 위해서는 『法華經』「常不輕菩薩品」과 『法華經論』만을 인용하고 있다.[45) 반면 善根[作因]의 설명은 보다 자세하다.

라) 作因이란 聖人이든 凡夫든 內道든 外道든 수행을 하거나 복덕을 쌓거나

---

40) 伊藤隆壽, 1992, 「三論敎學の根本構造」, 『中國佛敎の批判的研究』, 大藏出版, 308쪽.
41) 李丙旭, 1997, 「元曉 法華宗要의 敎理體系 硏究」, 『韓國佛敎學』 23, 207~230쪽.
42) 『法華宗要』(『韓國佛敎全書』 1, 488b15~16).
43) 『法華宗要』(『韓國佛敎全書』 1, 488c4~8).
44) 『法華宗要』(『韓國佛敎全書』 1, 488c17~489a1).
45) 『法華宗要』(『韓國佛敎全書』 1, 489a1~8).

모든 선근을 지닌 자들이 무상보리에 똑같이 이르지 않음이 없다는
것이다. 이를테면 ① 아래 글(『法華經』「方便品」)에서 다음과 같이 말하
였다. "간혹 어떤 사람은 예배하고, 간혹은 다시 합장하기만 하고,
심지어 한 손을 들기만 하고, 간혹은 약간 머리를 숙이기[만 해도 불도를
이룰 수 있다.] 마음이 산란한 사람이 탑 안에 들어가 나무불을 한
번 외기만 해도 모두 불도를 이룰 수 있다. 등등" ②『菩薩瓔珞本業經』에
서는 "범부 성인 일체의 선근을 지닌 이들은 有漏의 果를 받지 않고
다만 常住의 果를 받는다"라고 하였다. ③『大悲經』에서는 "부처께서
아난에게 고하기를 어떤 사람이 [欲有, 色有, 無色有] 三有의 果에 집착하
고, 부처의 복전에 보시를 행하기도 하는 다른 모든 선근을 [지닌 자들을]
위해 나는 서원하노라. 이 선근을 가진 이들이 열반에 들어가지 못하는
이러한 경우가 없을 때까지 열반에 들지 않겠다. 이 사람이 비록 열반을
즐겨 구하지 않더라도 부처가 계신 곳에서 여러 선근을 심었으니 이
사람은 반드시 열반에 들 것이라고 나는 말한다"라고 하였다. ④『大薩遮
尼乾子所說經』一乘品에서는, "부처가 문수에게 말하기를 나의 불국토
에 있는 승가나 외도(尼乾子)들은 모두 如來住持力 때문이다. 방편으로
이 모든 외도, 선남자들에게 나타내보인다. 이들이 비록 갖가지 여러
다른 학문의 특징을 행하더라도 모두 똑같이 불법의 한 다리를 건널
것이니 이외에 다른 건널 것은 없기 때문이다"라고 하였다. 살펴보건대
이와 같은 글들에 의하면 부처의 가르침은 五乘의 모든 선근을 가진
이들과 외도의 갖가지 다른 선근을 가진 이들 일체가 모두 일승임을
알아야 한다. 모두 불성의 다른 체가 없음에 의지하기 때문이다. 예를
들면 『법화경론』에서 이 의미를 설명하고 있다.[46]

作因에 대한 설명에 『法華經』「方便品」을 시작으로 『菩薩瓔珞本業經』(이
하 『본업경』으로 줄임),[47] 『大悲經』, 『大薩遮尼乾子所說經』(이하 『살차니건

---

46) 『法華宗要』(『韓國佛敎全書』1, 489a9~b3).
47) 『菩薩瓔珞本業經』을 원효는 주로 『본업경』이라 표현하였고, 의상계 화엄 문헌에서는
『영락경』이라 표현하고 있다. 문장의 통일을 위해 본문에서는 모두 『본업경』이라
하였다.

자경』으로 줄임) 등 많은 경전을 인용하고 있다. 예배하거나 합장하거나 한 손을 들거나 머리를 조금 숙이거나 나무불을 한 번 외는 것으로도 불도를 이룰 수 있다고 하여 선근을 쌓는 방법이 어렵지 않음을 말하고 있다. 나아가 "五乘의 선근을 지닌 이들이나 외도의 선근을 지닌 이들도 모두 불성의 체가 다르지 않기 때문에 일승이라고 한다"라고 정리하였다.

　作因에 대한 이와 같은 원효의 설명을 吉藏과 비교해보면 약간의 차이가 있다. 吉藏은 '일승은 佛性'이라 정의하고, 因의 여러 측면을 불성 개념으로만 설명하고 있다.[48] 吉藏은 『佛性論』에 나오는 自性住佛性, 引出佛性, 至得佛性 가운데 自性住佛性, 引出佛性을 중시하였다. 吉藏의 설명을 따르면, 自性住佛性은 깨달음의 원인으로 모든 중생에게 평등하게 갖춰져 있는 正因佛性이고 引出佛性은 어떤 일정한 단계로 수행해야 부처가 될 수 있다는 緣因佛性에 해당한다.[49] 吉藏은 모든 중생에게 正因佛性이 편재해 있음을 인정한 상태에서 緣因佛性, 즉 菩薩道를 강조하였다. 또 한편 정인불성이 있다 하더라도 『법화경』을 듣거나 信解를 내는 등의 修行이 없으면 부처가 될 수 없다고 하였다.[50] 吉藏의 정인불성이 원효의 性因에 해당하므로, 연인불성은 作因에 비견할 수 있을 것이다.[51] 다만 吉藏은 불성이 있더라도 반드시 수행을 해야만 깨달을[見] 수 있다고 한 반면, 원효는 누구나 불성이 있기 때문에 선근이 있고 선근을 쌓는 방법 또한 쉽다는 것을 강조하였다는 점에서 차이가 난다.

　선근에 대한 원효의 해석은 여기서 그치지 않는다. 作因의 논증으로

---

48) 奧野光賢, 2002, 「吉藏と佛性思想」, 『佛性思想の展開』, 大藏出版, 172~220쪽 참조.
49) 智顗도 일승이 佛性이라고 정의하고, 불성을 正因佛性, 緣因佛性, 了因佛性의 개념으로 설명하는데, 일승이 불성이기 때문에 일체중생에게 모두 불성이 있다고 말할 수 있다는 것이다. 『妙法蓮華經玄義』 卷10(『大正藏』 33, 802c24~803a27).
50) 『法華義疏』 卷11(『大正藏』 34, 617a4~9).
51) 李永子는 智顗가 緣因佛性이라 한 것을 元曉는 作因이라 하였다고 보고 있다(李永子, 1988, 「元曉의 天台會通思想 硏究」, 『韓國 天台思想의 展開』, 51쪽).

제시한 경전의 구절들을 살펴보면,『大悲經』에서는 선근을 지닌 사람은 지금 열반을 즐겨 구하지 않더라도 과거에 부처가 계신 곳에서 모두 선근을 심었기 때문에 반드시 열반에 들 것이라 하였다. 또『살차니건자경』에서는 불교가 아닌 外道의 학문을 행하더라도 '如來住持力' 때문에 모두 불법이라는 하나의 다리를 건널 수 있다고 하였다. 과거에 닦은 선근은 없어지지 않고, 더욱이 그 선근은 모두 불성에서 나온다고 한다. 이 말은 결국 누구나 불성이 있고, 누구나 불성에서 나온 선근이 있고, 과거에 심은 선근이 있기 때문에 누구나 열반에 들 수 있다는 것이다. 이것이 '여래주지력' 때문이라고 한다. 여기서 말하는 '여래주지력'이란 무엇일까. 다음의 問答을 함께 생각해볼 필요가 있다.

마) 問 : 一乘理, 一乘敎, 一乘因이 함께 중생을 이끌고서 薩婆若(一切智)에 도달한다는 이 일은 가능한 것 같다. 그런데 一乘果는 이미 구경의 자리에 도달하였는데 어찌하여 다른 셋과 함께 중생을 이끈다고 하였는가?
答 : 여기에는 네 가지 의미가 있다. ① 첫째 미래세 佛果의 힘으로 중생을 도와 善心을 낳게 한다. 이와 같이 展轉하여 佛地에 이르게 한다. 예를 들면『열반경』에서 "현재세에 번뇌의 인연으로 선근을 끊더라도 미래에 佛性力의 인연으로 다시 선근을 낳기 때문이다"라고 하였다. ② 둘째, 當果의 報佛이 여러 應化身으로 나타나 지금의 중생을 교화하여 증진할 수 있게 한다. 예를 들면『본업경』에서 "스스로 자기 몸의 當果를 본 이는 제불이 정수리를 쓰다듬고 설법한다. 몸과 마음이 따로 가니 불가사의하다"고 하였다. ③ 셋째,『법화경』의 여섯 군데에 수기 내용이 나오는데, 아뇩보리를 이룰 것이라 기별한다. 이 기별을 얻음으로써 마음은 當果를 닦는 데 나아간다. (결락) 그것을 움직일 수 있기 때문이다.『법화경』아래 경문에서 말하기를, "여러 아들에게 각각 똑같은 하나의 큰 수레를 준다"라고 하였다. ④ 넷째,『법화경』에서 말하는 모든 종류의 지혜는 (결락)을 다하지 않음이 없고 덕을 갖추지 않음이 없다. 일체 중생이 똑같이 이 果에 도달하고, 중생은 이를 인연으

로 하여 言表할 바를 언표하고 마음을 일으킨다. 수승하게 [十住·十行·十回向·十地의] 40心을 지나면 즐겁고 신통력을 지니며 [胎生·卵生·濕生·化生의] 4종류의 중생을 교화한다. 그러므로 중생이 果乘의 수레에 因 상태의 중생을 태워 운반한다고 말한다. 예를 들면 『법화경』의 아래 게송에서 "모든 아들들이 이때 기뻐하여 뛰며 보배 수레를 타고서 사방으로 간다"고 하였다. 바야흐로 이 네 가지 의미 때문에 果乘이 다른 나머지 세 가지 법[一乘理, 一乘教, 一乘因]과 함께 한 사람을 옮길 수 있음을 알아야 한다.[52]

인용문 마)는 一乘法을 설명하는 마지막 부분에 나오는 문답이다. 일승법 가운데 一乘果의 측면을 부각시키고 있다. 원효는 구경의 자리에 도달한 一乘果가 중생을 열반에 이르게 하는 방법을 다음과 같이 제시하고 있다. 첫째 未來世의 佛果力으로 중생의 善心(善根)을 낳게 도와주고, 둘째 當果의 報佛이 應化身으로 나타나 직접 중생을 교화하고, 셋째 미래에 부처가 될 것이라는 기별을 줌으로써 當果를 닦는 데 나아가고, 넷째 부처의 지혜를 통해 十地·神通力을 얻은 이가 다른 因地의 중생을 이끌게 한다. 이와 같이 원효는 一乘果가 중생을 열반으로 이끄는 방법 가운데 첫 번째로서 '未來世의 佛果力이 중생의 선근을 낳게 도와준다'는 점을 들고 있다. 여기서 말하는 '未來世의 佛果力'이 앞서 『살차니건자경』의 '如來住持力'과 같은 개념으로 이해된다.

인용문 라)의 ③에서 作因의 인증으로 제시한 『大悲經』 구절이 원효의 『본업경소』에도 나오는데, 여기서는 '常住果'에 대한 인증으로 제시하고 있다. 누구나 선근이 있기 때문에 반드시 열반에 든다는 것이 '常住果를 받는다'의 증명이 되고 있다.[53] 여기서 一乘因과 一乘果의 경계가 무너짐을 볼 수 있다. 常住果를 받는다는 것은 누구나 미래에 부처가 될 수 있다는

---

52) 『法華宗要』(『韓國佛敎全書』 1, 490a20~b13).
53) 『瓔珞本業經疏』 卷2(『韓國佛敎全書』 1, 511c10~15).

78

것인데, 이 미래세의 佛果力으로 중생을 도와 善心(善根)을 낳게 한다는 것이다[인용문 마)-①]. 정리하면 一乘因인 선근이 있기 때문에 常住果를 받고, 一乘果인 미래세의 佛果力으로 현재의 중생을 도와 선근을 낳게 한다는 것이다. 一乘因과 一乘果가 하나의 순환고리를 이루고 있다.

　주목되는 것은 作因과 一乘果의 설명에 모두『본업경』이 인용되고 있다는 사실이다. 인용문 라)의 ②에서는『본업경』에서 "범부 성인 일체의 선근을 지닌 이들은 有漏의 과를 받지 않고 다만 常住의 과를 받는다"라고 하였다. 그리고 인용문 마)-②의『본업경』에서 "스스로 자기 몸의 當果를 본 이는 제불이 정수리를 쓰다듬고 설법한다. 몸과 마음이 따로 가니 불가사의하다"고 하였다. 라)의 ②에서 말하는 선근을 지닌 이들이 받는 '常住果'가 바로 마)의 ②에서 말하는 자기 몸의 '當果'일 것이다. 원효는 누구나 선근이 있기 때문에 미래에 성불할 수 있다고 보았고 나아가 미래세의 부처가 현재의 중생을 교화한다고 주장하였는데, 그 주장의 주된 논거가『본업경』이었던 것이다.『법화종요』에는『본업경』이 한 번 더 인용되고 있다. 一乘果인 法佛菩提의 果體에 대해 "德이 갖추어지지 않음이 없고 理가 두루하지 않음이 없다. 名도 없고 相도 없으니 일체법은 얻을 수 있는 것이 아니다. 체가 있는 것도 아니고 체가 없는 것도 아니다"라고 하여,54) 法佛菩提의 果體가 法界와 다르지 않음을 말하고 있다. 元曉에게『본업경』은 一乘因과 一乘果, 즉 현재의 중생과 미래의 부처를 연결시키는 직접적인 논리를 제공해주고 있다.

　원효가『본업경』을 중시하였다는 것은 주지의 사실이다.55) 원효는 주석

---

54)『法華宗要』(『韓國佛教全書』1, 489b17~22).

55) 李箕永은 원효의『본업경소』는『대승기신론소』및『금강삼매경론』과 뗄래야 뗄 수 없는 사상적 맥락을 갖고 있으며,『화엄경소』의 보살도 사상을 구체적으로 부연하는 역할을 하고 있다고 한다. 또 賢首 法藏이『본업경』을 강조하는 데는 원효의 영향이 크다고 한다. 李箕永, 1984,「원효의 윤리관」,『김정배박사고희기념논문집』(1994,『원효사상연구Ⅰ』, 한국불교연구원, 169~170쪽 재수록).

서인 『본업경소』를 썼을 뿐만 아니라, 『華嚴經疏』의 4교판에서 『본업경』을
『범망경』과 더불어 一乘分敎로 배당하였다.56) 교판에 『본업경』을 배당한
것은 원효가 처음인데, 『본업경』이 『화엄경』과 밀접한 관계가 있기 때문이
라고 한다.57) 『법화경』의 일승을 설명하면서 『본업경』의 논리에 의지하고,
『화엄경』도 2회나 인용하고 있다58)는 사실은 원효의 『법화경』 일승 이해가
『화엄경』 일승 이해와도 크게 다르지 않았으리라 짐작케 한다.

　이제 앞에서 제기했던 一乘因과 一乘果, 그리고 一乘理의 관계에 대해
다시 생각해보도록 하자. 一乘因과 一乘果는 분명 因과 果로 나뉘어 있지만
하나의 고리 속에 존재한다. 즉 一乘因과 一乘果는 非一非二이다. 특히
원효는 一乘果의 '교화' 역할을 강조함으로써, 一乘因에서 一乘果로의 일직
선적인 구도에서 벗어났다. 이와 같은 一乘因과 一乘果의 순환 관계, 非一非
二한 관계를 한 마디로 표현한 것이 一乘理가 아닌가 한다. 一乘理를 하나의
법계, 법신, 여래장이라고 한 원효의 정의를 다시 새겨보면, 法界·法身에는
깨달은 부처[一乘果]만 포함되는 것이 아니라 앞으로 깨달을 중생[一乘因]
도 포함되고, 如來藏에는 깨달음의 가능성으로서 불성[一乘因]도 포함되지
만 여래의 집으로 들어간 상태[一乘果]도 포함됨을 알 수 있다.

　바) 問 : 만약 별교 삼승의 인과를 말한다면 모두 방편이다. 그러므로 일승으
　　　로 돌아간다는 것은 一乘因으로 돌아가는 것인가? 一乘果로 돌아가는
　　　것인가?
　　　答 : 일불승을 분별하여 셋으로 말하였다. 그러므로 그 근본을 따라

---

56) 法藏의 『華嚴經探玄記』 권1(『大正藏』 35, 111a)에 인용된 원효의 4교판은 다음과
　　같다.
　　三乘別敎 四諦敎緣起經等 三乘通敎 般若經深密經等
　　一乘分敎 瓔珞經及梵網等 一乘滿敎 華嚴經普賢敎
57) 남동신, 1988, 「元曉의 敎判論과 그 佛敎史的 位置」, 『韓國史論』 20, 27~28쪽.
58) 2회 모두 一乘果 가운데 始起果 설명에 인용되고 있다. "**花嚴經云** 如來轉法輪
　　於三世無不至", "**花嚴經云** 一切衆生未成菩提 佛法未足 大願未滿."

인으로 돌아가거나 과로 돌아가는데 그 뜻이 무엇인가? 성문과 연각은 인이든 과이든 모두 하나의 인을 분별하여 둘이라 하였다. 예를 들면 『법화경』에서 말하기를, "성문이든 연각이든 지혜롭든 단견을 지녔든 모두 보살로서 무생법인을 지녔다"고 하였다. [성문, 연각] 이 둘은 모두 一乘因으로 돌아가고, 一乘因으로 돌아가기 때문에 마침내 一乘果에 도달함을 알아야 한다.59)

인용문 바)에서 원효는 스스로 묻고 답하였다. 歸一이 一乘因으로 돌아가는 것인가 一乘果로 돌아가는 것인가 하는 물음에 一乘因으로 돌아가고, 一乘因으로 돌아가기 때문에 끝내 一乘果로 돌아간다고 하였다. 별교삼승의 인과가 一乘因으로 돌아가고, 다시 一乘果로 돌아감이 바로 원효가 말하는 會三歸一이다. 원효는 회삼귀일이란 "과거에 말한 삼승의 인과를 모아 본래의 一乘理로 다시 돌아가는 것(會昔所說三乘因果 還歸於本一乘理故)"60) 이라고도 하였다. 이 정의를 인용문 바)의 문답과 연결시켜 보면, 一乘理란 一乘因과 一乘果의 관계를 포괄한 개념임을 다시 확인할 수 있다.

3) 사상사적 의미

원효가 『법화경』을 어떻게 이해하였는가 하는 문제를 두 가지 측면에서 고찰해보았다. 첫 번째는 『법화경』에서 어떤 품을 강조하였는가를 인용 태도에서 추출하였다. 두 번째는 『법화경』의 종지인 一乘의 의미를 추적하였다. 결과적으로 둘은 같은 결론에 도달하였다. 원효가 一乘因, 一乘果, 一乘理의 설정으로 말하고자 한 바는 『법화경』에서 「방편품」, 「비유품」, 「여래수량품」을 통해 강조하였던 바와 일치한다. 원효는 「방편품」을 통해 一乘因을, 「여래수량품」을 통해 一乘果를, 「비유품」을 통해 '一乘果의 교화'

---

59) 『法華宗要』(『韓國佛敎全書』 1, 491c23~492a5).
60) 『法華宗要』(『韓國佛敎全書』 1, 491b2~10).

를 말하고 있다.

원효는 신라 사회에서 『법화경』에 대한 교학적 이해를 처음 펼쳤다는 점에서 의의가 있다. 원효가 隋·唐代 法華敎學의 흐름을 충분히 파악하고 있었음을 『법화종요』를 통해 확인할 수 있다. 隋·唐代 법화교학은 크게 두 번의 논쟁이 있었는데 첫 번째는 法雲의 견해를 智顗 및 吉藏이 비판한 것이었고, 두 번째는 智顗 및 吉藏의 견해를 玄奘－慈恩이 비판한 것이었다. 원효는 이 가운데 두 번째의 논쟁에 대해서 자신의 의견을 개진하고 있다. 玄奘－慈恩은 一乘眞實三乘方便說을 부정하며 一乘方便三乘眞實說을 주장하였고, 羊車·鹿車·牛車와 大白牛車가 다르다는 四車說을 비판하며 三乘의 牛車와 大白牛車를 같은 것으로 보는 三車說을 내세웠다. 또한 교판 상에서 『법화경』은 攝末歸本法輪에 해당하는 了義說이라는 吉藏의 견해를 비판하며 無相法輪에 속하는 不了義說이라고 주장하였다. 이러한 극명한 차이를 보이는 두 갈래의 견해에 대해 원효는 일관적인 입장을 보이고 있다. 즉 원효는 어느 한쪽의 견해를 일방적으로 따르지 않았다. 원효는 一乘·三乘 權實의 문제에 관한 학설은 '非三非一無所得'의 입장에서 융합하였고, 三車說·四車說에 대해서는 '非三非四無所得'의 태도를 취하였다.[61] 요의설·불요의설에 대해서도 기본 입장은 요의설을 인정하는 쪽이었지만, 구경요의의 가르침 안에도 방편불요의설이 들어 있다고 하여 요의설과 불요의설을 和會시켰다.[62] 이와 같이 원효는 '無所得'의 입장에서 『법화경』 관련 논의들을 정리하고 있으며, 나아가 '無所得'에도 집착해서는 안 된다고 강조하였다.[63]

원효는 이와 같이 선행 논의에 의견을 개진하는 것보다는 『법화경』을

---

61) 徐輔鐵, 1985, 「法華宗要につける元曉の和諍思想」, 『駒澤大學佛敎學部論集』 16, 353~354쪽.
62) 『法華宗要』(『韓國佛敎全書』 1, 494b24~c19).
63) 『法華宗要』(『韓國佛敎全書』 1, 491a5~13).

통해 一乘의 개념을 정립하는 데 주력하였다. 원효는 일승이 무엇인가를 理·教·因·果의 측면으로 규명한 이후, 일승·삼승 관계를 用三爲一, 將三致一, 會三歸一, 破三立一로 설명하였다. 궁극적으로는 『법화경』의 핵심이 會三歸一에 있다고 보았는데, 원효의 會三歸一에 대한 정의는 다음과 같다.

> 사) 첫째, 方便因에서 眞實果로 돌아가니 보살의 인과 이승의 인을 말한다. 둘째, 方便果에서 眞實果로 돌아가니, 보리수 아래에서 무상의 깨달음을 이룸을 말한다. 셋째, 方便因에서 眞實果로 돌아가니, 보리수 아래 부처 앞에서의 보살행을 말한다. 넷째, 方便果에서 眞實因으로 돌아가니, 이승의 사람 가운데 無學果를 지닌 사람을 말한다. 이와 같은 네 구를 통틀어서 會三歸一이라 말한다.[64]

원효는 會三歸一이란 方便因에서 眞實因으로 돌아가고, 方便果에서 眞實果로 돌아가고, 方便因에서 眞實果로 돌아가고, 方便果에서 眞實因으로 돌아가는 것이라고 보았다. 이는 무엇을 의미하는 것일까.『법화종요』에서 方便因果는 別教三乘의 因果이고, 眞實因果는 一乘의 因果이다. '방편인'은 이승이 삼아승지겁 동안 오직 四度(4바라밀)를 닦고, 백겁 동안 相好業(32相·80種好의 福業)을 닦고, 최후의 몸에 定慧를 닦으며 보살이 十地에서 6바라밀을 갖추어 닦는 수행을 말한다. '방편과'는 수행으로 말미암아 보리수 아래에서 無上覺을 이루거나 一切智(薩婆若)에 도달하는 것을 말한다. '진실인'은 一乘因 즉 性因과 作因이고, '진실과'는 一乘果 즉 本有果인 法佛菩提와 始起果인 報佛菩提와 應化佛菩提이다. 三乘因果에서 一乘因果로 돌아간다는 것, 즉 삼아승지겁 내지 百劫 동안의 수행, 그리고 最後身에서의 定慧와 그로 인한 無上覺의 획득에서 佛性, 善根, 法佛菩提, 報佛菩提, 應化佛菩提로 '돌아감'이 어떻게 가능한 것일까. 나에게 불성이 있음을, 과거에 닦은

---

64) 『法華宗要』(『韓國佛教全書』 1, 492a11~16).

선근이 있음을 아는 방법은 믿음 또는 수행을 통한 자각 밖에 없을 것 같다. 오랜 기간 동안의 지관수행을 통해 無上覺을 얻는 것도 중요하지만, 나에게 불성이 있고 과거에 선근을 닦아 善心이 있음을 깨닫고, 또한 十地의 수행을 닦은 報佛, 일체 중생을 교화하겠다는 서원을 세운 應化佛, 법계에 다름 아닌 法佛을 믿거나 깨달으라는 것이다. 이와 같이 원효가 『법화경』을 통해 會三歸一을 강조한 것은 佛性, 善根, 佛에 대한 믿음과 자각을 중시하는 의미라고 생각한다.

원효의 『법화경』 이해에서 가장 주목되는 부분은 '一乘果의 교화'에 대한 설명이다. 원효는 一乘果가 중생을 깨달음으로 이끈다고 말하면서 그 스스로도 의문이 제기될 수 있다고 여겼던 것 같다. 때문에 "一乘理, 一乘敎, 一乘因이 함께 중생을 이끌고서 一切智에 도달한다는 이 일은 가능한 것 같지만 一乘果는 이미 究竟의 자리에 도달하였는데 어찌하여 다른 셋과 함께 중생을 이끈다고 하는가?"[인용문 마]라는 질문을 스스로 던지고 여러 경전을 통해 증명하고자 노력하였던 것이다. 그만큼 원효의 독창적인 주장이 담긴 것이라고도 볼 수 있다. 그런데 이러한 논의가 의상에게도 있었음에 주목할 필요가 있다.

> 아) 問 : 미래의 부처로부터 자기 자신의 현재를 교화한다는 것은 어떤 경문으로 알 수 있습니까?
> 答 : 『瓔珞經』에서 제8지 보살에 대해 "스스로 자기 몸의 當果를 본 이는 諸佛이 정수리를 만지며 설법한다"고 한 데서 이미 이 주장을 분명히 알 수 있다. 또 여러 경에서 경마다 "삼세의 부처를 숭배하여 모든 죄업이 사라진다"고 하였으니 미래의 제불이 무엇이 다르겠는 가?65)

---

65) 『華嚴經問答』 卷1(『大正藏』 45, 604c20~24), "問 自未來佛還化自現在者 以何文知乎 答 瓔珞經中第八地菩薩云 自見己身當果諸佛摩頂說法故 已旣說灼然可知 又旣諸經經 每云 三世佛拜故諸罪業滅 未來諸佛者何爲乎也." 한편 '未來諸佛者何爲乎也' 구절이 어색한데 見登의 『華嚴一乘成佛妙義』(『大正藏』 45, 791c27)에는 '未來諸佛者何爲畢

인용문 아)는 『華嚴經問答』에 나오는 구절이다. 『華嚴經問答』은 의상의 문도들에 의해 정리된 의상의 강의록이라고 한다.[66] 원효는 "當果의 報佛이 여러 應化身으로 나타나 지금의 중생을 교화한다"고 하였는데, 의상은 "미래의 부처로부터 자기 자신의 현재를 교화한다"고 말하고 있다. 當果의 보불이 곧 수행을 통해 완성되는 미래의 부처이므로 미래의 부처가 현재를 교화한다는 의미는 별 차이가 없다. 다만 원효는 교화 대상을 중생이라 표현하였고, 의상은 자기 자신이라 하였을 뿐이다. 이 주장의 논거로 제시하고 있는 『본업경』의 구절도 일치한다.[67]

그렇다면 이 주장은 원효와 의상 가운데 누구에 의해 먼저 제기된 것일까. 우선 의상일 가능성을 생각해볼 수 있다. 왜냐하면 이 구절이 의상 직제자들의 기록에 남겨져 있기 때문이다.

자-1) 『錐穴問答』에서 다음과 같이 말하였다.

問 : 미래의 부처로부터 자기 자신의 현재를 교화한다는 것은 어떤 경문으로 알 수 있는가?

答 : 『纓絡經』에서 제8지 보살에 대해 말하기를 "스스로 자기 몸의 當果를 본 이는 제불이 정수리를 만지며 설법하기 때문이다"라고 하였으니

也'라 되어 있고 畢이 異인 것 같다는 주석이 달려 있어 이에 의거하여 '미래의 제불이 무엇이 다르겠는가'로 번역하였다.

66) 法藏의 찬술로 알려졌던 『華嚴經問答』이 의상과 그 제자들 사이의 문답임이 밝혀졌다. 石井公成이 『華嚴經問答』이 의상계 사람들에 의해 저술되었을 가능성을 제기하였고 (石井公成, 1985, 「『華嚴經問答』の筆者」, 『印度學佛教學研究』 33-2, 593~596쪽 ; 1996, 「『華嚴經問答』の諸問題」, 『華嚴思想の研究』, 春秋社, 270~289쪽), 金相鉉은 『錐洞記』의 異本이라고 하였다(金相鉉, 1996, 「『錐洞記』와 그 異本 『華嚴經問答』」, 『한국학보』 84, 28~45쪽). 이후 『화엄경문답』이 『法界圖記叢髓錄』의 『古記』와 차이가 난다며 일본에서 저술된 문헌이라는 견해가 제기되기도 하였지만(박서연, 2003, 「신라 義相系의 저술과 『華嚴經問答』의 관련성 연구」, 『韓國佛教學』 34), 『고기』와 『화엄경문답』이 내용상에는 크게 차이가 나지 않으며 『추동기』의 이본이 맞음이 다시 논증되었다(金相鉉, 2006, 「『華嚴經問答』 再考」, 『동국사학』 42, 1~16쪽).

67) 『菩薩瓔珞本業經』 卷2, 釋義品 第4(『大正藏』 24, 1018a16~23).

성인의 말씀을 확연히 알 수 있다. 또 여러 경에서 "삼세의 제불에게
절하고 공경하여 모든 죄업이 사라진다"고 하였으니 미래의 제불은
어떻겠는가?68)

자-2)『道申章』에서 다음과 같이 말하였다.

問 : 나의 當佛이 나를 교화한다는 것은 어떤 경문으로 알 수 있는가?

答 :『瓔珞經』에서 말하기를, "8지 보살은 스스로 자기 몸의 當果를 보아
제불이 정수리를 만지며 설법한다"고 하였다. 또『경』에서 "삼세 제불을
예경하여 모든 죄업을 사라지게 한다"고 하였으니 미래의 제불도 어찌
다르겠는가.69)

위 인용문 자)는『法界圖記叢髓錄』에 나오는 구절이다. 자-1)의『錐穴問
答』은 義相의 제자 智通이 錐洞에서의 의상 강의를 기록한 것이고, 자-2)의
『道申[身]章』은 의상의 제자 道身의 기록이다. 그러므로 이 구절은 의상계
화엄 승려들에 의해 전승되어 온 의상의 강의였음을 알 수 있다. 의상과
원효의 교유 관계에 대해서는 이견이 있긴 하지만, 數錢法 등의 화엄 교학은
원효가 의상을 통해 알게 된 것이라 하므로 원효가 의상에게 영향을 받은
측면이 있는 것 또한 분명하다.70) 그러므로 '미래불의 교화'에 대한 의상의
견해를 원효가 받아들였을 수도 있다.

그런데 논증하는 경론이『본업경』이라는 사실은 달리 생각할 여지를
제공한다. 의상은 智儼의 가르침을 받았는데, 지엄은『본업경』을 삼승의
가르침이라고 낮게 평가하였다.71) 반면 신라 원효는『본업경』을 一乘分敎라
하여 높이 평가하였다. 그러므로 신라 화엄에서『본업경』을 인용하는 태도
는 원효의 영향을 고려해보지 않을 수 없다. 원효와 의상의 영향 관계를

68)『法界圖記叢髓錄』卷下(『韓國佛敎全書』6, 836b2〜7).
69)『法界圖記叢髓錄』卷下(『韓國佛敎全書』6) ; 金相鉉, 2006,「『華嚴經問答』再考」,
　　『동국사학』42, 6〜7쪽에서 재인용.
70) 金相鉉, 1991,『新羅華嚴思想史研究』, 民族社, 75〜76쪽.
71) 石井公成, 1996,「元曉の華嚴思想」,『華嚴思想の研究』, 293〜294쪽.

86

고려할 때 관건은『법화종요』의 저술시기일 것이다. 그런데『법화종요』의
저술시기가 명료하지 않다. 낭지와의 관계를 고려하여 원효 저술 가운데
초기 작품으로 볼 수도 있지만, 玄奘－慈恩의 주장에 대한 이해가 있는
것으로 보아 670년경으로 늦추어 볼 수도 있다. 원효가 먼저인지 의상이
먼저인지도 중요하지만, "一乘果로서의 미래불이 현재의 중생을 교화한다"
는 주제나 설명방식이 신라 불교 교학의 특징으로 거론된다는 점도 중요하다
고 생각한다.[72]

> 차-1) 두 번째, 當果의 報佛이 여러 應化身으로 나타나 지금의 중생을
> 교화하여 증진하게 할 수 있다. 예를 들면『본업경』에서 "스스로 자기
> 몸의 當果를 본 이는 諸佛이 정수리를 쓰다듬으며 설법한다"고 하였
> 다.[73]
> 차-2) 問 : 미래의 부처가 현재의 자신을 교화한다는 것은 의지하는 經文이
> 있는가?
> 答 : 의지하는 경문이 있다.『영락경』에서 제8지 보살에 대해 "스스로
> 자기 몸의 당과를 본 이는 제불이 정수리를 쓰다듬으며 설법한다"고
> 하였다. 그러므로 이미 그 설을 확연하게 알 수 있다.[74]

차-1)은 表員의『華嚴經文義要決問答』에 나오는 구절이고, 차-2)는 見登의
『華嚴一乘成佛妙義』에 나오는 구절이다. 表員과 見登은 8세기 중엽의 비슷
한 시기에 활동한 신라 승려들이다.[75] 그런데 표원은 원효의『법화종요』를
그대로 옮겨 쓰고 있고, 견등의 설명은 의상의『화엄경문답』구절과 거의

72) 최연식, 2001,「新羅 見登의 著述과 思想傾向」,『韓國史研究』115, 28쪽에 의하면
  見登의『華嚴一乘成佛妙義』는 대부분 智儼과 法藏의 저술에 기초하여 얘기되고
  있지만 일부는 그렇지 않은 것도 있다고 한다. 그 예로 소개하는 부분이 바로
  이 구절에 대한 것이다.
73) 表員,『華嚴經文義要決問答』卷3, 一乘義(『韓國佛教全書』2, 381a3~13).
74) 見登,『華嚴一乘成佛妙義』卷1(『韓國佛教全書』3, 742b15~20).
75) 최연식, 2001,「新羅 見登의 著述과 思想傾向」,『韓國史研究』115, 34쪽.

일치하고 있다. 같은 구절에 대한 인용이 智顗나 吉藏은 물론 智儼이나 法藏 등 중국의 화엄 승려에게서도 보이지 않는다는 점에서, 그리고 元曉와 義相을 이어 智通, 道身과 같은 의상 제자들, 그리고 表員, 見登에게까지 이어지고 있다는 점에서 분명 신라 화엄 교학의 특징이라 말할 수 있을 것이다.

원효가 말한 『법화경』의 一乘은 "모든 중생이 성불할 수 있다"는 아주 단순한 진리일 수 있다. 하지만 그 논증 과정에서 "일체 모든 중생에게 불성이 있고, 불성이 있기에 선근이 있고, 선근이 있기에 常住果를 받고, 미래의 부처[當果]가 다시 선근을 낳게 도와주고 교화한다"고 구체적으로 말함으로써 현재를 살아가는 사람들이 부처가 될 수 있는 까닭을 다각도로 보여주었다. 원효는 『법화경』一乘에 대한 논의를 통해 佛性, 善根, 佛에 대한 믿음과 자각을 강조하였다는 점에서 의미가 있다고 생각한다. 또한 이러한 일승 해석이 화엄 승려들의 사고와 교섭되어 신라 불교 교학의 특징으로 자리잡게 되었다는 점에서도 그 사상사적 의미를 찾을 수 있다.

2. 義寂의『法華經論述記』와 일승관

義寂은 7세기 중반~8세기 전반 경에 활동한 신라 승려이다. 의적은
방대한 저술 활동을 하였고,[1] 그만큼 사상적 영향력도 컸던 인물로 평가받고
있다. 의적에 대한 연구는 크게 두 방향으로 진행되었다. 하나는 그의
사상 경향(또는 종파)에 대한 것이고, 또 하나는 저술 분석이다. 우선 사상
경향에 대한 이해는 자료의 활용 폭이 넓어지면서 그가 화엄 승려가 아니라
유식 승려였다는 방향으로 결론이 내려지고 있다. 처음에는『삼국유사』에
서 義相의 10대 제자 중 한 명이라고 한 표현에 근거하여 단순히 화엄
승려로 생각하였다. 그러다 均如의『釋華嚴敎分記圓通鈔』에서 의적이 의상
의 설을 비판하였음이 밝혀지고, 더욱이 의적에게 화엄 관련 저술이 없다는
점에서 화엄 승려라는 설이 의심받았다.[2]『석화엄교분기원통초』의 "義寂師
等 從法相來"라는 구절에 근거해서 법상종에서 화엄종으로 옮겼다고 보기
도 하였다.[3] 이후 일본 승려의 저술을 연구에 활용하면서 의적이 玄奘의
문인이었을 가능성이 제기되었다.[4] 일본에서『大乘義林章』등을 통해 의적
의 유식사상을 밝히는 논문이 발표되었는데,[5] 이를 전후하여 일본학계에서
는 의적의 사상 경향에 대한 관심이 고조된 듯하다. 이러한 일본학계에서의
연구성과와 관련 사료의 적극적인 해석을 통해 의적을 유식 승려로 확정하
고, 그가 중국 법상종과는 다른 사상 경향을 지녔음이 지적되었다.[6]

1) 春日禮智, 1973,「新羅の義寂とその『無量壽經述義記』」,『新羅佛敎硏究』, 山喜房佛書
   林, 36~37쪽에 의하면, 찬술 부수가 元曉 210부, 太賢 116부, 憬興 77부, 義寂
   61부라고 한다.
2) 金相鉉, 1984,「新羅華嚴學僧의 系譜과 그 活動」,『新羅文化』1.
3) 李萬, 1991,「法相關係 論疏와 新羅人의 撰述書(Ⅱ)」,『佛敎學報』28.
4) 金相鉉, 1993,「신라 法相宗의 성립과 順璟」,『伽山學報』2.
5) 森重敬光, 1995,「新羅義寂の古逸書『大乘義林章』にする一考察」,『龍谷大學佛敎學硏
   究室年譜』8.

다음 의적의 저술 분석은 『無量壽經述義記』에 나타난 정토사상,[7] 『菩薩戒本疏』에 나타난 보살계사상,[8] 그리고 『法華經集驗記』에 나타난 법화신앙[9]을 밝히는 방향으로 전개되고 있다. 저술을 심층적으로 분석함으로써 내용을 소개하고 그 역사적 의의를 설명하였다는 점에서는 각기 의미를 지닌다고 생각한다. 그런데 『법화경론술기』에 대한 선행 연구는 많지 않다. 『법화경론술기』의 내용을 소개하고,[10] 一乘 및 修行論에 대한 이해를 살펴보았다.[11] 그러나 『법화경론술기』 전체를 면밀하게 분석한 연구는 아직까지 없는 것 같다.

　『법화경론술기』는 인도 대승 유가행파인 世親의 『妙法蓮華經優婆提舍』(이하 『법화경론』으로 줄임)에 대한 주석서이고 慈恩의 『妙法蓮華經玄贊』(이하 『법화현찬』) 및 다른 논사들의 『법화경』 관련 저술을 자주 인용하고 있다. 의적은 『法華經論述記』 외에도 『法華經綱目』 1권, 『法華經料簡』 1권, 『法華經集驗記』 2권을 저술하였다. 『법화경』 관련 저술이 많은데, 의적의

　6) 최연식, 2003, 「義寂의 思想傾向과 海東法相宗에서의 위상」, 『불교학연구』 6. 일본학계의 연구 성과에 대해서는 이 논문 참조.

　7) 春日禮智, 1973, 「新羅義寂とその『無量壽經述義記』」, 『新羅佛教研究』, 山喜房佛書林 ; 惠谷隆戒, 1976, 「義寂の『無量壽經述義記』について」, 『淨土教の新研究』, 山喜房佛書林 ; 安啓賢, 1987, 「義寂의 彌陀淨土往生思想」, 『新羅淨土思想史研究』, 玄音社 ; 梯信曉, 1989, 「新羅義寂『無量壽經述義記』への一考察」, 『印度學佛教學研究』 38-1.

　8) 崔源植, 1999, 「新羅義寂의 梵網菩薩戒觀」, 『新羅菩薩戒思想史研究』, 民族社.

　9) 李起雲, 1997, 「義寂의 『法華經集驗記』」, 『彌天睦楨培博士華甲記念論叢』, 藏經閣 ; 金相鉉, 2000, 「의적의 『法華經集驗記』에 대하여」, 『東國史學』 34 ; 김경희, 2003, 「義寂의 『法華經集驗記』에 대한 고찰」, 『日本文化學報』 19 ; 박광연, 2007, 「의적의 『법화경집험기』 편찬 배경과 특징」, 『역사와 현실』 66.

　10) 이기운, 1996, 「신라 義寂의 法華思想 연구」, 『대학원연구논집』 26, 동국대.

　11) 이만, 2004, 「新羅 義寂의 一乘思想과 修行論」, 『佛教學報』 41. 『법화경론술기』의 사상을 분석한 국내 연구는 이 논문이 유일한데, 의적의 一乘觀에 대한 이해가 필자와 다르다. 三友健容은 의적이 천태교학과 관련 있는가 없는가를 해명하는 과정에서 『법화경론술기』의 내용을 언급하였는데(2004, 「新羅義寂と天台教學」, 『韓國佛教學結集大會論集』 2-1, 260쪽), 이 논문은 『법화경론술기』의 저자에 대한 고민을 하고 있다는 점에서 의미를 지닌다.

『법화경』에 대한 이해를 『법화경론술기』 분석을 통해 해명할 수 있으리라 생각한다. 본장에서는 먼저 『법화경론술기』의 話者 문제를 해결하고, 다음으로 『법화경론술기』에 나타난 법화경관과 그것이 가지는 사상사적 의미에 대해 밝혀보도록 하겠다.

1) 『법화경론술기』의 구성과 화자

(1) 주요 내용과 구성

『법화경론』은 『법화경』에 대한 세친의 주석서이고, 『법화경론술기』는 『법화경론』에 대한 주석서이다. 현존하는 『법화경론술기』는 완결본이 아니다. 『법화경론』은 序品 제1, 方便品 제2, 譬喻品 제3으로 구성되어 있는데, 『법화경론술기』는 방편품 앞부분에 대한 해석에서 끝나고 있다. 『법화경론술기』 전체가 2권 또는 3권이라고 하므로 완결본의 절반 정도가 남아 있는 것 같다. 현존본의 내용을 살펴보면, 크게 서론, 본론의 두 부분으로 구분된다. 이해를 돕기 위해 대강의 내용을 소개하면 다음과 같다.

서론에는 『법화경론』이라는 논서의 이름이 가지는 의미, 저자의 이름이 가지는 의미, 한역 판본의 소개가 나온다. 그리고 菩提流支 번역본에 나오는 歸敬偈에 대한 풀이가 이어진다. 귀경게는 세 단락으로 나뉘는데, 첫째 佛·法·僧 三寶에 대한 공경, 둘째 석가모니와 보살·성문에 대한 공경, 셋째 논을 찬술한 의도를 말하고 있다.

본론은 경전 槪觀, 序品, 方便品으로 구성되는데, 중심 내용은 序品의 7種 功德成就이다. 槪觀에서는 『법화경론』에 의거하여 『법화경』을 세 부분으로 나누고 있다. 첫째 7種 功德成就로서 가르침이 일어나는 인연을 밝힌 부분으로 『법화경』 제1 서품에 해당한다. 둘째 5分 破二明一로서 방편을 연 부분으로 『법화경』 제2 방편품에 해당한다. 셋째 十無上에 짝지어[對治] 實相을 드러낸 부분으로 『법화경』 제3 비유품부터 끝까지 포함된다.[12]

다음 서품에서는 序分成就, 衆成就, 如來欲說法時至成就, 依所說法隨順威儀住成就, 依止說因成就, 示現大衆欲聞現前成就, 文殊師利答成就의 7종 공덕 성취가 무엇인지를 간략히 소개한 뒤 하나하나 구체적으로 풀이한다.

[Ⅰ] 序分成就에서는 住處(부처가 머무는 장소)에 대해서만 설명하고 그 이외의 것은 생략하였는데, 이는 住處가 단순히 장소만 가리키는 것이 아니라 별도의 뜻을 드러내는 바가 있기 때문이라고 한다.『大智度論』을 인용하여 왕사성이 모든 성 가운데 우수함을, 또『대지도론』을 인용하여 기사굴산이 다른 산보다 뛰어남을 밝히면서 이들처럼『법화경』법문도 모든 경 중의 왕이며 법문 중의 최고라고 하였다.

[Ⅱ] 衆成就는 서품 가운데 가장 많은 분량을 차지하는 부분이다. 중성취는 數成就, 行成就, 攝功德成就, 威儀如法住成就로 나뉘는데, 그 가운데 攝功德成就의 聲聞功德成就와 菩薩功德成就에 대한 설명이 자세하다. 우선 성문의 공덕은 上上起門, 總別相門, 攝取事門 세 가지 방식으로 설명한다. 上上起門에서는 번뇌를 다하여 아라한이 되는 것에서부터 見道와 修道를 스스로 증득함으로써 마음의 자재함을 얻어 피안에 이르는 과정을 밝히고 있다. 總別相門에서는 아라한 이름의 의미를 15가지로 풀고 있는데, 주목되는 점은 '번뇌가 없으므로 대중을 거느리고 일체를 교화해야 한다' '같이 태어난 모든 중생을 여실하게 알아야 한다' 등 중생 교화에 대해 언급하고 있는 부분이다. 攝取事門에서는 성문이 10가지 공덕을 지니고 있음을 서술하고 있다. 성문에 이어 보살의 공덕을 밝힌다. 이 부분은 上支下支門과 攝取事門으로 나뉘는데, 보살 가운데 別位인 8地, 9地, 10地 보살의 공덕을 중점적으로 밝히는 것이 특징이다. 8지 이상의 보살은 不退轉을 획득했다고 하며, 불퇴전의 의미를 10가지로 풀이한다. 8지 이상의 보살은 無相行, 無功用行을 하는 淸淨地에 머물며, 妙法方便, 善知識方便, 衆生方便, 智慧方便을 사용하여

12)『法華經論述記』卷上(『韓國佛敎全書』2, 301c3~8).

무수한 백천 중생을 제도한다고 한다.

[Ⅲ] 如來欲說法時至成就에서는『無量義經』과『법화경』의 관계에 대한 吉藏, 慈恩, 和上의 견해를 비교하는 방법으로 '『법화경』설법의 때가 되었다'의 의미를 풀고 있다. 그리고『법화경』의 17가지 이름의 의미를 설명한다. 여기서 16번째 妙法蓮華經의 해석에서『법화경론』방편품에 근거하여『법화경』이 破二明一을 밝히는 경이라는 화상의 견해를 비중 있게 다룬다. 다음 [Ⅳ] 依所說法隨順威儀住成就는 간단하다. '威儀에 隨順한다'의 의미와 無量義處三昧에 드는 이유가 나온다.

[Ⅴ] 依止說因成就는『법화경』을 설할 때 부처의 미간에서 광명을 비춘다는 표상이 가지는 의미를 다각도로 해석하고 있다. 광명을 비추는 것이 自證法을 드러내는 것이라는 견해, 그리고『화엄경』에 나오는 광명과의 차이점에 대한 설명 등이 흥미롭다. 그리고 菩薩行에 대해 생사를 벗어나 빨리 佛果를 증득하고 중생을 해탈하게 하고, 이러한 인연으로 보살도를 닦아 佛土를 장엄하게 하고, 중생에게 菩提分을 닦아 보살도를 행함을 성취하게 하고, 때론 四攝法이나 六波羅密을 닦아 보살도를 행하게 하는 것이라 해석하고 있다.

[Ⅵ] 示現大衆欲聞現前成就와 [Ⅶ] 文殊師利答成就는 彌勒과 文殊의 問答에 대한 부분이다. 미륵은『법화경』설법을 들을 수 있는 조건에 대해 문수에게 질문하였다. Ⅵ에서는 미륵이 왜 문수에게만 질문을 했는지, 문수의 답을 듣고자 한 이유가 무엇인지 등을 설명한다. 다음 Ⅶ에서는 문수가 답을 한다. 문수는 10가지의 事가 성취되었기 때문에『법화경』설법을 들을 수 있다고 설명하고, 나아가『법화경』설법을 들음으로써 얻게 되는 果를 欲論大法, 欲雨大法雨, 擊大法鼓 등의 비유를 들어 闡提, 外道, 聲聞, 緣覺의 순으로 설명하고 있다.

현존본의 끝부분에 본론의 세 번째인 방편품이 짧게 나온다.『법화경』법문에 의해 큰 깨달음을 이루고 나서 중생을 위해 人天, 성문, 벽지불

등의 법을 설해주는 것이 大敎方便의 의미라고 한다. 이어서 방편품의 주제인 破二明一에 대한 설명이 이어진다. 破二明一에 대한 기존의 해석 세 가지를 소개하면서, 破二明一의 의미가 바로 十種無上임을 주장하고 있다. 현존본은 여기서 끝나지만 十種無上이 무엇인지, 그것이 가지는 의미가 무엇인지에 대한 설명이 이어질 것이 분명하다. 더욱이 『법화경론술기』 본문 속에서 이미 『법화경론』 권3 비유품의 주요 내용인 7譬喩, 3平等 등의 내용이 언급된[13] 것으로 보아 『법화경론술기』 후반부에서 주요하게 다뤄졌으리라 짐작된다.

이상의 『법화경론술기』 내용을 인용관계를 따져가며 살펴보면 몇 가지 특징이 발견된다. 우선 『법화경론술기』에서 밝히고 있는 전거를 정리해보면 <표 5>와 같다.

<표 5>를 통해 알 수 있는 것은 첫째, 『법화경론술기』가 '解云'이 있는 전반부와 '解云'이 없는 후반부로 나뉜다는 사실이다. 그 경계가 되는 부분은 제2 衆成就-攝功德成就-菩薩功德成就에 해당한다. 『韓國佛敎全書』 판본으로 卷2 308쪽 상단 7째 줄이다. 菩薩功德成就에 대해 '解云12'에서 개관한 이후 후반부에서는 전혀 '解云'이 나오지 않는다. 후반부의 시작 부분을 살펴보면 다음과 같다.

가) ① 問 : 무엇 때문에 보살의 德을 찬탄함에 오직 이 두 측면[門]만으로 功德을 해석해서 上上起門을 말하지 않는가. 그 뜻이 무엇인가.
답 : 聲聞의 德 중에서 同位의 德을 찬탄하여 能相乘과 所相乘을 이루었다고 하는데 이것이 上上起이다. 上上起란 能相乘과 所相乘이 이루는 뜻을 나타낸 것이기 때문이다. (그런데) 보살의 덕을 찬탄할 때는 別位인 세 단계[地]의 공덕을 밝혔다. 그러므로 能相乘과 所相乘을 이루는 뜻이 없다. 이 때문에 上上起의 측면은 말하지 않는다. ② 阿耨多羅三藐三菩提란 無上의 正等[14]覺으로 번역되니 體는 곧 佛果이다. (中略) 지금

---

13) 『法華經論述記』 卷上(『韓國佛敎全書』 2, 314a24~b4).

〈표 5〉『法華經論述記』構造 및 典據

構造					引用 典據					
概觀					解云1					
	Ⅰ序分成就				解云2					
序品	Ⅱ衆成就	數成就			解云3	解云4				
		行成就								
		攝功德成就	聲聞功德成就	上上起門		解云5	解云6 解云7	解云8 解云9 解云10		
				總別相門						
				攝取事門			解云11			
			菩薩功德成就	上支下支門			解云12	基公1	問答1 和上1	
									問答2	
									問答3	
									問答4	
									和上2	
									基公2	
									基公3	
									一云1	
									問答5	
									藏師1	
				攝取事門					案此1 問答6	
		威儀如法主成就								
	Ⅲ如來欲說法時至成就				藏師2 基4 和上3 案此2 基5 和上4 問答7					
	Ⅳ依所說法隨順威儀住成就				藏師3 一云2 問答8 和上5 和上6					
	Ⅴ依止說因成就				和上7 問答9 問答10 基師6					
	Ⅵ示現大衆欲聞現前成就				和上8					
序品	Ⅶ文殊師利答成就	過去因果								
		十事成就	一擧名							
			二釋義		和上9 淨法師1 和上10 淨師2					
			三開章	1 欲論大法	藏師4					
				2 欲雨大法雨	藏師5					
				3 欲擊大法鼓 4 欲不斷大法鼓	藏師6 淨法師3 基師7					

---

14)『한국불교전서』원문은 華이지만, 京都大 소장의 筆寫本은 '等'이라 판독된다.

序品		5 欲建大法幢	藏師7
		6 欲燃大法燈	藏師8
		7 欲吹大法	藏師9
		8 欲說大法	
	四合解		和上11 藏師10
方便品			和上12

(*전거에 붙은 일련 번호는 나오는 순서를 의미한다.)

　　이 보살은 모두 8地 이상이기 때문에 無上菩提에서 물러나지 않는다고
말한다. 반드시 깨달을 것이기 때문에 不退라 이름한다. ③ 和上이
말씀하시기를, 다섯 가지 菩提가 있다고 한다. 첫째, 發心菩提이니 十信
位에서 아직 (菩提를) 얻지 못했다면 第6心 이후에 얻게 된다. (中略)
둘째, 伏心菩提이니 三賢位(十住, 十行, 十廻向)에서는 얻지 못하고,
十解 第7住 이후로 아직 얻지 못했거나 이미 얻은 법에 대해서도 모두
물러난다. (中略) 셋째, 明心菩提이니 初地부터 第7地에 이르기까지
이미 不退를 얻었다. (中略) 넷째, 出道菩提이니 第8地 이상의 세 단계(8
地, 9地, 10地)는 법이 빨리 흐르고 자재하게 흐르기 때문에 이미 얻었다.
아직 얻지 못한 법도 모두 不退轉이다. (中略) 다섯째, 無上菩提이니
곧 佛果이다.[15)]

　　우선 ① 問答이 나온다. 이어지는 ②는 전거를 밝히고 있지 않지만 慈恩의
설명이다.[16)] 그리고 ③ 和上이 등장한다. 인용문 가)를 뒤이어 『瑜伽師地論』

15) 『法華經論述記』 卷上(『韓國佛敎全書』 2, 308a7~c5).
16) 『妙法蓮華經玄贊』 卷2, 序品(『大正藏』 34, 672a9~b15), "贊曰 自下第二歎德 有十三句
論以二門釋 一上支下支門 二攝取事門 支者分義 上支分謂總相 下支分謂別相 故論云
應知阿耨多羅三藐三菩提不退轉者 是總相 餘是別相 此總相也 無上正覺體即佛果所
有五法 謂淨法界 及四智心品 無著金剛般若論說 阿耨多羅三藐三菩提顯示菩提及菩
提道 阿耨多羅此顯菩提自相 解脫相故 三藐三菩提顯示菩提者人平等相 以菩提法故
得知是佛 大智度論說 智及智處俱說名般若 菩薩地說菩提菩提斷皆名菩提 (中略) 云
何不退轉 由具下十因不退轉 故於佛果能不退轉 決定當證 念念進修 名不退轉 退者
失也 轉者動也 八地以上 任運進修 於大菩提 修習不退 無煩惱故 亦復不爲一切有相
功用所動 名不退轉 由此八地名不動地 相用煩惱不能動故 不退有四 一信不退 十信
第六 名不退心 自後不退生邪見故 二位不退 十住第七 名不退位 自後不退入二乘故

96

을 끌어와 8地, 9地, 10地 菩薩의 특징을 설명하고, 이어서 慈恩의『妙法蓮華經 玄贊』(이하『法華玄贊』이라 함)을 인용하여 下支門을 설명하고 있다. 이와 같이 後半部는 '解云'이 없는 대신 問答이 나오고, 和上도 등장하고, '基師(公) 云', '藏師云', '淨法師云', '一云' 등의 인용이 빈출하고 있다. 여기서 基師는 慈恩 基, 藏師는 吉藏, 淨法師는『妙法蓮華經纘述』을 쓴 慧淨[17]이다. 和上이 제일 많은 12번, 吉藏이 10번, 慈恩이 7번, 慧淨이 3번이며 問答도 10여 차례나[18] 된다. 和上을 제외하고는 吉藏과 慈恩의 설을 많이 참조하였다. 여기서 吉藏의 설은 대부분『法華論疏』에서 찾아지고, 慈恩의 설은『法華玄 贊』에 나오는 내용이다.

한편 後半部의 경우 인용문 가)의 ②와 같이 典據를 밝히지 않았지만 다른 論書를 인용한 경우가 매우 많다. 전거를 밝히지 않은 부분도, 전거를 밝힌 부분과 마찬가지로,『法華玄贊』과『法華論疏』에서 대부분 인용하였다. 해당 부분을 살펴보도록 하겠다.

먼저 慈恩의『법화현찬』에서 인용한 부분이다. 제2 衆成就의 菩薩功德成 就에서 下支門으로 10가지 不退轉을 낱낱이 설명하고 있는데, 그 가운데 첫 번째 住聞法不退, 두 번째 作所應作不退轉, 네 번째 依心善知識不退轉, 일곱 번째 入一切智如實境界, 열 번째 作所應作不退轉의 내용이 慈恩의 설을 따르고 있다. 다음 攝取事門의 제1 復次, 제2 復次도 모두 慈恩의 설이다. 제3 如來欲說法時至成就에서는『법화경』의 17가지 이름 가운데 첫 번째인 無量義經과 마지막 最上法門의 설명에 慈恩의 설을 인용하고 있다. 제4 依所說法隨順威儀住成就에서는 無量義處三昧가 가지는 힘을 설명

三證不退 初地以上 卽名不退 所證得法 不退失故 四行不退 八地已上 名不退地
爲無爲法 皆能修故 今此菩薩 皆八地已上 故言於無上正等覺不退轉 定當證故 故不
退者 非卽不轉" 밑줄친 부분에 해당하는 내용이 나온다.
17) 慧淨의『묘법연화경찬술』권1~2가 송광사에 소장되어 있다(보물 제206호).
18) 問答의 경우『瑜伽師地論』등에서 그대로 인용한 경우는 제외하고, 義寂과 제자들의 問答으로 추정되는 경우만 헤아린 숫자이다.

하는 부분이 『법화현찬』에 나오는 내용이다. 이 이후로 基師云은 두 차례 나오긴 하지만, 전거를 밝히지 않은 채 『법화현찬』을 인용한 부분은 여기가 마지막이다.

다음 吉藏의 『법화론소』에서 인용한 부분을 찾아보자. 제5 依止說因成就 부분에 처음 등장하는데, 미간에서 발한 광명 속에 나타난 10가지 事에 대한 설명과 뒤이은 數種種의 네 가지 觀에 대한 부분이 吉藏의 설이다. 제6 示現大衆現前欲聞成就에서는 첫머리의 ‘和上8’ 부분을 제외하고는 대부분 吉藏의 글을 인용하고 있다. 제7 文殊師利答成就는 10事成就－四合解 곳곳에 吉藏의 표현을 그대로 따르고 있는데, 이 부분에는 ‘藏師云’이라 언급된 곳도 7군데나 된다. 방편품의 첫 부분인 방편의 개념과 5分에 대한 설명도 吉藏의 견해이다.

이와 같이 전거를 밝히지 않은 부분에서도 전거를 밝힌 부분과 마찬가지로 慈恩의 『법화현찬』과 吉藏의 『법화론소』를 많이 참조하였음을 알 수 있다. 그런데 여기서 한 가지 흥미로운 사실은 『법화현찬』을 인용한 부분과 『법화론소』를 인용한 부분이 크게 갈래지워진다는 점이다. 『법화현찬』을 인용한 부분은 제2 衆成就의 菩薩功德成就에서 제4 依所說法隨順威儀住成就 까지에 해당한다. 반면 『법화론소』를 인용한 부분은 제5 依止說因成就에서 끝까지에 해당한다. ‘解云’이 없는 후반부의 앞부분은 『법화현찬』을, 뒷부분은 『법화론소』를 뼈대로 하고 있다. 앞부분과 뒷부분의 이러한 차이는 내용에서 비롯된 것 같다. 제2 衆成就의 菩薩功德成就에서는 8지, 9지, 10지 보살의 특징을 주로 설명하고 있다. 수행을 통한 8지 단계 不退轉의 획득, 이것이 唯識 승려의 1차적인 수행 목표라고 할 수 있다. 이렇게 수행과 관련된 부분에서는 慈恩의 설을 주로 인용하고 있는 것이다. 반면 제5 依止說因成就에서는 보살행을 닦음으로써 佛果를 증득하고 중생을 해탈하게 하고, 이러한 인연으로 보살도를 닦아 佛土를 장엄하게 하는 등의 果를 얻음을 말하고 있다. 제6 示現大衆欲聞現前成就와 제7 文殊師利答

成就에서는『법화경』설법을 들음으로써 생기는 변화를 말하고 있다.『법화
경』으로 인해 얻어지는 것에 대해서는 吉藏의 설을 빌고 있는 것이다.
거칠게 표현하자면 앞부분은 因의 측면이 강조되고, 뒷부분은 果의 측면이
강조되고 있다.

이상『법화경론술기』인용의 특징을 정리하면, 크게 '解云'이 있는 전반부
와 '解云'이 없는 후반부로 나뉜다. 후반부에 和上 및 問答은 고루 분포되어
있는 반면,『법화현찬』은 앞부분에서『법화론소』는 뒷부분에서 주로 인용
하고 있다.19)

(2) 義寂釋·義一撰의 문제

『법화경론술기』의 존재는『東域傳燈目錄』卷下,『高山寺本東域傳燈目
錄』,『諸宗章疏錄』第一,『注進法相宗章疏』,『奈良朝現在一切經疏目錄』등
일본에 전하는 불교 목록들을 통해 알려졌다. 그런데 관련 기록들은 한결같
이『법화경론술기』의 저자를 '義寂釋·義一撰'이라 표기하고 있다.

　　　　法花經論述記三卷　義寂釋義一撰20)

---

19) 이 관계를 간략히 정리하면 다음과 같다.

	서	歸敬偈 등				
序品	I	序分成就	現示自在功德義成就		解云으로 시작	
	II	衆成就	數成就		解云 없음 和上云 問答 고루 분포	慈恩 인용 많음 吉藏 인용 많음
			行成就			
			攝功德成就	聲聞功德成就		
				菩薩功德成就		
			威儀如法主成就			
	III	如來欲說法時至成就				
	IV	依所說法隨順威儀住成就				
	V	依止說因成就				
	VI	示現大衆欲聞現前成就				
	VII	文殊師利答成就				
方便品		五分 破二明一				

同論述記二卷 義寂釋義一撰[21]

한 논서의 저자 이름에 釋과 撰이 병렬되어 있는데, 이러한 다른 예를 찾기 어렵다. 撰이란 '짓다, 찬술하다'의 의미이다. 일반적으로 撰者를 책의 話者로 본다. 그러므로 義寂釋·義一撰의 표현으로는 『법화경론술기』의 화자가 義一이라고 볼 수도 있다. 더욱이 일본 논서 중에는 '義一師法華論述記 下卷云',[22] 또는 '義一師記'[23]라고 하여 『법화경론술기』가 의일의 저술인 것처럼 기록하고 있는 예도 있다. 그러므로 의적의 사상을 논하기 위해서는 『법화경론술기』의 화자가 누구인가의 문제를 밝혀야 한다. 다시 말해 『법화경론술기』에서 어느 부분이 의적의 견해인지를 구분해야 한다. 일차적으로 해명해야 할 것은 '解云', '和上云', 問答의 주체가 누구인가 하는 점이다.

먼저 『법화경론술기』의 전반부를 이끌어가는 '解云'의 주체는 누구일까. '解'란 '풀이하다' '해설하다'의 의미이다. 이는 '義寂釋·義一撰'에서 釋에 대응한다. 그러므로 '解云'의 주체는 일단 의적으로 보아야 할 것이다. 의적은 『법화경론』 전체를 이해할 수 있는 틀을 앞머리에서 제시하고 있다. 그렇다면 의적의 해설이 왜 전반부에만 나오고 후반부에는 나오지 않는 것일까. 전반부가 의적의 견해라면 후반부는 누구의 견해로 봐야 하는가라는 의문이 든다. 이에 대한 해결의 실마리를 제공하는 것이 <표 5>의 '和上3'이다. 제3 如來欲說法時至成就를 자세히 설명하는 과정에서 화상의 말을 다음과 같이 인용하고 있다.

나) 和上께서 말씀하시기를, "여래가 설법하고자 하는 때가 이르렀음이 성취되었다는 것은 (붓다께서) 깨달음을 이룬 지 40여 년이 지나도록

20) 『注進法相宗章疏』 卷1(『大正藏』 55, 1141c15).
21) 『東域傳燈目錄』 卷1(『大正藏』 55, 1156b11).
22) 最澄, 『守護國界章』(『大正藏』 74, 243c18).
23) 最澄, 『守護國界章』(『大正藏』 74, 192b).

100

아직 이 妙法을 설하지 않으신 까닭이 중생의 근기가 아직 익지 않아 설법할 때가 이르지 않았기 때문이었다. 이제 중생들의 근기가 익어서 설법할 때가 이르렀으므로 먼저 『無量義經』을 설하여 장차 이 경(『法華經』)의 전조로 삼고자 하였던 것이다."라고 하였다(和上云 如來欲說法時至成就者 成道來四十餘年 所以未曾說此妙法 衆生根未熟 說時未至故 今根機已熟 說法時至 是故先說無量義經 將爲此經之前兆也).[24]

그런데 이 구절은 『법화경론술기』 첫머리에 나오는 <표 5>의 '解云1'에서 의적이 序品의 7種 功德成就를 개관하는 가운데 세 번째 如來欲說法時至成就를 설명하는 다음의 구절과 똑같다.

다) 解云 (중략) 如來欲說法時至成就者 成道來四十餘年 所以未曾說此妙法 衆生根未熟 說時未至故 今根機已熟 說法時至 是故先說無量義經 將爲此經之前兆[25]也.[26]

인용문 나)와 다)가 글자 한 자 틀리지 않고 일치한다. 이는 '解云'의 주체와 和上이 동일 인물이며, 그가 바로 의적임을 말해준다. 의적이 전반부에서는 '解云'으로 후반부에서는 '和上云'으로 등장하고 있다. 후반부에서 和上의 인용이 가장 많은 이유가 이 때문일 것이다. 한편 和上이 의적이라는 사실은 후반부의 화자가 의적이 아니라 의적의 제자, 즉 義一임을 말해준다.

전반부와 후반부의 이러한 구분은 의적의 강의 방식에서 비롯된 것이 아닐까 한다. 즉 전반부는 『법화경론』을 개관하는 의적의 강의를 의일이 '解云'으로 받아쓴 것이고, 후반부는 스승 의적과 제자 의일 등이 질문을 주고받는 방식으로 진행된 강의를 義一이 하나의 논서 형식으로 정리한 것인 듯하다. 다시 말해 제자들이 미리 여러 논사들의 저술, 특히 慈恩의

24) 『法華經論述記』 卷上(『韓國佛敎全書』 2, 312b7~12).
25) 원문은 北이나 兆의 오자로 판단된다.
26) 『法華經論述記』 卷上(『韓國佛敎全書』 2, 302a19~23).

『법화현찬』과 吉藏의『법화론소』등을 공부해와서 궁금한 점을 질문하는 방식으로 강의가 진행되었고, 이를 事後에 義一이 체계적으로 종합했다는 것이다. 그러므로『법화경론술기』를 최종 정리한[撰] 사람은 의일이지만, 굳이 구분하면 전반부는 義寂釋에 후반부는 義一撰에 해당한다고 하겠다. 『법화경론술기』가 의적의『법화경론』강의를 기록한 것임에도 義一記가 아니라 義一撰이 된 것은 이와 같은 강의 진행방식 때문이었다는 생각이다.

그렇다면 10여 차례 등장하는 問答의 주체는 누구일까. 일반적으로 문답은 撰者가 자문자답하면서 논지를 보강하는 형식으로 전개된다. 그런데『법화경론술기』에 나오는 문답의 경우는 그 역할이 크다. 후반부를 이끌어 가는 원동력이 문답에 있다고도 말할 수 있다. 몇 가지만 예를 들어보겠다. '問答2'에서는 "『해심밀경』에서 趣寂인 것은 끝내 회향해 들어가지 않는다고 하였고 또 일승은 密意의 말이라고 하였는데, 어떻게 제3법륜이 될 수 있는가"하는 질문에 "『해심밀경』에서 趣寂인 것이 대보리를 얻을 수 없다고 말한 것은 아직 마음을 돌리지 않은 때에 근거하여 말한 것이다. 만약 마음을 돌릴 때면 이룰 수 없는 것도 아니다"고 답함으로써 趣寂聲聞의 成佛 가능성을 말하였다.[27] 또 '問答6'에서 "上의 무상행이 제7지 무상행임을 어떻게 알 수 있는가"하는 질문에 답하면서, 이승의 개념 및 보살의 수행단계인 十地에 대한 새로운 해석을 하고 있다.[28] 특히 주목되는 부분은 '問答10'의『법화경』과『화엄경』의 차이에 대한 질문과 답변이다.

　　라) 問 : 무엇 때문에 이 경(『법화경』)을 말할 때는 미간의 백호에서 대광명을 발하고『화엄경』을 말할 때는 面門(얼굴 앞 부분)에서 광명을 발하는가. 그 뜻이 무엇인가.
　　　　答 : 백호는 폈을 때는 1장 5척이고 말았을 때는 3촌에 불과하기 때문에

---

27)『法華經論述記』卷上(『韓國佛敎全書』2, 309b5~10).
28)『法華經論述記』卷上(『韓國佛敎全書』2, 311b20~c12).

삼승을 나누어 열어보이려고 하나 다만 일승의 뜻에만 부합한다. 또한 일승 중도를 나타내 보인다. 그러므로 미간의 백호에서 대광명을 발하여 오직 동쪽만 비추는 것은 묘법최승을 나타냄이다. 염부제 사방에서 동방이 本이 되는 것은 해가 처음 나오기 때문이다. 세간에 수순하여 오직 동쪽만 비춘다. 『화엄경』에는 面門에서 빛을 발하는 뜻이 나오는데 門이란 출입이다. 삼승 오승이 본래 하나의 無相에서 흘러나왔다가 뒤에 다시 하나의 無相으로 돌아간다는 뜻을 말한다. 그러므로 면문에서 시방을 두루 비춘다는 것은 法界에 법문이 두루한다는 뜻을 나타낸다.29)

『법화경』은 一乘 中道를 나타내 보이고, 『화엄경』은 三乘·五乘이 본래 하나의 無相에서 흘러나왔다가 다시 하나의 無相으로 돌아감을 나타낸다고 한다. 그리고 『법화경』은 妙法의 수승함을 나타내고, 『화엄경』은 法界에 법문이 두루함을 나타낸다고 한다. 『법화경』과 『화엄경』에 대한 뚜렷한 경전관을 지니고 있고, 이를 알기 쉽게 설명해주고 있다.

이상의 예에서 볼 수 있듯이 주고받는 문답 속에서 『법화경론술기』의 독자적인 경전 해석이나 불교 이해가 표출되고 있다. 문답에 해당하는 내용은 다른 논서들에서 인용관계를 찾을 수 없는 것이 대부분이다.30) 이러한 문답들을 단순히 의일의 자문자답으로 볼 수 있을 것인가. 『법화경론술기』의 배경이 기본적으로 의적이 『법화경론』을 강의하는 공간이라는 점을 감안한다면 問의 주체는 제자, 答의 주체는 의적이라고 보아야 하지 않을까 한다. 때문에 문답 속에는 의적의 사상이 담겨 있다고 생각한다.

정리하면 '解云'으로 구성되어 있는 전반부는 모두 의적의 견해를 담고 있다고 볼 수 있다. 후반부에서는 일차적으로 '和上云'과 '問答'이 의적의

---

29) 『法華經論述記』 卷上(『韓國佛敎全書』 2, 314b11~c8).

30) 문답 가운데 인용관계가 찾아지는 부분은 단 한 군데뿐이다. 『法華經論述記』 卷上(『韓國佛敎全書』 2, 314a15~25). 여기서 질문은 吉藏의 『法華義疏』에 나오는 표현이고(『法華義疏』 卷2, 序品 第1[『大正藏』 34, 469a9~10]), 풀이는 慈恩의 『법화현찬』에서 인용하고 있다(『妙法蓮華經玄贊』 卷2, 序品[『大正藏』 34, 679a12~19]).

독자적인 견해에 해당한다. 慈恩이나 吉藏의 설을 비판 없이 인용한 부분은 그들의 견해를 수용함을 의미한다고 하겠다.

2) 의적의 법화경관

이상을 통해 『법화경론술기』가 의적의 『법화경론』 강의를 기초로 하여 의일이 엮은 책임을 알 수 있다. 유식이 전공인 의적은 왜 제자들에게 『법화경론』을 강의하였을까. 의적의 견해가 담겨 있는 구절을 통해 밝혀보도록 하겠다.

(1) 독자적인 一乘觀

의적은 『법화경론』에 대한 깊이 있는 이해를 통해 『법화경』을 독자적으로 해석하고 있다. 기본적으로 『법화경』 28품의 구분을 달리하고 있다. 구마라집의 『법화경』 번역 이후 『법화경』 구성은 다음의 세 가지 관점으로 해석되었다. 첫째는 3經 3段으로, 『無量義經』이 序分, 『法華經』이 正宗分, 『觀普賢菩薩行法經』이 流通分이라 보는 관점이다. 둘째는 1經 3段으로, 『법화경』만을 서분, 정종분, 유통분으로 구분하였다. 제1 서품이 서분, 제2 방편품~제17 분별공덕품 전반부가 정종분, 제17 분별공덕품 후반부~제28 보현보살권발품이 유통분이다. 셋째는 2門 6段으로 『법화경』을 本門과 迹門으로 分科하고, 각 문을 각각 서분, 정종분, 유통분으로 나누는 방식이다. 제1 서품부터 제14 安樂行品까지가 迹門으로, 이 가운데 제1 서품이 서분, 제2 方便品~제9 授學無學人記品이 정종분, 제10 法師品~제14 安樂行品이 유통분이다. 제15 從地湧出品부터 제28 普賢菩薩勸發品까지가 本門인데, 이 가운데 제15 從地湧出品이 서분, 제16 如來壽量品~제17 分別功德品 전반부가 정종분, 제17 分別功德品 후반부~끝이 유통분이다. 세 번째가 天台 智顗의 해석으로, 구마라집 문하에도 존재했던 本迹二門사상을 보다 확충하여 『법화경』 해석의 기준을 마련하였다. 의적은 이 세 가지 구분 방식을 따르지 않고, 因緣分, 方便分, 實相分으로 3분하였는데 그 기준이 바로 『법화경론』이었다.[31]

序品	因緣分	七種功德成就	『법화경론』 제1
方便品	開方便分	五分破二明一	『법화경론』 제2
譬喩品~끝	顯實相分	對治十無上	『법화경론』 제3

제1 서품이 因緣分, 제2 방편품이 方便分, 제3 비유품부터 끝까지가 實相分이다. 유통분은 『법화경론』 제3 비유품에 나오는 10無上의 열 번째에 해당하므로 별도로 설명하지 않는다고 한다. 인연분, 방편분, 실상분의 내용이 『법화경론』 제1, 제2, 제3과 일치한다.[32] 이와 같이 『법화경론술기』 는 의적의 독자적인 법화경관을 표방하고 있다. 의적은 『법화경』이 "모든 경 중의 왕이며, 법문 중의 최고"[33]라고 하였는데, 어떤 근거에서 『법화경』 에 이러한 평가를 내렸는지 그의 해석을 좀더 면밀히 살펴보도록 하자.

의적은 『법화경』 경명[妙法蓮花]에 나오는 蓮花를 "10慢의 혼탁함에서 벗어나 一乘의 실상을 펼친다(出離十慢之濁 開敷一乘之實)"에 비유하는 등 여러 곳에서 『법화경』이 一乘法을 설하는 경전임을 밝히고 있다. 그렇다 면 의적이 생각하는 一乘이란 어떤 의미일까? 의적은 일승의 의미도 『법화경 론』에서 찾았다. 『법화경론』 제2 방편품에 나오는 '破二明一'을 적극적으로 해석하는 방법으로 이에 대한 해답을 던져준다.

---

31) 의적이 『법화경론』에 의거하여 『법화경』을 구분하는 태도는 『無量壽經』의 48願을 전적으로 『淨土論』의 三嚴二十九種莊嚴功德에 의거하여 이해하는 모습과도 상통한 다(梯信曉, 1989, 「新羅義寂 『無量壽經述義記』の一考察: 世親 『淨土論』の位置付につ いて」, 『印度學佛教學研究』 38-1, 208쪽).

32) 『法華經論述記』 卷上(『韓國佛教全書』 2, 301c2~8).

33) 『法華經論述記』 卷上(『韓國佛教全書』 2, 303a5~7).

마) 和上이 말씀하셨다. 出水란 10慢에 대치하는 것을 비유하고, 花開란 10種의 無上을 나타내는 것을 비유한다. 이 『경』에서 밝히는 것은 오직 두 가지 뜻뿐이다. 앞은 곧 破二이고, 뒤는 곧 明一이다. 그러므로 연꽃으로 妙法門을 비유하였다. (中略) 이 『경』의 宗은 破二明一을 宗極으로 삼는다.34)

의적이 생각한 『법화경』의 주제는 破二明一, 즉 이승의 집착을 깨뜨려서 일승을 밝히는 것이다. 깨뜨려야 할 이승은 무엇이고, 밝혀야 할 일승은 무엇인가. 破二明一의 해석에 세 가지 설이 있다고 한다.

바) 破二明一에 세 가지 설이 있는데 같지 않다. ① 첫째, 破二는 二乘의 집착을 깨뜨린다는 것이고, 明一은 菩薩乘이다. ② 둘째, 破二는 大乘 小乘의 두 부류가 二乘으로 합해서 한 부류가 되고, 菩薩乘이 한 부류이다. 이 둘이라는 집착을 깨뜨리므로 破二라 하고, 明一이란 10種의 無上을 말한다. ③ 셋째, 二乘이 합해서 한 부류가 되고, 두 菩薩이 합해서 한 부류가 된다. 즉 三乘 가운데의 菩薩乘과 雲雨에 대치하는 菩薩이 합해서 한 부류가 되는 것이다. 이 둘을 깨뜨리므로 破二라 한다. 明一이란 10종의 無上을 말한다.35)

이 가운데 의적은 몇 번째 설을 따랐을까. 다음 인용문에서 그 답을 찾을 수 있다.

사) '二乘의 여러 功德과 같지 않다'에서 이른바 二乘이란 聲聞, 辟支佛의 二乘이 아니다. 여기서 말하는 二乘은 다음과 같다. 十地를 분별해보면 앞의 3地의 특징은 세간과 같기 때문에 人天位이고, 4地와 5地는 四諦觀이니 世聲聞位이고, 第6地에서는 因緣觀을 닦으므로 辟支佛位이고, 第7地는 三乘 가운데 大乘位이다. 마지막 3地(8·9·10地)는 一乘位이고,

34) 『法華經論述記』卷上(『韓國佛敎全書』2, 313c10~16).
35) 『法華經論述記』卷上(『韓國佛敎全書』2, 320a24~b9).

前7地는 三乘位이다. 그러므로 聲聞, 辟支佛을 합해서 하나의 乘이 되고, 第7地에서 三乘 중의 菩薩이 하나의 乘이 되므로 합해서 二乘이다. 이와 같이 설한 것은 위와 같지 않고 아래와도 같지 않다는 글에 묘하게 부합된다.36)

의적은 성문승과 벽지불승을 합한 것이 하나의 승[1승]이고 삼승의 보살이 하나의 승[1승]으로, 이 둘을 합해서 이승이라고 한다. 그러므로 인용문 바)의 破二明一에 대한 세 가지 설 가운데 두 번째 설을 따름을 알 수 있다. 성문, 연각, 보살을 깨뜨리고, 이를 통해 10가지의 위없음(十種無上)을 밝히는 것이 바로 破二明一이다. 의적이 말하는 一乘이란 다름 아닌 十種無上이다.37) 현존『법화경론술기』는 여기에서 끝나 十種無上에 대한 구체적인 설명이 없다. 그렇지만 十種無上이 무엇인지 알 수 있으니 다름 아닌『법화경론』제3「비유품」에 나오는 용어이기 때문이다.38)

<十種無上>		『법화경』
種子無上	…………………………	雨譬喩
行無上	…………………………	大通智勝如來本事等
增長力無上	…………………………	商主譬喩
令解無上	…………………………	繫寶珠譬喩
淸淨國土無上	…………………………	多寶如來塔
說無上	…………………………	解髻中明珠譬喩
敎化衆生無上	…………………………	地中踊出無量菩薩摩訶薩等
成大菩提無上	…………………………	三種佛菩提
涅槃無上	…………………………	醫師譬喩
勝妙力無上	…………………………	기타 經文

36)『法華經論述記』卷上(『韓國佛敎全書』2, 311c2〜12).
37) 吉藏의『法華論疏』에도 十種無上에 대한 해석이 있지만,『법화경』의 주제로 내세우진 않았다.
38)『妙法蓮華經優婆提舍』卷2, 譬喩品(『大正藏』26, 9a21〜c21).

種子無上, 行無上, 增長力無上, 令解無上, 淸淨國土無上, 說無上, 敎化衆生無上, 成大菩提無上, 涅槃無上, 勝妙力無上 이것이 바로 十種無上으로,『법화경』설법이 이를 말하고 있다고 한다. 의적은 위없는(최고의) 종자, 수행, 增長力, 令解(이해력), 청정국토, 설법, 중생교화, 깨달음, 열반, 勝妙力이 一乘이라고 말하고 있다.『법화경』이 一乘을 말하는 경이라는 것은 바로 十種無上을 설하고 있다는 것이다. 隋·唐의 승려들이 일승을 種性의 문제나 佛性과 관련시켜 이해했던 데 비하여 의적의 일승 해석은 너무나 구체적이다. 의적은『법화경』이 성문이니 연각이니 보살이니 하는 구분을 말하는 경전이 아니라[破二] 좋은 종자를 심어주고, 최고의 수행을 하게 하고, 증장시키는 힘과 이해력을 키우고, 국토를 청정하게 하고, 중생을 교화하게 하고, 깨달음을 이루게 하고, 열반을 증득하게 하고, 뛰어난 힘을 갖게 하는 등[明一]을 말하는 최고의 경전이라고 보았다.

(2) 수행관과의 연결

의적의 독특한 해석은 여기서 그치지 않는다. 의적은 三乘·一乘 관념을 보살의 수행 단계인 十地와 연결시키고 있다.

의적이 정의하는 삼승에는 人天位가 포함된다. 그리고 삼승과 완전히 구분되는 위 단계로서 一乘位를 설정하고 있다. 인천위를 1, 2, 3지에,

성문위를 4, 5지에, 벽지불위를 6지에, 보살위를 7지에, 그리고 일승위는 8, 9, 10지에 배대하고 있다. 이 관념을 破二明一에 적용시키면, 의적은 성문, 벽지불, 보살의 4~7지를 벗어나 8지에 들어감을 강조하는 것이다. 8지 이상의 상태가 바로 十種無上의 상태라는 것이다. 수행을 통한 8지 이상의 획득, 이것이 바로 의적이『법화경론』을 통해 궁극적으로 제자들에게 말하고자 했던 것이 아닐까 싶다.

이와 같이 의적의『법화경』이해의 가장 큰 특징은 '一乘'을 수행으로 획득하는 것이라 정의함으로써 수행관과 연결시키고 있다는 점이다. 그러므로 의적의 수행에 대한 인식을 좀더 살펴보도록 하자. 유식학에서는 깨달음을 이루는 과정인 수행의 단계를 資糧位, 加行位, 通達位(見道), 修習位(修道), 究竟位로 설명하였다.『법화경론술기』에 각 단계에 대한 체계적인 설명은 없지만, 인용문 가)의 ③에서 五種菩提를 설명하는 부분에 수행 위계에 대한 의적의 인식이 나타나고 있다. 五種菩提 개념은『大智度論』에 나오는 것이다.[39] 오종보리의 각 단계에 대해서는 의적 외에도 여러 학자들이 언급하였는데, 의적과의 비교를 위해 法藏,[40] 憬興[41]의 견해를 함께 소개하면 다음과 같다.

〈표 6〉『大智度論』五種菩提에 대한 義寂·法藏·憬興의 해석

	發心菩提	伏心菩提	明心菩提	出到菩提	無上菩提
義寂	十信位 第六心	三賢位 第七住	從初地 至第七地	第八地以上三地	佛果
法藏	十住初位	三賢位	初地見道	修道滿	佛果究竟道
憬興	十信已入	十信已去	前七地	八地已上	如來果

<표 6>을 보면, 의적, 법장, 경흥의 수행 위계에 대한 견해에 약간의 차이가 있다. 특히 發心 단계에 대한 견해가 다른데, 법장은 十住 단계에서

---

39)『大智度論』卷53,「無生品」(『大正藏』25, 438a3~14).
40)『華嚴經探玄記』卷16,「寶王如來性起品」(『大正藏』35, 412c9~14).
41)『三彌勒經疏』(『韓國佛敎全書』2, 91b8~18).

발심하고, 경흥은 十信 이전에 발심할 수 있다고 하였다. 의적은 법장과 경흥의 중간 위치로, 十信 단계의 제6心을 발심으로 보고 있다. 明心 이후의 단계, 즉 初地 이후의 상태에 대해서는 세 승려의 견해가 일치하고 있다. 초지부터 7지까지가 明心단계, 8지부터 10지까지가 出到단계, 佛果가 無上 단계이다. 이를 통해 당시 수행에 대한 설명이 유식이든 화엄이든 十地說을 기본으로 하고 있음을 알 수 있다.

『법화경론술기』에서 수행에 대한 언급은 7종 공덕성취 가운데 제2 衆成就 의 攝功德成就 부분에 주로 나오는데, 이 부분이 현존 분량의 1/3 이상을 차지한다. 먼저 의적은 수행을 小乘行과 大乘行으로 구분하였다. 소승행은 生死를 싫어하여 다른 사람을 교화하는 일을 버리고 빨리 스스로 깨닫기를 구하여 七覺支 등을 닦는 것이고, 대승행은 생사를 싫어하나 중생을 버리지 않고 함께 구제하고자 하여 六波羅密 등을 닦는 것이라고 한다. 소승행과 대승행은 안으로 수행하는 것으로 이것이 성취되면 바깥으로 相이 나타나는 데 출가자에게만 나타나는 것이 성문, 四衆에게 공통적으로 나타나는 것이 보살이라고 정의한다. 이어서 성문의 공덕과 보살의 공덕을 자세히 밝히고 있다. 성문의 공덕에 대해서는 『瑜伽師地論』을 인용하여 3漏를 설명한 뒤 五陰의 짐을 버리고 열반을 증득함, 열반을 얻어 번뇌의 因을 끊음, 見道와 修道를 스스로 증득하여 자재함을 얻음에 대해 次第的으로 설명하고 있다. 보살의 공덕에서는 8지, 9지, 10지 단계에 이른 보살의 특징을 강조하는 데, 『유가사지론』의 구절을 그대로 인용하고 있다.[42] 뿐만 아니라 慈恩의 설도 자주 인용하고 있다. 예를 들어보면 다음과 같다.

　　아) 淸淨地란 8地 이상의 세 단계로 無相行을 하여 고요하고 깨끗하다.
　　　　여기는 無相의 이치 때문에 無上正等覺이라 한다. 뒤의 세 단계[8지,

---

42) 『法華經論述記』 卷上(『韓國佛敎全書』 2, 308c5~15). 『瑜伽師地論』 卷79(『大正藏』 30, 737c23~738a3)에 해당한다.

110

9지, 10지]는 모두 無相行, 無功用行에 任運하여 寂靜하고, 장애를 떠나 청정하므로 不退轉이라 한다. 모든 有功用, 有相行 등의 退轉함이 아니다.[43]

8지 이상 보살이 不退轉을 갖추었음을 밝히고, 8지 이상 보살의 수행을 설명하는 부분에서 전적으로 慈恩의 설을 따르고 있다. 뿐만 아니라 無相行을 설명하기 위해 『成唯識論』도 인용하였다.[44] 이와 같이 의적은 성문 및 보살의 수행을 특기하면서, 그 논증으로 『유가사지론』, 『성유식론』 같은 유식 논서들과 慈恩의 설을 적극 활용하여 8지 이상의 획득을 강조하였다. 8지 이상의 상태가 바로 일승이기 때문이다.

한편 의적은 수행을 크게 소승행과 대승행으로 구분하면서 재가자도 대승행을 닦을 것을 요구하고 있다.[45] 見道와 修道를 스스로 증득하여 번뇌를 모두 떨침으로써 일체심의 자재함을 얻는 것이 성인이 되는 길이라고 하고,[46] 보살행을 닦아 佛果를 증득한 뒤에는 그것으로 그쳐서는 안 된다고 강조하였다. 때로 佛土를 깨끗하게 한다거나 다른 중생이 四攝法, 六波羅密 등을 실천할 수 있도록 도와주어야 한다고 하였다.[47] 의적의 『법화경론』 강의의 일차 대상은 출가 제자들이었을 것이다. 그럼에도 의적은 이렇게 출가자의 수행뿐만 아니라 재가자의 수행도 말하고 있고, 다른 중생이 수행할 수 있도록 도와주어야 함을 말하고 있다. 이는 제자들에게 중생 교화를 잊어서는 안 된다는 가르침일 것이다. 의적은 자신만이 아니라

43) 『法華經論述記』卷上(『韓國佛敎全書』2, 310c14~19). 이 부분은 전거를 밝히고 있지 않지만 『法華玄贊』에서 인용하였다. 『妙法蓮華經玄贊』卷2, 序品, "地淸淨者 八地以上三地 無相行寂靜淸淨故 此中以無相理 名無上正等正覺故 後三地 皆於無相行 任運寂靜離障淸淨 名不退轉 非諸垢染有相等之所退轉故."
44) 『法華經論述記』卷上(『韓國佛敎全書』2, 311b20~c2). 『成唯識論』卷10(『大正藏』31, 54c7~13)에 해당한다.
45) 『法華經論述記』卷上(『韓國佛敎全書』2, 303c1~13).
46) 『法華經論述記』卷上(『韓國佛敎全書』2, 305c14~23).
47) 『法華經論述記』卷上(『韓國佛敎全書』2, 315b5~10).

다른 사람도 함께 一乘, 즉 十種無上을 얻을 수 있도록 노력할 것을 말하고자
했음을 알 수 있다.

3) 사상사적 의미

의적은 第7 文殊師利答成就에서『법화경』을 大法雨, 大法鼓, 大法幢, 大法
燈, 大法螺 등에 비유하여 이 설법을 들음으로써 변화가 생긴다고 말하고
있다.

闡提:	欲論大法 －	破不信障 入十信位	建大法幢 － 破無明習氣 方便生死 入大淨位
外道:	雨大法雨 －	破我見障 入十解位	燃大法燈 － 破我見習氣 因緣生死 入大我位
聲聞:	擊大法鼓 －	破畏苦障 入十解位	吹大法螺 － 破畏苦習氣 有有生死 入大樂位
獨覺:		破自愛障 入十廻位	說大法 － 破自愛習氣 無有生死 入大常位

闡提는『법화경』을 들어 不信의 장애를 깨트려 十信의 단계에 들어감으로
써 無明의 習氣를 없애고 方便生死하여 大淨의 상태가 될 수 있다. 外道는
『법화경』을 들어 我見의 장애를 깨트려 十解의 단계에 들어감으로써 我見의
습기를 없애고 因緣生死하여 大我의 상태가 될 수 있다. 聲聞은『법화경』을
들어 苦를 두려워하는 장애를 깨트려 十解의 단계에 들어감으로써 苦를
두려워하는 습기를 없애고 有有生死하여 大樂의 상태가 될 수 있다. 獨覺은
『법화경』을 들어 自愛의 장애를 깨트려 十廻向의 단계에 들어감으로써
自愛의 습기를 없애고 無有生死하여 大常의 상태가 될 수 있다. 천제, 외도,
성문, 연각이 순서대로『법화경』의 聽聞으로 十信, 十解, 十廻向의 수행
상태를 성취함으로써 淨·我·樂·常의 상태를 맞볼 수 있다고 한다. 淨·我·樂·
常은 常樂我淨, 즉 열반의 상태에서 갖게 되는 네 가지 덕이다. 이렇게
의적은 闡提, 外道, 聲聞, 獨覺이 정도의 차이는 있지만『법화경』을 들음으로

써 변화할 수 있고, 한 단계씩 나아갈 수 있다고 보았다.

한편 천제, 외도, 성문, 독각의 장애를 없애고 淨·我·樂·常의 상태에 이를 수 있다는 구절은 眞諦譯『攝大乘論釋』에 나오는 표현이고,[48] 이에 대해 원효도『涅槃宗要』에서 언급하고 있다.

> 자) 범부와 성인 4인에게는 각각 하나의 장애가 있다. 첫째, 천제는 법을 비방하여 淨德에 장애가 있으니, 생사를 탐하는 것을 淨法으로 여기기 때문이다. 둘째, 외도는 我에 집착하여 我德에 장애가 있으니, 眞我를 깨닫지 못하고 허망한 것을 고집하기 때문이다. 셋째, 성문은 苦를 두려워하여 樂德에 장애가 있으니, 저 苦가 바로 큰 즐거움임을 알지 못하기 때문이다. 넷째, 연각은 心을 버려 常德에 장애가 있으니, 常利를 버리고 斷滅을 취하기 때문이다. **이와 같은 네 종류의 장애를 없애기 위해 보살은 네 종류의 뛰어난 因을 닦는다. [네 종류의 뛰어난 因이란] 이른바 信心, 般若, 三昧, 大悲이며, [이를 닦음으로써] 차례로 淨·我·樂·常을 증득하게 된다.**[49]

원효는 천제, 외도, 성문, 연각의 장애를 없애기 위해 信心, 般若(지혜), 三昧, 大悲를 닦아야 한다고 하였다. 즉 천제는 信心을 닦음으로써 淨德을 얻을 수 있고, 외도는 般若를 닦음으로써 我德을 얻을 수 있고, 성문은 三昧를 닦음으로써 樂德을 얻을 수 있고, 연각은 大悲의 마음을 가짐으로써 常德을 얻을 수 있다는 것이다.[50] 이는 원효 스스로 인용하고 있듯이『究竟一乘寶性論』에 근거한 해석이다.[51] 이러한 원효의 이해를 의적과 비교해보면 천제, 외도, 성문, 연각이 가지고 있는 장애나 장애의 제거로 얻게 되는

---

48) 世親造, 眞諦譯,『攝大乘論釋』卷9, 釋入因果勝相品 第4(『大正藏』31, 213c28~214a5).

49) 『涅槃宗要』(『韓國佛教全書』1, 533c14~21).

50) 원효의 이러한 견해는 闡提도 참회하고 대승법을 믿으면 성불할 수 있다고 파악함으로써 모든 존재에게 불성이 있음을 강조한 것이라 한다. 金英美, 1994,「元曉의 如來藏思想과 衆生觀」,『新羅佛敎思想史硏究』, 民族社, 287~288쪽.

51) 『究竟一乘寶性論』卷3, 一切衆生有如來藏品(『大正藏』31, 829a16~b2).

상태는 같다. 다만 장애를 제거하는 과정에 차이점이 나타난다. 의적은 不信을 없애고, 我見·畏苦·自愛를 깨뜨릴 수 있는 구체적인 방법으로『법화경』설법을 듣는 것을 제시하였다. 또한 각각 장애를 없앤 상태를 보살의 수행 단계에 배대함으로써『법화경』설법을 듣는 것이 수행에 다름 아님을 간접적으로 말하고 있다.

　그렇다면 의적이 이와 같이『법화경』설법을 듣는 것을 중시한 까닭이 무엇일까. 나아가 의적이『법화경론술기』를 강의한 까닭이 무엇일까. 의적이 유식 전공이라는 점을 감안했을 때, 그 이유를 資糧位의 因力인 多聞薰習으로 설명할 수 있지 않을까 한다.『법화경론』의 저자 世親은 염오의 상태에서 벗어나기 위해서는 진리에 대한 경청이 필요하다고 하였다. 부처가 증득한 법계로부터 흘러나온 가르침(경전 등)을 반복적으로 들어야 한다[多聞薰習]고 주장한다. 無分別智, 見道의 획득이 바로 문훈습에서 비롯되기 때문이다.[52] 즉 질적으로 다른 대승의 가르침을 들음으로써 생기한[문훈습된] 종자가 상속되어 알라야식에 있게 됨으로써 출세간의 청정한 마음을 일으킬 수 있다. 부처의 가르침을 聽聞·修習함으로써 穢를 淨으로 바꿀 수 있다는 것이다.[53] 의적은『법화경론술기』에서 보살 공덕이 성취된 자는 '더 이상 물러나지 않음[不退轉]'을 이룬다고 하면서, 불퇴전의 첫 번째로 '住聞法不退'를 들고 있다.[54] 이는 다시 말해 제일 먼저 부처 말씀을 듣는 데서 물러나지 않아야 보살 공덕을 성취할 수 있다는 것이다. 부처의 말씀을 담고 있는 책이 바로 佛經이므로, 유식학승이 이를 중요시하는 것은 당연하다. 신라 유식 승려들이 여러 대승경전 관련 주석서를 남긴 가장 근본적인

52) 世親造, 玄奘譯,『攝大乘論釋』卷8(『大正藏』31, 364b5~11), "論曰 諸菩薩因緣 有言聞薰習 是無分別智 及如理作意 釋曰 諸菩薩因緣者 謂此智因 有言聞薰習者 謂由他音正聞薰習 及如理作意者 謂此薰習爲因意 言如理作意 無分別智因此而生 復何所緣 次頌當顯."
53) 上田晃圓, 1982,「唯識の觀法にみる此土淨土」,『宗教研究』55-3, 205~206쪽.
54)『法華經論述記』卷上(『韓國佛教全書』2, 308c).

114

이유는 여기에 있다고 생각한다. 의적은 여러 경전 가운데 특히 『법화경』을 강조하였다. 『법화경』이 모든 경 중의 왕이며, 법문 중의 최고임을 인정하고 있다. 의적은 『법화경』 설법을 들음으로써 중생들에게 선근이 쌓이고, 선정 경험을 통해 문훈습 청정종자가 쌓이기를 바라는 마음에서 『법화경』을 강조하였고, 이를 제자들에게 말해주기 위해 『법화경론』을 강의했던 것이라 생각한다.

의적은 부처가 중생들의 근기가 익기를 기다려 때가 되었기에 『법화경』을 설법한다고 하였다.[55] 의적은 근기, 즉 인간의 이해 능력의 차이가 다른 것이 아니라 아직 시기가 이르지 않은 것뿐이라고 보았다.[56] 의적에게는 근기가 익으면 누구나 가능하다는 열린 마음이 있었다. 천제든 외도든 성문이든 독각이든 현재의 상태에 머무르지 않고 변화가 가능하다고 말하였다. 인간의 변화를 유도하는 방법이 바로 『법화경』 설법을 듣게 하는 것이었다. 누구나 『법화경』을 들음으로써 좋은 종자를 심고, 최고의 수행을 하고, 국토를 청정하게 하고, 깨달음을 이루고, 열반을 증득할 수 있다고 하였다. 이것이 바로 의적이 『법화경』을 중시한 이유였던 것이다.

마지막으로 義寂과 慈恩이 사상 지평을 달리하는 부분을 소개하고자 한다. 『법화경론술기』 전반에서, 특히 수행과 관련된 부분에서 의적은 자은의 견해를 많이 인용하고 있다. 의적이 자은의 견해를 수용하고 있는 배경은 그가 長安 유학 시 현장의 문인이었다는 표현[57]에서 찾을 수 있을 것이다. 그런데 3천 명이나 되는 현장의 門人들이 모두 현장과 똑같은

---

55) 『法華經論述記』 卷上(『韓國佛敎全書』 2, 312b7~12).
56) 『法華經論述記』 卷上(『韓國佛敎全書』 2, 309b5~10)에서 의적은 『해심밀경』에서 趣寂聲聞이 끝내 회향하지 않아 대보리를 얻을 수 없다고 한 것은 아직 마음을 돌리지 않은 때에 근거한 것으로 만약 마음을 돌리면 취적성문도 대보리를 이룰 수 있다고 하였다.
57) 安然(841~884)의 『敎時諍論』에 나온다. 金相鉉, 2000, 「義寂의 『法華經集驗記』에 대하여」, 『東國史學』 34, 19쪽 ; 최연식, 2003, 「義寂의 思想傾向과 海東法相宗에서의 위상」, 『불교학연구』 6, 39쪽.

불교 이해를 가졌던 건 아니었을 것이다. 현장계 내부에 분화가 전개되었다고 하고,[58] 신라 승려의 경우 현장의 譯場에 참여하였는지, 신라로 귀국하였는지 등에 따라 사상 경향에 차이가 나고 있다.[59] 의적의 경우, 여러 측면에서 자은의 법상종에 비판적이었음이 이미 지적되었다.[60]

『法華經論述記』에 나오는 三法輪說에 대한 인용에서도 의적과 자은의 입장 차이를 다시 확인할 수 있다. <표 1> Ⅱ衆成就의 菩薩功德成就에서 10種 不退轉을 설명하는 부분은『法華玄贊』의 설명을 거의 그대로 옮겨 쓰고 있는데, 세 번째 不退轉인 '說不退轉'에 대해서는 다르게 말하고 있다.

> 차) 三은 말씀[說]의 不退轉이다. 眞諦三藏이 다음과 같이 말하였다. "세 가지의 法輪이 있다. 첫째, 轉法輪이다. 붓다는 2월 8일에 깨달음을 얻으시고 4월 8일에 바라나시로 가서 다섯 비구를 위해 四諦法輪을 굴리셨다. 둘째, 照法輪이다. 붓다가 成道하신 이후 7년째에 기원정사에서 3리 쯤 떨어진 시혜강 가에 가서 반야 등 無相 大乘을 설하셨으니, 이를 제2 법륜이라 한다. 셋째, 持法輪이다. 붓다가 成道하신 이후 38년째에 훗날 毗舍離鬼王의 법당에서 勝義性 등의 여러 보살을 위해『解節經』을 설하셨으니,『해심밀경』등은 了義 大乘이므로 제3 법륜이라 한다. 처음이 소승이고, 다음이 대승이고, 마지막이 일승이다. 널리 삼승을 포섭하여 모두 대승으로 돌아간다. 이 셋을 차례대로 轉法輪, 照法輪, 持法輪이라 하는데,『금광명경』에 의거하여 이 세 이름을 세운 것이다." 이 해석에 의하면 모든 대승 중에서 아직 소승에서 회향하지

58) 남동신, 2008,「玄奘의 印度 求法과 玄奘像의 추이」,『불교학연구』20.
59) 義寂은 譯經에 참여하지 않았다. 新羅 勝莊의 경우 玄奘의 역장에 참여하였고 長安에서 활동하다가 入寂하였는데, 그는 五性各別說을 인정하는 등 신라에서 활동한 승려들과는 차이점을 보인다고 한다(최원식, 1999,「新羅 勝莊의 梵網菩薩戒觀」,『新羅菩薩戒思想史研究』, 民族社, 103~129쪽).
60) 森重敬光, 1995,「新羅義寂の古逸書『大乘義林章』に關する一考察：日本の法相・天台兩宗の引用態度について」,『龍谷大學大學院佛教學研究室年報』8 ; 최원식, 1999,「新羅義寂의 梵網菩薩戒觀」,『新羅菩薩戒思想史研究』, 179~180쪽 ; 최연식, 2003,「義寂의 思想傾向과 海東法相宗에서의 위상」,『불교학연구』6.

116

않은 자는 제2 법륜에 들어가고 소승에서 회향한 자는 제3 법륜에
들어간다.[61)

　여기서 의적은 眞諦의 三法輪說을 인용하고 있는데, 삼법륜설은 곧 教判論
과 연결된다. 의적이 자은의 교판론을 직접 비판하지는 않았지만, 자은이
아닌 진제의 설을 따름을 표방하고 있는 것이다. 자은은 從來의 교판 가운데
특히 釋尊의 생애를 다섯 시기로 분류하여 각각에 경전을 배당하는 劉虯의
五時敎를 비판하였다. 시간의 선후에 의한 분류에 대해 자은은 경전에
증거가 없으며, 『해심밀경』과도 다르다고 하였다. 『법화현찬』에서는 "부처
의 가르침에 반드시 선후가 있다고 말할 수는 없다"고 단정 짓고는 근기의
차이에 따라 다시 3時로 구분하였다.[62) 부처의 가르침은 중생에게 평등하게
설해졌으나 그것을 받아들이는 중생의 이해는 같지 않으므로, 부처의 가르
침을 시간의 선후로만 구분해서는 안 된다는 것이다.[63) 그럼에도 의적은
진제가 시간 순서로 분류한 삼법륜설을 그대로 인용하고 있다.

---

61) 『法華經論述記』卷上(『韓國佛敎全書』2, 309a15~b5), "三說不退轉者 眞諦三藏云
有三種法輪. 一轉法輪 謂佛二月八日成道 四月八日往婆羅奈 爲五比丘轉四諦法輪. 二
照法輪 謂佛成道以後 第七年中 往施惠江邊 去祇洹林三里 說般若等無相大乘 是名第二
法輪. 三持法輪 佛成道以後 第三十八年中 後毗舍離鬼王法堂 爲勝義性等諸菩薩 說解節
經等 卽是解深密等 了義大乘 是名第三法輪. 初是小乘 次是大乘 後是一乘 普攝三乘
皆歸大乘. 此三如次名轉照持 依金光明 立此三名 若依此解 諸大乘中 未廻小乘者 廻入
第二法輪 廻小乘者 入第三法輪."

62) 『妙法蓮華經玄贊』卷1, 序品(『大正藏』34, 655b18~23), "是知一雨普潤菓解不同 不可
說佛敎必有先後 今依古義且破二時 後餘三時並如古人破乍 雖可爾理卽不然 恐厭文繁
且略應止 依今新經 頓敎大乘但唯一時 與一大機不從小起 敎被唯一 故漸次大敎乃有三
時."

63) 吉村誠, 2005, 「唯識學派の三轉法輪說について」, 『駒澤大學佛教學部論集』36, 178~
179쪽.

3. 憬興의 법화경관과 정토관

憬興은 7세기 중반~8세기 초반을 살았던 승려이다. 『三國遺事』에 의하면, 熊川州 출신으로 신라 神文王(재위 681~692) 때 國老가 되었다.[64] 경흥의 몰년이 700년을 넘지 않을 것이라 보는 견해도 있지만[65] 그가 『金光明最勝王經』의 주석서를 남기고 있는 것으로 보아 8세기 초반까지 활동하였음을 알 수 있다. 『금광명최승왕경』은 義淨이 西明寺에서 번역을 마친 때가 703년 10월이고,[66] 사신으로 당에 갔던 金思讓이 신라에 가져온 것이 704년 3월이다.[67] 특히 경흥은 『금광명최승왕경』에 대한 여러 부의 주석서를 남기고 있는데,[68] 이들 주석서를 완성하기 위해서는 여러 해의 시간이 소요되었을 것이다.

경흥은 元曉, 太賢을 이어 신라 승려 가운데 세 번째로 많은 저술을 하였다.[69] 저술 목록을 보면, 경흥이 유식학자이며 정토사상, 특히 미륵사상에 관심이 많았음을 알 수 있다.[70] 뿐만 아니라 『涅槃經』, 『金光明經』, 『般若經』, 『法華經』 등 대승 경전에 대한 주석도 하고 있다. 경흥에 대한

64) 『三國遺事』 卷4, 義解, 憬興遇聖.
65) 韓泰植, 1992, 「憬興の淨土思想の特色」, 『印度學佛教學研究』 40-1, 184쪽.
66) 『開元釋敎錄』 卷9(『大正藏』 55, 567a19~20)에 의하면 武則天 때인 長安 3년(703) 義淨이 번역하였다. 703년 10월 4일 西明寺에서 번역을 마쳤고, 波崙과 惠表가 筆受를 맡았다.
67) 『三國史記』 卷8, 新羅本紀8, 聖德王 3년.
68) 『金光明最勝王經』 관련 경흥의 주석서로는 『金光明最勝王經述贊』 5권, 『金光明最勝王經略贊』 5권, 『金光明最勝王經疏』 10권이 있다고 한다(金相鉉輯, 2000, 「(輯逸)金光明最勝王經憬興疏」, 『新羅文化』 17·18).
69) 春日禮智, 1973, 「新羅の義寂とその『無量壽經述義記』」, 山喜房佛書林, 36~37쪽.
70) 『新編諸宗敎藏總錄』, 『東域傳燈目錄』, 『注進法相宗章疏』, 『法相宗章疏』에 실린 경흥의 저술과 한태식의 조사 목록(韓泰植, 1991, 「憬興의 生涯에 관한 再考察」, 『佛教學報』 28, 208~213쪽)을 종합하여 분류하였다. 한태식의 목록에만 있는 것은 밑줄로 표시하였다.

연구는 현존하는 『無量壽經連義述文贊』(3권)과 『三彌勒經疏』(1권)에 의거한 정토사상을 중심으로 이루어지고 있다.[71]

　본장에서는 선행 연구와는 접근 방식을 달리하여 경흥의 『법화경』에 대한 인식을 중심으로 하여 그의 사상을 살펴보고자 한다. 경흥은 『法華經疏』 8권(또는 16권)을 찬술하였다. 이는 그의 현존 저술과 비교해봤을 때 적지 않은 분량으로, 경흥이 『법화경』에 대한 깊은 이해를 지녔으리라 짐작할 수 있다. 『무량수경연의술문찬』 및 『삼미륵경소』에서의 『법화경』 인용 태도를 통해 경흥의 사상 일면을 살펴보고, 그 의미를 찾아보도록 하겠다.

1) 『법화경』 인용 태도

　『無量壽經連義述文贊』과 『三彌勒經疏』에서 『법화경』이 인용된 예는, 단순히 經名을 제시한 경우를 제외하면,[72] 총 7회이다. 많지 않은 숫자이지만

般若經 :	大般若經綱要 金剛般若(經)料簡 <u>大般若經關子</u>
涅槃經 :	大涅槃經述贊 大涅槃經料簡 大涅槃經疏
法華經 :	法華經疏
金光經 :	金鼓經疏 最勝王經略贊 金光明經述贊 金光明經略意 最勝王經疏
彌勒經 :	彌勒成佛經疏 彌勒成佛經述贊 彌勒成佛經疏 彌勒經述贊 彌勒經逐義述文 三彌勒經贊 彌勒上生經疏 <u>三彌勒經料簡</u> 彌勒下生經疏 <u>彌勒經古迹</u>
無量壽經 :	無量壽經連義述文贊 阿彌陀經略記 無量壽經疏 觀無量壽經疏 <u>阿彌陀經畧疏</u> 無垢稱經疏
唯識經論 :	解深密經疏 瑜伽(釋)論記 顯揚論疏 成唯識論眨量 成唯識論記 俱舍論鈔 瑜伽論鈔 成唯識論記 因明論義鈔 瑜伽論疏 <u>唯識樞要記 因明入正理論疏 顯揚論記 顯揚論述贊</u>
律 :	四分律羯磨記 四分律拾毘尼要
기타 :	大集經疏 灌頂經疏 十二門陀羅尼經疏 (大乘)法苑(義林章)記 法鏡論 藥師經疏 大乘起信論問答 <u>波沙論疏 般舟三昧經述贊</u>

71) 대표적으로 安啓賢, 1963, 「憬興의 彌陀淨土往生思想」, 『佛敎學報』 1, 137～196쪽 ; 渡邊顯正, 1978, 『新羅·憬興師述贊の研究』, 永田文昌堂 등의 논고가 있다. 김양순, 2009, 「憬興의 『無量壽經連義述文贊』 研究」, 한국학중앙연구원 박사학위논문 참조.
72) 부처의 제자를 소개한다거나 다른 대승경전(『涅槃經』, 『維摩經』, 『般若經』 등)과의 단순 비교 시에 등장하고 있다.

『법화경』에 대한 경흥의 구체적 인식을 살펴볼 수 있다. 또한 세친의 『法華經論』의 인용도 빈번하다.[73) 『법화경』과 『법화경론』에 대한 인식을 그의

73) 김양순에 의하면 『無量壽經連義述文贊』에서 『法華經論』 인용은 4회인데, 이 가운데 2회는 『妙法蓮華經玄贊』에서 재인용한 것이라 한다(김양순, 2009, 「憬興의 『無量壽經連義述文贊』 硏究」, 한국학중앙연구원 박사학위논문, 48쪽). 필자가 조사한 바로는 『無量壽經連義述文贊』(8회), 『三彌勒經疏』(1회), 『(金相鉉)輯逸金光明最勝王經疏』(7회)에서 『法華經論』을 인용한 주요 구절은 다음과 같이 16회 이상이다.

	원문	전거
1	將釋傳機有二 初聲聞衆後菩薩衆 衆有此次第亦如前解 初又有五 此初標行也 卽法華論中 云論聲聞修小乘行依乞等自活故 威儀一定不同菩薩 故以比丘爲名也	
2	述云此第二唱數也 彼論亦云數成就者謂大衆無數故總別雖異其義一焉 而帛延唱千二百五十人者略擧常衆 不盡之言故亦不違	
3	述云此第三歎德也 一切者卽普及盡際之言 大聖者卽會理之德名聞凡聖故 論云心得自在到彼岸卽其大也	
4	述云第二菩薩衆有四 此初標行也 卽法華論中菩薩修大行求覺利有情 以薩埵爲目	
5	若善思議等卽十六正士者應言十五正士 不爾標列有相違故 設許此者亦違法華論云跋陀波羅等十六菩薩故 善思議等與無盡意經中十六菩薩名異 必不可言善思議等卽十六正士	無量壽經連義述文贊
6	授菩薩記者 卽論云 令得決定心故	
7	佛言善來 便成沙門 爲王說法卽時得道 總而言之 卽八句中執法劍澍法雨 故依法華論以義推之 應言執法劍澍法 雨扣法鼓震雷霆建法幢耀法電吹法螺演法施 故彼論云疑者斷疑法欲說大法 卽今執法劍 欲斷外凡疑令進修故 已斷疑者增長淳熟智身故 雨大法雨 卽今澍法雨 旣入內凡而無疑者 滋善萌芽令入聖位故 已根熟者爲說二種密界 謂聲聞菩薩密境界	
8	經曰 阿難白佛至 淸淨之行者 述云 (중략) 法華所說論自釋云 報佛如來眞實淨土 卽知彼土是他受用 他受用佛壽必無量不可言四十二劫故 今卽四十二劫者 蓋歲數劫 故經五劫攝淨土行非劫盡 大通佛壽不可數劫尙非淨土 如何四十二劫可言淨土	
9	彼論意言 城勝餘城 無麗物而不出 法勝餘法 無善德而不備 猶山勝餘山爲好鳥之所止 法勝餘法爲上聖之所止遊故	
10	大芯芻衆者 卽法華論云行成就 九萬八千者 亦彼論中數成就也	
11	此惣歎其德 卽彼論中攝功德成就也 (중략) 心性必善調順故 善調如大象 卽法華論云 善得心解脫故名心善調伏 (중략) 得大自在住淸淨戒者 卽法華論云 善得正智心解脫也	輯逸金光明最勝王經疏
12	興云 准法花論 乃至果利有三 初信相等別記 次諸天子同記 後光耀總記 是也	
13	興云 今卽四諦法輪名轉 三智同轉故 無相大乘名照 照二空故 了義大乘名持 持究竟了義 無執不遺 無理不辨 中道之義故遺外凡位疑 令進修故云說大法 卽法華論云 疑者斷疑 旣住內凡而無疑者 滋善萌芽 令入聖位增長善根 故云雨大法雨 卽論云 已斷疑者增長智身故 開往聲聞乘爲權 顯今菩薩乘爲實 令根	

120

사상 맥락 속에서 살펴보도록 하자.

첫째, 경흥은 부처의 덕을 설명하는 부분에서 『법화경』을 인용하고 있다.

가) [경] 入佛法藏究竟彼岸에 대해서이다. [찬] 서술한다. 두 번째로 자세히
찬탄함에 두 가지가 있다. 여기는 처음 實德을 찬탄하는 부분이다.
어떤 이는 "佛法藏에 들어간다는 것은 因의 上昇을 펴는 것이고, 究竟의
피안이란 果의 필경을 밝히는 것이다. 여래장의 항하사 모래 같이
많은 법을 佛法藏이라 하고, 증득하여 이해함을 入이라 하고, 열반의
언덕에 도달하는 것을 究竟이라 한다"고 하였다. 이는 아마도 옳지
않은 듯하다. 여래장은 곧 불성의 뜻인데 항하사 같이 많은 덕이 있는
가르침을 깨닫고 이해하는 것을 因의 上昇이라 하는 것은 『경』에서
'불성을 볼 때 무상각을 얻는다'고 한 것에 어긋난다. 불성을 증득하는
것은 菩提의 果가 아니므로 열반의 언덕에 도달하는 것은 마땅히 圓寂의
果가 아니다. 내가(경흥) 보건대 들어간다[入]는 것은 구경의 證解를
통달하고 이해하여 여실하게 스스로를 이롭게 함과 남을 이롭게 함을
아는 것이다(知如實自利及事利他). 그러므로 불법장에 들어간다고 한
것은 바로 『법화경』에서 '부처의 지혜에 잘 들어가 大智를 통달한다'고
한 것이다. 피안이란 진리이고 이 [진리의] 實性을 증득하였으므로
구경이라 하니, 바로 『법화경』에서 '피안에 도달한다'고 한 것이다.
항상 [世俗과 勝義의] 두 진리[二諦]를 비추어 自利利他하니 實德이라

	熟者捨權取實故 如其次第 擊大法鼓不斷法鼓 即論云 根熟者爲說二種密境界 謂聲聞菩薩二密故 說二乘者是趣大方便 彼不能知 云密境界 三無性等亦密意 故 無上菩提妙智高顯故 猶如世幢名大法幢 由知權實而有取捨 修大乘行得菩 提之故 旣得眞智建立菩提 照於眞境證涅槃故 如炬照物 名燈大法炬 得眞境必 須說敎義 敎詮一切法 故云吹大法螺 如俗作樂至終滿位吹大螺孔 菩薩亦爾 旣得果事圓滿位已 爲他說法故.	
14	興法師云 法華論云 無上菩提者 謂初地菩提 今卽證眞之心名菩提心 故極喜地 心名初菩提心 於世俗諦雖有菩提心及菩提心因 於進勝義非有非無 絶戲論故 欲顯此義故 問之也	
15	興八卷疏第一 准法華論爲五 意少異故 如彼辨也	
16	有說 此云十六者 大國中各有一菩薩故 今說不然 一國中多菩薩有故 謂無盡意 菩薩問菩提經云 同智菩薩等十六菩薩 跋陀爲上首 此經及法華經論等 跋陀等 十六菩薩 何故列不同者 在家菩薩威儀不定故別 別列也	三 彌勒 經疏

할 만하다.[74]

여기서 憬興은 佛法藏 곧 如來藏은 因이고 究竟 곧 涅槃은 果라는 해석을 비판한다. 경흥은 因과 果는 구분하여 말할 수 있는 것이 아니라고 보는 것 같다. 깨달음을 바탕으로 自利利他를 실천하고[入佛法藏], 진리의 實性을 증득함[究竟彼岸]이 바로 부처의 實德이라는 것이다. 入佛法藏 究竟彼岸의 개념을 명확하게 설명하기 위해 경흥은 『법화경』을 끌어오고 있다. 즉 入佛法藏은 『법화경』의 '善入佛慧 通達大智'의 의미이고 '究竟彼岸'은 『법화경』의 '到於彼岸'의 뜻이라는 것이다. 깨달음을 바탕으로 한 自利利他의 실천이 바로 부처의 지혜를 잘 이해하여 大智를 통달함이고, 도달해야 할 피안이란 곧 진리[諦]라고 한다. '부처의 지혜'를 강조하고 이를 自利利他의 실천으로 연결시키고 있음을 볼 수 있다. 경흥은 法藏이 서원하여 궁극적으로 성취하고자 하는 것은 佛法身과 佛淨土로 이 가운데 佛法身의 果가 바로 부처의 自利利他의 德이라고 해석하였다.[75] 여기서도 경흥이 자리이타의 덕을 강조하였음을 확인할 수 있다.

둘째, 경흥은 一乘·三乘 이해도 기본적으로 『법화경』에 근거하고 있다.

---

74) 『無量壽經連義述文贊』 卷上(『韓國佛教全書』 2, 22c12~23a4).
75) 경흥이 해석한 법장의 서원 내용을 표로 정리하면 다음과 같다.

			求果	**自利利他의 德**
自誓	願求所歎	正求所歎 : 佛法身 (공덕법신)	求因	自利因 : 六度
				利他因
			歎願勝	
		乘祈所依 : 佛淨土 (쾌락정토)	歎諸佛土	
			對求勝土	극락세계. 열반 다음가는 쾌락이 있는 곳
			求淨土之意	예토에서 벗어나 정토에 들어가는 이익 얻게 함
	請佛作證	請世自在王佛證願 不虛		법장이 서원한 것이 공허한 것이 아니라 반드시 과보를 얻을 수 있음을 밝혀달라고 함
		請十方佛證行不悔		힘들더라도 참아내어 후회하지 않고 행할 수 있도록 증명해 달라고 함

122

나) [경] 善立方便~現滅度에 대해서이다. [찬] 서술한다. 여기는 네 번째로 다시 '利他'를 분명히 함이다. 방편이 비록 많지만 여기에서의 방편은 '巧權'을 말한다. (중략) 내가 보건대 방편을 잘 세운다는 것은 意방편이 니, 제불을 수순하여 삼승의 교화를 찾기 때문이다. 삼승을 나타내 보이는 것은 口방편이니, 일승을 분별하여 삼승을 말하였으므로 삼승도 부처의 방편이기 때문이다. 중승과 하승의 멸도는 身방편이니, 연각을 중승이라 하고 성문을 하승이라 한다.『법화경』에서 "이승 삼승의 뜻이 없다"고 한 것과 같으니, 보살은 不定二乘을 이끌어 불승으로 나아가게 하고자 한다. 그러므로 저 열반에 대해 멸도를 나타낸다.76)

『법화경』에서 삼승의 설정은 결국 방편의 문제로 연결되는데,『무량수경연의술문찬』의 삼승 이해도 利他의 방편을 설명할 때 등장한다. 인용문 나)는 利他의 방편을 설명하는 부분이다. 경흥은 일승을 분별하여 삼승을 말한 것은 口방편이고, 삼승의 교화를 위해 방편을 잘 세운 것은 意방편이고, 연각과 성문의 滅度는 身방편이라고 한다.『법화경』에서 "이승 삼승의 뜻이 없다"고 한 것처럼 연각승, 성문승을 구분하지 말고 보살은 이들[不定二乘]을 이끌어 불승, 즉 지혜를 얻게 해야 한다는 것이다.

『무량수경연의술문찬』에 보이는 경흥의 중생관은 크게 두 가지 구분방식이 있다. 첫 번째는 菩薩衆과 聲聞衆의 구분이다. 聲聞衆은 소승행을 닦고 걸식 등으로 스스로 생활하는 자들로 菩薩과 구분하여 比丘라고도 한다.77) 菩薩衆은 大行을 닦고 깨달음을 추구하고 有情을 이롭게 하는 이들로서 신통력으로 때에 따라 示現하여 대승을 수행하는 이들이다.78) 부처의 설법에 참여한 무리들을 보살과 성문으로 구분한 것으로, 이들의 설명에『법화경론』을 인용하고 있다는 점이 주목된다. 두 번째는 無聞非法人과 求三乘의 구분이다.79) 즉 불법을 비난하고 듣지 않는 존재와 불법을 듣고 삼승을

76)『無量壽經連義述文贊』卷中(『韓國佛敎全書』2, 37c17~38a15).
77)『無量壽經連義述文贊』卷上(『韓國佛敎全書』2, 19b16~21).
78)『無量壽經連義述文贊』卷上(『韓國佛敎全書』2, 21c1~4).

추구하는 존재의 구분이다. 경흥은 불법을 비난하거나 듣지 않는 존재는
聖善에 招感함이 없고 삼승을 추구하는 존재는 반드시 佛善에 초감함이
있다는 견해를 부정한다. 즉 불법을 비난하거나 듣지 않는 이도 佛世善에
초감함이 있어 人天의 선근이 반드시 성취된다고 한다. 이는 보살이 이끌고
가는 무리들에 대한 설명이다.80) 여기서 경흥은 삼승을 보살의 교화 대상으
로서 함께 취급할 뿐 구별하지 않고 있다. 삼승의 설정이 일승으로 이끌기
위한 방편일 뿐임을 다시 확인할 수 있다. 그렇다면 경흥은 '一乘'을 어떻게
정의하고 있을까.

> 다) [경] 究竟一乘~于彼岸에 대해서이다. [찬] 서술한다 (중략) **一乘이란
> 곧 지혜이다**. 비록 三乘이 있으나 마침내는 둘이 없으므로 일승이라
> 한다. 어떤 이는 이 일승을 궁극적으로는 究竟이라 이름하면서 涅槃果에
> 도달하므로 피안에 도달한다고 한다. [하지만] 아니다. 만약 일승을
> 궁구하여 열반에 이른다면 마땅히 보살이 아니다.81)

경흥은 一乘을 究竟이나 涅槃果라고 보는 논의를 비판하면서 일승이
바로 부처의 지혜임을 말하고 있다. 원효나 의적의 경우에서 보았듯이
법화사상의 핵심은 일승에 대한 정의라고 할 수 있는데, 경흥이 일승을
지혜로 보았다는 것은 『법화경』의 종지가 부처의 지혜, 즉 佛知見에 있다고
본 것임을 말해준다. 경흥이 말하는 부처의 지혜란 바로 無分別智, 後得智이
다.82) 無分別智와 後得智의 획득은 유식사상이 지향하는 궁극의 목표로,
이는 존재의 본질을 깨달은 一切智者의 지혜이다. 無分別智는 움직이지
않고 後得智는 움직임이 있는데 그 움직임이 바로 慈悲이다. 지혜 없는

---

79) 『勝鬘師子吼一乘大方便方廣經』 卷1에서 衆生을 無聞非法衆生, 求聲聞者, 求緣覺者,
　　求大乘者로 구분하고 있다(『大正藏』 12, 218b9~c5).
80) 『無量壽經連義述文贊』 卷中(『韓國佛敎全書』 2, 39c3~12).
81) 『無量壽經連義述文贊』 卷下(『韓國佛敎全書』 2, 64b2~11).
82) 『無量壽經連義述文贊』 卷中(『韓國佛敎全書』 2, 44a22~b2).

124

자비는 없고, 자비는 지혜를 떠나서는 있을 수 없다. 자비는 항상 지혜에 근본하고 어떤 의미에서 자비로서의 움직임이야말로 지혜의 완성태라 할 수 있다.[83] 이와 같은 일체지자의 지혜뿐만 아니라 경흥은 "제법이 꿈이나 번개와 같음을 아는 것이 일상적 진리[世俗諦]에서의 지혜이며, 법성이 공함을 통달하는 것이 궁극적 진리[勝義諦]에서의 지혜이다"[84]라고 하여 세속에서의 지혜도 강조한다.

셋째, 경흥은 『법화경』을 통해 부처가 수명이 무량한 존재임을 증명하고 있다.

> 라) 問 : 석가가 미륵보다 먼저 성불하였음은 알겠는데, 두 보살의 진신 가운데 누가 먼저 부처가 되었는지는 모르겠다.
> 答 :『十住斷結經』에서 "미륵이 강가강 모래알 만큼 많은 겁 동안 수행을 쌓아 먼저 정각을 이룰 것을 서원하였다. 내[석가] 몸이 수행을 실천한 것은 그 뒤에 있었다"고 하였다. 이 경문으로 미륵[의 진신]이 먼저 [부처가] 되고 석가[의 진신이] 나중에 [부처가] 되었음을 증명할 수 있다. 그런데 **『법화경』에서는 "나는 실로 성불한 이래 無量無邊那由他 劫이 지났다"고 하였다.** 두 부처의 진신이 모두 본래 오래되고 가까움이 있으니 생각으로 이해할 수 있을 것이다.[85]

『三彌勒經疏』 가운데 「彌勒上生經料簡」에서 석가와 미륵의 成佛을 비교하는 대목이다. 이때 『十住斷結經』을 근거로 미륵보살이 먼저 正覺을 이루었음을 증명하고, 『법화경』을 근거로 석가가 성불한 지 無量無邊那由他劫이 지났다고 말하고 있다. 이와 관련하여 다음의 표현도 주목된다.

83) 이혜경, 2009, 「유식사상에서 意識의 구조와 전환에 관한 연구」, 이화여대 박사학위논문, 137쪽.
84) 『無量壽經連義述文贊』 卷下(『韓國佛敎全書』 2, 61b8~10).
85) 『三彌勒經疏』(『韓國佛敎全書』 2, 87b24~c7).

마) 두 번째로 應佛의 설법이다.

問 : 化佛이 무엇 때문에 깊고 깊은 陀羅尼門에 대해 말하였는가.

答 : 미륵보살이 깊은 陀羅尼門을 얻었기 때문이다.

問 : 應佛이 이미 충분히 陀羅尼에 대해 말하였는데, 무엇 때문에 거듭해서 化佛이 말하여야 했는가?

答 : 應佛의 말씀이 공허하지 않음을 증명하기 위해서 [化佛이 거듭 말한 것]이다. 예를 들면 『법화경』에서는 다른 사람들이 의심할까 염려되어 多寶佛塔이 솟아오르는 것으로 증명하여 말하였고, 또 『금광명경』에서도 다른 사람들이 믿지 않을까 염려되어 四佛이 나타나 부처의 수명이 무량함을 믿게 하였다. 이 또한 마찬가지이다.86)

『미륵상생경』에서 化佛이 등장하는 것은 『법화경』의 多寶佛塔이나 『금광명경』의 四佛의 역할과 같다고 한다.87) 즉 多寶佛塔과 四佛을 통해 부처의 수명이 무량함을 증명할 수 있다는 것이다.

넷째, 『법화경』을 통해 淨土에 대한 설명도 하고 있다.

바) [경] 阿難白佛~淸淨之行에 대해서이다. [찬] 서술한다. 부처의 수명이 짧다면 5겁 동안 淸淨行을 닦는다는 것이 맞지 않으므로 부처의 수명이 42겁임을 드러내어 이 의심을 푼다. 어떤 이[慧遠]는 이렇게 말한다. "부처가 오랜 겁을 살았는데 겁이 다할 때 중생들이 비록 겁이 다함을 보지만 불에 타는 국토는 편안하니, 법적보살은 5겁 동안 청정의 因을 수행하였[기 때문이]다. 이는 『법화경』에서 '중생들이 겁이 다하여 큰 불로 타는 바가 되는 때를 보아도 나의 이 국토는 안온하고, 천인이 항상 충만할 것이다'고 한 것과 같다." 이는 아마도 그렇지 않은 것

---

86) 『三彌勒經疏』(『韓國佛敎全書』 2, 90c3~9).

87) 한편 이 구절을 慈恩의 『觀彌勒上生兜率天經贊』과 비교해보면, 慈恩은 같은 구절에서 『법화경』의 다보불탑만을 이야기하고 있다. 경흥이 慈恩의 『觀彌勒上生兜率天經贊』을 많이 참조하며 주석서를 썼다는 점을 감안할 때, 그가 의도적으로 『金光明經』의 四佛을 덧붙인 것이라 볼 수 있다. 이 점은 경흥이 『금광명경』 관련 주석서를 많이 남긴 것과도 관련해서 생각해 볼 수 있다.

같다. 『법화경』에서 말하는 바를 『법화경론』에서 해석하기를 '**報佛如來의 眞實淨土**'라고 하였으니 그 **土**가 **他受用土**임을 알아야 한다. **타수용토 부처의 수명은 필시 무량하여 42겁이라고 말할 수도 없다**. [그런데] 지금 42겁이라 하는 것은 이것이 歲數의 劫이기 때문이다. 그러므로 『경』에서 5겁동안의 攝淨土行이 겁이 다한 것이 아니라고 한다. 大通佛의 수명은 겁을 헤아릴 수 없는데도 오히려 淨土가 아니다. 어떻게 42겁을 정토라 말할 수 있겠는가.[88]

경흥은 부처의 수명은 원래 무량한데 세수겁으로 표현해서 42겁일 뿐이라고 한다. 부처의 수명이 무량한 이유가 바로 『법화경론』에서 말하듯 국토가 '報佛如來의 眞實淨土'이며 그 땅이 '他受用土'이기 때문이라는 것이다. 다시 말해 淨土에 있는 부처의 수명은 5겁도 아니고 42겁도 아니고 무량하다고 한다. 그리고 무량한 부처가 계신 국토가 他受用土라는 것이다.

이상을 통해 경흥의 『법화경』에 대한 인식이 '부처'와 밀접하게 연결되어 있음을 볼 수 있다. 『법화경』을 통해 부처의 지혜, 부처의 수명, 부처의 국토에 대해 말하고 있다. 정리하면, 경흥은 『법화경』을 통해 보살은 三乘을 이끌어 一乘으로 가야 하는데 그 일승이 바로 부처의 지혜이고, 부처의 지혜란 다름 아닌 自利利他의 실천임을 말하고 있다. 또한 무량한 수명을 가진 부처가 계신 정토가 바로 他受用土임을 『법화경』을 통해 알 수 있다고 한다.

2) 정토관과 『법화경』

경흥의 정토사상에서 『법화경』에 대한 이해가 가지는 위치를 점검하기 위해 '정토관'에 대한 좀더 깊이 있는 논의를 진행해보도록 하겠다. 특히 '報佛如來', '他受用土'라는 개념이 어떤 맥락에서 등장하고 그것이 가지는

---

88) 『無量壽經連義述文贊』 卷中(『韓國佛教全書』 2, 46b15~c4).

의미가 무엇인지에 대해서 생각해보겠다.

경흥에게 淨土는 法身에 다름 아닌 의미였다. 경흥은 淨土果로서 항상 법신과 정토를 함께 거론하면서, 淨土因을 닦아 법신과 정토를 얻는 것이 위없는 깨달음을 얻는 것이라 보았다.

> 사-1) 먼저 찬탄할 바를 서원으로서 구한다. (중략) 여기에 두 가지가 있으니, 먼저 앞에서 찬탄한 바를 바르게 구함이니, 바로 부처의 법신이다. 나중에 의지할 바를 기원하는데 그것은 바로 부처의 정토이다.89)
> 사-2) (전략) 위없는 깨달음의 마음을 내는 것(發無上覺心)은 곧 앞에서 부처의 법신과 정토를 원했던 마음이다. (중략) 마땅히 수행을 함이란 곧 법신과 정토의 因을 닦는 것이다. 또한 국토를 포섭한다는 것은 곧 정토라는 果를 얻고자 하는 것이다. 正覺을 이루게 함이란 법신과 정토의 과를 얻고자 하는 것이다.90)

보살이 찬탄해야 할 것이 부처의 법신과 정토이며 보살의 수행은 법신과 정토의 因을 닦는 것이고 수행을 통해 이루어야할 果가 法身과 淨土라고 한다. 이는 佛身과 佛土가 둘이 아니라는 身土不二思想으로 볼 수 있다. 한편 정토가 수행을 통해 이루어지는 것이라면 정토에서의 불신은 報身이어야 하는데, 인용문 사)에서는 법신이라고 표현하고 있어 쉽게 이해가 안 된다. 그런데 『삼미륵경소』를 보면, 경흥은 聖에게 三身 즉 眞身, 應身, 化身이 있는데 여기서 眞身이란 法身과 報身이라고 말하고 있다. 法身과 報身은 항상 고요하여 움직이는 모습이 없고, 應身은 깨달음을 이룬 석가모니이고, 化身은 때에 따라 중생 교화를 위해 나타나는 모습이라고 한다.91) 이는 일반적인 불신관과는 차이가 있는 것 같다. 원효와 비교해보자. 원효는

---

89) 『無量壽經連義述文贊』 卷中(『韓國佛敎全書』 2, 44b13~16).
90) 『無量壽經連義述文贊』 卷中(『韓國佛敎全書』 2, 45a16~b3).
91) 『三彌勒經疏』(『韓國佛敎全書』 2, 98c1~5).

128

『法華宗要』에서 一乘果를 설명하는 부분에서 三身에 대해 언급하고 있다. 一乘果에 本有果와 始起果가 있고, 본유과가 法身(法佛), 시기과가 報身(報佛)과 應化身(應化佛)이라고 하였다.[92] 원효는 法身의 측면을 강조하기 위해 法身과 報身·應化身을 구분하였다. 반면 경흥은 法身과 報身을 함께 眞身으로 설정하고 있다. 그러므로 경흥이 법신과 정토를 나란히 쓴 것은 법신과 보신이 동일하다는 이해가 있었기 때문에 가능한 것이었다. 여기서 경흥이 報身을 중요하게 여겼음을 알 수 있다.

報身이란, 정토와 마찬가지로, 菩薩 개념과 함께 등장한 용어이다. 초기불교에서 보살은 성불하기 이전의 석가모니를 가리키는 말이었다. 그러다 점차 菩薩을 석가모니에 한정하지 않고 在家·出家, 男女, 貴賤을 불문하고 부처의 깨달음을 구하여 수행하는 자는 모두 보살이라는 사상이 등장하였다. 보살이 서원을 세우고 오랜 세월 수행을 완성하여 그 과보로서 받은 佛身을 報身이라 부르게 되었다. 『無量壽經』의 법장보살이 서원과 수행 결과 아미타불로 된 것이 대표적인 사례이다.[93]

한편 정토교학이 전개되면서 정토의 성격을 他受用土로 볼 것인가 變化土로 볼 것인가 하는 논쟁이 있었다. 중국 불교에서 정토는 일찍이 여러 방식으로 구분되어 왔다.[94] 淨影寺 慧遠은 事淨土, 相淨土, 眞淨土의 三土로 구분하고,[95] 天台 智顗는 凡聖同居土, 方便有餘土, 實報無障碍土, 常寂光土의 四土로 구분하고,[96] 智儼은 化淨土, 事淨土, 實報淨土, 法性淨土의 四土로

92) 『法華宗要』(『韓國佛教全書』 1, 489b13~c5).
93) 武內紹晃, 「佛陀觀의 變遷」, 『講座大乘佛教1』, 春秋社(정승석 역, 1984, 『大乘佛教槪說』, 김영사, 193~200쪽).
94) 藤吉慈海, 1995, 「本願思想과 佛國土思想」, 平川彰 外編, 『講座大乘佛教5 : 淨土思想』, 春秋社, 131~150쪽 참조.
95) 事淨土는 범부가 있는 정토, 相淨土는 이승 및 地前의 보살이 있는 정토, 眞淨土는 初地 이상의 諸佛이 있는 곳이다. 眞淨土를 다시 眞土와 應土로 구분하였다.
96) 아미타불의 서방정토는 凡聖同居土, 이승 및 地前의 보살이 있는 땅은 方便有餘土, 地上의 보살이 있는 땅은 實報無障碍土, 법성불신이 있는 땅은 常寂光土이다.

구분하였다.97) 他受用土나 變化土의 술어는 유식학파의 개념이다. 『佛地經論』, 『成唯識論』에서 佛身 관념을 自性身, 自受用身, 他受用身, 變化身의 四身說로 전개하고 이에 불토도 四土로 설명하고 있다. 즉 自性身은 法性土, 自受用身은 自受用土, 他受用身은 他受用土, 變化身은 變化土에 산다고 한다.98) 특히 『성유식론』에서 자수용토는 自利의 땅이고, 타수용토 및 변화토는 利他의 땅이라고 하였다.99) 玄奘의 귀국(645) 후 점차 新唯識學의 교리가 보급되면서 정토를 他受用土나 變化土로 설명하기 시작한 것이다.

　유식학적 정토 해석은 크게 두 계열이 있다. 善導-懷感 계열과 玄奘-慈恩 계열이다. 간단히 설명하면 善導는 정토가 他受用土라고 보았다. 善導를 잇는 懷感도 他受用土說을 주장한다. 識心이 낮은 범부가 있어도, 그리고 地前[初地 이전]의 보살도 아미타불의 본원력에 의해 地上[初地 이상]의 보살과 똑같이 타수용토에 태어날 수 있다는 것이다.100) 한편 玄奘, 慈恩은 서방정토는 他受用土와 變化土가 함께 한다는 입장이었다고 한다.101) 地上의 보살은 他受用土를 보고, 地前은 化土를 본다는 것이다.102) 그렇다면 경흥의 입장은 어떠하였는가? 선행 연구에 의하면 경흥은 정토를 他受用土와 變化土가 공존하는 곳으로 보았다고 한다.103) 玄奘-慈恩 계열이라는

---

97) 모든 곳에 化現하는 정토를 化淨土, 衆寶에 의해 생기는 정토를 事淨土, 18圓淨의 정토를 實報淨土, 法性眞如의 法性土라고 한다.

98) 『成唯識論』 卷10(『大正藏』 31, 58b26~c20).

99) 김묘주 역주, 2008, 『성유식론 외』, 동국역경원, 647~648쪽.

100) 村上眞瑞, 1985, 「『釋淨土群疑論』における阿彌陀佛の佛身佛土」, 『印度學佛敎學硏究』 34-1, 226~227쪽.

101) 김양순, 2009, 「憬興의 『無量壽經連義述文贊』 연구」, 한국학중앙연구원 박사학위논문, 127쪽.

102) 『阿彌陀經疏』 卷1(『大正藏』 37, 311b18~c8).

103) 김양순, 2007, 「『無量壽經連義述文贊』의 四十八願」, 『불교학연구』 18, 311~316쪽의 내용을 요약하면 다음과 같다. "경흥은 근기에 따라 교설이 다름을 인정하였다. 칭명염불을 왕생발원의 왕생인으로 인정하면서도 遠生因이라고 본다. 만약 중생이 서원을 세우고 염불을 하면 化土에 왕생한다고 한다. 別時意說에 의하면 아미타불의 서방정토는 他受用土이다. 따라서 하열한 근기의 중생은 왕생할 수 없다. 그럼에도

것이다. 그런데 이 주장의 근거가 되고 있는 法藏의 48서원 가운데 제35원을 자세히 보면 의아한 점이 있다.

아)『阿彌陀鼓音聲王陀羅尼經』에서 "아미타불에게 부모가 있다"고 한 것에 대해 다음과 같은 해석이 있다.

① 첫째,『음성왕경』은 예토를 나타낸 것이다. 부처에게 부모가 있다는 것이 정토가 아니기 때문이다. "아미타불에게 부모가 있다"는 문장은 『음성왕경』에서 "마왕을 무승이라 하고 제바달다를 적[정]이라 한다"고 한 것과 어긋나지 않는다.

② 둘째,『음성왕경』은 예토를 나타낸 것이라는 설은 옳지 않다. [『음성왕경』에] 비록 마왕이 있지만 [불법을] 수호하기 때문이다. 그렇지 않다면 『법화경』에서 음광정토의 마구니와 마구니의 백성이 모두 불법을 지킨다고 한 것과 어긋난다. 마땅히『음성왕경』은 변화토를 나타낸 것이고 또한 여인이 있다고 해야 한다. [그리고]『음성왕경』에서 "태어난 곳이 영원히 胞胎穢欲의 형상을 여의었다"고 말한 것은 여인이 없다는 것이니 곧 수용토이다. 이 말은『보살영락경』에 잘 나와있다. 예를 들면『보살영락경』권11에서 혜(지)조여래의 정토를 풀이하면서 [수명은 또한 무량불의 국토와 같지만] 남녀 중생은 아미타불 국토의 도를 깨달은 이들만 못하다고 하였다. [아미타불 국토에는] 비록 남녀는 있지만 남녀의 욕정은 없다.

[경흥 의견] 이 견해는 반드시 옳지 않다.『보살영락경』에서 이미 "남녀 중생[이 있는 것]은 아미타불의 국토만 못하다"고 하였다. [극락정토에는] 반드시 여인이 있다고 말해서는 안 된다.

③ 셋째,『음성왕경』의 부모나 성읍 등은 모두 공덕법이다. 예를 들면 『유마경』에서는 "지도보살의 어머니를 방편으로 아버지로 삼는다"고 하였고,『화엄경』에서는 "문수사리가 각성의 동쪽에서 선재동자를 만

부처님께서 염불이나 왕생발원만으로 극락에 왕생한다고 설한 것은 하열한 근기의 중생이 왕생인을 닦는 데 나태해질 것을 경계하여 방편으로 설하신 것이다. 별시의설을 근거로 하여『무량수경』과『관무량수경』을 서로 모순 없이 이해하기 위해 정토를 본래 타수용토인 정토 안에 변화토가 존재하는 이중구조로 보았다."

난다"고 하였는데 이 경에서 말하는 각성은 다시 공덕의 이름이다.
그러므로 어긋나지 않는다고 해석할 수 있다.

[경흥 의견] 이 견해 또한 옳지 않다. [이는] 자수용신[으로 해석한 것인데]
필시 지도보살의 어머니를 방편으로 한다는 데서 말미암는다. 이 견해를
인정한다면 필시 막대한 손실이 있을 것이다.

이제 남아 있는 것은 내가 보건대 두 가지 해석이 가능하다. ① 첫째,
『음성왕경』에서 부처에게 비록 어머니가 있긴 하나 변화한 것이고
오직 부처에게만 홀로 있는 것이다. 여인이 없다는 것은 부처의 어머니를
제외하고는 다시 변화해서 여자가 된 사람은 없다는 것이다. 하물며
실제로 여자가 있겠는가. 그러므로 서로 어긋나지 않는다. ② 둘째,
『비화경』에 의거하면 어떤 보살이 저 국토에서 태어나 보살행을 닦고
바로 그 국토에서 등정각을 이룬다고 한다. 어떤 보살은 이 세계에서
태어나 수행을 하고 나서 다른 지역의 국토에 가서 등정각을 이룬다고
하니 『법화경』의 용녀와 같은 부류가 여기에 해당한다. [『비화경』과
『법화경』에서의] 본원이 같지 않기 때문에 응당 나타나는 것도 다르다.
지금 아미타불도 또한 다른 국토에서 태생의 몸을 받아 보살행을 닦고
존음불의 정토에 가서 불도를 이루었다고 한다. 『음성왕경』에서 부모가
있다고 한 것은 본래 태어난 땅[에 있다는 것]을 말하는 것이고, 정토가
있다고 말한 것은 성불한 세계이다. 그러므로 모두 어긋나지 않는다.
대략 두 가지의 해석 방법을 제시하였으니, 학자들이 생각해보기 바란다.
방론은 그치고 본문으로 돌아가도록 하겠다.[104]

104) 『無量壽經連義述文贊』卷中(『韓國佛教全書』2, 49c23~50b10), "經曰設我得佛至不取
正覺者 述云此第二遠離譏嫌願也 然音聲王云 阿彌陀佛 有父母者 有說 彼顯穢土 佛有父
母 非淨土故 不違此文自說 魔王名曰無勝 提婆達多名曰寂故 有說 不然 雖有魔王 而守護
故 不爾 即法華經中 違飲光淨土 魔及魔民 皆護佛法故 應說 彼經 顯變化土 亦有女人
自說 所生之處 永離胞胎穢欲之形故 而無女人者 即受用土也 存此言善順菩薩瓔珞經也
如彼經第十一 釋慧智造如來淨土云 但男女衆生 不如阿彌陀國 得道者故 雖有男女 而無
男女之欲 此必不然 既(본업경)云 男女衆生 不如彌陀土 必不言有女人故 有說 彼經父母
城邑等皆是功德法 如維摩說 智度菩薩母 方便以爲父 華嚴經中 文殊師利 於覺城東
遇善財童子 經言 覺城還是功德之名 故無違可釋 此亦不然 自受用身 必由智度及以方便
應有父母故 許卽必有莫大失故 今之所存 自有二義 初卽彼佛 雖復有母 而是變化 唯佛孤
有故 言無女者 除佛之母 無更化女 況亦其實 故不相違 後卽准悲華經 或有菩薩 於彼國生
修菩薩行 即於彼土 成等正覺 或有菩薩 於此世界 生已修行 往他方土 成等正覺 法華龍女

132

『觀無量壽經』과 『阿彌陀鼓音聲王陀羅尼經』(이하 『음성왕경』)이 차이가
나고 『음성왕경』에서 아미타불에게 부모가 있다고 한 까닭에 대해 경흥은
세 가지의 해석[1, 2, 3]을 제시하고 마지막에 두 가지로 자신의 입장을
정리하고 있다[①, ②]. 앞에 제시한 세 해석에 대해 경흥은 모두 비판적
입장이다. 즉 1 『음성왕경』은 穢土를 나타낸 것이라는 견해, 2 『음성왕경』
의 불토는 變化土이자 受用土라는 견해, 3 『음성왕경』의 불토를 自受用身의
功德法으로 보는 견해를 모두 '그렇지 않다[不然]'고 말하고 있다. 이와
같이 경흥은 淨土를 變化土이자 受用土로 보는 입장을 비판하고 있다.
『음성왕경』에서 여인이 있다고 한 것은 변화토의 측면이고, 여인이 없다고
한 것은 수용토의 측면이라는 주장에 대해 경흥은 『본업경』을 근거로
극락정토에는 반드시 여인이 있다고 말해서는 안 된다고 비판하였다. 극락
에는 본디 여인이 없는데, 아미타불의 어머니만 예외적으로 있는 것이라고
한다[①]. 다시 말하면 경흥은 他受用土가 정토의 기본 성격이고, 變化土는
예외라고 보았다는 것이다. 이는 경흥이 왕생의 방법으로 염불을 인정하긴
하지만 別時意說이라 정의하고, 보살의 수행을 더 중시하였던 것과 맥락을
같이 한다.105) 왕생의 방법으로 염불을 인정하고 정토의 성격에 변화토의
측면을 인정하였다는 점에 의미를 부여할 수도 있다. 다만 경흥이 보다
중요하게 생각하였던 것은 보살의 止觀行에106) 의해 건립되는 타수용토로

亦一類是也 本願不同 應現異故 今阿彌陀佛 蓋亦餘國 受胎生身 修菩薩行 往尊音佛淨土
而成佛道故 音王經云 有父母者 說本所生之土 言有淨土者 卽成佛世界故 皆無違 略開二
途 學者應思 傍論且止應歸本文."
105) 경흥이 정토왕생을 설명하는 부분에서 세친의 『無量壽經優婆提舍』(『정토론』 또는
『왕생론』이라고도 함)를 비판 없이 인용하고 있다는 점에서 왕생의 방법으로 수행을
강조하였음을 확인할 수 있다.
106) 『無量壽經連義述文贊』卷中(『韓國佛敎全書』2, 42b19~21)에서 경흥은 淨土因이
淨土行이라고 보았고, 淨土行의 방법으로 心寂靜, 稱名念佛, 息攀緣을 모두 부정하고
止觀 수행을 강조하였다. 止觀 수행이란 相續하는 한 개체가 그 상속의 흐름을
관찰하는 것으로서, 의식에 동반되는 심소들 중 긍정적 요소를 증대시켜 나가는
것이다(이혜경, 2009, 「유식사상에서 意識의 구조와 전환에 관한 연구」, 이화여대

서의 정토, 그리고 수행에 의한 정토왕생이었음을 간과해서는 안 될 것이다.

그렇다면 경흥이 생각한 타수용토란 어떤 모습일까. 여기서『법화경』과
의 연결이 이루어진다. 즉 타수용토의 모습이란 바로『법화경론』에서 말한
'報佛如來의 眞實淨土'라는 것이다[인용문 바) 참조]. 이 '보불여래의 진실정
토'란 어떤 맥락에서 사용된 표현일까.

> 자) 여덟째 成大菩提無上을 나타내 보임이니, 세 가지의 佛菩提를 나타내
> 보인다. 첫째 應佛菩提를 나타내 보임이니, 응하는 바를 따라 나타내
> 보임이다.『법화경』에 "모두 여래는 석씨 왕성을 나와 伽耶城과 거리가
> 가까운 도량에 앉아서 아뇩다라삼먁삼보리를 얻었다고 생각한다"라고
> 하였다. 둘째 報佛菩提를 나타내 보임이니, 十地의 행을 성취하여 항상한
> 열반을 증득함이다.『법화경』에 "선남자들아, 내가 성불한 지는 한량없
> 고 가없는 백천만억나유타겁이다"라고 하였다. 셋째 法佛菩提를 나타내
> 보임이니, 말하자면 如來藏의 성품은 청정하고 열반도 항상 청량하여
> 변하지 않는다는 뜻이다.『법화경』에 "여래는 三界의 모습을 참답게
> 알고 보아, 차례로 나아가 삼계를 삼계같지 않게 보느니라"라고 하였다.
> (중략) 나의 淨土가 무너지지 않았으나 중생들이 불에 타서 다함을
> 보는 것은 '보불여래의 진실정토'가 第一義諦(최상의 진리)에 포섭되기
> 때문이다.107)

바로『법화경론』제3「譬喩品」에 나오는 十種無上(種子無上, 行無上, 增長
力無上, 令解無上, 淸淨國土無上, 說無上, 敎化衆生無上, 成大菩提無上, 涅槃無
上, 勝妙力無上) 가운데 여덟 번째인 '큰 깨달음을 이룸의 위 없음[成大菩提無
上]'에 해당하는 부분에서 나오고 있다. 여래의 깨달음에는 應佛菩提, 報佛菩
提, 法佛菩提가 있는데, 보불보리는 十地 단계를 성취하여 획득한 경지로
第一義諦 즉 최상의 진리라 한다. 世親은『법화경』의 세계가 바로 十地에

박사학위논문, 138~143쪽).

107)『妙法蓮華經憂波提舍』卷2, 譬喩品(『大正藏』26, 9b10~c4).

이르는 수행으로 획득되는 他受用土의 세계이며 그 세계가 바로 정토의 모습이라고 보았던 것이고, 경흥은 이러한 세친의 견해를 인용하고 있다.

여기서 주목되는 것은 경흥이 『법화경론』의 해석을 통해 정토의 모습을 설명하고 있다는 점이다. 他受用土의 개념은 『佛地經論』이나 『成唯識論』을 통해서도 설명할 수 있다. 경흥이 인용하고 있는 세친의 『攝大乘論釋』에서도 18圓淨을 설명하면서 정토가 수용토임을 밝히고 있다. 그런데 왜 경흥은 『法華經論』의 '報佛如來 眞實淨土'라는 구절(이하 '이 구절'이라 줄임)에 의거하여 정토를 설명하고 있는 것일까. 그 이유는 여러 가지 측면에서 생각해 볼 수 있다.

첫째, 아주 단순하게 해당 문장[인용문 바)]을 보면, 경흥이 반박하려는 혜원의 견해에서 『법화경』을 제시하고 있기 때문에 『법화경』에 대한 다른 해석으로 비판을 가한 것이라 볼 수 있다.

둘째, 선행 연구의 영향 관계를 따져볼 필요가 있다. 경흥에 앞서 報土를 설명하면서 『법화경론』의 '이 구절'을 인용한 이들로는 吉藏, 慈恩이 있다. 吉藏은 『법화경론』에 의거한 『법화경』 해석을 처음 시도한 인물이다.[108] 佛身·佛土 전체를 설명하는 가운데 報土에 대한 부분에 '이 구절'이 등장하는데, 吉藏 해석의 특징은 報身과 應身이 卽의 관계에 있다고 보는 점이다.[109] 慈恩 또한 『법화경론』에 의거하여 『법화경』을 유식학적으로 해석하였는데,[110] '이 구절'을 통해 報土가 化土와 다르다고 말하고 있다.[111] 다만 吉藏이나 慈恩은 불토에 대한 전반적인 설명에서 報土에 대한 예증으로 '이 구절'을 제시한 것이지 정토를 타수용토라고 보는 근거로서 제시한 것은 아닌 것 같다.

---

108) 奧野光賢, 2002, 「吉藏敎學と『法華論』」, 『佛性思想の展開』, 大藏出版, 37~39쪽.
109) 『法華義疏』 卷10, 壽量品 第16(『大正藏』 34, 609c15~20).
110) 勝呂信靜, 1972, 「窺基の法華玄贊における法華經解釋」, 『法華經の中國的展開』, 平樂寺書店, 344~345쪽.
111) 『妙法蓮華經玄贊』 卷9, 壽量品(『大正藏』 34, 833a29~b2).

셋째,『법화경』에 대한 경흥의 태도에서 원인을 찾아볼 수 있다.

> 차) 어떤 학설에, 머무는 것은 證行이고 세우는 것은 敎行이니 法界諸度는
> 부처가 세운 것이라 한다. 이 또한 옳지 않다.『**법화경**』**에서 "부처가**
> **스스로 大乘義에 머무른다"고 한 것에 어긋난다. 대승은 반드시 敎理行**
> **果에 통하므로 法界諸度는 이미 행한 것이지 응당 세우는 것이 아니다.**
> 지금 부처가 머무는 것은 二諦의 뜻이다. 보살은 부처를 좇아 이미
> 깨달았기 때문에 머뭄을 획득했다고 한다. 大聖이 세운다는 것은 三藏의
> 가르침[詮]이다. 大士(보살)도 가르침[詮]의 뜻을 통달하였으므로 모두
> 이미 세웠다고 말하는 것이다. 부처와 대성은 곧 말은 다르지만 체는
> 같기 때문에 서로 걸맞는 것이다.112)

　인용문 차)에서 대승은 반드시 가르침의 이치에 통달하여 그 수행의
결과로서 모두 제도하게 되는 것이니 이는 이미 수행한 것이므로 마땅히
머물러야 할 곳이지 세워야 할 바가 아님을 말하고 있다.113) 이와 같이
경흥은 대승에 대한 기본 이해를『법화경』으로 설명하고 있다.
　淨土에 대한 논증으로『법화경』을 제시한 것도 같은 맥락에서 이해할
수 있을 것 같다. "『법화경』에서 부처의 수명이 이미 타수용신이라고 하였으
니"114)라는 표현에서 다시 확인할 수 있듯이 경흥은『법화경』을 통해
정토＝타수용토임을 강조하고 있다.『법화경』에는 정토에 대한 묘사가
상세하고, 특히 보살의 역할로서 淨佛國土를 내세우고 있다.115)『법화경론』
에서는 다보여래의 탑이 모든 부처의 국토가 청정함을 나타내는 상징적
존재라고 한다. 다보여래의 탑은 방편으로 모든 부처의 국토가 청정하게

---

112)『無量壽經連義述文贊』卷中(『韓國佛敎全書』2, 36c11～19).
113) 김양순, 2009,「憬興의『無量壽經連義述文贊』研究」, 한국학중앙연구원 박사학위논
　　문, 87쪽.
114)『無量壽經連義述文贊』卷中(『韓國佛敎全書』2, 55c1～3).
115)『妙法蓮華經』卷4, 五百弟子受記品 第8(『大正藏』9, 28b16～22).

장엄되었음을 보여주는데, 이러한 출세간의 청정한 공간에서는 부처의 수명이 무량하고 모든 업이 차별이 없고 평등하다는 것이다.[116]

3) 사상사적 의미

지금까지 살펴본 경흥의 『법화경』 이해, 특히 불토관과 관련된 측면이 신라 불교사에서 가지는 의미에 대해 생각해보고자 한다.

신라에서 처음 정토교학을 전개하고 아미타신앙을 보급시킨 인물은 元曉(617~686)이다.[117] 원효는 아미타불의 정토는 他受用土이며, 아미타불은 正定聚 이상의 사람들이 보는 報身이라고 정의하였다. 이러한 경지는 수행을 통해 도달할 수 있다고 보았다. 즉 수행을 통해 자신의 本覺을 깨닫는다면 보불이 될 수 있고, 그 경지가 바로 정토라는 것이다.[118] 원효는 淨土因으로서 자력의 수행을 강조하는 한편, 往生因으로서 아미타불의 본원력을 강조하였다. 원효는 자력과 타력의 병행을 주장하였던 것이다. 그런데 원효가 아미타불의 본원력을 강조하는 이러한 모습이 경흥에게서는 보이지 않는다. 정토에 대한 논의가 조금 달라졌음을 알 수 있다.

경흥이 『無量壽經連義述文贊』을 저술한 8세기 전후의 신라 사회에는 '정토'에 대한 논의가 활발하였다. 元曉, 法位(『無量壽經疏』)를 필두로 하여 玄一(『無量壽經記』, 『阿彌陀經疏』), 義寂(『無量壽經述義記』), 道倫(『小阿彌陀經疏』) 등의 승려들이 정토 관련 주석서를 남기고 있다.[119] 정토에 대한

---

116) 『妙法蓮華經優婆提舍』 卷2, 譬喩品(『大正藏』 26, 9c6~20).

117) 慈藏이 『阿彌陀經疏』를 저술하였다고 하나 저술이 현존하지 않는다.

118) 金英美, 1994, 「元曉의 阿彌陀信仰과 淨土觀」, 『新羅佛教思想史研究』, 民族社, 108쪽.

119) 『無量壽經連義述文贊』 끝에 달려 있는 華頂 義山의 발문을 보면 "義寂, 法位 등의 여러 이름난 승려들이 모두 『무량수경』 주석서를 썼기 때문에 경흥도 썼다(以故淨影作焉嘉祥作焉 義寂法位等諸名流皆作焉而興 大師窮工于玆 可謂殊勤矣)"고 한다. 法位가 경흥보다 시기가 앞선 것은 분명하다. 하지만 義寂이 경흥보다 먼저 『무량수경』 주석서를 썼는지 여부는 확인하기 어렵다. 다만 신라의 정토 전적을 많이 봤던 華頂 義山(1648~1717)이 元錄 12년(1699)에 책이 없어질 것을 염려하여 『無量壽經連

논의 속에서 『법화경』을 언급하는 것도 원효에게서는 보이지 않지만, 法位,
玄一 등의 유식 승려에게서는 나타나고 있다. 경흥의 『법화경』 인식이
8세기 전후 '淨土' 논의 속에서 어떤 의미를 지니는지 法位와 玄一의 『법화
경』 인식과의 비교를 통해 보다 구체적으로 살펴보도록 하겠다.

　우선 『無量壽經記』라는 저술이 현존하고 있는 玄一의 『법화경』 인식부터
보도록 하자.

　　카-1) [경] 阿難白佛~四十二劫에 대해서이다. [기] 서술한다. 네 번째로
　　　　　[부처] 수명의 길고 짧음에 대해서이다. (중략)
　　問 : 만약 그가 수명이 여러 겁이라면 겁이 다했을 때 어느 곳에 머무르며
　　　　수행하는가?
　　答 : 혜원은 다음과 같이 말한다. "다른 사람이 그 겁이 다하는 것을 볼
　　　　때 법장 등은 그 국토의 안온함과 움직이지 않음을 본다. 그러므로
　　　　수행을 일으킬 수 있다. 예를 들면 『법화경』에서 항상 영취산에 있는
　　　　것 등과 같다." 내가 뒤의 뜻을 생각해보면, 처음에는 예토에 있음을
　　　　보였지만 현재 정토는 석가와 같다는 것으로 끝난다. 내가 『법화론』을
　　　　찾아보니, 日月歲數劫에 근거해서 42겁이라 말하는 것이므로 5겁은
　　　　大劫이라 할 수 있는 것이 아니라고 한다. 그러므로 『법화론』에서
　　　　겁에 다섯 종류가 있으니 첫째 낮[日], 둘째 밤[夜], 셋째 달[月], 넷째
　　　　시(時), 다섯째 해[年]라고 하였다. 또 겁의 길고 짧음은 오직 사람의
　　　　마음에 따른 것이라 말할 수 있다. 석가는 法華會에서 또한 50겁에
　　　　이르렀으니 어찌 정토의 부처가 아니겠는가. 오직 마음에 따라 만들어지
　　　　는 것이므로 별도의 자성이 없고, 인연법이므로 있는 바가 없다. 인연에
　　　　따라 있지 않음도 없다. 어찌 길고 짧음, 멀고 가까움의 구별을 정할
　　　　수 있겠는가? (하략)[120]

　　　義述文贊』을 교정, 간행했던 사정을 감안하면 이 기록을 믿을 수 있을 것 같다.
　　　華頂 義山의 신라 승려 저술의 인용에 대해서는 安啓賢, 1987, 『新羅淨土思想史硏究』,
　　　玄音社, 214쪽 표 참조.
120) 『無量壽經記』 卷上(『韓國佛敎全書』 2, 240a20~b13).

법장이 5겁 동안 수행하여 국토의 안온함을 보는 것이『법화경』의 "衆生見
劫盡 大火所燒時 我此土安隱 天人常充滿" 구절과 뜻이 비슷하다는 淨影寺
慧遠의 주장에 대해, 현일이 자신의 견해를 밝힌 부분이다. 현일은 혜원이
인용한『법화경』의 구절을 "法華經常在靈鷲山等"으로 대치하고 그 의미를
『법화경론』으로 풀고 있다. 42겁은 歲數劫이고, 5겁은 大劫이라 할 수
없다는 등의 인증을 통해 현일은 겁의 길고 짧음은 사람의 마음에 달려있다
고 한다. "오직 마음에 따라 만들어지는 것이므로 별도의 自性이 없다"는
주장은『無量壽經記』에 관통하는 현일의 견해이다.

> 카-2) [경] 佛告阿難法藏比丘說此頌已~勳苦之本에 대해서이다. [기] 서술
> 한다. 여기부터는 여섯 번째로 請願을 서술하겠다. '내 마땅히 수행하여
> 무량한 묘토에 이르겠다'는 것은 아직 설법을 듣지 못했을 때의 단계이
> 니 초지 이전의 상태이다. '내 마땅히 수행하여 섭취하겠다'는 것은
> 설법을 듣고 나서 오겁 동안 사유하여 초지 이상에 오른 상태이다.
> **'내 이미 섭취하였다'는 것은 수행으로 마음이 깨끗해지면 저절로**
> **불토도 깨끗해지기 때문에** '攝取等'이라 하였다.121)
>
> 카-3) [경] 佛語阿難時世饒王佛~汝自當知에 대해서이다. [기] 서술한다.
> 일곱 번째 설법에 대해서이다. 여기에는 세 부분이 있으니 첫째 반문하여
> 생각하게 하는 부분이고, 둘째 깊이 탐구하여 설법을 청하는 것이고,
> 셋째 여래가 바로 말씀하는 부분이다. 여기는 처음에 해당한다. 법장은
> 오래지 않아 初地에 들어간다. 초지에 들어가고 나면 마음이 평등해지기
> 때문에 장엄된 불토도 저절로 나타난다. 예를 들면 다른『경』에서
> 말하기를 분별심이 있기 때문에 허구를 본다고 하였는데, 만약 분별(심)
> 이 없다면 곧 정토를 볼 것이다. 그러므로 부처가 법장에게 말씀하시기를
> 머지않아 너 스스로 알 것이라고 하였다.122)

---

121)『無量壽經記』卷上(『韓國佛敎全書』2, 239b5~12).
122)『無量壽經記』卷上(『韓國佛敎全書』2, 239b13~20).

현일은 법장이 오겁 동안 수행하여 初地에 올라 마음이 깨끗해지면
佛土도 저절로 깨끗해진다고 한다. 마음이 깨끗해지고 평등해진다는 것은
바로 분별심이 없는 상태를 가리킨다고 한다. 이와 같은 현일의 사상은
'唯心淨土'라 말할 수 있다. 이러한 입장의 연장선상에서 현일은 겁의 길고
짧음도 마음에 달려 있다고 하는데, 이에 대한 증명에 『법화경론』을 끌어오
고 있다. 또한 현일은 極樂의 아미타불도 『법화경』에 나오는 大通智勝佛의
16왕자 가운데 한 명으로 설명하고 있다.[123]

　　정토에 대한 설명에 『법화경』을 인용하는 이와 같은 태도는 玄一이나
憬興보다 활동연대가 앞서는 法位에게서 두드러지게 나타난다.[124] 현존하
는 법위의 저술은 『無量壽經義疏』뿐이고, 그나마도 惠谷隆戒의 復元本이므
로 사상의 전모를 파악하기 어렵다. 더욱이 『無量壽經義疏』는 『한국불교전
서』 권2에서 8페이지에 불과한 짧은 분량이지만, 그 가운데 『법화경』이
3회 인용되고 있다. 구체적으로 어떤 내용인지 살펴보도록 하자.

　　타-1) 問 : 이와 같은 정토는 삼계와 동일한 곳인가 각각 다른 곳인가?
　　　　答 : [삼계와] 각각 다른 곳이라는 견해도 있다. 어떤 이는 [정토가]
　　　　　정거천 상에 있다고 하고, 어떤 이는 서방에 있다고 하는 등이다. [삼계와]
　　　　　같은 곳이라는 견해도 있다. 예를 들면 『법화경』에서 말하기를 "겁이
　　　　　불탈 때 나의 이 땅은 편안하다"고 한 것과 같다. 어떤 이는 實受用土이므
　　　　　로 주변 법계에 있지 않은 곳이 없기 때문이라고 한다. [그러므로]
　　　　　널리 三界를 떠나 있다고도 말할 수 없고 삼계를 떠나지 않았다고
　　　　　말할 수도 없다. 다만 마땅한 바에 따라 나타나 정거천 등에 있는 것이
　　　　　다.[125]

123) 『無量壽經記』 卷上(『韓國佛敎全書』 2, 245b1~5).
124) 法位라는 이름이 玄一의 『無量壽經記』에서는 10회(安啓賢, 1987, 『新羅淨土思想史硏
　　　究』, 玄音社, 275쪽), 憬興의 『無量壽經連義述文贊』에서는 9회(김양순, 2009, 「憬興의
　　　『無量壽經連義述文贊』 硏究」, 한국학중앙연구원 박사학위논문, 35~36쪽) 나온다.
125) 『無量壽經義疏』(『韓國佛敎全書』 2, 13c1~8).

淨土가 三界와 같은 곳인가 다른 곳인가 하는 문답이다. 그런데 이 문답은 『佛地經論』에 그대로 나오는 것이다. 『불지경론』에서는 정토의 종류를 설명하는 단락의 마지막 부분에서 이 설명을 그대로 제시하고 있다. 다만 『무량수경의소』의 "예를 들면 『법화경』에서 말하기를 '겁이 불탈 때 나의 이 땅은 편안하다'고 한 것과 같다"는 구절이 『불지경론』에는 "정토는 두루 원만하여 끝이 없고 법계에 두루하기 때문이다"라고 되어 있다.[126] 이는 법위가 "정토는 두루 원만하여 끝이 없고 법계에 두루하다"는 구절을 『법화경』 구절로 풀이한 것으로, 『법화경』을 통해 법계에 두루한 정토를 설명하고 있음을 확인할 수 있다.[127]

다음 법위는 淨土因을 설명하는 부분에서 『법화경』을 끌어오고 있다.

> 타-2) 두 번째로 이치에 근거하여 말하면 항상 심성이 공함을 관하기 때문이다. 경문(『무량수경』)에서 '마음이 寂靜하여 모두 집착함이 없다'고 하였고, 또 『법화경』에서 '부처의 아들은 마음에 집착함이 없다'고 하였다. 이와 같은 묘한 지혜로 무상도를 구하는 것이다. 이들은 시방 정토의 인에 공통된다.[128]

법위는 시방 정토에 공통된 인으로 心寂靜을 제시하고 있다. 마음이 고요하여 집착함이 없는 상태에 대해 『법화경』으로 다시 한 번 강조하는 것이다. 한편 법위는 정토인에 대해 두 층위로 설명하고 있다. 즉 "본래 無分別智·後得智의 無漏善法種子로 三無數劫 동안 닦아 지금 넓어진 것이

---

126) 『佛地經論』 卷1(『大正藏』 26, 293c24~294a1).

127) 법위의 이러한 해석에는 世親이나 慈恩의 영향이 있는 것 같다. 세친은 『金剛仙論』에서 정토가 삼계에 포함되지 않지만 삼계와 같은 곳이기도 하다고 해석하면서 『법화경』의 이 구절을 가져와 정토가 眞常淨土라고 설명하고 있고(『金剛仙論』 卷4[『大正藏』 25, 827b4~19]), 慈恩도 '이 구절'을 인용한 뒤 정토의 色相도 다르고 정토가 나타나는 곳[現處]도 다르니 다만 보살이 보는 바에 달렸다고 말하고 있기 때문이다(『觀彌勒上生兜率天經贊』 卷1[『大正藏』 38, 273c27~274a3]).

128) 『無量壽經義疏』(『韓國佛敎全書』 2, 14a10~14).

정토이다”라고 하여 무분별지·후득지의 무루 종자가 정토의 인이라고 설명하는데 이는 여래의 길이라고 한다. 보살의 길은 聞·思·修를 닦아 정토에 들어가는 것으로, ‘心寂靜의 묘한 지혜’가 보살의 淨土因이라 보고 있다.129)

　마지막으로 往生因, 즉 一念·十念의 염불에 대한 부분에서도『법화경』을 주요하게 인용하고 있다.

　타-3) 問 : 佛名을 부르기만 하면 곧 왕생을 얻을 수 있다고 하였는데,『섭대승론』을 쓴 이는 이것이 別時意라고 하였다. [왜인가?]
　答 : 만약 一念에 佛名을 부르면 곧 왕생한다고 하는 것은 別時意이다. 일념은 십념의 因이기 때문이니, 뜻이 십념에 있을 때에도 십은 하나를 쌓는 데서 말미암는다. 예를 들어 德은 하나의 금전을 얻으면 곧 천 개의 금전을 얻는 것이라고 말하는 것은 하나가 곧 천 개이기 때문이 아니라 하나를 쌓음에서 비롯되기 때문이다. 이를테면『법화경』「방편품」에서 “한 번 나무불을 부르면 모두 이미 불도를 이룬 것이다”라고 말한 것은 이것은 別時意이다. 이는 불도를 이루는 처음 因을 밝힌 것이다. 또 “어린 아이가 장난으로 모래를 모아 불탑을 만들고 점점 공덕을 쌓아 대비심을 갖추는 것이 모두 불도를 이룬 것이다”라고 하였다. 살펴보건대, 이는 비로소 불도를 이룸을 완성하는 것을 밝힌 것이다. 내가 보건대 이 십념이 완성되어야 비로소 왕생할 수 있다.130)

　이는 念佛과 別時意說에 대한 法位의 입장이 잘 드러나는 부분이다. 정토교학에서는 十念을 갖추면 왕생할 수 있다고 하면서 그 십념이 稱名의 십념인지 慈等의 십념인지를 논의한다. 그렇다면 일념은 어떠한가? 일념으로 불도를 이룰 수 있다는 것은 별시의설인가 아닌가? 이에 대해 법위는 별시의설임을 부정하지 않았다. 그러면서 동시에 일념 일념이 점점 쌓여

129)『無量壽經義疏』(『韓國佛敎全書』2, 13c19~14a4).
130)『無量壽經義疏』(『韓國佛敎全書』2, 11c9~19).

십념이 되면 바로 왕생할 수 있다며 일념이 십념의 시작이라는 점을 강조하는데, 이를 『법화경』으로 설명하고 있다. 『법화경』에서 '한 번 나무불'을 부르는 것은 일념으로 별시의이지만, 여기에 '장난으로 불탑을 만드는' 등의 공덕이 쌓이면 십념을 이루어 성불할 수 있다는 것이다. 이 문장에서 법위가 의도하는 것은 일념의 중요성을 강조하는 것이고, 이를 『법화경』을 통해 쉽게 증명하고 있다.

정리하면, 법위는 『법화경』을 통해 정토가 법계에 두루함을 말하고, 부처의 지혜인 無分別智·後得智의 無漏善法만이 아니라 心寂靜의 지혜가 淨土因이 됨을 인정하고, 往生因으로서 일념이 십념의 시작이므로 중요하다고 말하고 있다. 이상의 모든 논의는 정토가 먼 곳에 있지 않으며, 정토를 이루는 것이 어렵지 않다는 인식과 연결된다.

이와 같이 법위, 현일, 경흥의 논의는 정토교학의 측면에서는 세부적인 차이가 보이지만,131) 정토에 대한 논의에 『법화경』을 주요하게 인용하고 있는 점은 공통된다. 법위는 『법화경』을 통해 정토가 법계에 두루하다고 말하였고, 현일은 『법화경론』을 통해 정토가 오직 마음이 보는 것임을 증명하였고, 경흥은 淨土因으로서의 止觀의 실천으로 도달해야 할 곳이 『법화경』에서 말하는 타수용토라고 하였다. 그러므로 신라 중대의 정토 논의에 『법화경』이 미친 영향을 충분히 고려해 볼 수 있고, 경흥의 法華經觀도 이 맥락에서 이해할 수 있다.

한편 경흥이 『법화경』과 『법화경론』을 근거로 타수용토로서의 정토를 말하는 배경에는 그의 '현재'에 대한 관심이 자리하고 있지 않을까 한다. 경흥의 '현재'에 대한 문제의식은 『無量壽經連義述文贊』의 저술 의도에 잘 드러나고 있다.

---

131) 예를 들어 법위는 보살의 淨土因을 心寂靜이라 하였지만, 경흥은 이를 비판하며 止觀을 강조하였다.

파) 먼저 글을 지은 의도는 간략히 세 가지 뜻이 있다. ① 첫째, 정토의 所因을 나타내기 위해서이다. 앞의 경(『觀無量壽經』)에서 비록 연화대가 法藏 비구의 본원력으로 만들어진 것은 말하였으나 아직 극락 依報·正報의 장엄이 모두 法積[132]의 본원력에 의지하여 만들어진 것임은 말하지 않았기 때문이다. 이제 다시 모름지기 [법장의] 숙세 48원을 자세히 말하여 극락이 지금 나타난 원인을 드러내고자 한다. ② 둘째, 본서가 공허하지 않음을 밝히기 위해서이다. 모든 부처가 비록 본원을 내었지만, 본원을 이루지 못한 경우도 있다. 예를 들면 『반야경』에서 "중생에게 멸도에 이르도록 하겠다"고 한 경우이다. 法積의 본원력은 이와 같지 않다. 이제 [법장이] 依報와 正報를 功德으로 장엄하고 청정하게 하였음을 자세히 말하여 숙세의 원에서 밝힌 바대로 수행에 정진하는 자를 왕생하게 한다는 뜻을 드러내고자 한다. ③ 셋째, 예토의 고뇌를 보이기 위해서이다. 『觀無量壽經』에서 비록 미래 일체 중생이 번뇌 때문에 고통 받을 것이라고 말하였으나 중생들은 현재 악업에 의한 번뇌의 모습을 듣지 못하였다. 그리하여 [즐거운 곳을] 좋아하고 [고통스러운 곳을] 싫어하는 생각을 내지 못하였고, 또한 왕생의 업도 이루지 못하였다. 이제 [『無量壽經』을 통해] 五惡과 현재와 미래의 고통에 대해 자세히 설명하여 수행자를 이 고통스런 곳[苦域]을 싫어하고 저 즐거운 곳[樂方]을 좋아하여 福과 觀行을 닦아 사바세계에서 벗어나 정토에 나게 하고자 한다.[133]

경흥이 『무량수경연의술문찬』을 저술한 목적은 ① 첫 번째, 정토가 만들어지는 원인을 밝히기 위함이었다. 극락이 法藏의 본원에 의해 만들어졌으므로 그의 48원을 자세히 말하여 극락이 지금 나타나는[彼土今現] 원인에 대해 설명하겠다는 것이다. ② 두 번째, 법장의 본원이 공허하지 않음을 밝히기 위함이었다. ③ 세 번째, 예토 즉 현재의 고통을 보여주기 위함이었다. 경흥은 앞서 『관무량수경』을 통해 미래의 고통에 대해 말해주었지만 사람들

---

132) 法積은 法藏을 가리킨다. 경흥은 『大智度論』에서는 法藏을 法積으로 표기하고 있다며 간혹 혼용하고 있다.
133) 『無量壽經連義述文贊』 卷上(『韓國佛敎全書』 2, 18a~b).

144

이 느끼지 못하므로, 『무량수경』으로 지금 현재와 미래에 받는 고통을 말해줌으로써 수행자가 福과 觀行을 닦아 빨리 사바세계에서 벗어나 정토에 나게 하고 싶다는 것이다. 한 마디로 현재와 미래의 고통이 무엇인지 알고, 복과 관행을 닦아 현재의 예토에서 벗어나 극락을 지금 나타나게 하라는 것이었다. 경흥에게 정토는 '현재' '지금' 추구해야 할 것이었다.

경흥은 『무량수경연의술문찬』에서 줄곧 보살행의 실천으로 부처의 지혜를 획득하고, 그 지혜가 바로 자리이타의 덕임을 알라고 말하고 있다. 그 획득해야 할 부처의 지혜나 실천해야 할 자리이타의 덕은 바로 『법화경』에서 제시하고 있는 모습이다. 다시 말해 보살행의 실천으로 추구해야 될 모델로 제시된 것이 바로 『법화경』이었던 것이다. 경흥은 "세속의 일도 勝義와 같아서 부처가 머무시는 곳이다"[134]고 하였다. 경흥은 현재 신라가 무량한 수명의 부처가 계신 부처의 땅이며, 그러한 곳이 될 수 있다고 믿었던 것이 아닐까 싶다.

경흥은 신라의 국로였다. 경흥은 왕실을 오가며 왕, 왕족, 귀족들을 대상으로 설법을 펼쳤을 것이다. 경흥의 현재에 대한 관심은 국로라는 위치에서 비롯된 것일 수도 있고, 반대로 현재에 대한 이야기를 하였기 때문에 신라인들이 그를 찾았던 것일 수도 있다. 7세기 후반~8세기 초반 신라는 전쟁의 상흔을 씻고 새로운 도약을 시도하던 때이다. 또한 정치적인 면에서나 신앙적인 면에서나 불교의 사회 영향력이 커져가고 있던 시점이다. '보살행으로 부처의 지혜를 갖추고, 부처의 세계를 구현하고, 자리이타를 실천하라'는 경흥의 메시지는 신라인에게 의미 있게 다가갔을 것이다. 이를 통해 『법화경』에 대한 사회적 인지도도 커져 갔으리라 생각한다.

---

134) 『無量壽經連義述文贊』 卷中(『韓國佛敎全書』 2, 36c3~9).

Ⅳ.『법화경』의 보급과 신앙

1. 義寂의『法華經集驗記』와 대중교화

義寂의 저술로『法華經論述記』와 더불어『法華經集驗記』가 현재 전하고 있다.[1]『법화경집험기』는『법화경』을 외우거나 읽거나 베껴 쓰거나 듣는 공덕을 쌓음으로써 나타난 여러 영험 이야기를 담은 사례집이다. 선행 연구에서는『법화경집험기』가 신라 사회에 법화신앙이 활발하였음을 말해 주는 자료이며[2] 고려 眞淨國師(1206~?)의『海東傳弘錄』과 了圓의『法華靈驗傳』의 모델이 되었다고 한다.[3] 또한 일본 鎭源의『大日本法華經驗記』도 『법화경집험기』를 규범으로 삼고 있다고 한다.[4] 선행의 연구들을 통해 『법화경집험기』의 내용과 영향이 대체적으로 밝혀졌다. 이를 바탕으로 본장에서는 우선 의적이 왜『법화경집험기』를 썼는가를 살펴보고, 중국에 서 일찍부터 유포되던 불교 관련 영험집들과 비교했을 때『법화경집험기』가

1) 太田晶二郎, 1981,「東京大學圖書館藏 法華經集驗記 解題」,『法華經集驗記』, 貴重古典籍刊行會 ; 金相鉉, 1996,「日本에 現傳하는 新羅 義寂의『法華經集驗記』」,『佛敎史硏究』1, 263~289쪽.
2) 金相鉉, 2000,「義寂의『法華經集驗記』에 대하여」,『東國史學』34, 19~32쪽.
3) 李起雲, 1997,「新羅 義寂의『法華經集驗記』硏究」,『彌天睦楨培博士華甲記念論叢 未來佛敎의 向方』, 559~579쪽.
4) 金敬姬, 1996,「『法華驗記』의 諸相 : 설화의 배역에 대하여」,『日本文化學報』2 ; 金敬姬, 2003,「義寂의『法華經集驗記』에 대한 고찰」,『日本文化學報』19, 1~13쪽. 『大日本法華經驗記』는 일본 比叡山 首楞嚴院 승려인 鎭源이『법화경』영험담을 모아서 저술한 영험기로, 1044년경 성립하였다.

146

지니는 특징이 무언인가를 찾아보도록 하겠다. 이를 통해 의적의『법화경집험기』가 신라 사회에서 차지하는 의미가 무엇인가에 대해서도 조명해보고자 한다.

1)『법화경집험기』편찬 배경

(1) 입당 유학과 장안 법화신앙

의적은 당에 유학을 가 玄奘(602~664)의 門人이 되어 유식학 연구에 몰두하였다고 하고,5) 종남산에 위치한 興敎寺에서 공부하였다고도 한다.6) 의적의 장안에서의 행적을 밝히기에는 사료가 너무 없다. 다만 '의적이 西明系 학설을 宗으로 하였다',7) '의적이 慈恩의 학설을 비판하였다'는 기존 연구 성과에서 추론해본다면, 그의 활동은 西明寺와 관련이 있을 것 같다.

서명사에는 圓測(613~696)을 중심으로 신라 승려의 출입이 잦았다고 한다. 그런데 당시 서명사에는 원측 말고도 유명한 승려가 많았다. 서명사의 건립과 人選은 玄奘에 의해 주도되었지만, 번역에 전념하던8) 현장을 대신하여 서명사를 실제 이끌어간 인물은 道宣(596~665)이었다. 종남산 풍덕사에 있던 도선은 현장의 추천으로 658년 장안 서명사 상좌로 부임하여 계율의 실천과 제자들의 교육에 힘썼다.9) 그러므로 의적은 현장의 문인이 되긴

5) 金相鉉, 2000,「義寂의『法華經集驗記』에 대하여」,『東國史學』34, 19쪽 ; 최연식, 2003,「義寂의 思想傾向과 海東法相宗에서의 위상」,『불교학연구』6, 39쪽.
6) 변인석, 2000,「종남산 일대의 사찰과 신라승려」,『唐 長安의 新羅史蹟』, 아세아문화사, 236쪽.
7) 黃有福·陳景富, 1994,『海東入華求法高僧傳』, 中國社會科學出版社, 52~53쪽.
8) 玄奘은 서명사 건립 후 顯慶 4년(659) 동 10월까지 1년 3개월 동안 서명사에 머물기는 하였다. 하지만 이 기간에도 玄奘은 역장을 大慈恩寺 번경원에 둔 채 두 절 사이를 왔다 갔다 하면서 역경사업을 계속하였고, 그 뒤에는 옥화궁 숙성원으로 옮겨서『대반야경』20만송의 번역에 전념하였다.
9) 藤善眞澄, 2002,『道宣傳の硏究』, 京都大學學術出版會, 157쪽.

하였으나 도선 등 서명사의 다른 스님에게서도 지도를 받았을 가능성이
있다.10)

도선은 南山 律宗의 祖라 불린다. 때문에 그가 律學에만 전념하였다고
생각하기 쉽다. 하지만 도선은 651년『含注戒本疏』저술 이후 665년 입적
때까지 계율의 체계화보다는 실천에 주력하였고, 나아가 국가 권력으로부
터 불교계를 지켜내는 데 노력하였다.11) 남산 율종의 맥을 잇는 宋의 元照
(1048~1116)는 도선의 저작을 宗承律藏部, 弘贊經論部, 護法住持部, 禮敬行
儀部, 圖傳雜錄部로 분류하였다.12) 이 가운데 호법주지부에 속하는 책이
『廣弘明集』30권,『集古今佛道論衡』3(4)권(664),『東夏三寶感通錄[集神州三
寶感通錄]』3권(664),『釋門護法儀』1권,『護法住持儀』1권,『佛法東漸圖贊』
2권(660) 등이다. 도선이 600년을 전후하여 이러한 책들을 찬술한 까닭은
당시 당의 불교계 상황과 맞물려 있다.

의적이 수학하고, 도선이 활동하던 시기는 唐 太宗(재위 626~648)~高宗
(재위 649~684) 연간에 해당한다. 당 태종은 외면적으로는 불교를 옹호한
군주로 보이지만 이는 玄武門事變을 통해 황제에 오른 자신의 처지에서
정치에 불교를 이용하고자 함이었다.13) 실제 태종은 불교 교단을 억압하였
다. 전국에 출가인 수를 3천으로 제한하고,14) 스스로 머리를 깎은 승려는
극형에 처하여15) 많은 私度僧들이 산 속에 숨어 살아야만 하였다. 태종은

---

10) 다음의 사실이 이러한 추론을 가능하게 한다. 첫째, 의적은 玄奘의 역경사업에
   참여하지 않았다. 둘째, 신라 승려 智仁의 경우 玄奘의 제자이기도 하면서 道宣의
   제자이기도 하였다. 셋째, 玄奘의 제자가 3천 명이나 되었다. 한편 의적이 원측과
   교류하였고 그로부터 사상적 영향을 받았을 것이라 짐작되지만 아쉽게도 그 관계를
   규명할 만한 자료를 아직까지 발견하지 못하였다.

11) 藤善眞澄, 2002,『道宣傳の硏究』, 京都大學學術出版會, 158쪽.

12) 元照,『芝園遺編』卷3, 南山律師撰集錄(『日本續藏經』59, 648c~651b).

13) 陳昱珍, 1992,「道世與『法苑珠林』」,『中華佛學學報』5, 243~245쪽.

14) 『廣弘明集』卷28, 唐太宗度僧於天下詔(『大正藏』52, 329b).

15) 『續高僧傳』卷20, 靜琳(『大正藏』50, 591a).

불교 교단을 정부의 관리 하에 두고자 하였다. 태종을 이은 고종도 현장의 역경 사업을 계속 후원하긴 했지만 승려들에게 고압적인 자세를 취하였다. 龍朔 2년(662)에 강제로 승려가 군왕과 부모에게 예배해야 한다는 규정을 제정하는[16] 등 고종은 계속 불교 세력을 제한하려 하였다. 도교와의 논쟁도 더욱 격렬해져서 황제는 자주 內殿으로 도사와 승려를 불러 논쟁하게 하였다.

이러한 상황에 도선은 종남산에서 장안으로 나와 제자들의 교육과 저술 활동을 통해 저항하였다. 그는 중국 사회에서 불교신앙의 역사가 오래되었으며, 불교를 신앙함으로써 얻은 이익이 무엇이었나를 구체적으로 서술하였다. 三寶를 비방하고 훼손하면 벌을 받는다는 사실도 말하였다.『집신주삼보감통록』은 664년 이와 같은 목적에서 찬술하였는데, 이 책에는 많은 법화신앙 사례가 실려 있다. 한편 도선과 함께 서명사에 있었던 道世의 『法苑珠林』에도『법화경』공덕과 관련한 영험 이야기가 많다. 도선의 법화신앙에 대한 인식이 그 개인만의 것이 아니었음을 알 수 있다.

당시 唐에서『법화경』의 파급력은 매우 높았다. 406년 鳩摩羅什의 번역본이 나온 이후『법화경』에 대한 교학적 연구가 활발하게 진행되었다. 장안에는『법화경』연구나 강의로 명성을 떨친 승려들이 많았고, 高僧傳이나 靈驗記에는 많은 법화 영험담이 실려 있다.[17] 도선의 경우『법화경』과 관련하여『妙法蓮華經苑』30권,『妙法蓮華經音義』1권, '妙法蓮華經弘傳序'를 썼는데, 이 가운데 '묘법연화경홍전서'가 현존하고 있다. 이 글에서 도선은 "『법화경』은 부처가 영험을 보이신 지극함이다. (중략) 漢에서 唐에 이르기까지 전적이 4천 권이 넘지만 지극히 受持한 것은 이 경에서 벗어나지 않는다"라고 하고 있다.[18] 이러한 분위기에서 유학하면서 의적은『법화경』

---

16)『廣弘明集』卷25, 議沙門敬三大詔(『大正藏』52, 284a).

17) 劉亞丁, 2006,『佛敎靈驗記硏究 : 以晉唐爲中心』, 巴蜀書社, 200~201쪽.

18)『妙法蓮華經』卷1, 妙法蓮華經弘傳序(『大正藏』9, 1b~c).

에 대한 소양을 익혔으리라 생각한다.

(2) 금산사 주석과 백제 법화신앙

의적은 장안에서의 수학을 마치고 신라로 귀국하였다. 선행 연구를 통해 의적이 690년을 전후한 시기에 신라로 돌아왔음이 밝혀졌다.[19] 신라에 돌아온 후, 의적이 어느 시점엔가 金山寺에 주석하였다는 사실도 알게 되었다.[20] 그런데 금산사는 옛 백제 지역인 完山州에 위치한 사찰이다.[21] 의적이 굳이 옛 백제 지역으로 간 까닭이 무엇일까?

완산주는 660년 백제 의자왕이 항복한 후 전개된 백제 부흥운동의 거점지 가운데 한 곳이다. 백제 부흥군은 661년 3월 豆良尹[伊]城 전투 승리를 계기로 백제 故地에서 우세를 차지하게 되는데, 이 성이 바로 완산주에 위치하고 있다.[22] 663년 부흥운동이 좌절된 이후 백제 지역은 唐 熊津都督府의 통치를 받아야만 하였는데, 금산사 일대도 웅진도독부에 속하였다.[23] 당은 664년 夫餘隆을 내세워 웅진도독부 강역을 획정하고, 665년 8월 신라와 서로의 강역을 침범하지 않기로 취리산 맹약을 맺었다. 신라와 웅진도독부는 서로 침범하지 않기로 약속했지만, 신라는 여러 차례 웅진도독부를 공격하였다.[24] 신라가 웅진도독부를 완전히 장악한 때는 675년 9월의

---

19) 李起雲, 1997, 「新羅 義寂의 『法華經集驗記』 研究」, 『彌天睦楨培博士華甲記念論叢 未來佛教의 向方』, 564쪽 ; 최연식, 2003, 「義寂의 思想傾向과 海東法相宗에서의 위상」, 『불교학연구』 6, 41~42쪽.

20) 義天, 『大覺國師文集』, 祭金山寺寂法師文, "祭于新羅大法師故金山寺寂公之靈曰 余曾 讀海東僧傳."

21) 금산사는 현재 전라북도 김제시 모악산 도립공원 내에 위치하고 있다. 완산주는 신문왕 5년(685) 이후의 명칭이지만, 서술의 편의상 금산사 위치를 완산주로 통일해 서 사용하였다.

22) 정재윤, 2002, 「신라의 백제고지 점령 정책 : 완산주 설치 배경을 중심으로」, 『國史館 論叢』 98, 133~151쪽.

23) 『三國史記』 卷6, 新羅本紀6, 文武王 5年(665) ; 노중국, 2003, 『백제부흥운동사』, 일조각, 317~320쪽.

150

금산사

매초성 대전투 이후였다.25)

　전쟁이 종식된 후 문무왕은 옛 백제, 고구려 지역을 통합하기 위해 무단히 노력하였다. 백제의 경우 673년 이후 체계적인 기준을 마련하여 지배 세력들에게 관등을 수여하는 방법으로 백제인들을 포섭해나갔다.26) 신문왕대 들어서는 행정 체계도 정비하였다. 신문왕 5년(685)에 완산주를 설치하고, 신문왕 6년(686)에 웅진주와 무진주를 설치하였다.27) 신라 정부는 州 행정부를 중심으로 점령 지역의 민심 수습에 총력을 기울였을 것이다. 신문왕은 憬興을 국사로 삼으라는 문무왕의 유언을 받들었다.28) 웅천주 출신의 고승

　24)『三國史記』卷6, 新羅本紀6, 文武王 10年(670) ;『三國史記』卷7, 新羅本紀7, 文武王 12年(672).
　25) 노중국, 2003,『백제부흥운동사』, 일조각, 331~332쪽.
　26) 김수태, 1999,「新羅 文武王代의 對服屬民政策 : 百濟遺民에 대한 官等授與를 중심으로」,『신라문화』16, 5~8쪽.
　27)『三國史記』卷8, 新羅本紀8, 神文王 5年(685)·6年(686).
　28)『三國遺事』卷5, 感通, 憬興遇聖.

경흥이 국가 운영에 필요하다는 계산이었을 것이다. 의적이 금산사에 주석한 것도 백제 遺民의 포섭이라는 시대적 요구와 관련이 있다고 생각한다. 금산사는 백제 법왕 때 왕흥사와 함께 건립된 사찰로,29) 완산주 일대에서 정신적 구심체 역할을 하고 있었다.30) 따라서 신라는 완산주 지역에서 금산사의 위상을 파악하고, 이곳에 신라 승려를 파견하고자 하였을 것이고 이에 지목된 인물이 의적이었다고 생각한다.

그렇다면 의적이 『법화경집험기』를 찬술한 배경으로 금산사 주석을 고려해 볼 필요가 있다. 『법화경집험기』에는 백제인 發正의 이야기가 수록되어 있는데, "『觀世音應驗記』에 백제인이 있다"며 의적은 그가 백제인임을 강조하고 있다.31) 금산사에 간 의적은 무슨 방법으로 옛 백제인들을 교화할 것인가 고민하였을 것이다. 백제는 일찍부터 불교를 받아들였고, 특히 법화신앙의 전통이 있었다.32) 梁에서 활동하다 성왕 때 귀국한 發正, 천태종 2조로 불리는 南岳 慧思(514~577)의 문하에서 法華三昧를 증득하고 위덕왕 때 귀국한 玄光, 그리고 혜왕, 법왕, 무왕 초기까지 활약한 惠現의 존재가 법화신앙이 유지되었음을 말해준다. 금산사도 비록 도읍에서 떨어져 있긴 했지만, 법화신앙의 사각지대는 아니었을 것이다. 그러므로 의적이 법화신

---

29) 『金山寺事蹟』(『불교학보』 3·4, 1966, 3쪽). 한편 『金山寺誌』(1933)에는 금산사의 개산조가 眞表라고 되어 있지만, 백제 무왕도 간단히 언급하고 있다. 『金山寺誌』 103쪽, "이보다 앞서 백제 법왕 원년 己未에 왕의 資福사찰로 開垈되었으나 당시의 사찰 모습은 소규모로서 아직 대가람의 체모를 형성하지 못하였던 것이다."

30) 이도학, 1989, 「사비시대 백제의 4방계산과 호국사찰의 성립 : 법왕의 불교이념 확대시책과 관련하여」, 『백제연구』 20, 119~120쪽.

31) 『法華經集驗記』의 發正 이야기는 "觀世音應驗記有百濟人也 梁天監中"으로 시작한다. 『觀世音應驗記』 해당 부분을 찾아보면 "百濟沙門釋發正 梁天監中"이라고 되어 있고, 『法華傳記』 卷6에도 "百濟沙門釋發正 梁天監中"으로 되어 있다. '觀世音應驗記有百濟人也(『관세음응험기』에 백제인이 있다)'라는 표현은 『법화경집험기』의 일반적인 서술 방식과 다른데, 발정 편을 제외하고는 '東夏三寶感動錄云 蜀郡沙門釋僧生者' '金剛般若靈驗記云 天水郡隴城縣志通'와 같은 방식으로 인용하고 있다.

32) 조경철, 1999, 「백제의 지배세력과 법화사상」, 『韓國思想史學』 12 ; 길기태, 2005, 「백제 사비시기 법화신앙」, 『대구사학』 80.

앙을 백제인과 소통하는 다리로 생각했을 가능성이 있다.

물론 금산사 일대에 법화신앙만 있었던 것은 아니다. 8세기에 금산사에 주석한 진표가 미륵신앙을 표방함에서 볼 때, 일찍부터 금산사에 미륵신앙의 전통이 있었을 것 같다. 7세기 후반 연기 지역에서의 조상 사례에서 볼 때, 미륵신앙과 더불어 백제 유민의 아미타신앙도 짐작된다. 백제 말기에 고구려 승려 보덕이 완산주에 자리를 잡았으므로 열반사상의 세례도 받았을 것이다. 때문에 금산사에 법화신앙만 있었다고 할 수는 없지만, 『법화경』을 중시했던 의적은 법화신앙으로 이를 아우르고자 했던 것이 아닌가 한다.

『법화경집험기』의 편찬 의도를 의적의 『법화경론술기』와 관련시켜 생각해볼 수도 있다. 의적은 『법화경론술기』에서 不信, 我見, 畏苦, 自愛를 깨뜨릴 수 있는 구체적인 방법으로 『법화경』 설법을 듣는 것을 제시하였다. 『법화경』 설법을 들음으로써 누구나 변화할 수 있다는 것이다. 유식학에서 말하는 수행의 기본은 聞薰習, 즉 부처의 말씀인 佛法을 듣는 것이다.[33] 의적은 보다 많은 사람들이 『법화경』을 읽거나 들음으로써 문훈습을 쌓을 수 있도록 유인하기 위한 방편으로 법화 영험담을 이야기했을 수 있다.

이상에서 의적이 『법화경집험기』를 찬술한 배경으로 세 가지를 추론해보았다. 첫째, 『법화경』이 유행하던 장안 불교계의 영향을 받았을 가능성, 둘째, 금산사 주석 후 백제 유민과의 소통을 위해 법화신앙을 선택하였을 가능성, 셋째, 유식학승으로서 수행의 기본으로 문훈습을 강조하고 이를 위한 방편으로 법화 영험담을 이용하였을 가능성이다. 다음으로 의적이 『법화경집험기』를 편찬함으로써 의도한 바를 내용 분석을 통해 구체적으로 살펴보도록 하겠다.

---

33) 『攝大乘論釋』 卷3(『大正藏』 31, 333c) ; 長尾雅人, 1982 『攝大乘論 和譯と註解(上)』, 講談社, 219～221쪽. 義寂의 『法華經論述記』에 대해서는 본서 Ⅲ장 2절 참조.

2)『법화경집험기』수록 내용의 특징

(1) 내용 분석

현존『법화경집험기』는 2권 4편으로 구성되어 있다.[34] 1권에 讀誦 제1, 2권에 轉讀 제2, 書寫 제3, 聽聞 제4가 있다. 편명 아래에 소제목이 나열되어 있는데, 실제 내용과는 차이가 있다. 소제목만 헤아리면 모두 39화이지만, 실제 내용이 있는 것은 31화이다. 어떤 이유에서 생략되었는지 알 수 없지만, 내용 분석은 이 31화를 대상으로 하겠다. 31화의 등장인물을 소개하면 다음 <표 7>과 같다. 승려가 17명, 재가자가 14명으로, 재가자의 분포가 적지 않음을 볼 수 있다.

〈표 7〉『法華經集驗記』등장인물

편명	순서	등장인물	출가여부	편명	순서	등장인물	출가여부
讀誦	1	曇無竭	승려	轉讀	17	高表仁孫子	재가
	2	僧生	승려		18	蘇長妾	재가
	3	道冏	승려		19	沮渠蒙孫	재가
	4	普明	승려	書寫	20	慧進	승려
	5	孫敬德	재가		21	慧果	승려
	6	志湛	승려		22	狐元軌	재가
	7	五侯寺僧	승려		23	曇雲	승려
	8	雍州僧	승려		24	嚴恭	재가
	9	岐州沙彌	승려		25	河東尼	승려
	10	遺俗	승려		26	客僧	승려
	11	史呵誓	재가		27	仕人梁氏	재가
	12	僧徹	승려	聽聞	28	弘明	승려
	13	崔義起	재가		29	李山龍	재가
	14	董雄	재가		30	商主	재가
	15	發正	승려		31	光明	재가
	16	志通	재가				

34)『법화경집험기』의 내용은 선행 연구에서 소개하고 있다(이기운, 1997,「新羅 義寂의 『法華經集驗記』研究」,『彌天睦楨培博士華甲記念論叢 未來佛敎의 向方』; 金相鉉, 2000,「義寂의『法華經集驗記』에 대하여」,『東國史學』34). 이를 바탕으로 내용에 대한 구체적인 분석을 시도해보고자 한다.

154

『법화경집험기』의 내용은 크게 두 부류로 구분된다. 첫 번째는『법화경』
의 讀誦, 轉讀, 書寫, 聽聞의 공덕으로 현실의 어려운 상황에서 벗어난다는
'救濟'에 대한 것(1, 3, 5, 12, 14, 16, 18, 19, 20, 30)이고, 두 번째는『법화경』
공덕으로 나타나는 여러 '感應'을 묘사하고 있는 것(1, 2, 4, 6, 7, 8, 9,
10, 11, 13, 15, 16, 17, 20, 21, 22, 23, 24, 25, 26, 27, 28, 29, 31)이다.
'구제' 이야기가 10화, '감응' 이야기가 24화, 두 가지가 함께 포함된 이야기
가 3화(1, 16, 20)이다. 비중상 '감응'이『법화경집험기』의 중심 주제라
볼 수 있다.

우선 '구제' 이야기부터 살펴보자. 천축에 갔다가 코끼리 떼와 소 떼의
위협에서 벗어남, 동료들은 모두 익사하고 횃불마저 꺼져버린 상황에서
종유굴에서 살아나옴, 나병 환자의 고통이 없어짐, 전생의 업 때문에 생긴
중병에서 나음, 형장에서 칼이 부러지거나 감옥에서 쇠사슬이 풀어짐,
패한 전투에서 신이 나타나 도와줌, 배가 뒤집어졌는데 홀로 살아남 등
대부분『법화경』「觀世音菩薩普門品」에 나오는 이야기와 흡사하다. 다만
관음보살에게 직접 기도하는 것이 아니라『법화경』을 외거나 읽거나 쓰거나
들음으로써 영험을 얻고 있다.

다음 '감응'을 표현한 이야기들이다. 감응을 유형 별로 분류하면 다음과
같다.

〈표 8〉『法華經集驗記』의 感應 관련 사례

感應	총횟수	등장인물
地獄滅罪 (蘇生포함)	8	崔義起(13), 高表仁孫子(17), 慧果(21), 客僧(26), 仕人梁氏(27), 弘明(28), 李山龍(29), 岐州沙彌(9)
惟舌不朽	5	志湛(6), 五侯寺僧(7), 雍州僧(8), 遺俗(10), 史阿誓(11)
含靈出現	4	曇無竭(1), 僧生(2), 道冏(3), 弘明(28)
書寫祥瑞	4	狐元軌(22), 曇雲(23), 嚴恭(24), 河東尼(25)
生天	3	志通(6), 慧進(20), 光明(31)
菩薩出現	2	普明(4), 發正(15)
天雨寶花	1	發正(15)

　『법화경집험기』에는 지옥과 관련된 이야기가 가장 많다[地獄滅罪]. 죽으면 天·安養·淨土로 바로 가거나, 아니면 閻王에게 가서 심판을 받는다고 한다. 스님의 과자를 훔쳐 먹고 三寶를 비난했던 高表仁의 손자 경우 염왕의 사자가 말을 타고 쫓아와 잡아갔다(17). 염왕의 심판을 받아 악을 행한 자는 지옥에 떨어지고, 선을 행한 자는 다시 인간 세상에 태어나고, 수명이 남아 있는 자는 다시 살아나기도 한다. 심판의 과정에서 염왕이 가장 높이 인정하는 善業이 바로 『법화경』 공덕을 쌓는 일이다. 예를 들어 어떤 스님이 먼저 죽어 지옥에서 고통받고 있는 동학을 구출해주고자 『법화경』을 서사하려 하는데, 제목을 쓰자마자 동학이 지옥에서 벗어나 인간 세상에 태어났다(26). 이산룡이 죽어서 염왕의 심판을 받다가 冥府 마당에서 『법화경』을 외웠더니 주변의 모든 죄수들이 풀려났다(13). 자신만이 아니라 다른 사람들까지 지옥에서 구해줌을 강조하고 있다.

　다음으로 죽은 뒤 육신은 썩어도 혀는 썩지 않고 살아있을 때처럼 붉다는 이야기가 많다[惟舌不朽]. 『법화경』을 천 번, 만 번 외면 육근이 무너지지 않기 때문에 혀가 썩지 않는다(8)고 한다. 혀가 썩지 않는다는 영험담은 중국에서 일찍부터 등장한다. 鳩摩羅什(343~413)이 평생 200여 권의 경론을 번역하고 죽음에 앞서 자신의 번역에 잘못이 없다면 화장한 후에도 혀가 문드러지지 않을 것이라 예언하였고, 그의 말대로 되었다.[35] 혀가 썩지 않는다는 이야기는 『華嚴經』 영험담에도 나오기는 하지만, 대부분 『법화경』 독송의 한정사처럼 사용되었다.[36]

　이렇게 『법화경』을 정성껏 열심히 외면 모든 생명이 있는 것들이 앞에 나타난다는 이야기도 있다[舍靈出現]. 사자와 독수리가 나타나 어려움에서 구해주고(1), 반딧불이 불을 밝혀준다(3). 호랑이가 무릎 꿇고 앉아 듣다가 가고, 신들이 주위에서 호위해준다(2, 28). 다음 書寫祥瑞는 『법화경』 서사의

35) 『高僧傳』 卷2, 鳩摩羅什(『大正藏』 50, 332c~333a).
36) 劉亞丁, 2006, 『佛敎靈驗記硏究 : 以晉唐爲中心』, 巴蜀書社, 209쪽.

영험이다. 정성껏『법화경』을 베껴 쓰면 불이 나도 경전이 타지 않고(22), 도적이 쳐들어와도 훼손되지 않는다(23). 서사에 필요한 비용도 저절로 마련된다(24). 서사한 경을 억지로 빌려가려 하면 글자가 보이지 않게 된다고 한다(25). 이들은 모두『법화경』자체의 영험성을 강조하는 이야기다.

이밖에『법화경』을 열심히 독송하여 죽어 淨土에 태어나고(16), 100부를 서사함으로써 병이 낫고 安養에 왕생하며(20), 잠시 강의를 들은 공덕으로 도리천에 태어난다(31)는 이야기가 있다. 또『법화경』을 외니 보현보살이 코끼리를 타고 앞에 나타나고(4), 관세음보살이 늘 와서 먹을 것을 준다(15)는 이야기도 있다. 공중에서 꽃비가 내리고 꽃향기가 두루 퍼지기도 한다(15).

(2)『법화경집험기』의 특징

이상의 내용 분석을 바탕으로『법화경집험기』의 특징을 파악해보도록 하겠다.『법화경집험기』의 성격을 분명히 하기 위해서는『법화경집험기』의 인용 전거를 살펴볼 필요가 있다. 의적이 스스로 밝힌 것으로는『高僧傳』, 『觀世音應驗記』,『金剛般若靈驗記』, 吉藏,『要集』그리고『集神州三寶感通錄』(『東夏三寶感動錄』,『集神州三寶記』,『集神州三寶感動記』라고도 부름)이 있다. 이 가운데 담무갈(1)은 "高僧傳云"으로 시작하지만,『집신주삼보감통록』에도 "高僧傳云"으로 되어 있는 것으로 보아『집신주삼보감통록』에서 인용한 것으로 보인다. 그리고 상주(30)는 "吉藏云"으로 되어 있지만 吉藏의 글에서는 해당 부분을 찾을 수 없었다. 僧祥의『法華傳記』에서 출전을 『要集』으로 하고 있는 것으로 보아 광명(31)과 마찬가지로『요집』, 즉 道世의 『諸經要集』에서 인용한 것으로 보인다. 그리고 의적이 인용처를 밝히지 않은 이야기의 출전을 찾아본 결과,『집신주삼보감통록』과『冥報記』(또는 『法苑珠林』)에서 인용하였음을 알 수 있다. 정리하면 義寂은 道宣의『集神州 三寶感通錄』, 道世의『諸經要集』및『法苑珠林』, 그리고『冥報記』,『觀世音應

驗記』, 『金剛般若靈驗記』 등에서 이야기를 발췌하였다.

『법화경집험기』 31화 가운데 23화가 道宣의 『집신주삼보감통록』에 나오는 이야기다.[37] 의적이 『집신주삼보감통록』을 많이 인용한 사실에서도 도선의 영향을 엿볼 수 있다. 『집신주삼보감통록』은 上·中·下卷 3권으로 구성되어 있는데, 上·中卷은 三寶 중 佛寶[塔, 舍利, 佛·菩薩像(圖), 佛跡, 寺利]를, 下卷은 法寶[瑞經錄]와 僧寶[神僧感通錄]를 다루고 있다. 분량상 『집신주삼보감통록』의 핵심은 佛寶이다. 그런데 의적은 『집신주삼보감통록』 중에서도 하권의 서경록에서만 인용하고 있다. 의적은 法 즉 부처의 말씀을 담은 경전, 그 가운데서도 『법화경』과 관련된 이야기만을 하나도 빠짐없이 선택하고 있다. 의적의 관심이 法寶에 있었음을 알 수 있다.

의적이 중국 문헌에서 『법화경』 관련 영험담을 발췌하긴 했지만, 마구잡이로 베껴 쓰지는 않았다. 나름의 편집 기준이 있었고, 그것이 목차에 잘 드러난다. 『법화경집험기』는 크게 讀誦(1~16), 轉讀(17~19), 書寫(20~27), 聽聞(28~31) 네 부분으로 구성되어 있다. 당시 중국에는 이미 많은 불교 관련 영험담 책이 간행되었는데,[38] 현존하는 『관세음응험기』 및 『명보기』의 경우 목차 구분이 없다. 『집신주삼보감통록』도 연대순으로 이야기를 나열하고 있을 뿐 『법화경집험기』와 같은 목차의 설정은 없다.

---

37) 太田晶二郎은 『법화경집험기』가 기존 영험담을 채집해 엮은 것에 불과하다고 한다. 내용의 74%가 『集神州三寶感通錄』에서 발췌하였고 순서나 서문도 비슷하다는 점을 강조하고 있다(太田晶二郎, 1981, 「東京大學圖書館藏 法華經集驗記 解題」, 『法華經集驗記』, 貴重古典籍刊行會, 1쪽). 그러나 『집신주삼보감통록』이나 『법원주림』의 영험담도 기존의 이야기를 인용하고 있는 것이 대부분이다. 영험담의 저술 목적이 자신의 독특한 견해를 밝히고자 함이 아니라 영험의 실제 사례를 들려주고자 하는 데 있으므로 서로의 인용은 부차적인 문제라고 생각한다. 오히려 편집 체제나 발췌 기준 등에서 나름의 특징을 찾아볼 필요가 있다.

38) 道宣의 『集神州三寶感通錄』(664) 이전 것으로 이름이 확인되는 것만 해도 候君素의 『旌異傳』, 費長房의 『三寶錄』, 傳亮의 『光世音應驗記』, 張演의 『續光世音應驗記』, 陸杲의 『繫觀世音應驗記』, 劉義慶의 『宣驗義記』, 太原王琰의 『冥詳記』, 蕭瑀의 『金剛般若靈驗記』, 唐臨의 『冥報記』 등이 있다.

158

　한편『법화경집험기』목차가 僧祥의『法華傳記』의 영향을 받은 것이라는
견해가 있다.39)『법화전기』의 諷誦勝利 第8－轉讀滅罪 第9－書寫救苦 第10
－聽聞利益 第11의 순서가『법화경집험기』의 讀誦－轉讀－書寫－聽聞 순
서와 일치하고, 특히 聽聞은 惠祥의『弘贊法華傳』에도 나오지 않기 때문이
다.40) 하지만『법화전기』는 左溪 玄朗(673~754)의 이야기가 수록되어 있는
것으로 보아41) 빨라도 754년을 전후한 무렵에 편찬되었다. 현장의 문인이었
고 義相과 대등한 수준에서 질문을 주고받았던 의적이 750년대까지 생존하
였다고 보기는 어렵다. 그러므로 양자에 영향 관계가 있다면,『법화전기』가
『법화경집험기』의 영향을 받았다고 보는 쪽이 옳을 것 같다. 한편『홍찬법화
전』은『법화전기』보다 앞선 시기의 것인데, 편찬 시기가 정확하지 않다.
수록 내용 가운데 神龍 2年(706)이 나오므로,42) 706년 이후의 저술이다.
의적의 생몰연대가 명확하지 않으므로『홍찬법화전』과『법화경집험기』의
선후관계는 섣불리 결정할 수가 없다. 다만『홍찬법화전』에 신라인으로
緣光, 連義, 金果毅가 등장하는데, 의적이『홍찬법화전』을 봤다면 이 이야기
를『법화경집험기』에 수록하지 않았을 리가 없다. 그러므로 의적은『홍찬법
화전』이나『법화전기』를 보지 않은 상태에서 법화영험담을 편찬하였고,
목차의 설정도 의적의 독자적인 판단에 의한 것으로 볼 수 있다.

　의적은 설법의 대상에 따라 목차를 구분한 것 같다. 글을 읽을 줄 아는
이에게는『법화경』의 讀誦 및 轉讀을, 글을 읽고 쓸 줄 알며 재력이 있는
이에게는 書寫를, 글자를 모르는 이에게는 聽聞을 강조하였을 것이다.『법화
경집험기』의 讀誦, 轉讀, 書寫, 聽聞의 순서가 受持, 讀誦, 書寫, 講述이라는
『법화경』에 나오는 신앙 형태를 따른 측면이 있긴 하나,43) 자세히 보면

---

39) 김경희, 2003,「義寂의『法華經集驗記』에 대한 고찰」,『日本文化學報』19, 5쪽.
40)『弘贊法華傳』의 목차는 圖像－翻譯－講解－修觀－遺身－誦持－轉讀－書寫 순이다.
41)『法華傳記』卷3, 唐左溪釋玄朗五(『大正藏』51, 58a29~b13).
42)『弘贊法華傳』卷10(『大正藏』51, 47c1).
43) 李起雲, 1997,「新羅 義寂의『法經集驗記』研究」,『彌天睦楨培博士華甲記念論叢

큰 차이점이 있다. 강술을 대신하여 청문이 들어가 있다는 점이다.

『법화경집험기』에 청문편이 들어가 있다는 사실이 의미하는 것은 무엇일까? 앞에서 말했듯이 의적이 수행의 기본으로서 부처의 말씀을 듣는 것을 중요시하였다는 사실을 다시 한 번 확인할 수 있다. 뿐만 아니라 강술이 아니라 청문을 강조하였다는 점에서 다른 의미를 찾아낼 수 있다. 講述은 『법화경』을 전달하는 사람의 공덕이지만, 聽聞은 『법화경』을 받아들이는 사람의 공덕이다. 글을 읽고 쓸 줄 모르는 사람들이 경전을 강의한다는 것은 엄두도 낼 수 없는 일이다. 경전을 외고 읊고 베껴 쓰는 일도 어렵다. 이런 사람들은 단지 강의하는 것을 듣기만 해도 된다는 것이다. 『법화경』 독송이나 강의를 곁에서 듣는 것만으로도 지옥에서 벗어날 수 있고, 해난에서 홀로 살아남을 수 있고, 도리천에 태어날 수 있다고 한다. 『법화경집험기』 청문편은 재가자, 그 가운데서도 문맹인 일반 民들을 대상으로 한 이야기임을 알 수 있다. 청문편이 4화밖에 안 되지만 출전을 살펴보면 『집신주삼보감통록』에서만이 아니라 『제경요집』(20권)에서도 인용하고 있고, 다른 편과는 달리 중국의 사례만이 아니라 부처님 재세시의 이야기(31), 가섭불 시대의 提婆達多 이야기(30)도 넣고 있다. 이는 의적이 청문편을 보강하기 위해 노력하였음을 보여준다.

　가) 이산룡의 독송만 못해도 지옥을 벗어날 수 있고, 더욱 열심히 誦하면 선한 아수라에 떨어질 것이다. 또한 한 글자를 점 찍는 복덕은 광명의 상서[婆娑祥][44]보다 가치 있고, 두 문장을 베껴 쓰는 공덕은 강가강 모래로 절을 짓는 것[恒沙社]보다 많다. 옛날 한 품의 제목을 들은 인연으로 오래 사는 과보를 받고, 큰 해난에서 벗어났다. 지금 4구 게송을 지니면 短命의 인연을 없애고 형벌에서 풀려나며 환난에서

───────────

未來佛敎의 向方』, 566·577쪽.
　44) 婆娑는 梵語 prabhāsa의 음역인 듯하다. prabhāsa는 意譯하면 光明, 빛이다. 婆婆沙, 縛婆沙라고도 쓴다.

벗어날 것이다.45)

　의적은『법화경집험기』別序에서 위와 같이 말하고 있다. 이산룡은『법화
경』두 품을 외운 공덕으로 지옥의 죄수들을 모두 풀려나게 했다(29).
그런데 이산룡만 못 해도, 즉『법화경』두 품을 외우지 않아도 된다고
한다. 한 글자만 점 찍어도, 두 문장만 베껴 써도 공덕이 광명의 상서나
강가강 모래로 절을 짓는 것보다 많다고 한다. 그리고 한 품의 제목만
들어도 오래 살 수 있고 어려움에서 벗어날 수 있다고 한다. 이처럼 의적이
요구한 공덕은 그렇게 대단한 것이 아니었다. 이렇게 볼 때『법화경집험기』
는 일반 민들, 재가자들을 대상으로 한 설법 때 이용하던 사례집의 성격을
지니고 있다. 의적은 한편으로는 교학 관련 글들을 계속 써나가면서, 한편으
로는 대중 법회에도 심혈을 기울였던 것이다.
　이와 관련하여 주목되는 점은 의적이『법화경집험기』에서 신분에 관련된
표현을 삭제하고 있다는 사실이다. 의적은『집신주삼보감통록』을 인용할
때 대체로 원문 그대로 실었다. 몇 개 글자가 다르거나 글자 순서가 바뀌어
있거나 중간 중간에 한 자 정도씩 빠져 있을 뿐이다. 그런데 다음의 두
사례는 그렇지 않다. 첫 번째 사례는 옹주승(8) 이야기다.『법화경집험기』는
그가 죽은 뒤에도 혀가 썩지 않고 살아 있을 때처럼 붉었다는 "사실이
道俗에게 알려졌다"46)고 되어 있는데,『집신주삼보감통록』에는 "사실이
소문나 황제에게 아뢰니, 황제가 도속에게 물었다"47)로 되어 있다. 두
번째 사례는 최의기(13) 이야기다.『법화경집험기』는 "설장군이 마침내
구두로 아뢰었다"48)로 이야기가 끝나는 데 비하여『집신주삼보감통록』에

　45)『法華經集驗記』下卷, 別序(太田晶二郞, 1981,「東京大學圖書館藏 法華經集驗記 解
　　　題」,『法華經集驗記』, 貴重古典籍刊行會, 3쪽).
　46)『法華經集驗記』下卷(貴重古典籍刊行會, 4쪽).
　47)『集神州三寶感通錄』卷下(『大正藏』52, 427b).
　48)『法華經集驗記』下卷(貴重古典籍刊行會, 6~7쪽).

서는 여기에 이어 "천자가 크게 탄식하여 말하기를 백관 중에 믿지 않는 자가 있는데 冥道가 이와 같다면 어찌 믿지 않을 수 있겠는가 하였다. 이때 조정의 귀족들 가운데 이 이야기를 들은 자들이 모두 큰 믿음을 내었다. 사성관 박사 법숙원이 승려 20명을 데리고 익선방 집에 가서 소옥을 불러 본 경을 외게 하였다(하략)"[49]는 부분이 더 있다. 이는 의적이 帝, 天子, 百官, 朝貴 등의 표현을 하지 않기 위해 의도적으로 삭제한 것으로 보인다. 의적은 이와 같이 높은 신분에 대한 표현을 없앰으로써 일반 민들에게 친근하게 다가가고자 했던 것이 아닌가 한다.

3) 편찬의 사회적 의미

의적이 『법화경집험기』를 편찬한 배경으로 長安의 법화신앙 풍토와 百濟의 법화신앙 전통에 대해 고려해보았다. 의적의 사례를 통해 통일 후 신라 사회 법화신앙의 형성에 당이나 백제의 풍토가 간접적으로라도 영향을 미쳤음을 짐작해볼 수 있다. 의적이 귀국하여 활동하던 때의 신라는 옛 백제와 고구려의 문화를 흡수하고 당으로부터 적극적으로 문물을 받아들이면서 새로운 도약을 준비하고 있었다. 하지만 여전히 모두들 전쟁의 상흔에 고통받던 때이기도 하다. 戰後라는 참혹한 시대 상황 속에서 의적이 말해주던 법화 영험담은 신라인들에게 어떠한 의미로 다가갔을까?

『법화경집험기』에서 의적은 '地獄滅罪' 이야기를 많이 하고 있다. 단순히 죄를 지으면 지옥간다는 이야기가 아니라 『법화경』 공덕으로 죽어 지옥에서 고통받고 있는 사람들을 구해줄 수 있고, 다시 정토에 태어나게 할 수 있다는 '멸죄'의 측면을 강조하고 있다. 법화영험담을 통해 전쟁으로 가족을 잃은 많은 사람들에게 죽은 이의 내세를 기원해주던 의적의 설법은 당시 사람들에게 적지 않은 위로가 되었을 것이다. 일반적으로 법화영험담에는

---

49) 『集神州三寶感通錄』 卷下(『大正藏』 52, 430a27~b23).

162

전쟁에서 홀로 살아남는 유형의 이야기가 많지만 『법화경집험기』에는 전쟁 이야기가 거의 없다.50) 전쟁에 지친 사람들에게 더 이상 현실의 잔혹함이 아니라 정토의 희망을 안겨주고자 한 것이 의적의 생각이 아니었을까 싶다.

『법화경집험기』는 한 마디로 법화신앙을 고취시키고자 한 책이라 할 수 있는데,51) 의적은 그 가운데서도 『법화경』에 대한 신앙을 강조하고 있다는 점이 특징이다. 의적이 『법화경집험기』를 편찬하기 이전부터 백제뿐만 아니라 신라에도 법화신앙이 있었지만, 주로 관음신앙의 형태로 전개되었다. 현실 구제의 신으로서의 위상을 지닌 관음보살에 대한 신앙이 뿌리를 내려가고 있었다.52) 의적은 이와 달리 『법화경』에 대한 신앙을 강조하였다. 관음보살에게 기도함으로써가 아니라 『법화경』 공덕을 쌓음으로써 구원을 받고 감응을 얻는다고 하였다. 의적에 의해 『법화경』에 대한 인지도가 확대되고, 나아가 『법화경』 신앙이 고취되었을 것이다.

신라에 불교가 전래된 이래, 불교신앙은 주로 석가모니, 미륵, 아미타 등의 존격에 대한 믿음으로 나타났다. 이들 신앙을 所依經典과 별개로 생각할 수는 없지만, 보통 사람들은 『無量壽經』보다는 아미타불을 알았다. 불, 보살에 대한 신앙이 일반적인 사회에서 존격이 아닌 경전에 대한 믿음, 佛이 아닌 法에 대한 믿음은 조금은 낯선 신앙 형태였을 것이다. 중국에서는 일찍부터 신분의 높낮이에 관계없이, 빈부에 상관없이 일반 가정에서 죽은 이의 명복을 빈다든지, 追善 供養 때에 설법과 독경의 공덕으로 지옥 고통에서 벗어날 수 있다고 생각하였지만53) 의적 당시의 신라에서 이런 모습은

50) 지통이 남만 토벌전에 참여하였다가 무사히 살아왔다는 이야기가 있긴 하지만, 지통 이야기의 핵심은 그가 죽어서 『법화경』 독송의 공덕을 인정받아 남은 수명을 더 살게 되었고, 더 열심히 독송하면 정토에 태어날 것이라는 염왕의 계시를 들었다는 데 있다(16).
51) 金相鉉, 2000, 「義寂의 『法華經集驗記』에 대하여」, 『東國史學』 34, 31쪽.
52) 鄭炳三, 1992「統一新羅 觀音信仰」, 『韓國史論』 8, 54~55쪽.

잘 보이지 않는다. 그렇다면 의적은 통일 후 신라 사회에서 왜 『법화경』에 대한 신앙을 강조하려 했을까? 관음보살이나 보현보살을 내세워 법화신앙을 고취할 수도 있었을 텐데 왜 『법화경』 자체의 영험을 강조한 것일까?

이는 의적이 『법화경집험기』에 청문편을 설정했다는 점과 더불어 생각해 볼 수 있다. 의적이 신라로 귀국한 당시만 해도 경전은 소위 엘리트인 승려나 識者들의 전유물이었다. 의적에 앞서 朗智나 緣光처럼 『법화경』을 중시한 승려들이 있었다. 하지만 낭지는 자신의 수행에 전념하였고, 연광의 경우 그 설법의 대상이 누구였는지 알 수 없다. 절에 보관되어 있고, 어려운 한자로 적혀 있는 경전에 일반 민들이 접근하기란 쉽지 않았다. 경전을 도구로 교화활동을 한 승려도 많지 않았다. 염불 수행이나 불·보살에의 기도 등이 교화의 방편으로 이용되고 있었지만, 의적이 가장 중요하게 생각한 것은 聞薰習 즉 부처의 말씀을 듣는 것이었던 것 같다. 의적은 모든 사람들이 부처가 때를 기다리며 간직한 『법화경』의 가르침을 듣고 공덕을 많이 쌓아 모두들 生老病死의 큰 바다를 무사히 건너기를 바랐던 것이 아닌가 싶다.[54] 이처럼 『법화경』 신앙의 강조는 신라 사회에서 경전의 영험한 힘을 믿는 경전신앙의 토대를 마련해주었다. 이는 法舍利信仰이나 신라 하대에 구체적 사례가 등장하는 『법화경』 신앙과도 밀접한 관련이 있으리라 생각한다.

---

53) 홍선, 1996, 「경전신앙의 성립에 관한 일고찰」, 『중앙승가대학교논문집』 5, 17쪽.
54) 『法華經論述記』 卷上(『韓國佛教全書』 2, 306b).

164

2. 『법화경』의 유포와 신앙의 고취

1) 唯識·華嚴 승려들의 법화신앙 보급

신라 사회에서의 『법화경』 유포를 쉽게 확인할 수 있는 자료는 승려들의 저술이다. 현존하는 『법화경』 주석서는 元曉, 義寂의 것밖에 없지만 많은 승려들이 저술을 남겼음을 다음의 <표 9>를 통해 볼 수 있다.[55]

〈표 9〉 신라 승려의 『법화경』 관련 저술

승려	제목
元曉	法華經方便品料簡 1권
	法華經宗要 1권 [현존]
	法華要略 1권
	法華略述 1권
順憬	法華經料簡 1권
玄一	法華經疏 8(10)권
義寂	法華經論述記 3권 [상권만 현존]
	法華經綱目 1권,
	法華經料簡 1권
	法華經集驗記 2권 [현존]
憬興	法華經疏 16권 혹은 8권
道倫(遁倫)	法華經疏 3권
太賢	法華經古迹記 4권

Ⅲ장에서 살펴본 元曉, 義寂, 憬興 외에도 順憬, 玄一, 道倫(遁倫), 太賢 등이 『법화경』 주석서를 저술하였다.[56] <표 9>에서 주목되는 점은 『법화

55) 東國大學校 佛敎文化硏究所編, 1976, 『韓國佛敎撰述文獻總錄』, 동국대출판부 참조. 閔泳珪, 1959, 「新羅章疏綠長編 不分卷」, 『白性郁博士頌壽記念佛敎學論文集』에 의하면 신라의 『법화경』 주석서로 惠雲의 『法華經料簡』 1권과 玄範의 『法華經疏』 8권(혹은 7권)이 더 있다. 玄範은 道證이 꼽은 유식학 6대가(慈恩, 圓測, 普光, 惠觀, 玄範, 義寂) 가운데 한 명이다.
56) 다른 경전을 주석하면서 世親의 『法華經論』이나 慈恩의 『法華玄贊』 등을 자주 인용하기도 하였다. <표 9>의 저술들을 제외하고 『法華經』 또는 『法華經論』 등을

경』 관련 저술을 남긴 이들이 대부분 유식 승려라는 점이고, 저술 시기가 7세기 중후반~8세기 중반으로 집약된다는 점이다. 즉 원효를 제외한 順憬, 玄一, 義寂, 憬興, 道倫(遁倫), 太賢이 모두 유식 승려이며, 저술의 상한은 元曉(617~686)의 것이고 하한은 太賢(8세기 중반)의 것이다. 많은 유식 승려들이 『법화경』 관련 저술을 남긴 까닭은 무엇일까.

통일 전후 활동한 승려들 가운데는 유식학을 수학한 이들이 많았다. 7세기 중반 이후 신라에서는 원효를 필두로 하여 새로운 불교 교학 체계가 마련되어갔다. 이때 圓光, 慈藏 이후의 攝論學 전통이 계승되었고, 백제나 고구려의 유식학풍도 전해졌을 것이다. 또한 입당 유학승들을 통해 玄奘의 신유식학도 수용되었다. 입당 유학승 중에는 의상과 같은 화엄 전공자도 있었지만, 장안으로 갔던 많은 승려들이 유식학의 세례를 받고 돌아왔다. 신라 유식 승려들의 유학 및 귀국 여부는 다음과 같다.57)

자주 인용한 신라 승려의 현존 저술로는 다음이 있다.

승려	제목	소재
元曉	金剛三昧經論	한국불교전서 권1
	涅槃宗要	한국불교전서 권1
	金光明經疏[輯逸]	金相鉉輯(1994, 『東洋學』 24)
法位	無量壽經義疏[復元]	한국불교전서 권2
憬興	無量壽經連義述文贊	한국불교전서 권2
	三彌勒經疏	한국불교전서 권2
	金光明最勝王經疏[輯逸]	金相鉉輯(2000, 『新羅文化』 17·18)
勝莊	金光明最勝王經疏[輯逸]	한국불교전서 권2(安啓賢輯)
玄一	無量壽經記卷上	한국불교전서 권2
義寂	無量壽經述義記[復元]	한국불교전서 권2
道倫(遁倫)	瑜伽論記	한국불교전서 권2
太賢	本願藥師經古迹記	한국불교전서 권3
	成唯識論學記	한국불교전서 권3

57) 오형근, 1978, 「新羅唯識思想의 特性과 그 歷史的 展開」, 『韓國哲學研究(上)』, 254~265쪽 ; 李萬, 1990, 「法相關係 論疏와 新羅人의 撰述書(Ⅰ)」, 『佛教學報』 27 ; 金相鉉, 1993, 「新羅 法相宗의 成立과 順璟」, 『伽山學報』 2, 90~93쪽 등 참조.

166

<표 10> 신라 唯識 승려의 유학 현황

	유학 ○	유학 ×
귀국○	順璟, 義寂, 道證	憬興, 太賢
귀국△(귀국으로 추정)	法位, 玄一, 道倫(遁倫)	
귀국×	圓測, 神昉, 智仁, 僧玄, 勝莊	
기타	靈因, 釋將, 神廓, 行達, 玄範, 慧景, 慧觀, 文備, 義賓, 神雄, 義一 등

　입당 유학 후 귀국한 것이 확실한 이들로는 順璟, 義寂, 道證이 있고, 귀국한 것으로 추정되는 이들로는 法位, 玄一, 道倫(遁倫)이 있다. 유학을 하지 않았지만 유식학을 전공한 이들로는 憬興과 太賢이 있다. 그런데 이들 유식 승려의 학문 태도를 보면 다양한 경론에 대한 주석서를 쓰고 있다. 유식이나 정토 관련 경론을 제외하고도『法華經』,『金光明經』,『涅槃經』,『金剛般若經』,『大般若經』등 대승경전에 대한 저술을 하였다.[58] 이러한 학문 태도는 玄奘(600~664)의 제자 慈恩(632~682)에게서도 두드러지게 나타난다.

　가) 나이 25세에 경전을 번역하라는 명을 받았다. 대승 소승 가르침 30여 본을 연구하여 관통하였다. 새로운 의지를 다지고 마음을 쏟아 저술에 매진하였다. 대개 모르는 것이 있으면 간절히 가르침을 구하고 잘 아는 이를 찾아다녀야 하는데, 그러한 스승이 멀리 있지 않았던 것이다. 경론의 소를 지은 것이 합계 백본이 되었다.[59]

　『宋高僧傳』窺基傳을 보면, 慈恩은 玄奘이 살아 있을 때부터 여러 경론의 주석서를 지었다. 때문에 '百本의 疏主'라 불리기도 하였다. 그렇다면 慈恩은 왜 여러 경론의 주석서를 지은 것일까. 慈恩은 25세인 658년부터 玄奘의 역경 작업에 참여하였다. 그런데 구마라집의 역경 작업이 여러 논사들과의 토론을 거치면서 진행된 반면, 玄奘의 역경 작업은 일방적인 강설 방식으로

---

58) 金南允, 1995,「新羅 法相宗 硏究」, 서울대 박사학위논문, 41~55쪽 등 참조.
59)『宋高僧傳』卷4(『大正藏』50, 725c14~726b3).

진행되었다고 한다.60) 玄奘의 측근에 있었던 慈恩의 주석서들은 틀림없이
玄奘의 강설 내용을 담고 있을 것이다. 玄奘이 新譯을 통해 말하고자 했던
바를 慈恩이 책으로 남겨주었던 것이라 생각한다. 慈恩이 여러 주석서를
지은 데에는 이와 같은 배경이 있기 때문에, 다양한 경론의 주석을 쓰는
것이 유식 승려 일반의 특징이라 말하기는 어렵다. 하지만 신유식학의
고취에 앞장섰던 慈恩의 태도는 분명 새로이 유식학을 익히는 이들에게
본보기가 되었을 것이다.

또한 유식 승려들은 聞薰習과 止觀 수행에 의해 識의 轉變을 이루어
無分別智·後得智를 획득하기를 추구한다. 이때 문훈습은 부처의 말씀을
들음으로써 이루어지는데, 부처의 말씀이란 다름 아닌 경전의 내용이다.
유식 수행의 기본은 경전을 읽고 듣는 것이라 할 수 있다. 화엄 승려들이
『화엄경』을 중시하고, 천태 승려들이 『법화경』을 최고의 경전으로 내세웠
다면 유식 승려들은 『解深密經』을 소의경전으로 여겼다고 한다. 그런데
당이나 신라의 유식 승려들은 『해심밀경』에 국한되지 않고 『법화경』, 『반야
경』, 『아미타경』 등의 다양한 경전에 관심을 표방하였다. 여기에는 '대중교
화'라는 요인이 작용한 것 같다. 慈恩이 『법화현찬』을 찬한 것은 박릉에
들렀을 때 課虛라는 사람의 부탁이 있었기 때문이었다.61) 이때 慈恩은
옛 주석을 참조하지 않고 스스로 새로운 글을 지었다고 하는데, 智顗나
吉藏의 해석에 매이지 않고 신유식학의 입장에서 새롭게 해석하였다는
의미일 것이다. 이와 같이 대중들에게 익숙한 경전을 통해 유식 승려로서
중요하게 생각하는 부처의 가르침을 전달하고자 하는 노력들이 있었을
것이라 생각한다.

한편 신라의 유식 승려들은 정토 경전을 제외하고 대승경전 가운데
특히 『법화경』과 『금광명경』에 관심이 높았던 것 같다. 이는 『법화경』,

60) 郭磊, 2008, 「7~8세기 唐代의 譯經事業과 新羅學僧」, 동국대 석사학위논문, 24~25쪽.
61) 『妙法蓮華經玄贊』 卷10, 普賢菩薩勸發品(『大正藏』 34, 854a22~29).

168

『금광명경』에 대한 저술이 특히
많았고,62) 그 저술들이 고려시대
까지 계승되고 있다는 점에서 확
인할 수 있다.

나) 여러 스님들이 지은 저술
로, 특히『법화경』에 주석
을 달고자 하시니 (중략) 먼
저 부쳐드린 玄一, 太賢 두
스님의 저술 2부를 출판한
것과 또 吉藏, 元曉, 憬興,
神雄과 아울러 叡 법사 등
의 注本 7건은 모두 베낀
지 오래된 필사본들이어

대각국사 의천 초상

서 好事家들이 서로 베껴 전했지만 (하략)63)

인용문 나)는 大覺國師 義天(1055~1101)이 晉水 淨源(1011~1088)에게
보낸 편지의 구절로,『법화경』주석서를 쓰려던 淨源의 요청에 義天이
신라에 유통되던 많은『법화경』주석서를 보내면서 쓴 편지이다. 이 가운데
신라 승려의 것으로 元曉, 玄一, 憬興, 神雄, 太賢의 것이 있다. 이를 통해
의천 당시까지도 신라 승려들의『법화경』주석서가 많이 유통되고 있었음을
알 수 있다. 이러한 사실은 의천이 文宗 27년(1073)부터 宣宗 7년(1090)까지

---

62) 東國大學校 佛敎文化硏究所編, 1976,『韓國佛敎撰述文獻總錄』, 東國大出版部에 신라
　　승려의『금광명경』주석서로 元曉의『金光明經疏』8권, 憬興의『金光明經略意』
　　1권,『金光明經述贊』7권,『金光明最勝王經略贊』5권,『金光明最勝王疏』10권,
　　遁倫의『金光明經略記』1권, 太賢의『金光明經述記』4권,『金光明經料簡』1권이
　　수록되어 있다.
63)『大覺國師文集』卷11, 上大宋淨源法師書三首(『한글대장경)大覺國師文集 外』, 東國譯
　　經院, 120쪽).

18년간 수집한 저술의 목록인 『新編諸宗敎藏總錄』을 통해서도 확인할 수 있다. 『신편제종교장총록』 上卷에 수록된 원효 및 신라 유식 승려들의 저술 목록을 정리하면 다음 <표 11>과 같다.

〈표 11〉『新編諸宗敎藏總錄』 上卷 所在 원효 및 신라 唯識 승려 저술(정토경전 제외)

경전명	논서명	저자	경전명	논서명	저자
大華嚴經	疏 10권	元曉	金光明經	疏 8권	元曉
	大乘觀行 1권	元曉		述贊 7권	憬興
	一道章 1권	元曉		略意 1권	憬興
	古迹記 10권(혹 5권)	太賢		略記 1권	道倫
大涅槃經	宗要 2권	元曉		述記 4권	太賢
	料簡 1권	玄一		料簡 1권	太賢
	疏 14권(혹 7권)	憬興	仁王經	古迹記 1권	太賢
	綱目 2권	義寂	金剛般若經	疏 3권	元曉
	古迹記 8권	太賢		古迹記 1권	太賢
法華經	宗要 1권	元曉		또 古迹記 1권	太賢
	方便品料簡 1권	元曉	般若理趣分經	疏 1권	道證
	疏 16권(혹 8권)	憬興		幽贊 1권	義寂
	疏 3권	道倫		注 2권	太賢
	疏 8권	玄一	般若心經	疏 1권	元曉
	綱目 1권	義寂		疏 1권	圓測
	料簡 1권	順璟		古迹記 1권	太賢
	古迹記 4권	太賢	金剛三昧經	論 6권	元曉
楞伽經	疏 7권	元曉	勝鬘經	疏 2권	元曉
	宗要 1권	元曉		疏 2권	道倫
維摩經	宗要 1권	元曉	不增不減經	疏 1권	元曉
			般舟三昧經	疏 1권	元曉
	料簡 1권	道倫	解深密經	疏 3권	元曉
				疏 7권	圓測

<표 11>에서 유식 승려로는 圓測, 憬興, 義寂, 道倫(遁倫), 玄一, 順璟, 太賢 등을 꼽을 수 있다. 『신편제종교장총록』에 실린 경전 가운데 이들이 가장 많이 주석한 것은 『法華經』(8부)이고, 그 다음이 『金光明經』(6부)이다. 유식학의 所依經典이라 말해지는 『解深密經』 관련 저술은 2부에 불과하다.

170

『해심밀경』보다도 『법화경』, 『금광명경』의 주석서가 고려시대에 더 많이
전해지고 있었다는 사실은 신라의 유식학풍을 잘 보여준다.

또한 신라 유식 승려들의 『법화경』에 대한 태도는 고려전기 유가업에도
계승되어, 海麟(984~1070)이나 韶顯(1038~1097) 등에게서 『법화경』 관련
활동을 볼 수 있다.[64] 義寂, 憬興과 같은 신라의 유식 승려들은 대사회활동
속에서 『법화경』에 대한 이해를 펼쳤을 것이다. 설법에 『법화경』을 이용하
기도 하고, 『법화경』에 의거한 佛事를 장려하였을 수도 있다. 이러한 유식
승려들의 활동에 의해 신라인들의 법화신앙이 고취되었으리라 생각한다.

유식 승려들과 달리 화엄 승려들에게는 『법화경』 관련 저술이 없다.
때문에 화엄 승려들의 『법화경』에 대한 인식은 간접적인 방법으로 파악할
수밖에 없다. 우선 신라 화엄 승려들은 의상계와 비의상계로 구분할 수
있다고 한다.[65] 비의상계의 사상 경향을 일별하기는 어렵다. 다만 원효의
견해를 수용한 이들은 『법화경』에 대해 우호적이었을 것 같다. 왜냐하면
원효는, 『법화종요』를 통해 볼 때, 『법화경』에 근거한 일승관을 전개하고
있기 때문이다. 신라 하대 불교계에서 주도적인 역할을 수행하였다고 평가
받는 의상계 화엄 승려들의 경우 기본적으로 의상의 『華嚴一乘法界圖』
및 강의록(『道身章』, 『智通記』 등)에 기반한 저술 및 사유 활동을 전개하여
타교학에 대한 논의는 별로 진행하지 않았다고 한다.[66]

　　다) [의상]화상이 말하기를, "『화엄경』을 스스로의 眼目으로 삼으면 한
　　　　문장 한 구절이 모두 十佛이다. 이외의 것으로 부처를 만나기를 구한다면
　　　　생이 다하도록 겁이 다하도록 끝내 보지 못할 것이다"라고 하였다.[67]

64) 박광연, 2009, 「고려전기 유가업의 『법화경』 전통 계승과 그 의미」, 『역사와 현실』
　　71 참조.
65) 金相鉉, 1991, 『新羅華嚴思想史研究』, 民族社, 53~83쪽.
66) 佐藤厚, 2001, 「의상계 화엄학파의 사상과 신라불교에서의 위상」, 『보조사상』 16,
　　128~132쪽.

인용문 다)와 같이 의상은 오로지『화엄경』에 의거한 수행만을 요구하고 있다. 그러므로 의상계 화엄 승려들의 저술이나 교학 상에서『법화경』에 대한 논의를 찾아보기 어려운 것은 당연할 것이다. 다만 교판 측면과 신앙 측면에서『법화경』에 대한 태도를 추론해 볼 여지가 있다.

첫 번째 교판 측면에서 볼 때, 의상은『화엄경』이외의 경전에 대해 배타적이지 않았다고 한다. 즉 의상은 화엄의 別敎一乘을 圓敎라 하고 三乘을 方便敎라고 하였지만, 다른 한편으로 圓敎와 方便敎가 분리될 수 없고 서로 결합되어 있다는 것을 강조하였다. ‘方便一乘’이라는 용어를 사용하면서 방편일승에 의하면 모든 가르침이 一乘에 포섭된다고 하였고, ‘華嚴同敎’라는 표현으로『화엄경』의 내용 중에서 다른 경전과의 공통된 특성을 찾았다고 한다.68) 그러므로『법화경』을『화엄경』과 동교로 인정하는 면이 있었을 것이다.

의상의『법화경』에 대한 인식은 스승인 智儼(602~668)을 통해 좀 더 추론할 수 있다. 智儼의 저술에는『大方廣佛華嚴經搜玄分齊通智方軌』(일명『華嚴經搜玄記』, 628년경),『華嚴五十要問答』(이하『오십문답』, 659년 이후),『華嚴經內章門等雜孔目章』(이하『공목장』, 663년 이후)의 3부가 있는데, 이 가운데 의상의 사상에 직접적인 영향을 미쳤을『오십문답』과『공목장』에 나타난『법화경』에 대한 견해를 보도록 하자.『오십문답』에서 지엄은 小乘敎, 三乘終敎, 三乘始敎, 一乘敎의 교판을 말하고 있다.『화엄경』과 다른 경의 관계를 不共敎와 共敎로 설명한 뒤,『법화경』에 대해서는 별도로 “『법화경』의 종지는 의미상 一乘經이다”고 하였다.69)『오십문답』에서『법화경』은 一乘共敎의 위치에 해당하는데, 여기서『화엄경』외에 일승으로

---

67)『法界圖記叢髓錄』卷下(『韓國佛敎全書』6, 834b14~17).
68) 최연식, 1999,「均如 華嚴思想 硏究 : 敎判論을 중심으로」, 서울대 박사학위논문, 143~162쪽.
69)『華嚴五十要問答』卷1(『大正藏』45, 523a27~b12).

172

인정한 것은 『법화경』밖에 없다. 다음 『공목장』에서는 일승을 별교와 동교로 구분하는데, 별교란 삼승과 구별된다는 것으로 『법화경』에서 "삼계 밖에서 별도로 大牛車를 찾는다"고 한 것과 같고 同敎란 『법화경』에서 "회삼귀일이라 한 것과 같다"고 한다.[70] 一乘別敎에 해당하는 것은 『화엄경』밖에 없지만, 그럼에도 『법화경』의 大牛車를 別敎의 위치로 보고 있다. 이와 같이 지엄은 『법화경』을 一乘共敎, 一乘同敎의 경전으로 보았고, 나아가 別敎인 『화엄경』과도 공통된 면이 있다고 보았다. 그러므로 의상도 다른 경전들보다는 『법화경』을 높이 평가하였을 가능성이 있다. 이를 통해 볼 때 의상의 가르침을 신봉하던 의상계 화엄 교단의 『법화경』에 대한 태도는 배타적이지 않았을 것이라 생각된다.

두 번째, 신앙 측면에서 살펴봤을 때 다음의 사례가 주목된다.

    라) 百城山寺 앞에 있는 臺의 吉祥塔 안에 넣은 法寶 기록
      乾寧 2년 을묘년에 百城山寺 앞에 있는 臺의 吉祥塔 안에 넣은 法寶의 기록
      無垢淨光大陀羅尼經 1권, 法華經 1부, 維摩經 1부, 隨求卽得大自在陀羅尼經, 金剛般若經 1권, 화엄 2佛의 名號와 40神衆의 이름들, 威光이 만난 佛友의 이름, 善財가 만난 55善知識의 이름들, 53佛의 이름, 10대 제자의 칭호, (80화엄경) 7處 9會 39品의 이름들과 40心 10地의 이름, 10권 金光明經의 31품의 이름들, 大般若經의 16會 278品의 이름들, 佛經 雜語, 화엄경 성기품의 30편, 眞言集錄 2권, 부처 사리 1과, 그리고 또 2과, 석가여래 涅槃像 銅版 1개, 유리와 塑造의 小塔 99기, 그리고 또 77기(각 탑마다 진언을 넣음), 대반열반경 17품의 이름들, 반야심경[71]

인용문 라)는 「海印寺妙吉祥塔記」 가운데 하나인 「百城山寺吉祥塔納法睬

---

70) 『華嚴經內章門等雜孔目章』 卷4(『大正藏』 45, 585c26~586a1).
71) 한국고대사회연구소편, 1992, 「百城山寺前臺吉祥塔中納法睬記」, 『譯註 韓國古代金石文 3』.

記」이다. 진성여왕 9년(895) 海印
寺, 五臺山寺 등의 사원이 뜻을
모아 함께 建塔 공양을 올렸는데,
이 탑들을 총칭하여 海印寺妙吉
祥塔이라 한다.72)

해인사묘길상탑의 조성은 당
시 別大德인 僧訓이 주도하였으
며, 주지하듯이 해인사는 화엄
사찰이다. 화엄 승려가 탑을 만
들면서 『화엄경』의 품 이름, 화
엄신중의 이름 등과 더불어 『법
화경』, 『유마경』, 『금강반야경』
등의 경전을 함께 봉안한 사실을
어떻게 이해해야 할까. 이는 화

해인사 길상탑

엄 교단에서 교학 연구에서와는 달리 신앙의 측면에서는 『화엄경』외의
다른 경전도 이용하였음을 말해주는 것이 아닐까 한다. 이러한 사실을
방증해주는 또 하나의 사례가 있다.

마) 스님[均如]이 오랫동안 절에 있으니 어머님 생각이 났다. 드디어 집에
돌아가 어머님을 뵙고 秀明과 서로 지혜를 겨루었다. 일찍이 秀明은
스님보다 3년 먼저 났는데 이 해가 곧 天祐 17년(920)이었다. 수명은
날 때부터 우는 것이 절도가 있더니 장성해서는 총명함이 남보다 뛰어났
다. 일찍이 탁발하는 승려가 집에 와서 『법화경』을 읽었는데, 그녀는

---

72) 해인사묘길상탑기에 대한 연구는 이홍직, 1968, 「羅末의 戰亂과 緇軍」, 『史叢』
12·13, 409~426쪽 ; 남동신, 1993, 「나말여초 화엄종단의 대응과 『화엄신중경』의
성립」, 『외대사학』 5, 143~174쪽 ; 하일식, 1997, 「해인사田券과 妙吉祥塔記」, 『역사
와 현실』 24, 12~39쪽 등 참조.

174

안방에서 이를 듣고 문득 믿음이 생겼다. 그래서 자리를 베풀고 승려를 맞이하여 다 읽기를 청하였더니 승려는 8권을 읽어서 끝냈다. 이에 하루 저녁 머물기를 청해서『법화경』의 뜻을 자세히 설명하게 하였는데, 그녀는 들은 것은 조금도 빠뜨림이 없었다. 승려가 떠나면서 수명에게 말하기를, "나는 菩提留支 삼장이고 너는 德雲比丘의 화신이도다"라고 하였다.[73]

인용문 마)는 均如[74]의 누이 秀明의 이야기이다. 수명이 집에 있을 때 탁발하는 승려가 와서『법화경』을 독송하는 것을 듣고 믿음이 생겼다고 한다. 그리하여 승려를 맞이하여 하룻밤에『법화경』 전권을 다 읽었다는 것이다. 그런데『법화경』의 뜻을 자세하게 풀어준 승려가 자신을 菩提留支 삼장에 비견하고, 수명은 德雲比丘의 화신이라 말하고 있다. 중국 불교사에서 菩提留支(혹은 菩提流支, 菩提流志)라 불린 인물은 대표적으로 두 명이 있다. 한 명은 北魏 때,[75] 또 한 명은 唐代에 활약하였다.[76] 여기의 菩提留支는 699년 實叉難陀, 慧淨 등과 함께 80권본『華嚴經』을 역출한 唐代의 승려인 것 같다. 왜냐하면 德雲比丘가『華嚴經』「入法界品」에 나오는 善知識 중의 한 명이기 때문이다.[77] 그렇다면 수명을 찾아온 승려는 화엄 승려라 볼

73) 赫連挺,『大華嚴首座圓通兩重大師均如傳』(『韓國佛敎全書』4, 511c) ; 이재호 옮김, 1997,『균여전』, 솔출판사, 438~439쪽.
74) 균여의 법화경관에 대해서는 金天鶴, 2003,「均如の華嚴學における三つの法華經觀」,『韓國佛敎學Seminar』9, 187~199쪽 ; 金天鶴, 2006,『균여 화엄사상 연구 : 근기론을 중심으로』, 은정불교문화진흥원, 133~151쪽 참조.
75) Bodhiruci. 道希라 의역하기도 한다. 大乘 瑜伽系의 학자로 北魏 宣武帝 永平 元年(508)에 洛陽에 도착하였다. 永寧寺에 머물며 梵經을 번역하였는데, 十地經論·金剛般若經·佛名經·法集經·深密解脫經 및 大寶積經論·法華經論·無量壽經論 등 모두 39部 127卷이다. 地論宗의 시조로 꼽히기도 한다.
76) Bodhiruci. 覺愛라 의역하기도 한다. 初名은 達摩流支이다. 長壽 2年(693)에 長安으로 와 則天武后의 예우를 받았다. 洛陽 佛授記寺에 머물며 出佛境界經·寶雨經 등 11부를 번역하였고, 또 장안 崇福寺에서 大寶積經을 8년 동안 번역하였다. 開元 10年(722)에 입적하였다.
77)『大方廣佛華嚴經』卷62, 入法界品 第39(『大正藏』10, 334a9~b3).

수 있다. 화엄 승려가 포교에 『법화경』을 이용하고 있다는 사실은, 해인사묘
길상탑에 『법화경』을 봉안할 사실과 더불어, 화엄 교단의 『법화경』에 대한
태도를 잘 보여준다.

이상을 통해 볼 때 의상 이후 의상계 화엄 승려들이 『법화경』을 완전히
외면시하지 않았음을 알 수 있다. 화엄 승려들이 『화엄경』을 최고의 경전으
로 여긴 것은 틀림없는 사실이지만, 『법화경』에서 『화엄경』과 통하는 측면
은 일승으로 인정해주고, 신라인들의 교화에도 『법화경』을 사용하였던
것이다. 신라의 화엄 승려들이 유식 승려들과 같이 신라 사회 『법화경』
신앙의 고취에 크게 기여했다고 말할 수는 없지만, 화엄 승려들이 『화엄경』
이외의 경전에 열린 태도를 가지고 있었다는 점은 신라 사회의 불교문화를
이해하는 데 시사하는 바가 크다고 생각한다.

2) 天台 승려의 귀국과 법화신앙

법화신앙은 천태교학과의 관계를 고려해보지 않을 수 없다. 天台 智顗
(538~597)는 慧文－南岳 慧思(514~577)의 법을 이어 『법화경』의 정신을
근본으로 삼아 전 불교를 재편성하였는데 이를 천태교학이라 한다. 智顗의
주 저술은 천태삼부작이라 불리는 『法華玄義』, 『法華文句』, 『摩訶止觀』이다.
『법화현의』는 『법화경』 개론에 해당하고, 『법화문구』는 『법화경』의 경문을
구절구절 독자적으로 해석한 것이고, 『마하지관』은 『법화경』의 정신을
규범으로 삼아 止觀을 체계화시킨 것이다.[78] 그러므로 천태교학은 법화교학
이라 해도 과언이 아니다. 때문에 천태 승려의 활동 여부는 신라의 법화사상
을 이해할 때 중요한 의미를 지닌다.

중고기 때 이미 緣光이라는 天台 智顗의 제자가 신라의 도읍에서 활동하였
고,[79] 원효의 저술에도 천태 지의에 대한 호평이 나온다.[80] 하지만 이후

---

78) 塩入良道, 차차석 옮김, 1996, 「천태지의의 법화경관」, 『법화사상』, 여래, 227쪽.

신라 사회에서 천태 승려의 자취가 보이지 않는다. 『釋門正統』[81] 및 『佛祖統紀』[82)에 左溪 玄朗(673~754)으로부터 천태교학을 익히고 730년에 신라로 귀국하였다고 하는 法融, 理應, 純英(이하 '세 승려'로 표현함)의 존재가 등장한다. 이들에 대해 여러 연구에서 언급하고 있긴 하나[83) 『석문정통』과 『불조통기』 이외의 자료가 밝혀지지 않아 신라에서의 활동 여부가 불명확한 상황이다. 그러므로 '세 승려'에 대한 추가 자료를 소개하며 이들의 귀국 여부 및 활동을 증명하고, 이들이 신라 법화신앙에 미친 영향을 생각해보도록 하겠다.

우선 '세 승려'의 존재나 위상을 전하는 자료로 「故左谿大師碑銘」을 들 수 있다. 荊溪 湛然(711~782)의 재가 제자인 李華가 太和 9년(835)에 쓴 「故左谿大師碑銘」에는 좌계 현랑의 제자들이 나열되어 있다.[84) 우선 좌계의 祕藏을 연 제자 6명과 좌계의 道味를 맛본 제자 6명을 열거하고, 이어서 入室弟子로 如來性을 깨닫고 좌계의 법문을 전한 本州 開元寺僧 行宣과 常州 妙樂寺僧 湛然과 좌계의 妙法을 동방에 널리 편 新羅僧 法融, 理應, 英純을 말하고 있다. 그런데 法融, 理應의 이름은 『釋門正統』, 『佛祖統紀』와

---

79) 『弘贊法華傳』 卷3, 釋緣光(『大正藏』 51, 20a17~b13).

80) 『涅槃宗要』(『韓國佛敎全書』 1, 547a17~20), "然天台智者 禪惠俱通 擧世所重 凡聖難測."

81) 『釋門正統』 卷2, 山門傳持敎觀法華天宮左溪三尊者世家, 玄朗(『卍續藏經』 75, 273a19~21).

82) 『佛祖統紀』 卷7, 八祖左溪尊者玄朗(『大正藏』 49, 188b20~22).

83) 金昌奭, 1978, 「韓國古代天台について : 高麗天台宗成立以前を中心として」, 『大學院佛敎學硏究會年譜』 12, 駒澤大學 ; 안중철, 1993, 「해동 천태의 원류」, 『중앙승가대논문집』 2 등 한국 천태 관련 많은 논문에서 언급하고 있다.

84) 李華, 「故左谿大師碑銘」(四部叢簡 集部, 『唐文粹』 卷61), "弟子衢州龍丘九巖寺道賓 越州法華寺僧法源 僧神邕 本州靈隱寺僧玄淨 栖巖寺僧法開 蘇州報恩寺僧道遵 皆菩薩僧開左谿之祕藏 常州福業寺僧守眞 杭州靈耀寺僧法澄 靈隱寺僧法眞 明州天寶寺僧道源 淨安寺僧惠從 本州開元寺僧淸辨 純得醍醐飽左谿之道味 入室弟子本州開元寺僧行宣 常州妙樂寺僧湛然 見如來性傳左谿之法門 新羅僧法融 理應 英純 理應歸國化行東表弘左谿之妙法."

「故左谿大師碑銘」이 동일하나 純英의 경우에는 「故左谿大師碑銘」에 英純으로 나온다. 「故左谿大師碑銘」의 사료적 가치가 더 높음을 고려할 때, 본래 이름이 英純이었는데 전승되는 과정에서 와전되었을 가능성이 있다. 그러므로 '세 승려'의 이름은 法融, 理應, 英純이 맞을 것이다.[85]

다음 고려 예종 7년, 송 휘종 11년인 1112년에 宋의 朝請郎 飛騎尉 賜緋魚袋 晁說之(1059~1129)[86]가 『仁王護國般若經疏』(이하 『仁王經疏』)의 序를 찬하면서 '세 승려'를 언급하고 있는 기록이 있다.

> 바) 陳·隋 연간에 天台智者가 멀리 龍樹에게서 가르침을 받아 하나의 大教를 세웠다. 아홉 번 전하여 형계[담연]에 이르렀으며, **형계 뒤에 또 아홉 번 전하여 신라 법융에게 이르렀고, 법융이 이응에게 전하였고, 이응이 영순에게 전하였으니 모두 신라인이다. 이들 때문에 이 교가 일본에 전파되었고, 해외에서 번성하였다.**[87]

四明 知禮(960~1028) 때부터 구하고자 했던 天台 智顗의 『仁王經疏』가 元豊(1078~1085) 초 상인에 의해 송에 전해졌다. 老僧 如恂이 어렵게 그 책을 구했으나 유포시키지 못함을 한탄하다가 晁說之를 찾아가 서문을

---

85) 권덕영, 2008, 「新羅 관련 唐 金石文의 기초적 검토」, 『韓國史研究』 142, 51쪽에서는 「故左谿大師碑銘」에 나오는 法融이 화엄 승려 神琳의 제자 法融과 동일 인물일 가능성이 있다고 한다. 화엄 승려 法融의 경우 8세기 후반에 주로 활동한 것으로 보인다. 왜냐하면 법융의 스승인 신림이 佛國寺에 주석한 것으로 보아 8세기 중엽에 활동하였고, 법융의 제자인 梵體가 840년에 浮石寺에 주석하고 있기 때문이다. 그런데 천태 승려 法融이 귀국한 것은 730년이므로 일단 활동 시기가 맞지 않다. 또한 스승인 神林이나 동학인 順應의 경우 유학 기록이 있는 반면 法融은 유학한 흔적이 없다(金相鉉, 1991, 『新羅華嚴思想史研究』, 民族社, 62~74쪽). 그러므로 玄朗의 제자 法融과 神林의 제자 法融은 同名異人으로 보는 것이 옳을 듯하다.
86) 『宋史』 列傳, 晁補之條에 의하면 조설지는 宋 神宗 元豊 5年(1082)에 進士가 되었고, 徽宗 崇寧 2年(1103)에 知定州無極縣, 靖康의 變 때 中書舍人이 되었다. 高宗이 南渡한 후에는 侍讀, 提擧杭州洞霄宮 등을 지냈다.
87) 晁說之, 『仁王護國般若經疏』 卷1, 仁王護國般若經疏序(『大正藏』 33, 253a7~10). 여기서는 英純을 瑛純으로 표기하고 있다.

요구하였다. 이에 조설지가 쓴 서문의 한 부분이 인용문 바)이다. 조설지는
四明 知禮가 일본 승려로부터 『인왕경소』를 구하려고 했던 사연을 설명하면
서 그 배경으로 '세 승려'에 의해 일본에까지 천태교학이 전파되었음을
언급하고 있다. 일본에 『인왕경소』가 현존하는 까닭이 '세 승려'가 담연의
가르침을 신라에 전하였고, 나아가 일본에까지 전하였기 때문이라고 한다.
조설지는 '세 승려'의 천태교학 전래자로서의 역할을 매우 높이 평가하고
있다.

그런데 이 기록의 '세 승려' 계보가 좀 이상하다. 담연 뒤에 아홉 번
전하여 법융에게 이르렀다고 하며, 법융, 이응, 영순도 사제 관계로 묘사하고
있다. 『석문정통』 및 『불조통기』에서도 이 부분을 인용하면서 담연이 '세
승려'에게 법을 전하여 이 가르침이 일본에 전해졌다고 하고 있다.[88] 다만
『석문정통』 및 『불조통기』는 담연에서 아홉 번 전하여 신라 법융에 이르렀다
는 표현을 없애고, 법융, 이응, 영순을 동학으로 바로잡았다. 그래도 여전히
'세 승려'가 현랑의 제자인가, 담연의 제자인가 하는 문제가 남는다.

'세 승려'가 신라로 귀국한 해는 開元 18년(730)인데,[89] 그 해에 담연은
20세로 현랑 문하에 막 입문한 상태였다. 머리도 깎지 않고 속복을 입고
생활하는 처사의 신분이었다.[90] 이때 담연이 제자를 둔다는 것은 어려운
일이다. 「故左谿大師碑銘」을 쓴 李華야말로 담연의 제자이므로 '세 승려'가
담연 제자라면 동학이 되는 셈인데, 이를 몰랐을 리 없다고 생각한다.
그러므로 '세 승려'가 담연으로부터 법을 전해받았다는 조설지의 기록은

---

88) 『釋門正統』 卷1, 天台敎主智者靈慧大師世家(『卍續藏經』 75, 268c4~9) ; 『佛祖統紀』
卷50, 名文光敎志第十八之二, 仁王般若經疏序(『大正藏』 49, 444c8~11).

89) 『佛祖統紀』 卷23(『大正藏』 49, 248b21~23), "開元十八年 八祖左溪禪師 於東陽左溪爲
荊溪然禪師說止觀 是年新羅法融等 傳敎歸國." 『佛祖統紀』 卷23은 천태교학의 歷代傳
敎表로, 慧文으로부터 法智에 이르기까지의 17禪師 관련 사실을 간략히 서술하고
있다.

90) 兪學明, 2006, 『湛然硏究』, 中國社會科學出版社, 1~4쪽.

사실에 어긋난다.

晁說之는 왜 잘못된 계보 인식을 가지고 있었던 것일까? 조설지는 四明 知禮의 3세손인 明智 中立의 재가 제자로,[91] 불교와 관련하여 『淨土略 因』,[92] 『明智法師碑論』,[93] 「仁王經疏序」 등의 글을 남기고 있다. 그런데 조설지의 잘못된 계보 인식은 '세 승려'에 대해서 뿐만이 아니다. 일본 승려 最澄의 스승에 대한 계보 인식도 잘못되었다. 이에 대해 『佛祖統紀』의 편찬자 志磐은 "조설지는 직접 明智대사를 뵈었는데 당시에 어떤 이유로 이렇게 잘못된 설을 알게 되었는지 알지 모르겠다(晁氏親見明智者 不知當時 何緣得此異說)"고 말하고 있다.[94] 이처럼 조설지가 정확하지 않은 계보 인식을 가진 것은 그가 재가자이며 儒者라는 점[95]에서 자료 수집에 한계가 있었기 때문인 것 같다.

그렇다면 조설지가 평가한 '세 승려'의 천태교학 전파의 역할도 믿을 수 없는 것인가. 조설지는 천태교학의 海東 전파자가 '세 승려'임을 분명히 하고 있다. 이 기록의 신빙성을 따지기 위해서는 조설지에 대한 이해가 좀더 필요하다. 조설지는 濟州 鉅野현 출신으로, 당시 晁氏 가문은 학문에서

91) 『佛祖統紀』 卷15, 諸師列傳第六之五, 明智立法師法嗣(『大正藏』 49, 225a5~10). 天禧 4년(1020) 왕이 四明 知禮에게 法智大師라는 호를 하사할 때 京師의 높은 승직에 있는 23명이 각각 시를 지어 드렸었는데, 조설지는 正和 원년(1111)에 이 시집의 서문을 찬한 것을 계기로 明智 中立과 인연을 맺게 되었다. 이 서문을 찬할 때만 해도 조설지는 천태학에 대해서도 잘 모르고, 법지대사의 저술도 읽어보지 않았다. 이후 明智 中立의 제자가 되었고, 그의 행업도 기록으로 남기게 되었다(『四明尊者敎行 錄』 卷1[『大正藏』 46, 858a] ; 『四明尊者敎行錄』 卷6, 晁待制作紀贈法智大師詩序[『大 正藏』 46, 913b] ; 『四明尊者敎行錄』 卷7, 明智法師寶雲住持[『大正藏』 46, 933a]).
92) 『樂邦文類』 卷4, 雜文(『大正藏』 47, 197b).
93) 『佛祖統紀』 卷1, 名文光敎志十八之二(『大正藏』 49, 134a).
94) 『佛祖統紀』 卷8(『大正藏』 49, 189c24~190b3).
95) 晁說之가 儒者라는 사실은 그의 저술을 보면 알 수 있다. 『宋史』 藝文志, 晁家著述表에 전하는 조설지의 저술로는 『錄古周易』 8卷, 『太極傳』 5卷, 『因說』 1卷, 『太極外傳』 1卷, 『講義』 5卷, 『易玄星紀譜』 2卷, 『客語』 1卷, 『晁說之集』 20卷, 『儒言』, 『晁氏客語』, 『景迂生集』 등이 있다.

나 관직에서나 걸출한 인물을 많이 배출한 大族이었다. 이 집안의 師友관계는 큰 영향력을 발휘하였는데, 특히 蘇軾과의 관계가 밀접하였다. 조설지의 큰아버지인 晁端友는 소식과 친구였고, 조단우의 아들 晁補之는 소식 문하의 네 학사 가운데 한 사람이었다. 조설지와 그의 동생 晁詠之도 일찍이 소식에게 사사받았다.96) 그러므로 조설지는 소식의 '고려배척론'97)을 알았을 것이다. 舊法黨이었던 蘇軾은 정치적으로 新法黨과 대립하며 배타적인 華夷思想에 입각하여 고려와의 통교를 극렬하게 비판하였다.98) 이런 분위기 속에서 조설지도 고려에 대해서 우호적이지만은 않았을 것 같다. 그럼에도 불구하고 그가 신라 승려들의 傳敎 역할을 인정하고 있다는 점에서 이 평가는 객관적이라고 생각한다. 그러므로 '세 승려'가 귀국하여 해동에서 천태교학의 전래에 기여한 바는 적극적으로 해석해도 되지 않을까 한다.

한편 '세 승려'에 대한 국내 기록도 찾아볼 수 있다. 정확히 말하면 英純에 대한 기록이다.

> 사) 佛法 가운데에도 대부분 天台宗을 근본으로 삼았다. **唐에서 돌아와서 英純이 신라 때에 강론하였고, 宋에 와서도 또한 그러하여 大覺이 선조 때에 전도하였다.** (중략) 나무 등걸처럼 앉아있는 것을 禪이라 이르면서 三觀을 桎梏같이 보고, 구멍에서 제멋대로 소리내는 것을 지혜로 삼아서 戒律을 찌꺼기 같이 여기었다. 이때에 대사가 이 폐단을 힘껏 구제하였다. 묵은 풀을 베어서 바른 길을 열고, 제방을 쌓아서 마구 흐르는 물을 막았다. 그런 뒤에 智者의 은미한 말과 朗公의 지극한 주장과 東陽의 宗趣와 南岳의 敎觀을 이에 게시하고 깨뜨리기를 이와 같이 하였다.99)

---

96) 『宋史』 列傳, 晁補之傳 ; 張劍, 2005, 『中原文化硏究叢書 : 晁說之硏究』, 學苑.
97) 이범직, 1992, 「蘇軾의 高麗排斥論과 그 배경」, 『한국학논총』 15 ; 정수아, 1995, 「고려중기 대송외교의 재개와 그 의의 : 북송 개혁정치의 수용을 중심으로」, 『국사관논총』 61, 154~157쪽.
98) 안병우, 2002, 「고려와 송의 상호인식과 교섭 : 11세기 후반~12세기 전반」, 『역사와 현실』 43, 80~86쪽.

인용문 사)는「萬德山白蓮社主了世贈諡圓妙國師敎書·官誥」에 나오는 부
분이다. 圓妙 了世(1163~1245)는 무신집권기 때 白蓮結社를 조직, 운영하여
고려사회에 새로운 물결을 일으켰던 천태종 승려이다. 요세가 1245년에
입적한 뒤 바로 그를 圓妙國師로 추증하는 敎書가 내려졌다. 이 교서는
閔仁鈞이 작성하였다. 민인균은 천태종의 국내 계보를 전하면서 신라 때
英純이 唐에서 돌아와 강론하였고, 고려 때 義天이 宋에서 전하였다고
말하고 있다. 이 '신라 때의 英純'이 바로「故左谿大師碑銘」에 나오는 바로
그 英純임에 틀림없다. 신라의 천태 승려로 英純이라는 이름을 거론하고
있는 국내 기록은 사)가 유일하다. 고려 초에도, 천태종을 창건한 의천에게도
보이지 않던 신라 천태 승려의 이름이 무신집권기의 승려 요세에게 내린
교서에 등장한다는 사실이 이채로우며, 이는 통일신라 이후 천태교학의
전개에 대한 새로운 해석을 가능하게 한다.[100]

민인균은 왜 영순이라는 이름을 교서에 넣은 것일까? 민인균은 여흥
민씨 출신으로 閔令謨의 손자이며 閔公珪의 아들이다. 1205년(희종 1) 과거
에 급제하였고 재주와 학식이 넉넉하여 높은 벼슬에 이르러서도 학습하는
것을 멈추지 않았다고 한다.[101] 1242년(고종 29) 대사성으로서 국자감시험
을 감독하여 權㻶, 劉勃忠 등 74명을 뽑았으며,[102] 1248년(고종 35) 3월에는
大僕卿으로서 동지공거가 되어 金鈞 등에게 급제를 주었다. 관직이 正議大夫

99) 閔仁鈞,「萬德山白蓮社主了世贈諡圓妙國師敎書·官誥」,『東文選』卷27, 制誥.
100) 고려 때 천태종 국내 계보에 대한 기록은 다음의 것들이 있다. 국청사 완공 기념에서
    大覺國師 義天(1055~1101)은 元曉와 諦觀을 언급하였는데(『大覺國師文集』卷3,
    「新創國淸寺啓講辭」), 이는 의천의 천태 제자들이 세운「僊鳳寺大覺國師碑」에서도
    동일하다. 한편 요세 사후 왕명에 의해 씌여진 碑銘에는 천태의 국내 계보로 玄光,
    義通, 諦觀, 德善, 智宗, 義天을 거론하고 있다(崔滋,「萬德山白蓮社圓妙國師碑銘幷
    序」,『東文選』卷117, 碑銘). 각 기록의 계보 인식 차이에 대해서는 더 깊은 논의가
    필요하지만 본서의 범주를 벗어나므로 생략하도록 하겠다.
101) 『新增東國輿地勝覽』卷7, 京畿 驪州牧 人物.
102) 『高麗史』卷74, 志28, 選擧2, 科目2, 國子監試驗(1093).

判三司事翰林學士에 이르렀다.[103] 그는 1238년 이규보 사후 국왕의 교서를
작성하는 역할을 수행한 듯하며,[104] 요세의 교서를 작성한 1245년에는
왕성한 정부 활동을 전개하고 있었다. 이상의 민인균의 활동에는 특별히
불교계와의 관련을 찾을 만한 것이 없다. 그러므로 교서는 민인균이 개인적
으로 수집한 자료보다는 요세의 문도나 개경 천태종에서 제출한 자료를
기반으로 작성되었을 가능성이 높다. 교서에 '영순'이 언급된 것은 당시
천태종의 인식에서 비롯된 것이라 볼 수 있다. 이는 고려 천태종에 신라의
영순으로부터 계보가 이어져왔다는 인식이 있었다는 것이고, 신라 때 법융,
이응을 비롯한 영순의 활동이 있었다는 방증이 될 것이다.[105]

　　법융, 이응, 영순이 신라 사회에서 어떠한 형태로 교화를 펼쳤는지는
알 수 없다. 정말 일본에까지 천태교학을 전해주었는지의 여부도 불확실하
다. 다만 위의 논증을 통해 법융, 이응, 영순의 국내 활동을 완전히 배제할
수는 없다는 결론에 이른다.

　　그렇다면 '세 승려'의 사상 경향은 어떠하였을까. 이에 대해서는 남겨진
자료가 없기 때문에 스승인 현랑을 통해 짐작할 수밖에 없다. 우선 左溪
玄朗(673~754)에 대해 살펴보면,[106] 현랑은 9세에 출가하였고, 20세 때
도첩을 받아 東陽 淸泰寺에 머물렀다. 그후 광주 道岸율사에게서 律을
배우고, 經論을 두루 읽었다. 東陽 天宮寺 慧威법사를 찾아가 『법화경』,
『정명경』, 大論, 止觀 등을 연구하고서 천태의 敎籍에 통달하였다. 『禪宗永嘉

103) 『高麗史』 卷73, 志27, 選擧1, 科目1.
104) 閔仁鈞, 「除宰臣崔宗峻金仲龜金良鏡麻制」, 『東文選』 卷26, 制誥.
105) 「故左谿大師碑銘」에는 '理應歸國'이라 하여 어떻게 보면 理應만이 귀국한 것처럼
　　해석되기도 하고, 「萬德山白蓮社主了世贈謚圓妙國師敎書·官誥」에는 英純의 이름만
　　이 등장하고 있다. 이는 법융, 이응, 영순의 관계와 관련된 문제인데, 아직까지
　　이 문제를 해결할 만한 자료를 찾지 못하였다.
106) 玄朗의 전기는 「故左谿大師碑銘」, 『宋高僧傳』 卷26, 『釋門正統』 卷2, 『佛祖統紀』
　　卷7 등에 서술되어 있다. 태어난 해는 기록마다 차이가 있지만, 몰년은 754년으로
　　일치한다.

集』을 찬술한 永嘉 眞覺禪師와 현랑은 동문이다.[107] 그후 현랑은 독자적으로
止觀을 入道의 과정으로 삼았다. 속세를 싫어하고 산림을 좋아하였으며
左溪山에 머물면서 頭陀를 행하였다. 그러다 開元 18년(728)에 婺州刺史
王正容의 청에 응해 잠시 성 아래에 있다가 병을 이유로 다시 산에 돌아가
강학에 힘썼다. 현랑은 『法華經科文』 2권을 찬하고 『法華經文句』 약간을
다듬었는데, 그는 학자의 면모보다는 교육자이자 수행자의 자세를 가졌었
다.[108] 현랑은 수행에 엄격하였고, 제자들을 가르치는 데 적극적이었다.[109]
'세 승려'는 현랑의 초반기 제자이므로 그 가르침을 받는 데 더욱 열심이었을
것 같다. 현랑은 제자들에게 지관의 실천이 근본임을 강조하였다.[110]

　天台 智顗(538~597)가 정립한 천태교학은 止觀法에 그 핵심이 있다.
智顗는 空論만 일삼는 폐단을 놓아둔다면 후세의 불교도 언제든 北地불교와
같은 비극이 되풀이될 수 있음을 예지하고, 확고한 수행 체계를 세워서
엄숙한 僧風을 확립하고자 지관법을 완성하였다.[111] 그런데 천태종의 관법
을 집대성한 『摩訶止觀』의 四種三昧는 단순한 관법이 아니라 신앙의례와
밀접한 관련이 있으며, 삼매의 실천은 바로 참회 수행이라고 한다.[112]
그러므로 '세 승려'들은 참회를 실천하는 신앙 의례를 진행하였을 것이고,
이 의례에서 중심 경전은 『법화경』이었을 것이다. '세 승려'들의 신라에서의
활동은 자연스럽게 법화신앙의 고취로 이어졌으리라 생각한다.[113]

---

107) 『佛祖統紀』 卷24, 佛祖世繫表第十 東土十七祖(『大正藏』 49, 251c).
108) 日比宣正, 1966, 『唐代天台學序說 : 湛然の著作に關する研究』, 山喜房佛書林, 41~42쪽.
109) 『佛祖統紀』 卷7, 八祖左溪尊者玄朗(『大正藏』 49, 188a16~c4).
110) 『止觀輔行傳弘決』 卷1, 止觀輔行傳弘決序(『大正藏』 46, 141a22~24), "左谿深相器異
　　誓以傳燈 **嘗言止觀二門乃統萬行** 圓頓之設一以貫之" ; 「故左谿大師碑銘」(四部叢
　　簡 集部, 『唐文粹』 卷61), "又弘景禪師得天台法 居荊州當陽 傳其禪師 俗謂蘭和尚是也
　　左谿所傳止觀爲本." 安藤俊雄은 좌계 현랑의 역할을 '純正천태의 부흥'이라 평가하
　　고 있다(安藤俊雄, 1963, 『天台學 : 根本思想とその展開』, 平樂寺書店).
111) 京戶慈光 지음, 최기표 김승일 옮김, 『천태대사의 생애』, 시대의 창, 199~204쪽.
112) 金英美, 1998, 「高麗前期의 阿彌陀信仰과 天台宗 禮懺法」, 『史學硏究』 55·56, 91쪽.
113) 진성여왕 6년(892)에 신라 승려 道育이 천태산에 놀러갔다가 그곳 平田寺에 눌러앉았

　　고려 초 광종 때 諦觀의 등장은 이와 같은 배경이 있었기 때문에 가능하였
다. 諦觀은 『佛祖統紀』 권10에 중국 천태종 제15조 淨光 義寂의 제자라고
되어 있다.114) 하지만 『불조통기』를 자세히 보면 제관이 의적의 제자라는
표현에 의심이 간다. 『불조통기』 권23에서는 960년 吳越王이 天台敎文을
구하기 위해 50종의 보물을 가지고 고려에 사신을 보내자 그 다음해(961년)
에 광종이 제관에게 교문을 가지고 가게 했음을 전한다.115) 『불조통기』의
편찬자 志盤은 『二師口義』에서 제관에 대한 정보를 얻고 있는데, 『二師口
義』에서는 중국에 천태교문이 돌아온 것이 제관의 공임을 인정하고 있
다.116) 제관이 오월에 갈 때 광종은 '중국에서 스승을 찾아 어려운 것을
물어보고 대답을 하지 못하면 교문을 가지고 돌아오라'고 명하였다. 그러므
로 제관은 중국에 가기 전부터 이미 천태학의 대학자였음에 틀림없다.
고려 초에 제관 같은 천태학에 조예가 깊은 승려가 있었다는 사실은 여러
측면에서 조명해보아야 하지만, 그 배경에는 '세 승려' 이래로 신라에
전해오던 천태 전통이 있었음을 간과할 수 없다고 생각한다.117)

고 마침내 938년에 그곳에서 생을 마쳤다(『宋高僧傳』 卷23, 晉天台山平田寺道育傳
　　[『大正藏』 50, 858b2~25]). 道育의 입당 배경으로 천태학과의 관련성을 생각해
　　볼 수 있을 것 같다.

114) 『佛祖統紀』 卷10, 淨光旁出世家(『大正藏』 49, 206a18~b8). 한편 諦觀을 義寂의
　　제자로 인정하는 견해도 있다(李永子, 2002, 『법화·천태사상연구』, 동국대출판부,
　　287쪽).

115) 『佛祖統紀』 卷23(『大正藏』 49, 249b8~12).

116) 『佛祖統紀』 卷8, 十五祖淨光尊者義寂(『大正藏』 49, 191a5~7). 『二師口義』는 四明
　　知禮의 제자인 扶宗 繼忠(1012~1082)이 義寂과 知禮의 말을 기록한 것이다(John
　　Jorgensen, 2003, 「『천태사교의』의 '역사'」, 『天台學研究』 5, 173~174쪽).

117) 김철준, 1968, 「高麗初의 天台學 研究 : 諦觀과 義通」, 『東西文化』 2 ; 金相鉉, 1983,
　　「高麗初期의 天台學과 그 史的 意義」, 『韓國天台思想研究』.

3. 法華信仰의 유형과 성격

1) 법화신앙의 유형

본절에서는 신라 사회에서 『법화경』의 보급 여부를 확인하기 위해 관련
기록들을 유형별로 정리하고, 그 성격을 파악해보고자 한다. 신라 법화신앙
의 사례는 크게 '讀誦과 講經', '佛事와 祈禱'의 두 측면으로 구분하였다.
『법화경』을 읽고 강의하는 행위가 포함된 것은 '독송과 강경'으로 묶었고,
『법화경』의 특정 품이나 경전 전체를 대상으로 하여 佛事를 행하고 만든
것을 대상으로 기도하는 행위를 합하여 '불사와 기도'로 묶었다.

(1) 讀誦과 講經

신라 통일 이후 『법화경』 독송을 행하는 가장 이른 시기의 기록은 『三國遺
事』 「四佛山掘佛山萬佛山」의 大乘寺 승려에 대한 이야기이다. 대승사의
승려는 『법화경』을 독송할 줄 안다는 이유로 주지가 되었다.

> 가) 竹嶺 동쪽 100리 쯤에 뾰족하게 높이 솟은 산이 있다. 眞平王 9년
> 갑신년에 갑자기 4면이 한 길이나 되는 큰 바위가 하나 나타났는데,
> 그 바위 사방에 부처가 조각되어 있고 모두 얇고 붉은 비단으로 덮여
> 있었다. 이 바위는 하늘에서 산꼭대기로 떨어진 것이다. 왕이 그 소문을
> 듣고는 직접 가서 보고 공경을 표하였다. 마침내 바위 곁에 절을 세우고
> 大乘寺라는 현판을 달았다. 이름은 전해지지 않으나 『妙法蓮華經』을
> 외는 승려에게 부탁하여 절을 맡겼다. 승려는 바위를 쓸고 닦으며
> 받들어 모셨으며 향불이 꺼지지 않게 하였다. 이 산의 이름은 亦德山
> 또는 四佛山이다. 승려가 죽어 장사지내니 무덤 위에 연꽃이 피었다.[118]

---

118) 『三國遺事』 卷3, 塔像, 四佛山掘佛山萬佛山.

인용문 가)는 진평왕 9년에 사방불이 하늘에서 떨어져 왕이 그 곳에 大乘寺를 세우고 『법화경』 외는 승려에게 절을 맡겼다는 내용이다. 대승사라는 이름에서 대승을 표방한 절임은 알겠는데, 『열반경』, 『화엄경』, 『유마경』, 『금광명경』 등 많은 대승경전 가운데 왜 하필 『법화경』을 외는 승려였을까. 이 기록에는 두 가지의 생각해 볼 문제가 있다. 첫째는 사방불 조성 시기의 문제이고, 둘째는 『법화경』과 사방불의 관계에 대한 문제이다.

우선 사방불의 조성 시기부터 생각해보도록 하자. 사방불이란 직육면체 형태 바위의 네 면에 각각 불상이 새겨져 있는 것을 말한다. 대승사 사방불은 현존하고 있는데 그 조각 양식으로 보았을 때 8세기 이후의 작품이라고 한다.[119] 신라 사방불의 시작 자체가 진평왕 9년(587)인 6세기 후반보다 늦은 630~650년 경이라 추정되며,[120] 본격적으로 전개된 것은 8세기 중반을 전후한 시기라고 보고 있다.[121] 그러므로 대승사 사방불에 얽힌 이야기가 만들어진 것도 8세기 중반 이후의 것이라고 봐야 하지 않을까 한다. 그러고 보면 『삼국유사』 기록 자체에 오류가 있다. '진평왕 9년 갑신년'이라고 되어 있는데, 연호와 간지가 일치하지 않는다. 진평왕 9년은 587년이고, 진평왕 재위 기간 중 갑신년은 624년뿐이다. 기록에 오류가 있다는 것은 이야기가 전승되는 과정에서 변형이 이루어졌음을 의미한다.[122]

---

119) 문명대, 1977, 「新羅四方佛의 起源과 神印寺(南山 塔谷 磨崖佛)의 四方佛」, 『한국사연구』 18, 71쪽. 진홍섭도 진평왕 때의 작품으로 볼 수 있을지에 의문의 여지를 남기고 있다(진홍섭, 1966, 「四佛山 四佛岩과 妙寂庵磨崖如來坐像」, 『考古美術』 7권 9호, 2쪽).

120) 문명대, 1977, 「新羅四方佛의 起源과 神印寺(南山 塔谷 磨崖佛)의 四方佛」, 『한국사연구』 18, 69~70쪽. 한편 백제는 6세기 전반 또는 550년 경 사방불을 조성하였다고 한다(문명대, 1987, 「백제 사방불의 기원과 예산석주사방불상의 연구」, 『한국불교미술사론』, 민족사).

121) 대표적인 신라 사방불로는 南山 七佛巖 四方佛, 大乘寺 四方佛, 掘佛寺 四方佛 등을 꼽을 수 있다. 남산 칠불암 사방불은 750년을 전후한 시기의 것이라 하고(문명대, 1980, 「신라 사방불의 전개와 칠불암 불상조각의 연구」, 『미술자료』 27, 20쪽), 경주 굴불사지 사면석불은 730~750년대의 것으로 추정하고 있다(김리나, 1975, 「경주 굴불사지 사면석불에 대하여」, 『진단학보』 39, 61쪽).

  그렇다면 사방불과 『법화경』은 무슨 관련이 있는 것일까? 사방불의 존격에 대해 다양한 견해들이 있지만,[123) 『金光明經』에 의거한 조상이었을 가능성이 높다. 명랑이 『금광명경』 四天王品의 내용에 의거하여 唐兵을 퇴치한 이후 신라에서는 사리함에 사천왕을 새기는 등 『금광명경』 관련 佛事가 많이 이루어졌다.[124) 이후 승려들의 『금광명경』 주석도 이어진다.

  사방불이 『금광명경』에 의한 것이라면, 대승사는 결국 『금광명경』과 『법화경』이 만난 공간이라 말할 수 있다. 『삼국유사』의 또 다른 법화 관련 기록인 낭지와 연회 이야기에 등장하는 변재천녀도 『金光明最勝王經』에 부각되어 있는 존재이다.[125) 이와 같이 『법화경』과 『금광명경』이 함께

---

122) 이러한 기록의 오류는 『三國遺事』의 朗智에 대한 기록에서도 찾아볼 수 있다. 법흥왕 14년(527) 이차돈이 불법을 위해 죽은 그 해에 낭지가 영취산에서 法場을 열었다는 기록이 있다(『三國遺事』 卷3, 興法, 原宗興法厭髑滅身). 하지만 원효 (617~686)가 낭지에게 배웠다고 하는데(『三國遺事』 卷5, 避隱, 朗智乘雲普賢樹), 원효가 자신보다 100여 살이나 많은 사람에게 배웠다는 것은 불가능할 것 같다. 낭지나 대승사 사방불의 연대를 위로 소급하는 것은 신라 사회에서 초기 불교 보급에 『법화경』의 역할이 컸다는 것을 강조하기 위해 만들어진 것인 듯하다.

123) 중국의 경우 7세기 전반까지는 『金光明經』이나 『觀佛三昧海經』의 사방불이 거의 원칙으로 되어 있음에 견주어, 신라의 사방불도 『금광명경』에서 말하는 동방 阿閦佛, 남방 寶相佛, 서방 無量壽佛, 북방 天鼓音佛로 보는 경향이 있다(문명대, 1977, 「新羅四方佛의 起源과 神印寺(南山 塔谷 磨崖佛)의 四方佛」, 『한국사연구』 18 ; 문명대, 1980, 「新羅 四方佛의 展開와 七佛庵 佛像 彫刻의 硏究 : 四方佛 硏究2」, 『미술자료』 27). 반면 신라 사방불은 특정 경전에 의거하지 않고 신라에서 많이 신앙되던 존격을 표현하였다는 주장도 있다. 李箕永은 오대산의 존격 배치가 『화엄경』의 구절을 소의로 하지 않고 신라인들 자신의 발명이라는 점을 근거로 사방불도 신라인의 불교생활에서 의미있는 신앙대상이었을 것이라고 보아 석가, 미타, 미륵, 약사를 사불로 규정하였다(李箕永, 1973, 「7, 8세기 신라 및 일본의 불국토사상」, 『종교연구』 2, 30~31쪽). 김리나는 경주 굴불사지 사면석불이 어떤 특정 경전에 의거한 것이 아니라며, 서쪽 아미타삼존, 남쪽 석가모니삼존, 동쪽 약사여래, 북쪽 미륵보살과 변화관음이라 규정하였다(김리나, 1975, 「경주 굴불사지 사면석불에 대하여」, 『진단학보』 39). 조원영도 사방불 조성 배경이 특정 경전에 있다고 보는 것에 비판적이다(조원영, 2006, 「신라 사방불의 형식과 조성 배경」, 『부대사학』 30).

124) 감은사 사리함의 사천왕 조각이 대표적이다. 문명대, 1980, 「新羅四天王像의 硏究 : 韓國塔浮彫像의 硏究2」, 『佛敎美術』 5 ; 權江美, 2003, 「통일신라시대 사천왕상 연구」, 『文物硏究』 7.

감은사탑 사리함

등장하는 이유는 무엇일까.

그 이유는 첫째『금광명경』과 『법화경』의 내용상의 공통점에서 원인을 찾을 수 있다.『금광명경』에서는 「壽量品」, 「懺悔品」, 「讚歎品」 등이 중요한데, 특히 「수량품」에서는 왕사성의 信相菩薩이 부처의 수명이 겨우 80세인가하는 의심을 품자 사방에서 四佛이 몸을 드러내 부처의 수명이 무량함을 설명하고 있다.『금광명경』「수량품」은[126] 『법화경』「如來壽量品」의 내용과 통한다.[127]『금광명경』에서는 四佛로서 부처의 무량한 수명을 증명하였고,『법화경』에서는 多寶塔으로 부처의 무량한 수명을 증명하였다. 다보탑으로 부처의 무량한 수명을 증명함에 대해서는 경흥의 『三彌勒經疏』에서도 언급하고 있는데,『금광명경』을 함께 거론하고

---

125) 金煐泰, 1977, 「법화신앙의 전래와 그 전개」,『한국불교학』3, 38쪽. 한편『화엄경』에도 변재천녀가 등장하지만, 그 성격이 두드러지지 않는다. 宗密은『화엄경』보현행원품을 주석한 澄觀의『大方廣佛華嚴經普賢行願別行疏』의 鈔를 쓰면서 변재천녀의 성격을『금광명최승왕경』으로 보충 설명하고 있다(『華嚴經行願品疏鈔』卷3[『日本續藏經』卷5, 270a], "辯才天女者 如最勝王經說有大功德能滿衆願能施辯才").
『金光明經』에는 북제 元始 연간(412~427)에 曇無讖(385~433)이 번역한『金光明經』(4권), 寶貴, 彦琮, 費長房 등이 여러 번역본을 모아 편집한『合部金光明經』(8권), 703년 義淨이 번역한『金光明最勝王經』(10권)이 있는데,『금광명경』과『합부금광명경』에서는 辯天神이라 부르고『금광명최승왕경』에서만 변재천녀라고 하고 있다.

126) 『金光明經』(4권)과『合部金光明經』(8권)에서는「壽量品」이고『金光明最勝王經』(10권)에서는「如來壽量品」으로『법화경』과 품명이 일치한다.

127) 『법화경』과『금광명경』의 佛身觀에 대해서는 최은영, 2002, 「천태대사 지의의 불신관 연구」, 고려대 박사학위논문 참조.

있음이 주목된다.128) 둘째, 경흥의 경우처럼 『법화경』과 『금광명경』이
승려들에 의해 함께 보급되었기 때문일 수 있다. 7, 8세기 신라 승려들의
저술 가운데 『법화경』 주석은 물론 『금광명경』의 주석도 많다는 점이나
산동 적산 법화원에서 여름에는 『금광명경』, 겨울에는 『법화경』의 강경
의식을 행했다는 점[인용문 라-1)]에서도 알 수 있다.129)

　『법화경』 독송의 또 다른 사례는 『三國遺事』 「臺山五萬眞身」에 나오는
오대산 서대의 기록이다. 오대산의 각 대는 眞身이 머물러 계신 곳이므로
각 대에서 禮懺을 행하면 행운이 있을 것이라고 한다.

　　나) 흰색 방향에 해당하는 서대 남면에 미타방을 두고 무량수불 원상을
　　모시고 흰색 바탕에 무량수여래를 우두머리로 하는 1만 대세지보살을
　　그려야 한다. 승려 5인이 낮에는 7권 『法華經』을 읽고 밤에는 미타예참을
　　염송하며 水精社로 이름하라.130)

　이 가운데 서대에서는 서방 극락을 주재하는 무량수불, 즉 아미타불을
배치하고서 『법화경』을 독송하였다. 낮에는 경을 읽고 밤에는 미타예참을

---

128) 『三彌勒經疏』(『韓國佛敎全書』 2, 90c3~9). 경흥은 『법화경』과 『금광명경』을 중시한
　　대표적인 인물이다. 『금광명경』 및 『금광명최승왕경』의 주석서 여러 부를 저술하였
　　고, 저술 내에서도 무량한 수명의 부처를 증명하는 존재로서 四佛을 자주 거론하고
　　있다. "興師云 諸天香者 卽如來之使 故欲表四佛 應妙幢疑命之感 以顯釋迦長遠之表"
　　(金相鉉, 2000, 「輯逸金光明最勝王經憬興疏」, 『신라문화』 17·18, 219쪽) ; "興顯此云
　　今四佛說佛壽量之意 爲利中根不攝聲聞 故不說之"(「輯逸金光明最勝王經憬興疏」,
　　221쪽) ; "興云 諸修行者 先聞化身所說正法 如說修行漸入聖地 亦聞應身所說妙法 傳
　　達法界斷微細障而證佛地 五法所成圓法身故 妙幢聞佛八十年命而疑常壽 故四佛說報
　　壽無盡"(「輯逸金光明最勝王經憬興疏」, 226쪽).

129) 天平 2년(741) 3월 24일 일본의 聖武 천황은 國分(尼)寺의 건립을 명령하였다. 이는
　　8세기 나라시대의 문화를 대표하는 사업이었다. 그런데 국분사 건립의 사상적
　　근거를 『금광명경』에, 국분니사는 『법화경』에 두고 있다(橫超慧日, 1975, 「法華經總
　　說」, 『法華思想』, 平樂寺書店)는 사실은 신라에서의 『금광명경』, 『법화경』 수용과
　　비교해볼 만하다.

130) 『三國遺事』 卷3, 塔像, 臺山五萬眞身.

행하였다고 한다.131) 그런데 오대산에서의『법화경』독송은 언제부터 행해
진 것일까. 이는 오대산신앙 성립 시기와 관련된 문제이다.132) 오대산신앙은
성립 시기뿐만 아니라 그 성격도 한 마디로 규정하기 어려운 형태를 지니고
있다.『삼국유사』오대산신앙의 형태에는 다양한 성격이 섞여 있는데,
이를 이해하기 위해서는 당 오대산의 변화 양상에 주목할 필요가 있다.

　　문수성지로서의 위상을 지니고 있는 당의 오대산은 法藏이 측천무후의
후원으로 大華嚴寺 등 여러 당을 세우고 澄觀이 오대산신앙을 정립하면
서133) 화엄이 주축이 되었고, 不空에 의해 밀교 요소가 더해졌다고 한다.134)
그런데 9세기 중엽 圓仁(794~864)이 쓴『入唐求法巡禮行記』를 보면 오대산

---

131) 金英美, 1997,「高麗前期의 阿彌陀信仰과 天台宗 禮懺法」,『史學研究』55·56, 95쪽에
　　　서 오대산 서대의 彌陀禮懺을 法華懺과 동일한 것으로 보고 있다.
132) 신라의 오대산신앙의 성립 시기에 대해서는 다음과 같은 견해들이 있다. 오대산
　　　사적이 聖德王(702~737)의 즉위를 둘러싼 쟁탈전을 반영한 것이므로 성덕왕대에
　　　성립되었다고 보기도 하고(신종원, 1987,「新羅 五臺山事蹟과 聖德王의 卽位背景」,
　　　『崔永禧先生華甲紀念 韓國史學論叢』, 130쪽 ; 金英美, 1994,「新羅 中代의 阿彌陀信
　　　仰」,『新羅佛敎思想史硏究』, 147~148쪽), 오대산의 五方佛 형태는 밀교의 영향이므
　　　로 신라 하대에 이르러 성립했다고 보기도 하고(金福順, 1996,「新羅 五臺山 事蹟의
　　　形成」,『江原佛敎史硏究』, 소화 ; 2002,『韓國古代佛敎史硏究』, 민족사, 193~194쪽
　　　재수록), 오대산 결사는 의상계 화엄종이 중심이 되어 자장계의 불교신앙과 당시
　　　불교계를 통합하려는 성격을 가진 것으로 왕건의 도움을 받아 이루어졌다고 보기도
　　　한다(金杜珍, 1992,「新羅 下代의 五臺山信仰과 華嚴結社」,『가산이지관스님화갑기
　　　념논총 한국불교문화사상(상)』; 2002,「오대산신앙과 화엄결사」,『新羅華嚴思想史
　　　硏究』, 252~253쪽 재수록). 연구 초기에는 一然의 주석을 근거로 신라 중대(효소왕~
　　　성덕왕대)의 기록으로 보는 경향이 많다가 唐 오대산 문수신앙이 不空과 澄觀의
　　　노력으로 호국신앙화되었다는 연구 성과(朴魯俊, 1997,「唐代 五臺山文殊信仰과
　　　그 東아시아的 展開에 關한 硏究」, 성신여대 박사학위논문)가 발표된 이후 그 성립
　　　시기에 대한 다양한 의견이 제시되었다. 한편 최근에는 오대산에서 독송한『금광명
　　　경』이 8권본임을 근거로 오대산신앙 전체의 성립 시기가 8세기 중엽을 넘지 않을
　　　것으로 보는 견해가 있다(박미선, 2007,「新羅 五臺山信仰의 成立時期」,『韓國思想史
　　　學』28, 151~154쪽). 그런데 고려전기의「七長寺慧炤國師碑」나「玄化寺碑」에 등장
　　　하는『금광명경』이 4권본 또는 8권본이다. 그러므로 8권본『금광명경』의 유통이
　　　8세기 중엽 이후 단절되었다고 단정할 수는 없다고 생각한다.
133) 慧南(盧在性), 1999,「澄觀의 五臺山 信仰」,『중앙승가대논문집』8, 74~92쪽.
134) 千葉照觀, 1986,「五台山金閣寺について」,『(大正大學)綜合佛敎研究所年報』8, 166쪽.

대화엄사에 주석한 이들은 대부분 志遠 등 천태종 승려들이었다.135) 지원은
오대산 대화엄사에 40여 년간 주석하면서 天台 智顗의 『摩訶止觀』, 『法華玄
義』 등을 강의하며 대화엄사를 천태종 사찰처럼 번성시켰다.136) "대산의
대화엄사는 천태교학의 흐름을 잇는다고 가히 이를 만하다"는 圓仁의 평가
는 그가 천태종 승려라는 점을 감안해야겠지만 8세기 오대산의 성격과는
달라졌음을 말해준다. 뿐만 아니라 오대산에는 法照가 세운 竹林寺가 정토
사찰로서 위엄을 내세우고 있었다.137) 828년 唐에서는 受戒 장소를 종남산
과 오대산 두 곳만 허용하게 된다.138) 이후 더욱 다양한 전공의 승려들이
오대산을 찾게 되었는데, 이것이 오대산의 변화를 촉진하였던 것 같다.
신라의 오대산에 승려들이 언제부터 정착하였는지 모르지만,139) 처음부터
『삼국유사』에 나오는 형태의 모습은 아니었을 것 같다.140) 오대산의 의례

---

135) 김문경 역주, 2001, 『엔닌의 입당구법순례행기』, 도서출판 중심, 313쪽.

136) 『宋高僧傳』 唐五臺山華嚴寺志遠傳(『大正藏』 50, 745b7~c19).

137) 法照를 천태종 계보로 보는 견해도 있다. 慧思－智顗－灌頂－道素－弘景－惠眞－承遠
－法照로 이어지며, 법조가 般舟道場을 열어 念佛三昧를 실천한 것은 慧思 이래의
전통이라고 한다(荒槇純隆, 1998, 「圓仁の五臺山受法について」, 『天台學報』 40, 62쪽).

138) 김문경 역주, 2001, 『엔닌의 입당구법순례행기』, 도서출판 중심, 65쪽.

139) 자장이 머물렀던 오대산 원녕사 즉 정암사의 경우, 훗날 信義가 와서 암자를 세우고
살았고, 그 뒤 또 오래도록 황폐해져 있다가 有緣이 다시 세웠다고 한다(『三國遺事』
卷3, 塔像, 臺山五萬眞身). 慈藏 → 信義 → 有緣 이들은 종파적 맥락에서 연결되지
않는다. 초기 오대산의 사찰들은 이렇게 특정 사상이나 종파의 계보에 의해 체계적으
로 조직적으로 만들어진 것이 아니라 '오대산'이라는 이유 때문에 그곳을 찾은
여러 승려들이 증가하면서 점차 확대되고 정비된 것이 아니었을까 하는 생각을
해본다.

140) 『三國遺事』 卷3, 塔像, 臺山五萬眞身條의 내용을 정리하면 다음과 같다.

동대	청색	觀音房	觀音菩薩	『金經』『仁王般若經』『千手呪』	觀音禮懺	圓通社
남대	적색	地藏房	地藏菩薩 八大菩薩	『地藏經』『金剛般若經』	占察禮懺	金剛社
서대	흰색	彌陀房	無量壽如來 大勢至菩薩	『法華經』	彌陀禮懺	水精社
북대	흑색	羅漢堂	釋迦如來 五百羅漢	『佛報恩經』『涅槃經』	涅槃禮懺	白蓮社
중대	황색	眞如院	文殊菩薩	『華嚴經』『六百般若經』	華嚴神衆	法輪社

체계는 어느 한 시기에 완비된 형태로 등장한 것이 아니라 점차적으로 변모해갔을 것이다.[141] 다만 서대의『법화경』독송과 미타예참은 법화삼매의 성격을 지니는데, 이는 圓仁이 목격한 당 오대산에서의 모습과 비슷하다는 점에서 신라 하대의 것으로 볼 수 있지 않을까 한다. 오대산신앙은 하대가 되면 신라 사회에 경전 독송 문화가 정착되어 감을 보여준다는 점에서도 중요한 의미를 지닌다고 생각한다.

한편 오대산에서 독송된『법화경』이 7권본이라는 점에 주목할 필요가 있다. 왜냐하면 신라의 다른 기록에는 8권본『법화경』만이 보이기 때문이다.

> 다-1) 장차 草堂寺에서 번역하여 8권으로 만들어 妙法蓮花라 불렀으니 일승임을 믿지 않을 수 있겠는가.[142]
> 다-2) 일찍이 탁발하는 승려가 집에 와서『법화경』을 읽었는데, 그는 안방에서 이를 듣고 문득 믿음이 생겼다. 그래서 자리를 베풀고 승려를 맞이하여 다 읽기를 청했더니 중은 8권을 읽어서 끝냈다.[143]

다-1)은 의적의『법화경집험기』별서에 나오는 구절이다. 의적은 草堂寺에서 번역한 8권본『법화경』을 보았다고 하였는데, 초당사는 구마라집이『법화경』을 번역한 곳이다.[144] 그러니 의적은 구마라집역『법화경』8권본을 보았던 것이다. 다-2)는 균여의 누이 秀明이 탁발승의『법화경』독송을

---

141) 최연식은『삼국유사』오대산신앙의 모습이 9세기 이후일 가능성이 높다고 하면서도 중대 진여원에서의『화엄경』독송은 8세기 초에 있었다고 보고 있다(최연식, 2005,「8세기 신라 불교의 동향과 동아시아 불교계」,『불교학연구』12, 257쪽).

142)『法華經集驗記』下卷, 別序(太田晶二郎, 1981,「東京大學圖書館藏 法華經集驗記 解題」,『法華經集驗記』, 3쪽).

143) 赫連挺,『大華嚴首座圓通兩重大師均如傳』(『韓國佛敎全書』4, 511c) ; 이재호 옮김, 1997,『균여전』, 솔출판사, 438~439쪽.

144)『妙法蓮華經文句』卷8, 釋提婆達多品(『大正藏』34, 114c22~24). 구마라집은 弘始 5년(403) 장안 소요원에서『대품반야경』번역을 마치고 弘始 8년(406) 여름에 초당사에서『묘법연화경』을 번역하였다.

들었다는 내용인데, 이때 '8권을 읽어서 끝냈다'라는 표현을 쓰고 있다. 다-1)의 시기는 7세기 후반에서 8세기 전반 무렵이고, 다-2)는 10세기 초반이다. 다른 자료가 없어 단정하긴 어렵지만,[145) 신라에서는 구마라집역의 『법화경』 8권본이 주로 유통되었던 것이다. 그런데 왜 오대산에서는 7권본 『법화경』을 독송하였던 것일까. 7권본은 고려시대에 가면 자주 등장한다. 고려후기에 사경의 유행 속에서 『법화경』 사경도 많이 행해졌는데, 현존 고려후기 『법화경』 寫經 가운데 日本 鍋島報效會 소장 佐賀縣立博物館 기탁 『법화경』 8권본 1부를 제외하고는 모두 7권본이다.[146) 고려후기에는 8권본도 있긴 하나 대부분 7권본을 보았다고 말할 수 있다. 7권본 『법화경』을 근거로 오대산에서의 『법화경』 독송이 고려시대의 현상이라고 단정하긴 어렵다. 하지만 분명히 고려해볼 필요가 있는 문제이다.[147)

145) 智顗의 『妙法蓮華經文句』나 慈恩의 『妙法蓮華經玄贊』은 모두 28품으로 되어 있다. 그런데 28품의 경우에도 7권본과 8권본이 있어 몇 권본을 봤는지는 알 수가 없다. 현재는 7권 28품본이 전하고, 『법화전기』에도 '1부 7권 28품'이라는 표현이 나온다.
146) 권희경, 2006, 『고려의 사경』, 글고운에 수록된 것을 정리하였는데, 7권본으로 확인 가능한 것이 10개이다. 한편 佐賀縣立博物館 기탁 『묘법연화경』은 7권본, 8권본 각각 1부 씩이다.
 ① 국립중앙박물관 소장 염승익 발원 『묘법연화경』 7권본 1부
 ② 일본 宝積寺 소장 京都國立博物館 기탁 『묘법연화경』 7권본 1부
 ③ 일본 金澤 大乘寺 및 松江 天倫寺 소장 『묘법연화경』 7권본 1부
 ④ 일본 羽賀寺 소장 『묘법연화경』 7권본 1부
 ⑤ 삼성미술관 소장 『묘법연화경』 7권본 1부
 ⑥ 일본 鍋島報效會 소장 佐賀縣立博物館 기탁 『묘법연화경』 7권본 1부
 ⑦ 일본 根津美術館 소장 『묘법연화경』 7권본 1부
 ⑧ 국립중앙박물관 소장(구도갑사본) 『묘법연화경』 7권본 1부
 ⑨ 호림박물관 소장 『묘법연화경』 7권본 1부
 ⑩ 내소사 소장 국립전주박물관 기탁 『묘법연화경』 7권본 1부
147) 7권본 『법화경』이 누구의 번역인가를 해명하는 것은 매우 어려운 문제이다. 『법화경』은 중국에 전래된 이후 총 6차례의 한역이 이루어졌는데, 그 가운데 7권본 『법화경』에 해당하는 것은 '구마라집역의 『妙法蓮華經』'(이하 '라집역'으로 줄임)과 '闍那崛多역의 『添品妙法蓮華經』'(이하 '굴다역'으로 줄임)이다. 그런데 라집역과 굴다역 모두 7권본과 8권본이 존재한다. 『大唐內典錄』을 보면, 라집역은 妙法蓮華經七卷或八卷一百四十八紙라 되어 있고, 굴다역은 妙法蓮華經(八卷一百五十五紙)라 되어 있다(『大

고려후기 법화경 사경도

한편『법화경』을 독송하는 승려가 주석한 대승사에서나 오대산 서대에서
『법화경』강경 법회가 행해졌을 가능성도 있다. 법회 개최에 대한 기록은
없지만, 대승사나 오대산에 자연스럽게 신도들이 모여들었을 것이고 이는
강경 법회로 이어지지 않았을까 싶다. 신라의『법화경』강경 법회에 대한
구체적 정보는 산동 적산 법화원을 통해 알 수 있다. 산동 적산 법화원의
법회는 唐土에서 행해졌다는 한계가 있지만, 圓仁이 신라 방식에 의한
것임을 강조하고 있으므로 신라의 사정을 반영하고 있음에 틀림없다.

　라-1) 6월 7일 (중략) 산에는 절이 있는데 그 이름은 赤山法華院이다. (중략)

唐內典錄』卷6[『大正藏』55, 286c22~28]). 또한『開元釋敎錄』을 보면 라집역은 妙法蓮
華經八卷(二十八品或七卷)이라 되어 있고, 굴다역은 妙法蓮華經七卷(二十七品或八卷)
이라 되어 있다(『開元釋敎錄』卷11[『大正藏』55, 591 b12~c6]). 라집역의 경우로
좁혀 보더라도 27품인지 28품인지의 혼돈이 있다. 라집역은 아주 이른 시기부터
7권본과 8권본이 동시에 유통되었다. 그러므로 7권본인가 8권본인가만을 가지고
시대를 논하기는 어렵다. 다만 신라의 경우 8권본 사례만 보이고, 고려후기『법화경』
사경은 대부분 7권본이라는 두드러진 구분이 나타난다. 때문에『삼국유 사』오대산
기록에서 7권본『법화경』이 등장한다는 사실은 오대산신앙의 시기와 관련하여
고려해볼 필요가 있다고 생각한다.『법화경』판본에 대한 문제는 앞으로 더 추적해보
도록 하겠다.

이 법화원에서는 겨울과 여름에 불경 강회가 있다. **겨울철에는 『법화경』을 강설하고, 여름에는 8권본 『金光明經』을 강의한다.** 오래도록 이를 강의해왔다.[148]

라-2) 11월 16일 산원은 이날부터 『법화경』을 강의한다. 내년 정월 15일을 한정하여 그 기간으로 삼는다. 여러 곳에서 온 많은 스님들과 인연 있는 시주들도 모두 와서 서로 만났다. 그 가운데서 성림화상은 이 강경의 법주이다. 그밖에 論義 두 사람이 있었는데, 승 頓證과 승 常寂이다. 남녀 도속 할 것 없이 **같이 사원에 모여 낮에는 강의를 듣고 밤에는 예참하고 청경하며 차례차례로 이어간다.** 승려와 속인 등 그 수는 40여 명이다. 그 강경과 예참 방법은 모두 신라의 방식에 의하여 행하였다. 다만 저녁과 이른 아침 두 차례의 예참은 또한 唐風에 의하여 행하였고, 그 나머지는 모두 신라의 말과 음으로 행하였다. 그 집회에 참석한 스님, 속인, 노인, 젊은이, 존귀한 사람, 비천한 사람 할 것 없이 모두 신라 사람이다. 다만 3명의 스님과 행자 1명만 일본국 사람일 뿐이다.[149]

장보고가 세운 절의 이름이 '법화원'이고, 겨울마다 『법화경』을 강의한 까닭에 대해서 그동안 다양한 의견이 제시되어 왔다. 이에 의하면 법화원은 단순히 관음도량이었거나 아니면 천태종 사찰이라고 한다.[150] 법화원에서

148) 圓仁, 『入唐求法巡禮行記』開成 4년(839) 6월 7일 ; 김문경 역주, 2001, 『엔닌의 입당구법순례행기』, 중심, 178~180쪽.
149) 圓仁, 『入唐求法巡禮行記』開成 4년(839) 11월 16일 ; 김문경 역주, 2001, 『엔닌의 입당구법순례행기』, 중심, 208쪽.
150) 법화원의 성격에 대한 연구는 크게 두 가지로 대별된다. 첫째는 항해의 안전을 기원하는 관음신앙의 성격을 강조한다(권덕영, 2001, 「在唐 新羅人 社會와 赤山 法花院」, 『史學研究』 62[2005, 『재당 신라인 사회 연구』, 일조각, 88~111쪽 재수록] ; 조범환, 2002, 「張保皐와 赤山 法花院 : 赤山 法花院과 9세기 동아시아 세계」, 『대외문물교류연구』창간호 ; 조영록, 2002, 「張保皐 船團과 9세기 동아시아의 佛敎 交流 : 赤山·寶陀山과 洛山의 내적 연관성의 모색」, 『대외문물교류연구』창간호, 121쪽). 둘째는 『법화경』이 천태종의 소의경전임에 주목하여 법화원은 천태종과 밀접히 관련 있다고 하거나(장일규, 2007, 「신라 하대 서남해안 일대 천태 관련 사찰과 장보고 선단」, 『新羅史學報』 10, 136쪽) 천태종이 교세를 떨쳤던 揚州 일대

『법화경』 강의를 주도하던 성림은 820년 전후에 오대산에 가서 志遠
(768~844)선사와 그의 문도들이 법화삼매를 닦고 보현보살을 염불하는
것을 목격하였다.[151] 그러므로 성림이 천태교학의 영향을 받았을 가능성이
있다. 또한 법화원에 머물고 있던 일본 천태종 승려 圓仁의 존재를 통해
볼 때 법화원이 형계 담연 이후 교세가 확장되어 가던 천태종과 전혀
무관할 수는 없었을 것이다. 그렇다고 해서 적산 법화원이 천태종 사찰이고
『법화경』 및 『금광명경』 법회가 천태종의 의식이라고 단정하기에는 섣부른
감이 있다. 적산 법화원의 기록에서 더욱 주목되는 것은 법회의 절차이다.[152]

　　圓仁이 목격한 적산 법화원의 『법화경』 법회는 매우 체계적이었다.[153]
법회에 참여한 사람들은 낮에는 강의를 듣고 밤에는 예참을 행하였다.
법회 와중에 經文에 대한 강사의 설명이 있은 뒤 문답을 주고받고, 강사가
나간 뒤에는 복강사가 다시 어제 배운 경문을 복습하게 한다. 이러한 강경
과정을 통해 사람들은 『법화경』의 함의를 깊이 있게 이해하게 되었을
것이다. 강경 의식을 2달(11월 16일~내년 1월 15일) 동안 매일 같이 하였고,
법회가 모두 끝난 뒤에는 참여한 사람들에게 菩薩戒를 주었다고 한다.[154]
이와 같은 법회를 통해 신라인들은 『법화경』에 대한 지식이나 신앙을
갖게 되었을 것이다. 글자를 몰라 『법화경』을 읽지 못하더라도 설법을
통해 경전 내용을 이해하게 되었을 것이다. 圓仁이 『법화경』 강경 의식을

　　절과 유기적 네트워크를 상업망으로 이용하기 위한 거점이었다고 한다(정순모,
　　2006, 「唐代 寺院과 張保皐의 法華院」, 『대외문물교류연구』 5, 194~195쪽).

151)　김문경 역주, 2001, 『엔닌의 입당구법순례행기』, 187쪽, 839년 7월 23일.

152)　김문경, 1967, 「적산 법화원의 불교의식」, 『史學志』 1 ; 김문경, 1970, 「의식을
　　통한 불교의 대중화활동 : 당·신라 관계를 중심으로」, 『史學志』 4.

153)　圓仁, 『入唐求法巡禮行記』 開成 4년(839) 11월 22일 일기에 산법화원의 講經儀式,
　　新羅一日講經儀式, 新羅誦經儀式이 차례대로 적혀 있다. 김문경 주, 2001, 『엔닌의
　　입당구법순례행기』, 209~215쪽.

154)　圓仁, 『入唐求法巡禮行記』 開成 5년(840) 정월 15일 ; 김문경 역주, 2001, 『엔닌의
　　입당구법순례행기』, 219쪽.

기록한 때가 839년(문성왕 1)~840년(문성왕 2) 사이이고, 법화원이 820년대 초에 건립되었다고 하므로[155] 늦어도 9세기 초반에는 신라에서도 『법화경』 강경이 행해졌을 것 같다.

　　신라에서 열린 법회의 성격을 이해하는 데 도움이 되는 기록이 있다.

　　마) 다시금 화려한 초나라의 鳳과 같은 사람이라든지 이름을 周璞과 나란히 한 이들도 있다. **어떤 이는 懺誦으로 추천되고, 어떤 이는 摠持로 특채되며, 어떤 이는 華僑로 등용되고, 어떤 이는 苦節에 대한 보답으로 등용되기도 하였다.** 이는 모두 임금의 綸旨로써 발탁하는 형식을 빌은 것이지만, 명예가 금패보다 무거웠으며 帝釋天의 寶網이 서로 (重重하 게) 걸려 있는 것과 같아서 빛이 玉利에서 무르녹았다. 이들을 등용함은 (중략) 노나라의 공자가 『주역』을 배웠다는 나이[50세]가 된 사람이라야 비로소 이 자리에 앉는 것을 허락하며 마침내 기한을 7년으로 정하였다. (중략) **터를 닦은 것은 겨우 백년밖에 안 되지만 나라의 부름을 받은 분들이 28대덕이나 되고, 誦持(懺誦과 摠持)를 함께 하여 [대덕에] 오른 자가 다섯이요, 演暢으로 말미암아 別座에 앉은 이가 셋이었다.**[156]

　　인용문 마는 최치원이 孝恭王 4년(900)에 쓴 「新羅迦耶山海印寺善安住院 壁記」에 나오는 구절이다. 해인사 출신의 대덕들을 소개하기에 앞서 신라 대덕 선발 규정에 대해 자세히 밝히고 있는데, 선발 기준이 懺誦, 摠持, 華僑,[157] 苦節 등이었다. 즉 예참과 경전 독송에 뛰어난 승려, 다라니 주문을 잘 외우는 승려, 수행에 충실한 승려 등이 대덕으로 임명되었다. 50세가 넘어야 선발되었고, 기한은 7년이었다. 왕명에 의해 대덕으로 선발되면 일반 관료 이상의 대접을 받았다고 한다. 이 기록은 신라 왕실 및 신라

155) 김문경 역주, 2001, 『엔닌의 입당구법순례행기』, 178쪽.
156) 崔致遠, 「新羅迦耶山海印寺善安住院壁記」(최영성 역주, 1998, 『崔致遠全集2』, 亞細亞 文化社, 290~294쪽).
157) 華僑는 귀족 출신의 승려, 명예가 있는 승려, 혹은 文德이 있는 승려 등으로 해석하는데, 정확한 의미를 모르겠다.

사회가 불교에 요구한 것이 무엇이었는가를 잘 대변해준다. '예참과 독송[懺誦]'은 법회를 진행하는 데 필요한 기능이다. 승려들은 의식을 집전하는 성직자로서의 역할을 수행하였다. '총지[摠持]'란 다라니의 번역어이다. 주문, 즉 神呪를 외는 것은 흔히 밀교로 분류하지만 그 개념이 다양하며,158) 명랑 이후 왕실에서는 총지의 효능을 중요시하였을 것이다. 그리고 '苦節'의 사전적 의미는 절개를 지킨다는 것으로, 수행에 충실한 태도를 가리킨다. 원성왕 때 국사로 임명된 연회의 경우가 고절로 등용된 예가 될 것이다. 여기서 강조하고 싶은 것은 예참과 독송[懺誦]이다. 낮에는 독송하고 밤에는 예참하는 것은 바로 적산 법화원이나 오대산에서 행해지던 의식이기 때문이다. 이는 적산 법화원과 같은 의식이 신라에서도 행해졌음에 대한 방증이 될 것이다. 802년 順應이 해인사를 창건한 이후, 해인사에서 28명의 대덕이 배출되었다고 한다. 해인사의 승려들은 주로 『화엄경』을 강의하였겠지만, 『법화경』을 강의하고 『법화경』에 의거하여 禮懺을 실천하는 이들도 분명 있었을 것이다.159)

또한 『법화경』을 독송하며 보현행을 실천하는 사례가 있다.

　　바) 일찍이 高僧 緣會는 영취산에 은거하면서 매일 『妙法蓮華經』을 읽고, 普賢觀行을 닦았다. 뜰 가운데 못에 피어 있는 몇 줄기의 연꽃은 사계절 내내 시들지 않았다. 국왕인 元聖王이 연회에게 상서롭고 기이한 자취가

---

158) 경흥은 '총지의 체는 念, 定, 慧로 이들은 여러 특징을 총합하는 공능이 있어서 명확히 알고 잊지 않고 기억한다. 이렇게 간단한 말에 많은 의미를 담고 있기 때문에 총지라 한다'고 정의하였다. 『三彌勒經疏』, "陀羅尼者 此云總持 義作四門 一釋名 二辨體 三問答 四釋本文 言釋名者 卽念慧等能總合衆德 識明達 記不忘 以略含廣 名總持 (중략) 今云 法義二以念慧爲體 呪一種以自在定爲體 謂定力令有神驗故 忍一種 以慧爲體 謂無分別智能忍無生理故."

159) 「玄化寺碑」에 의하면 고려 현종은 현화사에서 특별히 공인에게 명하여 『반야경』 6백권과 3본의 『화엄경』, 『금광명경』, 『법화경』 등의 목판을 새겼다(許興植 編著, 1984, 『韓國金石全文 中世上』, 亞細亞文化社, 450쪽). 『화엄경』, 『법화경』, 『금광명경』, 『반야경』은 신라 때부터 왕실에서 애호되던 경전이었으리라 생각한다.

있음을 듣고는 그를 불러 國師에 임명코자 하였다.160)

연회의 생몰연대는 정확하지 않다. 영취산에 살면서 수행에 몰두하다 원성왕(재위 785~799) 때 國師가 되었고, 見性寺를 세웠다는 것161) 말고는 특별히 알려진 행적이 없다. 연회는 낭지의 전기를 지어 세상에 유통시키고, 낭지처럼 『법화경』을 독송하며 보현관행을 닦았다. 연회는 보현보살을 만나 삼매의 경지를 입증받고자 하였을 것이다.

이와 같이 출가 승려들이 『법화경』 독송을 통한 수행을 행하는 한편, 『법화경』 독송을 재가자들을 교화하는 데 활용하기도 하였다. 탁발승의 『법화경』 독송을 듣고 출가하거나 믿음을 내는 사례가 신라 말이 되면 등장한다.

사-1) [석초는] 동서를 조금 알게 되었을 때 갑자기 자신의 마음속 생각을 어머니에게 말하였다. **"마침 이웃집에 놀러갔다가 스님이 [『법화경』] 「妙莊嚴王品」 외는 것을 들었는데, 묘장엄왕이 두 아들의 출가를 허락하는 대목이었습니다. 일념으로 쫓으면 복이 많은 생에 미친다고 하니 어찌 차마 양수레[羊車], 사슴수레[鹿車]와 같은 길을 가겠습니까. 말·소와 함께 가겠습니다."** [그리하여] 아버지가 허락하고, 국왕도 윤허하였다.162)

사-2) 스님[均如]이 오랫동안 절에 있으니 어머님 생각이 났다. 드디어 집에 돌아가 어머님을 뵙고 秀明과 서로 지혜를 겨루었다. 일찍이 수명은 스님보다 3년 먼저 났는데 이 해가 곧 天祐 17년(920)이었다. 수명은 날 때부터 우는 것이 절도가 있더니 장성해서는 총명함이 남보다 뛰어났다. **일찍이 탁발하는 승려가 집에 와서 『법화경』을 읽었는데, 그는 안방에서 이를 듣고 문득 믿음이 생겼다. 그래서 자리를 베풀고**

---

160) 『三國遺事』 卷5, 避隱, 緣會逃名文殊岾.
161) 『奉恩寺事蹟記』에 나온 내용이다. 역사적 사실인지 확인하기 어렵다.
162) 王融 撰, 「智谷寺眞觀禪師碑」(981년 건립).

승려를 맞이하여 다 읽기를 청했더니 승려는 8권을 읽어서 끝냈다.
이에 하루 저녁 머물기를 청해서 경의 뜻을 자세히 설명하게 했는데
그가 들은 것은 조금도 빠뜨림이 없었다. 승려는 떠나면서 수명에게
말하였다. "나는 菩提留支 삼장이고 너는 德雲比丘의 화신이도다."163)

　사-1)은 眞觀禪師 釋超(912~964)의 출가에 대한 부분이다. 釋超는 中原府
사람으로 神德王 1년(912)에 태어났다. 7세(918)의 어린 나이에 출가하였는
데, 그 계기가 이웃집에 놀러갔다가 어떤 승려가 『法華經』「妙莊嚴王品」을
독송하는 것을 들은 것이었다고 한다. 「묘장엄왕품」은 『법화경』 전체 28품
가운데 27품인 「妙莊嚴王本事品」을 말한다. 옛날 숙왕화여래가 『법화경』을
설할 때의 왕이었던 묘장엄왕이 아들 淨藏, 淨眼을 바라문법으로 돌리려고
『법화경』이 설해지는 곳으로 갔는데 거기에 가서 오히려 왕이 妙益을
얻어 아들의 출가를 허락하였다는 내용이다.164) 당시 석초가 만난 승려는
교화의 목적으로 「묘장엄왕품」을 선택하여 독송하였을 것이다. 석초는
부모의 허락을 받고 곧장 靈嚴山 麗興禪院 法圓大師에게 출가하여 경순왕
2년(928)에 法泉寺 賢眷律師에게 具足戒를 받았다.165)

　다음 사-2)는 균여의 누이 秀明의 이야기이다. 수명이 집에 있을 때
탁발하는 승려가 와서 『법화경』을 독송하는 것을 듣고 믿음이 생겼다고
한다. 그리하여 승려를 맞이하여 하룻밤에 『법화경』 全卷을 다 읽었다는

---

163) 赫連挺, 『大華嚴首座圓通兩重大師均如傳』(『韓國佛教全書』 4, 511c) ; 이재호 옮김,
　　 1997, 『균여전』, 솔출판사, 438~439쪽.
164) 『妙法蓮華經』 卷7,「妙莊嚴王本事品」 第27(『大正藏』 9, 59b28~61a4).
165) 釋超가 구족계를 받은 곳이 法泉寺라는 사실이 주목된다. 法泉寺는 智光國師 海麟
　　 (984~1070)의 비가 있는 곳으로, 해린은 어려서 法泉寺 觀雄에게 출가하였다. 해린은
　　 重熙 연간(1032~1055), 즉 고려 덕종 1년~문종 9년 사이에 조서를 받고 궁에
　　 들어가 『법화경』을 강해하였는데, 이는 신라 유식 승려의 『법화경』 전통과 관련
　　 있다고 생각한다(박광연, 2009, 「고려전기 유가업의 『법화경』 전통 계승과 그 의미」,
　　 『역사와 현실』 71). 다만 석초가 법천사에서 구족계를 받은 것이 지역상의 문제인지
　　 교단상의 문제인지는 좀더 고려해봐야 할 것 같다.

것이다. 균여는 923년에 태어났고, 수명은 그보다 3년 앞인 920년에 태어났다. 수명이 『법화경』 외는 승려를 만난 것이 언제인지 정확히 알 수 없으나 '일찍이[嘗]'라는 표현을 봤을 때 10세기 전반이었을 것 같다. 이와 같이 석초나 수명의 예에서 볼 수 있듯이 승려들이 집집마다 돌아다니며 『법화경』을 외는 풍토가 신라 말에는 있었음을 알 수 있다. 즉 신라 말에는 『법화경』이 포교에 널리 사용되었다는 것이다. 특히 사-2)의 경우 수명을 찾아온 승려가 화엄 승려라는 사실에서, 교단에 상관없이 『법화경』을 독송하는 모습을 확인할 수 있다.

이와 같이 승려들의 독송, 강경 법회, 또는 탁발 등을 통해 『법화경』은 점차 신라인들에게 친숙한 경전이 되어갔을 것이다. 선사들의 비문이 이를 증명해준다.

> 아-1) 만약 **火宅에서 나와** 露地에 오르거나 三界를 벗어나 一如의 경지에 돌아가고자 한다면 부처님의 방편에 여러 가지가 있지만 三覺만한 것이 없고 도를 돕는 것은 하나가 아니지만 남의 선행을 함께 기뻐하는 것이 가장 좋다.166)
> 아-2) 반야의 배를 타고 애욕의 강물을 건너
> 피안에 이미 올랐으니 부처님만이 헤아릴 수 있으리라.
> **牛車가 이미 도착하니 火宅은 허물어졌다.**
> 法相은 비록 남아 있으나 哲人은 이미 떠나셨네.167)

신라 하대 선사들의 비문에 『법화경』 고유의 표현들이 등장하고 있다. 아-1)의 火宅이나 아-2)의 牛車는 『법화경』 7喩 가운데 하나인 火宅喩의 표현들이다. 인간이 사는 세상을 불타는 집[火宅]이라 하고, 불타는 집에서 벗어나게 하고자 소수레[牛車]가 도착하였다고 한다. 아-1)은 斷俗寺神行禪

---

166) 金獻貞 撰, 「斷俗寺神行禪師碑」.
167) 金穎 撰, 「寶林寺普照禪師碑」.

師碑(813년 건립)의 구절로 金獻貞이 찬한 것이고, 아-2)는 寶林寺普照禪師碑
(843년 건립)의 일부로 金穎이 찬한 것이다. 金獻貞은 원성왕의 손자이자
희강왕의 아버지로 當代의 실력자이다. 金穎은 唐 賓貢科에 급제하였고,
최치원과 함께 賀正使를 다녀오기도 했던 인물이다. 신라 하대에는 漢學의
발달, 빈공과 출신 유학생의 증가로 문한지식층이 두텁게 형성되었다.
이들은 국가에서 요구하는 문한의 업무를 담당하면서 사회의 변화를 주도해
갔다.168) 이들이 작성한 글에서『법화경』비유가 문장에 녹아 자연스럽게
사용되고 있다는 것은 이 시기 지식인들에게『법화경』에 대한 이해가
기본 교양이 되었음을 말해준다.

　이상의 사례들을 통해 볼 때,『법화경』은 신라 사회 전반에서 강경 및
독송의 주요 텍스트로서의 자리를 굳혀갔으리라 생각한다. 이는 지식인들
의 교양뿐만 아니라, 나아가 일반 민의 신앙 활동과도 결부된다. 신라인들은
법회에 참석하여『법화경』을 함께 독송하거나 들을 수 있는 기회가 점차
증가하였을 것이다. 또한 절에 찾아가지 않아도 탁발승들이 찾아와『법화
경』을 독송해줌으로써 듣게 되었을 것이다. 秀明을 찾아온 승려가 하룻밤에
『법화경』전권을 다 읽고 의미를 해석해주었다고 한다.『법화경』은 비유적
표현 때문에 이야기가 쉽고 재미있다. 원효나 의적 같은 승려들은『법화경』
을 통해 쉽게 佛道를 이룰 수 있음을 강조하였었다. 특히 의적은『법화경』
한 구절을 듣기만 해도,『법화경』을 베껴 쓰기 위해 점 하나만 찍어도
죽어서 지옥에 가지 않고 좋은 곳에 태어나며 오래 살 수 있다고 하였다.
아쉽게도 신라 일반 민들의『법화경』청문의 공덕을 직접 언급한 기록은
남아 있지 않지만, 승려들의『법화경』강경법회나 독송은 분명 일반 민들의
법화신앙으로 이어졌을 것이라 생각한다.

---

168) 李基東, 1978,「羅末麗初 近侍機構와 文翰機構의 擴張」,『역사학보』77.

(2) 佛事와 祈禱

통일 전쟁의 분위기가 고조되었던 문무왕 4년(664), 문무왕은 사람들이 함부로 재화와 전답을 절에 시주하는 것을 금지하였다.[169] 이는 전쟁에 동원되어야 할 물자들이 절로 빠져나가는 것을 막기 위함이었을 것이다. 모든 전쟁이 종식되고(676년경) 문무왕이 죽은 뒤(681) 신문왕이 즉위하면서 신라 사회에는 새로운 물결이 일기 시작하였다. 7세기 후반 이후 8세기에는 각종 사찰과 불탑 등의 조성이 줄을 이었다.[170] 신문왕 때의 國老였던 경흥도 이러한 공덕 불사에 대해 긍정적이었던 것 같다.

> 자) 수행자가 이 고통스런 곳을 싫어하고 저 즐거운 곳을 좋아하여 '福'과 '觀行'을 닦아 사바세계에서 빨리 벗어나고 정토에 나게 하고자 한다.[171]

인용문 자)는 『無量壽經連義述文贊』의 도입부로, 경흥이 이 논서를 저술한 의도를 밝히고 있다. 경흥은 정토 구현을 위해 觀行, 즉 止觀 수행을 강조하는 한편 이와 더불어 '福을 닦으라'고 말하고 있다. 여기서 福을 닦는다는 것은 무슨 의미일까. 원효는 수행의 방법으로 福分과 道分을 말하였는데,[172] 觀行이 道分에 해당한다면 福은 福分에 해당할 것이다. 道分이 생사의 고통을 싫어하고 무상의 도를 구하는 출세간을 지향한 수행법이라면, 福分은 세속에서 五戒, 十善 등을 실천하는 것이다.[173] 또한 福은 공덕의 의미를 지니므로, 복을 닦는다는 것은 각종 功德佛事를 행한다는 의미로도 해석 가능하다. 그러므로 경흥은 정토 구현의 방법으로 공덕불사를 인정했다고 볼 수 있다.

---

169) 『三國史記』 卷6, 新羅本紀6, 文武王 4年(664).
170) 사천왕사, 감은사(682), 고선사, 황복사(692)의 건립이 대표적이다.
171) 『無量壽經連義述文贊』 卷上(『韓國佛敎全書』 2, 18a~b).
172) 『法華宗要』(『韓國佛敎全書』 1, 489a9~10).
173) 金相鉉, 2000, 「원효의 실천행」, 『원효학연구』 5, 10~11쪽.

8세기 신라 사회는 양적으로나 질적으로나 불교 미술의 전성기를 이루었다. 이 새로운 분위기를 단적으로 보여주는 것이 感恩寺 삼층석탑으로,[174] 신문왕 2년(682)에 완공되었다.[175] 통일신라 문화의 터가 닦여졌다고 할 수 있는 신문왕 때『법화경』에 대한 사회적 공감대가 형성되었음을 알려주는 기록이 있다.

> 차) 절에 전해오는 옛 기록은 다음과 같다. 신라의 眞骨이자 제31대 임금인 神文王代 永淳 2년 계미년(683)에 宰相 金忠元이 莨山國―바로 東萊縣이니 萊山國이라고도 한다.―온천에서 목욕을 하고 성으로 돌아오던 길에 屈井驛 桐旨 들판에 이르러 말을 매어놓고 쉬고 있었다. 갑자기 한 사람이 매를 놓아 꿩을 쫓게 하니 꿩이 날아서 金岳을 지나갔는데 아득하여 자취를 쫓을 수가 없었다. 매의 방울소리를 듣고 찾아가보니 굴정현 관청 북쪽 우물가에 이르렀다. 매는 나무 위에 앉아 있고, 꿩은 우물 속에 있는데 물이 핏빛으로 흐려져 있었다. 꿩이 두 날개를 벌려 새끼 두 마리를 안고 있었다. 매도 그 모습이 측은하여 감히 잡지 못하였다. 공이 그 모습을 보고 안쓰럽기도 하고 느낀 바가 있어 이 땅을 점쳐 보았더니 절을 세울 만하다 하였다. 도읍으로 돌아와 왕에게 아뢰어 관청을 다른 곳으로 옮기고 그 땅에 절을 세워 靈鷲寺라 이름지었다.[176]

신문왕 3년(683) 재상 김충원이 굴정현에서 자식을 보호하는 꿩을 측은히 여기는 매의 모습을 보고 감동하여 왕에게 아뢰어 그곳에 절을 세웠는데, 절의 이름을 靈鷲寺라 하였다고 한다. 영취사라는 이름은 靈鷲山에서 비롯한

---

174) 감은사 삼층석탑은 백제 유민의 건축 기술을 도입하여 새로운 양식의 기단을 마련하는 등 여러 가지 측면에서 통일신라 석탑의 전형이 되었다. 삼층석탑의 시원이기도 하며, 쌍탑의 시원이기도 하다. 한정호, 2001, 「감은사지 동서삼층석탑의 연구」, 동국대 석사학위논문, 14~16·77~79쪽 참조.
175)『三國遺事』卷2, 紀異, 萬波息笛.
176)『三國遺事』卷3, 塔像, 靈鷲寺.

발해 이불병좌상

것으로, 석가모니가 가장 오랫동안 설법한 곳이자 『법화경』을 설한 곳으로 유명하다. 법화신행자인 연회가 머물렀던 절이 '靈鷲寺 龍藏殿'이고,[177] 一然이 낭지와 연회의 전기를 『靈鷲寺記』에서 채집한 데서도[178] 볼 수 있듯이 영취사라는 이름에서 『법화경』과의 관련성을 찾아볼 수 있다.

일반적으로 『법화경』에 의거한 대표적인 佛事로 二佛竝坐像 조성을 꼽는다. 이불병좌상은 『법화경』 「견보탑품」에 나오는 석가여래와 다보여래를 형상화한 것이기 때문이다. 통일신라 때도 이불병좌상이 만들어졌다. 1983년 황룡사지에서 출토되어 국립경주문화재연구소에 소장되어 있는 것[179]과 청송 大典寺에서 출토된 것으로 전해지는 것 2개가 바로 그것이다. 후자의 경우 한 불상이 오른손은 들어 施無畏印을 하고 왼손은 내려 무릎에 대고 있는 설법의 자세를 취하고 있는 것으로 보아 釋迦如來와 多寶如來임이 분명하다고 하며, 양식 특성상 9세기 말 내지 10세기 초의 불상이라고 한다.[180] 이불병좌상으로 유명한 나라는 고구려와 발해이다. 좀더 정확히

---

177) 『三國遺事』 卷5, 避隱, 緣會逃名文殊岾.

178) 『三國遺事』 卷5, 避隱, 朗智乘雲普賢樹.

179) 임석규, 1995, 「발해 반립성 출토 이불병좌상의 연구」, 『불교미술연구』 2.

180) 문명대, 1976, 「傳大典寺出土 靑銅二佛竝坐像의 一考察」, 『동국사학』 13, 10~15쪽.

낙산사 해수관음보살상

말하면 발해의 東京 龍原府 지역에서 5기의 이불병좌상이 발견되었는데,[181] 그 지역은 고구려의 전통이 강하기 때문에 고구려의 법화신앙을 계승한 것으로 해석하고 있다.[182] 그렇다면 신라 이불병좌상의 조성 및 법화신앙의 형성에 고구려 유민이나 발해의 영향도 생각해볼 여지가 있다. 하지만 구체적인 증거가 없으므로 가능성으로만 남겨두고자 한다.[183]

다음 『법화경』 관련 불사로 관음보살상 및 관음보살도의 조성을 생각해볼 수 있다. 『법화경』에서 가장 대중적 인기가 있는 품은 「觀世音菩薩普門品」이다. 신라에서도 7세기부터 현세구복적 관음신앙이 등장하였고 계속 그 향유층이 확대되었다. 이는 관음보살상의 조성으로 이어졌다.[184] 『三國遺事』에 전하는 관음보

181) 차옥신, 1991, 「渤海 佛像에 관한 연구」, 이화여대 석사학위논문 ; 정영호, 1998, 「발해의 불교와 불상」, 『고구려연구』 6 ; 강희정, 2003, 「발해 후기의 불교 조각과 신앙」, 『동악미술사학』 4 ; 최성은, 2007, 「발해 불교조각의 새로운 고찰」, 『고구려발해연구』 4.

182) 송기호, 1992, 「발해 불교의 전개과정과 몇 가지 특징」, 『한국불교문화사상사』 권상, 716~717쪽. 上京龍泉府 지역은 관음상이 주류를 이루고, 東京龍原府 지역은 이불병좌상이 주류를 이루고 있다고 한다. 이불병좌상은 고구려 불교의 지방적 전통이 그대로 이어진 것으로 보고 있다.

183) 다만 신라나 중국의 이불병좌상은 두 부처가 떨어져 앉아 있는 반면, 발해 이불병좌상은 두 부처가 붙어 앉아 있고 손을 맞잡고 있는 듯한 모습으로 양식상의 차이가 난다. 임석규, 1995, 「발해 반립성 출토 이불병좌상 연구」, 『불교미술연구』 2 참조.

살상으로는 洛山寺 觀音菩薩像,[185] 衆生寺 觀音菩薩像,[186] 敏藏寺 觀音菩薩
像[187] 등이 있다. 낙산사 관음보살상은 의상이 모신 것으로 되어 있고,
중생사 관음보살상은 당에서 온 화공이 만든 것이고, 민장사 관음보살상은
角干 민장이 자신의 집을 내어 절을 세우고서 모신 것이다. 여기서 민장의
관등인 角干은 신라 京位 17관등 가운데 가장 높은 伊伐湌에 해당한다.[188]
관음보살상의 조성이 주로 지배층이나 승려들에 의해 이루어졌음을 볼
수 있다.

이와 같이 불상의 조성은 지배층이나 승려에 의해 이루어졌지만, 이후

---

184) 통일신라 때 만들어진 독존 관음보살입상 가운데 현존하는 것은 다음의 표와 같다.
1~12번까지는 안현정의 논문(2009,「統一新羅金銅菩薩立像」, 동국대 석사학위논
문, 155~160쪽) <부록 1>에서 관음보살의 명칭이 있는 것을 옮겨 적었고, 13~15번
은 김정임의 논문(2001,「高麗時代 觀音菩薩像 硏究 : 金銅觀音菩薩像의 圖像을 中心
으로」, 동국대 석사학위논문, 44쪽) <표>에서 옮겨 적었다.

	소장처(출토지)	크기(cm)	자료출처
1	일본 개인	6.5	松原三郎(1995)
2	일본 개인	7.5	松原三郎(1995)
3	일본 개인	10.8	松原三郎(1995)
4	일본 개인	11.5	松原三郎(1970)
5	호림박물관	11.6	박물관 도록(2002)
6	일본 개인	11.8	松原三郎(1995)
7	국립중앙박물관(김해)	12.4	최선주·허형욱(2006)
8	동경국립박물관	13.2	박물관 도록(2005)
9	국립중앙박물관(합천)	13.5	최선주·허형욱(2006)
10	일본 松田光 소장	14.7	村田靖子(2004)
11	동경국립박물관(경주)	14.8	박물관 도록(2005)
12	미국 클리블랜드미술관	18.6	나라박물관 도록(1987)
13	일본 圓明寺		정영호「불교미술 : 대마도의 새로운 불상들」
14	부산시립박물관		박물관 도록(1979)
15	동아대 박물관		박물관 도록(2001)

185) 『三國遺事』 卷3, 塔像, 洛山二大聖觀音正趣調信.
186) 『三國遺事』 卷3, 塔像, 三所觀音衆生寺.
187) 『三國遺事』 卷3, 塔像, 敏藏寺.
188) 角干의 사용 예로 다음을 들 수 있다. 『三國史記』 卷6, 新羅本紀6, 文武王 4年,
"角干 김인문, 伊湌 천존이 당나라 칙사 유인원, 백제 扶餘隆과 함께 웅진에서
맹약을 맺었다." 京位 17관등 가운데 두 번째인 伊湌보다 角干이 앞에 등장한다.

208

관음보살상은 많은 신라의 일반 민들이 복을 빌기 위해 찾는 대상이 되었다. 특히 중생사 관음보살상과 민장사 관음보살상에 대한 이야기가 『삼국유사』에 수록되어 있다.

> 카-1) 禺金里에 사는 가난한 여인 寶開에게 長春이라는 아들이 있었다. 장춘이 바다 장사치를 따라 길을 떠났는데 오래도록 소식이 없었다. 보개가 敏藏寺—이 절은 민장 角干이 집을 내어 절로 만든 것이다—관음보살 앞에 가서 정성껏 7일 동안 기도하자 불현듯 장춘이 돌아왔다.[189]
> 카-2) 신라 말 천성 연간에 정보 최은함이 오래도록 자식이 없었다. 이 절 관세음보살 앞에 가서 기도를 드렸더니 임신하여 남자아이를 낳았다.[190]

　인용문 카-1)은 경덕왕대에 보개라는 여인이 민장사 관음보살을 찾아가 아들의 무사귀환을 비는 내용이고, 카-2)는 신라 말에 최은함이 중생사 관음보살상을 찾아가 남자아이를 낳게 해달라고 비는 내용이다. 여기서 민장사를 찾아간 보개는 가난한 여인이었다. 두 사례에서 자식에 대한 간절함 바램을 담고 관음보살을 찾은 신라인의 모습을 볼 수 있다. 낙산사 관음보살도 신라인들에게는 복을 비는 대상으로 받아들여졌던 것 같다. 이는 調信의 예에서 확인할 수 있다. 세달사 승려였던 調信은 명주태수 김흔의 딸을 흠모하게 되어 그 여인과의 사랑을 이루게 해달라고 관음보살에게 애원하였다.[191] 이와 같이 아픈 아이를 낫게 해달라는 기도, 뱃길을 무사히 돌아오게 해달라는 기도, 적에게서 살아남게 해달라는 기도, 아들 낳게 해달라는 기도, 심지어 사랑을 이루게 해달라는 기도까지 신라인들은 일상 속에서의 간절한 바램을 관음보살에게 빌었다.

---

189) 『三國遺事』 卷3, 塔像, 敏藏寺.
190) 『三國遺事』 卷3, 塔像, 三所觀音衆生寺.
191) 『三國遺事』 卷3, 塔像, 洛山二大聖觀音正趣調信.

한편 관음보살상뿐만 아니라 관음보살도도 등장한다. 대표적인 것이 솔거의 작품이다.

　타) 率居는 신라 사람이다. (중략) 慶州 芬皇寺의 觀音菩薩像과 晉州 斷俗寺의 維摩像도 모두 그의 필적이었는데, 세상에 神畵라 전해진다.[192]

솔거의 그림으로는 황룡사의 노송벽화, 분황사의 관음보살, 단속사의 유마 등이 있다. 여기서 분황사의 관음보살이나 단속사의 유마는 모두 벽화일 것이다. 솔거가 관음보살을 그린 시기가 언제일까. 이를 추정케 하는 것이 ‘단속사’이다. 단속사는 신라 경덕왕 때 李純이 槽淵 냇가에 있던 조그마한 절을 개축하여 창건한 곳이다. 창건 연대를 『三國遺事』에서는 天寶 7년 즉 경덕왕 7년인 748년이라 하고,[193] 『三國史記』에서는 경덕왕 22년인 763년이라고 한다.[194] 분명한 것은 단속사의 창건이 경덕왕대(재위 742~765)라는 것이고, 그렇다면 솔거가 단속사에 유마상을 그린 것도 경덕왕대 또는 그 이후라고 봐야 한다. 분황사의 관음보살상도 경덕왕대 이후의 작품으로 볼 수 있다. 경덕왕대에 희명이라는 여인이 분황사의 천수관음 앞에 가서 아이의 눈을 뜨게 해달라고 빌었다고 하는데,[195] 어쩌면 희명이 찾은 분황사 천수관음이 솔거가 그린 것일 수도 있을 것 같다.

다음 『법화경』 관련 불사로 ‘法華經 石經’을 꼽을 수 있다. 석경이란 경전의 구절을 돌에 새긴 것을 말한다. 현재 동국대박물관 등에서 소장하고 있는 24石의 ‘법화경 석경’은 경주 昌林寺 터에서 발견되었다.[196] 현존하는

192) 『三國史記』 卷48, 列傳8, 率居.
193) 『三國遺事』 卷5, 避隱, 信忠掛冠 ; 李基白, 1974, 「景德王과 斷俗寺·怨歌」, 『新羅政治思想史研究』, 219~223쪽에서는 경덕왕 7년(748) 창건이 맞다고 한다.
194) 『三國史記』 卷9, 景德王 22년(763).
195) 『三國遺事』 卷3, 塔像, 芬皇寺千手大悲 盲兒得眼.
196) 한국고대사회연구소편, 1992, 「傳昌林寺法華經石片」, 『譯註韓國古代金石文3』, 444~445쪽 ; 장충식, 2000, 「新羅 法華經 石經의 復元」, 『佛敎美術』 16, 28~31쪽.

불국사 천수관음도

신라 석경으로는 창림사 법화경 석경 외에 구례 화엄사의 화엄경 석경과 칠불암의 금강경 석경이 있다. 화엄경 석경의 경우, 의상 때 화엄사 각황전 뒷벽을 장식하는 용도로 제작되었다는 이야기가 전하나 실제 조성 연대는 신라 하대일 것으로 추정하고 있다.197) 법화경 석경도 새기는 일을 담당한 승려나 장인의 양산이 가능해진 문성왕 이후 신라 하대의 어느 시점이라고 보고 있다.198) 경전의 구절을 베껴 쓰는 書寫는 법화경신앙의 대표적인

---

197) 金煐泰, 1992,『三國新羅時代佛敎金石文考證』, 民族社 ; 金福順, 2002,「華嚴寺 華嚴石 經의 造成 背景과 史的 意義」,『화엄사·화엄석경』, 134쪽.

198) 金福順, 2002,「新羅 石經 硏究」,『동국사학』37, 125쪽.

모습이다. 창림사 법화경 석경은 틀림없이 상당한 재력이 있는 인물에
의해 만들어졌을 것이다. 창림사가 경주 남산 왕궁터에 건립된 왕실과
관계있는 사찰이므로,[199) 왕실의 후원이 있었던 것으로 보인다.

　마지막으로 신라인의 법화신앙을 읽을 수 있는 자료는 「百城山寺前臺吉祥
塔中納法睞記」이다.[200) ‘納法睞記’에는 길상탑 안에 봉안한 물품의 목록이
나열되어 있는데, 그 가운데 하나가 『법화경』이다. 길상탑의 건립 및 법보의
봉안 목적이 진성여왕 3년(889) 이후 혼란해진 국가의 안위를 걱정하고
혼란 속에 죽은 승군들을 추선하기 위함이라는 데에서 당시 『법화경』도
‘護國’의 경전으로 이해되었음을 알 수 있다.[201) 또한 『법화경』을 법사리로
봉안했다는 점에서 경전신앙의 일면도 볼 수 있다. 신라는 일찍부터 법사리
신앙이 생겨났고, 신라 하대에 가면 더욱 발달한다.[202) 이를 잘 보여주는
것이 바로 「백성산사전대길상탑중납법침기」이다. 『無垢淨光大陀羅尼經』
1권, 『法華經』 1부, 『淨名經』 1부, 『隨求卽得大自在陀羅尼經』, 『金剛般若
經』 1권, 『般若心經』 등 다양한 경전이 봉안되었다. 때문에 독자적인 법화신

199) 『三國遺事』 卷1, 紀異, 新羅始祖朴赫居世.
200) 한국고대사회연구소편, 1992, 「百城山寺前臺吉祥塔中納法睞記」, 『譯註 韓國古代金石
　　 文 3』.
201) 乾寧 2년(895) 7월 16일에 작성한 「海印寺妙吉祥塔記」에 의하면 길상탑의 조성
　　 목적이 ‘護國’에 있음을 표방하고 있다. 崔致遠, 「海印寺妙吉祥塔記」(최영성 역주,
　　 1998, 『崔致遠全集2』, 아세아문화사, 313~314쪽), “해인사 별대덕인 僧訓이 이를
　　 몹시 애통해 하더니 이에 導師의 힘을 베풀어 대중의 마음을 유도하고, 각자 상수리
　　 一科를 희사하게 하고 함께 옥돌로 된 삼층탑을 이룩하였다. 그 법륜을 발원함에
　　 있어서의 戒道는 대개 ‘護國’을 으뜸으로 삼았는데, 발원 가운데서도 원통하게
　　 橫死하여 苦海에 빠진 영혼을 건지는 일에 특별히 힘썼다.”
202) 경덕왕 13(754)·14(755)년에 緣起법사가 자기 아버지께 은혜 베풀어주기를 기원하며
　　 만든 화엄경 사경이 讀誦用이 아니라 탑 속에 넣기 위한 것이라는 의견이 있고(민영규,
　　 1979, 「신발견 신라 경덕왕대 화엄경 사경 토론문」, 『역사학보』 83, 142쪽), 『無垢淨光
　　 大陀羅尼經』의 탑 봉안도 빈번하였다. 이러한 모습은 唐末까지 탑 안에 경전을
　　 봉안하는 예를 거의 찾아볼 수 없고 吳越 錢弘俶 때에 이르러 법사리 장엄이 유행하기
　　 시작한 중국과는 대조를 이룬다고 한다(주경미, 2006, 「吳越王 錢弘俶의 佛舍利信仰
　　 과 莊嚴」, 『역사와 경계』 61, 76~82쪽).

앙이라고는 말할 수 없지만, 신라 하대 법사리신앙에『법화경』이 포함되었음을 확인할 수 있다.

지금까지 살펴본『법화경』관련 불사를 정리하면 첫째,「見寶塔品」에 의거한 이불병좌상의 조성, 둘째 현세구복적 성격의 관음보살상 및 관음보살도 조성, 셋째, '법화경 석경' 조성 및 법신사리로의 봉안 등을 꼽을 수 있다. 중고기에 관음보살에의 기원으로 시작되어 통일신라 들어 다양한 형태의『법화경』불사로 확대되었다. 특히 신라 하대에 '법화경 석경'이 만들어지고『법화경』이 법사리로 봉안되었다는 것은『법화경』자체에 대한 신앙이 생겼다는 것을 보여준다. 즉『법화경』이 담고 있는 내용뿐만 아니라『법화경』이라는 경전 자체가 지니는 힘을 믿는 것이다. 이를 '법화경 신앙'이라 명명한다. 이상과 같이『법화경』관련 불사가 확산되는 데에는 신라인의 법화신앙이 바탕을 이루었을 것이고, 또한 이러한 불사들이 신라인의 법화신앙을 더욱 고취시키는 결과를 낳았을 것이다. 불사의 조성은 경제적 사회적 여건상 지배층이 주도할 수밖에 없었겠지만, 조성된 조형물은 일반 민들도 함께 공유하였음을 관음보살상 및 관음보살도의 사례에서 확인할 수 있다.

2) 법화신앙의 성격

지금까지는 신라 법화신앙의 사례를 신앙 행위를 기준으로 하여 정리해보았다. 이제부터는 이상의 사례들이 지니는 성격을 현세구복적 관음신앙, 보현행의 실천, 정토신앙의 측면으로 나누어 살펴보고자 한다. 현세구복적 관음신앙이나 보현행의 실천은 중고기 때부터 그 모습이 나타났는데, 이후 시간이 경과하면서 어떻게 변모해 갔는가를 추적해보겠다. 그리고 신라 하대에 접어들어 새롭게 등장하는 사례들의 성격도 규명해보고자 한다.

(1) 현세구복적 관음신앙의 확산

먼저 중고기부터 나타났던 현세구복적 관음신앙이 확산되는 모습을 볼 수 있다. 신라 관음신앙은 7세기 전후부터 『법화경』「관세음보살보문품」의 독존 관음보살이 유포되어 저변을 넓힌 상태에서 7세기 중반 이후 아미타신앙과 결합되면서 확고하게 자리잡아갔다. 관음신앙은 정토왕생의 협시보살이나 보처보살로서의 성격과 더불어 현실에서의 어려움을 구원해 주는 존재로서의 성격도 강해졌다. 그러나 『삼국유사』에 전하는 관음신앙 사례 가운데 「관세음보살보문품」에 의거한 현세구복적 성격이 가장 많다.[203]

『삼국유사』 및 금석문에 나오는 현세구복적 성격의 관음신앙 사례는 다음과 같다.

〈표 12〉 통일신라 현세구복적 觀音信仰 사례

전거	내용	시기
『삼국유사』 문무왕법민	당의 감옥에 갇혀 있는 김인문 위해 관음도량 개최	670년대 전반
『삼국유사』 백률사	적에게 잡혀간 부례랑을 구해줌	693년
『삼국유사』 경흥우성	십일면관음보살이 경흥의 병을 낫게 함	700년 전후
『삼국유사』 민장사	보개가 뱃길 떠난 아들 장춘이 무사히 돌아오게 해달라고 기도함	745년
『삼국유사』 분황사천수대비맹아득안	희명이 아이 눈뜨게 해달라고 기도함	경덕왕대
『삼국유사』 낙산이대성	조신이 사랑을 이루게 해달라고 기도함	?
興寧寺澄曉大師碑	折中이 진례군에서 초적을 만났으나 관음보살의 자비로 재앙을 면함	888년
『삼국유사』 중생사	최은함이 아들 낳게 해달라고 기도함	926~929년

문무왕 때 김인문이 당의 감옥에 있을 때 國人이 그를 위해 절을 지어 仁容寺라 하고 관음도량을 설치하였다.[204] 이때 國人이란 도읍의 사람들을 의미하는데, 도읍인 그 가운데서도 김인문의 친족이 중심이 되었을 것이다.

---

203) 鄭炳三, 1982, 「統一新羅 觀音信仰」, 『韓國史論』 8.
204) 『三國遺事』 卷2, 紀異, 文武王法敏.

김인문은 무열왕의 아들이므로 관음도량의 설치는 왕실에서 추진한 일이라 볼 수 있다. 경덕왕 이전에 角干 민장이 자신의 집을 내어 절을 세우고 관음보살상을 두기도 하는[205] 등 신라 통일을 전후하여 8세기 전반까지만 하더라도 지배층 중심의 관음신앙 사례만이 등장한다.[206]

그런데 8세기 중반인 경덕왕(재위 742~765) 때가 되면 민간에까지 관음 신앙이 널리 퍼지게 된다.

> 가-1) 경덕왕대에 漢歧里에 사는 希明이라는 여인의 아이가 태어난 지 5년이 되어 갑자기 눈이 멀었다. 하루는 어미가 아이를 안고 분황사 왼편 전각의 북쪽 벽에 그려져 있는 千手觀音 앞에 갔다. 아이에게 노래를 지어 기도하게 하였더니 마침내 눈을 뜨게 되었다.[207]
>
> 가-2) 禺金里에 사는 가난한 여인 寶開에게 長春이라는 아들이 있었다. 장춘이 바다 장사치를 따라 길을 떠났는데 오래도록 소식이 없었다. 보개가 敏藏寺-이 절은 민장 각간이 집을 내어 절로 만든 것이다-관음 보살 앞에 가서 정성껏 7일 동안 기도하자 불현듯 장춘이 돌아왔다. 그동안의 사연을 물으니 다음과 같이 말해주었다. "바다 한가운데에서 폭풍우를 만나 배가 부서지고 동료들은 모두 죽었습니다. 저는 널판지에 의지해 떠내려 가다가 吳의 해변가에 닿았습니다. 오의 사람이 저를 거두어 들에서 농사짓게 해주었습니다. 그런데 고향마을에서 온 듯한 기이한 스님이 정성스레 위로해주시고 저를 데리고 함께 가셨습니다. 앞에 깊은 개울이 나타나자 저를 겨드랑이에 끼고 뛰어넘으셨습니다. 비몽사몽간에 고향 말 소리와 곡하며 우는 소리가 들리는 듯하여 보았더니 이미 이곳에 와 있었습니다. 오후 서너 시 경에 오를 떠났는데 이곳에 도착한 때가 겨우 오후 7시 무렵이었습니다." 天寶 4년 을유년(745) 4월 8일의 일이다. 경덕왕이 그 사실을 듣고 민장사에 밭을 보시하

---

205) 『三國遺事』 卷3, 塔像, 敏藏寺.
206) 관음신앙이 중고기 때부터 전 계층에 보급되었을 것으로 보는 견해도 있다(정병삼). 충분히 가능성이 있다고 생각하나, 현전하는 사료상으로는 경덕왕 때에 비로소 하층민의 사례가 등장하므로 이 점을 부각시켜 보았다.
207) 『三國遺事』 卷3, 塔像, 芬皇寺千手大悲 盲兒得眼.

고, 재물도 바쳤다.[208]

희명이라는 여인은 눈먼 아이를 고쳐달라고 천수관음보살상 앞에 가서 기도하였다. 보개라는 여인은 뱃길 떠난 아들이 무사히 돌아올 수 있게 해달라고 관음보살에게 빌었다. 희명의 신분을 정확히 알 수 없지만 한기리라는 마을 이름만 기록된 것으로 보아 높은 신분이 아니었을 것이라 생각한다. 우금리의 여인 보개는 가난해서 아들을 장사꾼 배에 보내었다. 이렇게 관음보살은 늘 자식의 일에 마음 졸이는 가난한 여인들의 의지처가 되어 갔다. 관음신앙의 향유층이 넓어졌음을 알 수 있다. 또한 아들을 낳게 해달라고 중생사 관음보살을 찾은 최은함의 사례[209]에서도 볼 수 있듯이 신라 관음신앙은 자식에 대한 염원과 관련되어 많이 나타나고 있다.

한편 우금리의 보개에 관한 이야기는 고려후기 了圓의 『法華靈驗傳』에도 실려 있다. 그런데 『법화영험전』의 이야기는 관음보살보다는 「관세음보살보문품」 즉 『법화경』의 신통력을 강조하고 있다. 그리고 보개와 장춘이 이웃 마을 사람들을 모아 金字法華經 1부를 베껴 쓰고 매년 봄 3월에 법화도량을 열었다는 이야기가 추가되어 있다.[210] 요원은 이 이야기를 「敏藏寺記」, 「雞林古記」, 『海東傳弘錄』에서 보았다고 한다. 一然도 이 세 자료나 그 가운데 일부를 보았을 텐데 『삼국유사』와 『법화영험전』의 내용에 차이가 나는 이유가 무엇일까. 참고한 세 자료 상에 이미 차이가 있었을 수도 있다. 아니면 일연이 『법화경』 관련 부분을 생략하였거나 요원이 『법화경』 관련 부분을 추가했을 수도 있다. 그런데 『법화경』 금자 사경이 개인 차원에서 행해지는 것은 고려시대, 특히 고려후기에 유행하는 것으로 경덕왕 때의 일로 보기 어려울 것 같다.[211] 『법화영험전』에는 보개 앞에 '가난한'이

---

208) 『三國遺事』 卷3, 塔像, 敏藏寺.
209) 『三國遺事』 卷3, 塔像, 三所觀音衆生寺.
210) 『法華靈驗傳』 卷下, 黑風吹其船舫(『韓國佛敎全書』 6, 565a17~b17).
211) 신라 때도 사경은 있었다. 화엄사의 화엄경 사경이 대표적인데, 紫色 종이에 금니

라는 수식어가 없는데 금자 사경과 조화를 이루기 위해 의도적으로 뺀 것이 아닌가 한다.

신라 하대가 되면 관음신앙이 확산되면서 매우 일상적인 부분에서 관음신앙이 등장한다.

> 나) 조신이 장원에 도착해서는 명주 太守 金昕의 딸을 좋아하게 되었다. 그녀에게 너무나 깊이 빠져들어 자주 낙산 관음보살상 앞에 가서 그녀와 사랑하게 해달라고 몰래 빌었다. 여러 해가 흐르는 사이 그녀에게는 배필이 정해져 버렸다. 조신은 다시 관음보살상 앞에 가서 자기의 바램을 이루어 주지 않음을 원망하면서 해가 지도록 슬피 울었다. 그녀를 사모하는 마음에 지쳐 자신도 모르게 잠이 들어버렸다.[212]

세달사의 승려 조신이 관음보살을 찾아간 이유는 흠모하는 여인과의 사랑이 이루어질 수 있게 해달라고 빌기 위해서였다. 사랑의 성취라는 지극히 현실적인 바램이었다.[213] 현실적인 요구에 불교의 가르침으로 응답하고 있다. 이 이야기는 현실의 구원자, 정토왕생의 보조자이자 보처보살로서 자리잡게 된 관음보살의 위상과 사회적 역할이 커졌음을 상징적으로 보여준다.[214] 이는 관음보살에 대한 신라인의 기대나 신앙 또한 성숙하였음

은니로 그려져 있어 통일신라 때 이미 상당 수준의 장식사경이 이루어졌다고 한다(권희경, 2006, 『고려의 사경』, 글고운, 6쪽). 하지만 화엄사의 사경은 사찰 차원에서 대규모로 진행된 것이다. 또한 고려후기에 개인 발원의 사경이 많이 이루어지긴 하였으나 그 발원자나 시주자를 보면 대부분이 중앙집권 세력층의 관직자들이고 때론 중앙 관직자나 지방 토호가 발원하고 승려가 제작을 주관하는 경우도 있다(권희경, 1986, 『고려사경의 연구』, 미진사, 257쪽). 그러므로 신라 경덕왕대에 '가난한' 보개와 장춘이 금자 사경을 주도하였다는 것은 사실로 인정하기 어렵다.

212) 『三國遺事』 卷3, 塔像, 洛山二大城觀音正趣調信.

213) 라정숙은 조신의 이야기를 꿈을 통해 깨달음을 얻게 해준다는 점에서 관음보살의 자발적 응현이고 적극적으로 해석하면 수행의 성취를 돕는 것이라고 보았다(라정숙, 2009, 「『三國遺事』를 통해 본 신라와 고려의 관음신앙」, 『역사와 현실』 71, 161쪽). 하지만 이 이야기는 수행과는 거리가 멀다고 생각한다.

214) 金煐泰는 신라 관음의 적극성을 보여주는 사례라고 해석하였다(金煐泰, 1976, 「신라의

을 말해준다.

> 다) 진성여왕이 나라를 다스린 지 2년(888)에 (중략) 이 날에 바야흐로
> 북쪽을 떠나 점차 남쪽으로 갔다. 公州로 길을 나와 성 아래를 지나갈
> 때, 長史 金休公과 軍吏 宋嵒 등이 멀리서 대사의 자애로운 [결락]
> 듣고는 군의 성으로 맞이하고 겸하여 [결락] 좋은 거처를 가려서 머물
> 것을 요청하였다. 대사가 장사에게 이르기를, "貧道는 늙어 가므로
> 雙峰으로 가서 친히 동학들을 만나 보고 직접 先師의 탑에 예를 올리고자
> 남쪽으로 가는 것이니 머뭇거릴 수가 없다"고 하였다. 마침내 무리를
> 이끌고 떠나 곧바로 進禮郡 경계로 들어갔다가 **홀연히 도적들이 길을
> 끊는 바람에 禪衆들이 길을 잃고 헤매었는데, 갑자기 연기와 안개가
> 자욱하고 잠깐 동안 어두워졌다. 도적들이 홀연히 공중에서 갑병과
> 말들의 소리를 듣고 놀라고 두려워 나아가지 못하고 뿔뿔이 흩어졌다.
> 대사의 무리와 더불어 그 겁탈의 재앙을 면하였으니 이는 곧 관음보살의
> 자비로 옹호해 준 힘이었다.** 한탄스러운 것은 온 나라에 초구가 없는
> 곳이 없다는 것이다.215)

인용문 다)는 折中(826~900)이 진성여왕 2년(888)에 雙峰寺 道允의 탑에
배례하러 가다가 진례군(금산)에 이르러 도적을 만났으나 관음보살의 힘으
로 화를 면했다는 내용이다. 관음보살의 도움을 "갑자기 연기와 안개가
자욱하고 잠깐 동안 어두워졌다. 도적들이 홀연히 공중에게 갑병과 말들의
소리를 듣고 놀라고 두려워 나아가지 못하였다"고 하여 신비롭게 묘사하고
있다. 절중은 832년 7세에 오관산사에서 출가하여 부석사에서 화엄학을
배웠으나 이후 道允을 만나고 慈忍禪師를 만난 후 선원에 머물렀다고 한다.
이와 같이 화엄과 선을 전공한 승려이지만 위기 상황에서는 관음보살의
도움을 받고 있다. 신라인에게 관음보살은 전공이나 신분에 상관없이 신앙

관음사상 : 삼국유사를 중심으로」, 『불교학보』 13, 84쪽).
215) 崔彦撝 撰, 「興寧寺澄曉大師碑」.

되던 대상이었던 것이다. 진성여왕 이후 온 나라가 兵難에 휩쓸렸고, 곧이어 후삼국의 대치 국면이 도래하였다. 사회적 혼란 속에서 관음보살에 대한 의지는 더욱 높아갔을 것이다.

앞에서 언급했듯이[216] 시간이 흐르면서 관음보살은 법화신앙이니 정토 신앙이니 화엄신앙이니 하는 범주 속에 묶을 수 없는 독자적인 존재가 되어갔다. 관음신앙의 독자적 성격이 가장 두드러진 것은 오대산에서이다.

> 라) 청색 방향에 해당하는 동대 북쪽 모서리 아래, 북대 남쪽 기슭의 끝에는 관음방을 두고 관음보살 원상을 모시며 푸른 바탕에 1만 관음상을 그려야 한다. 승려 5명이 낮에는 『金經』, 『仁王般若經』, 『千手呪』를 읽고 밤에는 관음예참을 염송해야 하며, 이곳을 圓通社라 이름하라.[217]

『三國遺事』「臺山五萬眞身」에 의하면, 오대산의 각 대는 진신이 머물러 계신 곳이므로 각 대에서 예참을 행하면 행운이 있을 것이라고 한다. 그 가운데 오대산 동대에 관음방을 세우고, 관음보살상을 모셨다. 낮에는 『金光明經』, 『仁王般若經』, 『千手呪』를 읽고 밤에는 觀音禮懺을 행하였다. 관음보살이 석가불이나 아미타불, 문수보살이나 지장보살에 버금가는 독자 적 존재가 되었음을 알 수 있다.

정리하면 관음신앙은 향유층에서나 역할 면에서나 8세기 이후 점점 확대되면서 신라 말이 되면 관음예참을 별도로 행할 만큼 그 위상이 높아졌 다. 이와 같은 신라시대 관음신앙의 성격은 오늘날까지 이어져 불교신앙의 토대를 이루고 있다고 할 만한다.

---

216) 본 책 II장 2절 2) 신라 중고기의 법화신앙 참조.
217) 『三國遺事』 卷3, 塔像, 臺山五萬眞身.

(2) 보현행의 실천

중고기부터 등장한 보현신앙이 통일 이후에는 어떻게 계승되었는지 살펴보도록 하겠다. 7세기 전반 朗智는 삽량주 靈鷲山에 은거한 채 『법화경』을 강하며 보현보살의 감응을 기대하였다. 그런데 낭지와 같은 수행 태도는 이후 원효 등에 의해 비판받았다. 현실을 외면한 채 自利에만 몰두한다는 비판이었다.[218) 그래서인지 7세기 중후반 백제, 고구려 그리고 당과의 전쟁을 겪으면서 수행승의 자취는 겉으로 잘 드러나지 않았다. 하지만 전쟁이 끝나자 신라의 승려들은 菩薩行을 강조하면서 佛國土의 구현을 직접 눈으로 보고자 하였다.[219) 그런 와중에 낭지의 보현행 전통이 연회에 의해 계승되었다.

> 마-1) 『靈鷲寺記』에는 다음과 같이 기록되어 있다. 하루는 낭지가 "이 암자가 있는 곳은 가섭불 시대의 절터이다"라고 하였다. 땅을 팠더니 등잔과 항아리가 나왔다. **두 세대가 지나 元聖王 시대에 大德 緣會가 靈鷲山에 와서 살면서 낭지의 전기를 지어 세상에 유통되게 하였다.**[220)
> 마-2) 일찍이 高僧 緣會는 영취산에 은거하면서 매일 『妙法蓮華經』을 읽고, 普賢觀行을 닦았다. 뜰 가운데 못에 피어 있는 몇 줄기의 연꽃은 사계절 내내 시들지 않았다. ─현재 靈鷲寺 龍藏殿이 연회가 옛날에 살던 곳이다. ─국왕인 元聖王이 연회에게 상서롭고 기이한 자취가 있음을 듣고는 그를 불러 國師에 임명코자 하였다.[221)

먼저 연회가 닦은 보현관행이 낭지의 전통을 계승한 것이라면 『法華經』과

---

218) 金英美, 1994, 「원효의 아미타신앙과 정토관」, 『新羅佛敎思想史硏究』, 90~92쪽.
219) 의상의 미타신앙을 통해 알 수 있고(정병삼, 1998, 「의상의 신앙과 그 사회적 성격」, 『의상 화엄사상 연구』, 191~243쪽), 경흥이 淨土因으로서 止觀을 강조하면서 佛國土를 지금 현재 이루어야 할 과제로 여겼던 점에서도 찾아볼 수 있다(본 책 Ⅲ장 3절 경흥의 법화경관과 정토관 참조).
220) 『三國遺事』 卷5, 避隱, 朗智乘雲普賢樹.
221) 『三國遺事』 卷5, 避隱, 緣會逃名文殊岾.

『觀普賢菩薩行法經』에 의거한 것으로 추측할 수 있다. 한편 '普賢行'이 아니라 '普賢觀行'이라는 표현에 의미를 부여한다면 화엄과의 관련성도 생각해 볼 수 있다. 보현관행이라는 표현은 法藏, 澄觀(『貞元新譯華嚴經疏』), 宗密(『大方廣佛華嚴經普賢行願品別行疏鈔』,『圓覺道場修證廣懺文』) 등 화엄 승려들이 주로 사용하고 있기 때문이다.[222] 그리고 천태교학이 수용된 상태이므로 천태와의 관련성도 유추해볼 수 있다. 이와 같이 보현관행의 사상적 배경은 여러 가지 해석이 가능하나, 분명한 것은 낭지를 계승하고 있다고 표방한 사실뿐이다.

그런데 낭지의 전통이 줄곧 이어져 연회에게 전해졌는지의 여부는 확실하지 않다.[223] 낭지와 연회는 두 세대 이상의 시간 차가 난다. "두 세대가 지나 元聖王 시대에 大德 緣會가 영취산에 와서 살았다"[224]는 一然의 해설에 의하면 연회가 처음부터 영취산에서 출가한 것이 아니라 어느 날 문득 낭지의 자취를 찾아 영취산을 찾아온 것임을 짐작할 수 있다. 이는 자장이 머물렀던 오대산 원녕사 즉 정암사에 훗날 梵日(810~889)의 문인 信義가 와서 암자를 세우고 살았던 것[225]과 같은 경우이다. 연회가 어떠한 계기로 영취산을 찾았는지는 알 수 없지만,[226] 영취산은 연회 이후에 법화도량으로

---

222) 法藏,『華嚴經普賢觀行法門』卷1(『卍續藏經』58, 159b20~23), "依華嚴經普賢觀行法 初明普賢觀 次明普賢行."

223) 緣會가 朗智-智通의 전통을 이었다는 주장이 있는데(金杜珍, 2003,「高麗前期 法華思想의 변화」,『韓國思想과 文化』21 ; 곽승훈, 2009,「신라 하대 전기의 신정권과 법화사상」,『韓國思想史學』32), 이 주장의 타당성이 성립하려면 보다 논거가 보충되어야 할 것 같다. 연회가 지통을 계승했다고 보기 위해서는 신라 화엄교단의 經典觀에 대한 연구가 필요한데, 智儼의 경우에는『화엄경』의 보현은 一乘普賢이고『법화경』의 보현은 三乘普賢이라 하였기 때문이다.『華嚴經內章門等雜孔目章』卷4, 普賢行品 普賢章(『大正藏』45, 580b21~c3).

224)『三國遺事』卷5, 避隱, 朗智乘雲普賢樹.

225)『三國遺事』卷3, 塔像, 臺山五萬眞身.

226) 연회 이전에 신라 승려들의 전기를 담아 편찬된『고승전』을 보았을 가능성도 있다고 생각한다. 성덕왕 3년(704)에 한산주 도독을 지냈던 김대문이 쓴『고승전』등 신라 승려의 전기서가 있었을 것이다.

정암사 적멸궁

서의 면모가 강화된 것으로 봐야 할 것 같다.

　연회의 사례에서 무엇보다 중요한 것은 자력 수행의 풍토가 원성왕 때까지도 이어지고 있었고, 『법화경』에 의거해 이루어졌다는 점이다. 연회가 결국은 國師가 되었다는 사실 때문에 그의 避隱을 비판적으로 바라보기도 한다. 중국의 은사들처럼, 출세를 위한 고의적인 은거가 아닌가 하는 시선이다.[227] 하지만 一然이 연회의 이야기를 수록하면서 말하고자 했던 것은 연회가 산에 은거하며 수행에 몰두하여 '상서롭고 기이한 자취' 즉 신통력이 있었고, 이러한 존재를 사회에서 대우하였다는 점일 것이다.[228] 연회가

227) 馬華·陳正宏, 1997, 『중국은사문화』, 동문선, 98~107쪽.
228) 낭지와 연회의 전기가 실려 있는 『三國遺事』 「避隱篇」은 일상과 거리를 두고, 또는 일상을 떠나 수행에 몰두한 이들의 모습이 그려져 있다. 이는 지리산에 은거한 승려 영재나 포산에서 은둔 수행한 관기, 도성의 예에서 확인할 수 있다. 특히 包山은 一然과 개인적으로 인연이 깊은 곳이다. 一然은 생애의 많은 시간을 玄風의 포산에서 지냈다. 즉 一然은 選佛場에 上上科로 합격한 직후인 1227년(고종 14)부터 鄭晏의 초청으로 남해로 옮긴 1249년(고종 36) 전까지 줄곧 포산에 있었다. 몽고에 항쟁하는 동안에는 江都 禪月社에 있다가 1264년(원종 5) 여러 차례 남쪽으로 돌아갈

동화사 비로암 삼층석탑

국사에 임명된 것은 수행력을 갖춘 고승에 대한 사회적 인정이 있었기에 가능하였던 것이라 생각한다.[229]

한편 수행력을 지닌 고승에 대한 사회적 인정이라는 해석이 타당성을 지니기 위해서는 통일신라 사회의 수행 풍토에 대한 인정이 선행해야 할 것이다. 禪宗 유입 이전의 신라 불교를 '敎宗佛敎'라 부르면서 이론 탐구에만 집중한 것으로 평가하는 경우가 있다. 하지만 교학을 탐구하던 승려들도 수행을 외면하지 않았던 것으로 보인다.

바) 처음에 道儀大師가 西堂에게 心印을 받은 후 우리나라에 돌아와 그 禪의 이치를 설하였다. 당시 사람들은 經敎와 習觀存神之法을 숭상하고 있어, 無爲任運의 宗은 아직 이르지 아니하여 허망하게 여기고 존숭하지

것을 청하여 영일 吾魚社를 거쳐 包山 仁弘社로 왔다. 一然이 남쪽으로 내려온 것을 알고 인홍사 주지였던 萬恢가 一然에게 주지자리를 양보했다는 사실이나, 그가 오자 학승들이 구름처럼 모여들었다는 사실(閔漬, 「麟角寺普覺國尊塔碑」)에서 一然이 포산 지역에 지지기반이 있었음을 알 수 있다. 1277년(충렬왕 3) 왕명으로 雲門寺에 주석하고서도 포산에서 佛日結社를 운영하고 있었던 사실을 볼 때, 그는 포산을 떠난 이후로도 줄곧 포산에 실질적인 영향력을 행사하였다. 一然은 자신이 머물던 포산이 聖人, 즉 修行僧을 많이 배출한 곳임을 자랑하고 있다. 결국 一然은 「피은편」의 낭지나 연회, 영재, 관기와 도성 등의 존재를 통해 신라 사회의 수행 풍토를 말하고자 하였던 것 같다.

229) 연회가 국사에 임명되었다는 것은 정치적 사건이므로, 정치사적인 의미 부여가 필요하다. 이에 대해서는 선행 연구가 있으므로 참조 바란다. 곽승훈, 2009, 「신라 하대 전기의 신정권과 법화사상」, 『韓國思想史學』 32.

않음이 달마가 梁 武帝에게 받아들여지지 못한 것과 같았다.[230]

　인용문 바)는 金穎이 써서 헌강왕 10년(884)에 세운 普照禪師 體澄의
비문으로, 선종 유입 이전 신라 불교계의 풍토를 말해주는 중요한 자료로
활용되고 있다. 헌덕왕 13년(821) 도의가 귀국하였을 때 신라 불교계는
經敎(경전의 가르침)와 習觀存神之法(관법을 닦아 정신을 보존하는 법)을
숭상하였다고 한다. 習觀存神之法에서 習觀이란 '修習觀行'의 의미로 이해
된다. 수행의 기본인 止觀 가운데 觀을 닦는 것을 중시했다는 말이다.
이는 선종의 수행 태도인 '無爲任運'[231] '行智가 없는 祖師心'[232]과 달랐다고
한다. 도의선사가 설한 불교[禪]와 그 이전의 불교[觀]는 수행 방법이 달랐던
것이지 수행 풍토가 없었다고 말할 수는 없다. 신라 중대의 華嚴이나 唯識
불교는 교학과 수행의 병행 속에서 발전하였고, 그 유풍이 도의가 귀국한
9세기 초반까지도 이어지고 있었던 것이 아닌가 한다.

　또한 신라 하대의 여러 기록에서 '禮懺'이 강조되는 모습을 확인할 수
있다.

　사) 국왕은 삼가 민애대왕을 위하여 복업을 추숭하고자 석탑을 조성하고
　　　記한다. 무릇 聖敎에서 설한 바는 이익이 다단하여 비록 팔만 사천의
　　　법문이 있다 하더라도 그 가운데 업장을 없애고 利物을 널리하는 것은

230) 金穎 撰, 「寶林寺普照禪師碑」.
231) 無爲任運의 의미는 893년 智證大師 道憲을 현창하기 위해 찬술된 다음의 비에서
　　확인할 수 있다. 「鳳巖寺智證大師碑」, "시험삼아 그 종취를 엿보아 비교하건대,
　　수행하고 수행하되 수행함이 없고, 증득하고 증득하되 증득함이 없는 것이다. 고요히
　　있을 때는 산이 서 있는 것 같고, 움직일 때는 골짜기가 울리는 듯 하였으니, 無爲의
　　유익함으로 다투지 않고도 이겼던 것이다."(한국역사연구회 나말여초금석문반 김영
　　미 선생님 번역문 참조)
232) 『禪門寶藏錄』 卷中(『韓國佛敎全書』 6, 478c12~16), "道義答日 如僧統所擧四種法界
　　則於祖師門下 直擧正身理體 氷消一切之正理拳中法界之相 尙不可得 於本無行智祖
　　師心禪中文殊普賢之相 尙不可見."

224

탑을 세우고 禮懺行道하는 것보다 나은 것이 없다.[233]

인용문 사)는「敏哀大王石塔舍利壺記」의 첫머리이다. 敏哀大王石塔은 경문왕 3년(863)에 민애왕을 추복하기 위해 동화사에 세운 삼층석탑이다. 사리함의 명문에서 탑의 공덕과 함께 '禮懺行道'를 강조하고 있는 점이 주목된다. 신라 하대에 예참이 중시되었음은 앞서 예참과 독송에 뛰어난 승려를 대덕으로 선발하고, 적산 법화원이나 오대산에서 예참을 실천하는 모습에서도 확인할 수 있었다. 탑을 만드는 것에서 그치는 것이 아니라 예참행도를 실천해야 한다는 것이다. 예참이란 여러 불·보살에게 예배하며 자신이 지은 죄업을 참회하는 것이다. 탑을 만들고 하는 예참행도는 매년 2월 초팔일에 흥륜사에서 행해졌던 탑돌이처럼,[234] 탑을 돌면서 예참하는 형태로 이루어졌을 것 같다. 이는 승려들의 止觀 수행과는 다르지만 몸으로 하는 실천행으로서 평가할 수 있고, 일반 민들도 쉽게 참여할 수 있다는 점에서 의미가 크다고 생각한다.

이와 같이 통일신라 사회에는 觀行이나 禮懺과 같은 불교의 실천 수행 풍토가 있었다. 『법화경』에 의거한 보현행은 그 실천 수행의 한 형태로서, 특히 출가 승려의 수행 방식으로 자리하고 있었다. 연회의 경우와 같이 보현행의 실천자에 대한 사회적인 대우도 있었다. 법화신앙은 신라 사회에서 출가자의 수행 풍토가 지속되었음을 증명한다는 점에서도 중요한 의미를 지닌다.

(3) 정토왕생의 추구
승려들의 『법화경』 유포에 힘입어 신라 하대에 많은 『법화경』 관련 행위들이 나타나고 있는데, 그 대표적인 사례가 경주 昌林寺 터에서 발견된

---

233) 한국고대사회연구소편, 1992,「敏哀大王石塔舍利壺記」,『譯註韓國古代金石文3』.
234)『三國遺事』卷5, 感通, 金現感虎.

‘法華經 石經’이다. ‘법화경 석경’을 왜 만들었는지 조성 목적에 대해 생각해
보도록 하자. 중국 房山石經의 경우, 隋 大業 2년(606)부터 靜琬에 의해
조성되었는데, 末法 시대에 正法을 보호하여 오랜 동안 중생을 제도하고
깨달음을 이루고자 하는 바램에서 만들기 시작하였다. 정완은 南岳 慧思
(515~577)의 제자로, 혜사는 北周廢佛을 직접 목격하고서 정완에게 정법을
보존하라는 유지를 내렸던 것이다. 방산석경의 조성은 이후 唐, 遼, 金을
이어 明代까지 지속되었는데, 晚唐 무렵이 되면 단순하게 부모 또는 가족의
평안함을 바라는 것이 많아진다.[235) 신라의 경우에는 중국에서와 같은
廢佛이나 沙汰를 겪은 적이 없기 때문에 불법이 멸할 것이라는 위기의식은
별로 없었다. 다만 신라 하대 이후 말법의식이 점차 대두함을 볼 수 있다고
한다.[236) ‘법화경 석경’을 비롯한 현존 신라 석경의 조성 연대가 문성왕
이후로 추정되는 것으로 보아, 석경의 조성 배경으로 말법이라는 시대
인식을 고려해볼 수 있다.

한편 법화경 석경이 발견된 곳이 창림사라는 사실은 이 석경이 ‘昌林寺
無垢淨塔’과 무관하지 않다는 것을 시사해준다. 경주 남산 왕궁터에 건립된
창림사에 문성왕 17년(855)에 문성왕이 직접 발원하여 무구정탑을 건립하였
다.

아) 국왕 慶膺이 무구정탑을 만들고 바램을 기록한 글
翰林郎으로서 새로이 秋城郡 太守를 제수받은 金立之가 국왕의 명을
받아 지음. 듣건대 경전에서 말하기를 공덕을 짓는 데에는 만 가지의
방법이 있지만, 만물에 무한한 이로움을 주는 것은 탑을 짓는 것 만한
것이 없다고 하였습니다. 생각건대 국왕께서는 여러 劫 동안 善行을
행하셔서 지위가 인간세계와 천상세계에서 으뜸이 되셨습니다. **이제**

235) 박현규, 2004, 「高麗 慧月이 보수한 房山 石經山 石經 답사기」, 『동북아문화연구』
6, 9~11쪽.
236) 金英美, 1994, 『新羅佛敎思想史硏究』, 民族社, 252~263쪽.

창림사지와 탑

> 또한 생명이 있는 존재가 苦海에 떠다니면서 六途에 순환하는 것을
> 불쌍히 여기셔서 장차 그들을 구원할 길을 만들어 부처의 정토로 이끌고
> 자 하시는데, 그것을 위해서는 無垢淨塔을 건립하는 것보다 나은 것이
> 없습니다.[237]

金立之가 쓴 창림사 무구정탑의 건립 목적은 현실에서의 국왕 지위에
대한 합리화와 죽은 사람들에 대한 극락왕생을 기원하는 것이었다.[238]
『無垢淨光大陀羅尼經』에 의거한 造塔이 대부분 아미타신앙과 관련된 것이
긴 하지만, 창림사 무구정탑의 경우는 특히 육도 중생을 구원하여 부처의
정토로 이끌기 위함이라는 정토왕생의 기원을 구체적으로 드러내고 있다.
그렇다면 같은 시기에 창림사에 『법화경』 석경을 조성한 것도 같은 목적에서

---

237) 한국고대사회연구소편, 1992, 「昌林寺無垢淨塔誌」, 『譯註 韓國古代金石文 3』.
238) 金英美, 1992, 「新羅 下代의 阿彌陀信仰 : 『無垢淨光大陀羅尼經』을 中心으로」, 『李智
冠華甲紀念 韓國佛敎文化思想史』 上 참조.

행한 것으로 볼 수 있지 않을까 한다. 즉『법화경』을 베껴 쓰고 새기는
공덕으로 일체 중생이 정토왕생을 이루기를 기원하였다는 것이다.

이를 증명해주는 또 하나의 법화경신앙 사례가 있다. 바로 오대산 서대에
서의『법화경』독송이다.

> 자) 흰색 방향에 해당하는 서대 남면에 미타방을 두고 무량수불 원상을
> 모시고 흰색 바탕에 무량수여래를 우두머리로 하는 1만 대세지보살을
> 그려야 한다. 승려 5인이 낮에는 7권『法華經』을 읽고 밤에는 미타예참을
> 염송하며 水精社로 이름하라.[239]

오대산 서대에 서방 극락을 주재하는 무량수불, 즉 아미타불을 배치하고
서『법화경』을 독송하고 있다. 동대의 관음보살과『천수주』, 남대의 지장보
살과『지장경』, 북대의 석가불과『열반경』, 중대의 문수보살과『화엄경』의
관계와 비교할 때, 서대에서는『법화경』이 아닌『무량수경』이나『관무량수
경』등을 독송을 해야 맞을 것 같다. 그런데 아미타불에게 예불하면서
오로지『법화경』만을 독송하고 있다.

이와 같이 창림사의『법화경』석경이나 오대산에서의『법화경』독송이
아미타신앙과 연결되고 있다.『법화경』을 베껴 쓰거나 독송하는 행위를
통해서 극락으로의 왕생을 기원하였다는 것이다. 그렇다면『법화경』과
아미타신앙은 어떤 맥락에서 연결될 수 있는 것일까. 그 사상적 근거에
대해서 생각해보도록 하자.

첫 번째,『법화경』자체에서 찾아볼 수 있다.『법화경』에 아미타불의
이름이 두 군데 등장한다. 먼저「化城喩品」에서 大通智勝佛의 16아들 가운데
서방에서 현재 불법을 설하고 있는 두 아들 가운데 한 명이 아미타불이라고
하고 있다.[240] 다음은「藥王菩薩本事品」의 구절이다.

---

239)『三國遺事』卷3, 塔像, 臺山五萬眞身.

228

차) 만약 어떤 여인이 藥王菩薩本事品을 듣고서 받아 지닌다면 이 사람은
여인의 몸을 다한 후에 다시는 여인의 몸을 받지 않을 것이다. 만약
여래가 입멸하시고 오백년이 지난 뒤 어떤 여인이 **이 경전(『법화경』)을
듣고서 들은 대로 수행한다면, 이 사람은 목숨이 다할 때에 즉시 안락세
계의 아미타불이 대보살 무리에게 둘러싸여 계신 곳에서 연꽃 가운데
보좌 위에 태어날 것이다.** 그리하여 다시는 탐욕으로 괴로워하지 않고,
다시는 성냄이나 어리석음으로 괴로워하지 않고, 다시는 교만, 질투
등의 여러 번뇌로 괴로워하지 않고 보살의 신통력과 無生法忍을 얻을
것이다.241)

여인이『법화경』을 듣고 들은 대로 수행하면 그 공덕으로 아미타불이
계신 안락세계에 태어날 수 있다고 한다. 이와 같이『법화경』수행의 공덕으
로 아미타불이 계신 정토, 즉 극락에 갈 수 있음을 경전 자체에서 언급하고
있다. 그러므로『법화경』에 의거한 아미타신앙을 논증할 수 있다. 한편
「화성유품」에서는 많은 불토 가운데 하나로서만 기술한 데 비하여, 「약왕보
살본사품」에서는 안락세계와 아미타불을 명확히 기술하고 있다. 두 품의
차이는『법화경』성립과 관련 있다. 「약왕보살본사품」이 보다 후대에 부가
된 것으로, 이 품이 만들어질 무렵에는 아미타신앙이 이미 무시할 수 없는
상황이었다고 한다.242)
두 번째, 신라 승려들의 노력을 생각해볼 수 있다. 먼저 義寂의 경우는
『법화경집험기』에서『법화경』공덕으로 죽어 정토에 태어나게 할 수 있음을
말하였다. 의적이 아미타불의 극락왕생을 직접 언급하지는 않았지만,『법화
경』공덕으로 정토왕생할 수 있다는 인식이 형성되는 데 미친 영향이

240)『妙法蓮華經』卷3, 化城喩品 第7(『大正藏』9, 25b23~c6).
241)『妙法蓮華經』卷6, 藥王菩薩本事品 第23(『大正藏』9, 54b27~c5).
242) 한편 梵本『법화경』에는「觀世音菩薩普門品」에도 아미타불이 나오는데, 이는 앞의
두 품보다 후대에 부가된 것이라고 한다. 자세한 내용은 石上善應, 1982,「淨土思想と
法華經の交涉」,『法華經の文化と基盤』, 平樂寺書店, 468~471쪽 참조.

없지는 않았을 것이다. 또한 法位, 玄一, 憬興 등은 정토교학을 펼치는 데 『법화경』을 적극적으로 활용하였다.[243] 그러므로 신라 중대부터 『법화경』에 의거한 아미타신앙이 보급되었을 가능성이 있다. 다만 이들은 극락왕생보다는 보살의 淨佛國土行이나 唯心淨土를 강조하였다. 경흥은 『법화경』을 통해 정토가 他受用土임을 말하고, 보살행의 실천을 통해 정토를 지금 현재 실현할 것을 요구하였다. 현일은 마음이 깨끗해지면 불토가 깨끗해진다며 모든 것이 마음에 달려 있다고 하였다. 이들의 관심은 아미타불이 계신 타방 극락보다는 현재 신라의 국토에 있었던 것 같다. 보살행의 실천을 통해 신라의 국토를 깨끗하게 하자는 것이었다. 그런데 신라 하대가 되면 『법화경』을 독송하거나 베껴 쓰면서 극락왕생을 기원하게 된다. 중대에는 『법화경』에 의거한 정불국토 논의가 주를 이루었다면 하대로 가면서 점차 내세적 성격이 두드러지게 되는 변화를 보이고 있다고 하겠다.

세 번째, '『법화경』과 아미타신앙'이라고 했을 때 빼놓을 수 없는 인물이 있으니, 바로 天台 智顗이다. 智顗는 『法華三昧懺儀』에서 참회를 통한 극락왕생을 기원하였고, 『摩訶止觀』 常行三昧法에서 『般舟三昧經』에 의거하여 아미타불을 본존으로 삼아 90일을 1期로 하여 身行, 口唱, 心念의 三業을 닦을 것을 말하였다.[244] 천태교학에서 설명하는 『법화경』과 극락과의 관계는 다음 글에서 명료하게 볼 수 있다.

> 카) 경에서 "만약 어떤 여인이" 등이라고 말하였는데, 여기서 다만 이 경(『법화경』)을 듣고서 들은 대로 수행하는 것이 곧 淨土因이니 다시 『관무량수경』 등을 가리킬 필요가 없다.[245]

---

243) 경흥, 법위, 현일의 『법화경』 이해에 대해서는 본책 Ⅲ장 3절 경흥의 법화경관과 정토관 참조.
244) 藤浦慧嚴, 1942, 『天台敎學と淨土敎』, 淨土敎報社, 146쪽 ; 김영미, 1997, 「高麗前期의 阿彌陀信仰과 天台宗 禮懺法」, 『史學硏究』 55·56, 93~94쪽.
245) 『法華文句記』 卷10, 釋藥王品(『大正藏』 34, 355a13~b14).

荊溪 湛然(711~782)은『法華文句記』에서「약왕보살본사품」을 풀이하면서 "『법화경』을 듣고 들은 대로 수행하면 아미타불이 있는 안락세계에 갈 수 있다"고 직접적으로 말하고 있다. 나아가『법화경』을 들은 대로 수행하는 것이 淨土因이 되므로 달리『관무량수경』등이 필요 없다고 하였다. 담연은 천태 3대부의 주석서 등 방대한 저술과 다른 전공 승려들과의 對論 등을 통해 천태종 부활을 이끌었고, 이후 천태종은 천태산과 오대산을 중심으로 그 교세를 확장하였다. 그러므로 신라 오대산 서대에서의 극락왕생을 기원하는『법화경』독송에 천태교학의 영향이 있다고 볼 여지가 다분하다.246)

지금까지 살펴본 신라 법화신앙의 성격은 크게 세 가지로 정리할 수 있다. 현세구복적 관음신앙과 보현행의 실천, 그리고 정토왕생의 추구이다. 여기서 한 가지 문제가 제기될 수 있다. 관음신앙, 보현신앙, 그리고 정토신앙이 법화신앙만의 특징인가 하는 것이다. 선행 연구에서 관음신앙이나 미타신앙은 별도의 주제로 논의되어 왔고, 화엄 교단에서도 관음신앙과 미타신앙을 내세웠다고 말하기 때문이다. 하지만 분명 관음보살에게 현실의 어려움을 호소하는 모습은『법화경』「관세음보살보문품」의 내용과 일치하고,『법화경』을 독송하며 보현행을 실천하고 있고,『법화경』을 베껴 쓰거나 독송하면서 극락왕생을 기원하였다. 때문에 현세구복적 관음신앙, 보현신앙, 미타신앙을 법화신앙의 범주에 포함시키는 것은 무리가 없다고 생각한다.

---

246) 金英美, 1997,「高麗前期의 阿彌陀信仰과 天台宗 禮懺法」,『史學硏究』55·56, 95쪽.

V. 신라 법화사상의 역사적 의미

1. 新羅 法華敎學의 전개와 그 의미

1) 신라 법화교학의 특징

신라에서는 중국에서처럼 『법화경』을 최고의 경전으로 내세우며 교학 체계를 정립하는 일은 없었다. 하지만 『법화경』의 종지를 해석하거나 『법화경』을 주석하거나 『법화경론』을 주석하면서 『법화경』에 대한 논의를 펼쳤다. 그리하여 Ⅲ장에서 현존하는 元曉의 『法華宗要』와 義寂의 『法華經論述記』를 분석하고, 憬興의 현존 저술에서 『법화경』 인식을 살펴보았다. 元曉, 義寂, 憬興의 法華經觀을 통해 신라 법화교학의 전반적인 성격을 파악하고, 이것이 가지는 특징이 무엇인가를 생각해보고자 한다. 한편 『법화경』 관련 저술들은 신라의 불교 저술들이 대부분 그러하듯 7세기 중반~8세기 중반 사이에 집중적으로 등장하고 있고, 특히 원효, 의적, 경흥의 저술은 하한이 8세기 초반을 넘어가지 않는다. 그러므로 신라 법화교학의 의미를 중대 초 사회상과의 관계 속에서 설명해보도록 하겠다.

원효, 의적, 경흥의 『법화경』 一乘에 대한 이해와 이들이 『법화경』에서 강조하는 점을 간단히 정리해보면 다음과 같다.

〈표 13〉元曉·義寂·憬興의 法華經觀 비교

	一乘	강조점
元曉	理 : 法界·法身·如來藏 敎 : 모든 불법 因 : 佛性, 善根 果 : 本有果, 始起果	佛性, 善根 一乘果의 교화
義寂	種子, 行, 增長力, 令解, 淸淨國土, 說, 敎化 衆生, 成大菩提, 涅槃, 勝妙力의 十種無上	8地 이상 획득이 一乘의 상태 多聞薰習에 의한 善根 축적
憬興	부처의 지혜(無分別智, 後得智)	淨土因(止觀) 닦아 淨土果 획득 淨土果의 모습(부처의 지혜, 부처의 自利利他 의 德, 부처의 無量한 수명, 他受用土의 불국토)

원효와 의적은 『법화경』에서 말하는 一乘이 무엇이고, 일체 중생이 그 일승을 어떻게 획득할 수 있는가에 대한 논의를 주로 하고 있다. 반면 경흥에게서 일승에 대한 구체적인 논의는 살펴볼 수 없지만 『법화경』이 그의 정토사상에서 차지하는 위치는 확인할 수 있다.

먼저 원효는 일승을 理·敎·因·果의 다각도로 고찰하였다. 일체 모든 중생에게 佛性이 있고, 불성이 있기에 善根이 있고, 선근이 있기에 常住果를 받고, 미래의 부처[當果]가 다시 선근을 낳게 도와주고 교화함이 일승이라고 보았다. '一乘果의 교화'를 강조하여 未來世의 부처가 현재 善心을 쌓도록 도와주거나 當果의 報佛이 應化身으로 나타나 직접 중생을 교화한다고 한다. 미래세의 부처라는 것이 스스로의 수행에 의해 이루어지므로 自力인 동시에 他力의 측면이 섞여 있다. 한 마디로 원효는 자력과 타력의 병행에 의한 구원 혹은 깨달음을 말하고 있는 것 같다. 한편 '一乘果의 교화'라는 측면은 義相 및 의상계 문도들의 '自未來佛還化自現在(미래의 부처로부터 자기 자신의 현재를 교화한다)' 논의와도 연결되고 있는데, 이는 원효와 의상의 사상 교섭을 보여주는 사례로 이해할 수 있다.

다음으로 의적의 설명방식을 살펴보면, 의적은 원효처럼 일승이 무엇인가를 직접적으로 드러내고 있지는 않다. 이는 원효의 저술은 『법화경』의 宗要이고 의적의 저술은 『法華經論』의 강의안이라는 점에서 오는 차이라고

생각한다. 하지만 의적의 논의를 따라가다 보면 결국 의적도 一乘이 무엇인
가에 대한 견해를 펼치고 있음을 알 수 있다. 의적은 『法華經論』「譬喩品」에
서 설명하는 十種無上, 즉 種子, 行, 增長力, 令解, 淸淨國土, 說, 敎化衆生,
成大菩提, 涅槃, 勝妙力에서의 위없음[無上]이 일승이라고 보았다. 그리고
의적은 일승에 도달하는 방법으로써 두 가지를 제시한다. 첫 번째는 善根을
쌓는 것으로, 『법화경』설법을 多聞薰習함으로써 선근이 쌓인다고 한다.
『법화경』설법을 들음으로써 闡提도 外道도 聲聞도 緣覺도 不信, 我見,
畏苦, 自愛의 장애를 없애는 변화가 일어날 수 있고 궁극에는 깨달음의
경지에 들 수 있다고 하였다. 이는 『법화경』만 들어도 깨달을 수 있다는
의미로도 해석된다. 일승에 도달하는 두 번째 방법은 止觀수행이다. 의적은
一乘·三乘에 대한 논의를 수행 계위와 연결시켜 해석함으로써 삼승과 다른
일승의 상태는 8地의 획득으로 가능하다고 보았다. 8地의 보살은 위없는
種子나 增長力을 가지고 국토를 청정하게 하며, 중생을 교화하며, 큰 깨달음
을 이루는 등의 상태가 된다는 것이다. 8地의 획득 방법에 대해서는 구체적으
로 말하고 있지 않지만, 의적은 출가 제자들을 대상으로 止觀의 노력을
강조하였을 것임에 틀림없다.

　여기서 우선 元曉와 義寂을 비교해보면, 둘 다 모두 『법화경』의 일승이
무엇인가를 정의하고 있다. 다만 그 해석 방식에 크게 두 가지의 차이점이
보인다. 첫째, 원효는 논의의 바탕에 佛性을 두고 있다. 누구나 불성이
있고, 불성이 있기에 선근이 있고, 선근이 있기에 '一乘果의 교화'가 있다고
하여 논의의 기본 전제에 누구에게나 불성이 있다는 믿음이 있다. 반면
의적은 불성에 대해서는 전혀 말하지 않는다. 의적은 불성은 말하지 않고
善根의 축적만을 강조할 뿐이다. 의적이 불성을 말하지 않은 것은 多聞薰習과
止觀 수행에 의한 識의 轉依를 강조하는 唯識學의 사고 기제를 가지고
있었기 때문이 아닌가 한다. 둘째, 원효가 말하는 '一乘果의 교화'에는
자력과 타력이 공존되어 있다. 이는 원효의 정토사상에서 淨土因으로서의

자력 수행과 더불어 아미타불의 구원이라는 타력을 말하는 것과 같은 맥락에서 이해할 수 있다. 그런데 의적은 일승을 오로지 자력에 의해 획득해야 하는 것으로 묘사하고 있다. 의적이 선근을 쌓기 위해『법화경』설법을 들을 것을 요구한 데 비하여 원효는 과거에 부처가 계신 곳에서 선근을 쌓았기 때문에 지금 끊어져 있더라도 부처가 될 수 있다고 말하였다. 원효가 현재의 노력과 더불어 타력의 측면을 말하는 데 비하여 의적은 오로지 자력만을 강조하는 것이다. 그렇다고 의적이 무리한 노력을 요구한 것은 아니다.『法華經集驗記』에 의하면, 의적은『법화경』의 제목만 들어도 그 공덕이 크다고 하면서 법화신앙이 어렵지 않음을 강조하였다.

憬興의『법화경』이해를 보면, 경흥은『법화경』을 인용하여 菩薩은 三乘을 이끌어 一乘으로 가야 한다고 말한다. 일승이란 바로 부처의 지혜이고, 부처의 지혜란 다름 아닌 自利利他의 실천이라고 하였다. 또한 무량한 수명을 가진 부처가 계신 정토가 바로 他受用土라는 것을『법화경』을 통해 알 수 있다고 하였다. 한 마디로 경흥은『법화경』을 淨土果의 경지가 묘사되어 있는 경전으로 이해하였던 것 같다. 淨佛國土의 菩薩行 실천으로 구현해야 할 세계가『법화경』에 묘사된 세계라는 것이다. 경흥에게서는 원효나 의적처럼 일승이 무엇인가에 대한 논의라든지 선근을 쌓는 방법 등에 대한 논의는 보이지 않는다. 이는 분석한 논서(『無量壽經連義述文贊』,『三彌勒經疏』)가『법화경』주석서가 아니기 때문에 어쩌면 당연한 일이다. 하지만 경흥이 止觀수행을 통한 불국토의 성취를 강조하고 일승을 지혜라고 본 것은 의적의 일승 개념과도 통하는 면이 있다고 생각한다. 의적이 말한 十種無上에는 令解無上, 淸淨國土無上이 포함되고, 이를 획득하기 위해 수행을 요구하고 있기 때문이다.

이와 같이 원효, 의적, 경흥의 법화경관은 선행 해석에 얽매이지 않는 독창성과 다채로움을 지니고 있다. 선행 해석에 얽매이지 않았다는 것은, 선행 해석을 몰랐다는 것이 아니라 그들의 비판에 몰두하지 않았다는 말이다. 원효의 경우 吉藏(549~623) 등 이전 시기에 행해진 법화교학의 전개에 대해 숙지하고 있었다. 『法華宗要』에는 三乘·一乘의 權實 문제, 三車·四車 문제, 了義說·不了義說의 문제 등에 대한 원효의 견해가 표방되어 있는데, 서로 다른 견해를 和會시키는 데 주력하고 있을 뿐이다. 예를 들어 『法華宗要』第5, 明敎攝門에서 『법화경』이 了義說인가 不了義說인가 하는 질문을 던지고, 각각에 해당하는 학자들의 견해와 인증 경론을 제시하고 있다. 원효의 기본 입장은 『법화경』이 究竟了義說임을 인정하는 쪽이었지만 구경요의의 가르침 안에도 方便不了義說이 들어 있다고 언급함으로써 두 설을 和會하고 있다.[1] 이와 같이 원효는 了義說과 不了義說을 和諍하고자 노력할 뿐, 그 논쟁에는 끼어들지 않았다. 원효가 『법화종요』를 저술한 의도는 一乘이 무엇인가 하는 자신의 문제의식을 해결하는 데 있었지 선행 연구를 비판하는 데 있지 않았던 것 같다. 이와 같은 태도는 의적도 마찬가지였다.

의적은 慈恩의 『法華玄贊』을 알았고, 『법화현찬』을 많이 인용하고 있다. 慈恩이 『법화현찬』에서 강조한 것은 五性各別說의 논리였으며, 기존의 二乘은 方便이고 一乘은 眞實이라는 입장을 부정하였다. 즉 慈恩은 일승의 가르침이 오히려 방편에 불과하다고 하면서 『법화경』을 통해 삼승의 관계를 새롭게 규명하고 이로써 唯識學派가 주장하던 三乘說을 강조하였다고 한다.[2] 의적은 수행과 관련된 자신의 논지를 보강하는 데 필요한 부분에서 慈恩의 견해를 적극 인용하고 있다. 신라의 승려들은 방편·진실의 문제라든지 三車·四車의 문제 등 이론적 논쟁에 대한 언급은 피하고 『법화경』을 독자적으로 해석해내고 있다. 신라의 승려들은 논쟁보다는 『법화경』을 통해 궁극의 진리가 무엇인지를 찾아내고자 노력하였다. 때문에 일승에 대한 정의나 강조점이 서로 달랐던 것이라 생각한다.

---

1) 자세한 내용은 Ⅲ장 1절 원효의 『법화종요』와 일승관 3) 사상사적 의미 참조.
2) 자세한 내용은 Ⅲ장 2절 의적의 『법화경론술기』와 일승관 3) 사상사적 의미 참조.

元曉나 義寂 등의 『법화경』을 통한 一乘의 정의가 지니는 사회적 의미에 대해서도 생각해보도록 하겠다. 원효나 의적이 선행 『법화경』 해석에 매이지 않고 독자적인 견해를 펼칠 수 있었던 것은 어쩌면 신라라는 공간이었기 때문에 가능한 일이었을지도 모른다. 원효나 의적이 활동하였던 7세기 중후반~8세기 초의 신라는 수많은 전쟁을 거쳐 삼국통일의 위업을 달성하였다. 이 시기 신라는 한편으로는 전쟁의 상흔에 시달리면서 다른 한편으로는 힘차게 약진하고 있었다. 文武王·神文王은 강력한 왕권을 행사하며[3] 넓어진 영토를 효율적으로 관리하기 위해 행정체계도 정비해나갔다. 백제와 고구려의 유민들을 통해 그들의 앞선 기술이 유입되었고, 唐의 문물도 더욱 적극적으로 수용함으로써 새로운 문화가 꽃피고 있었다. 이러한 분위기에 맞물려 신라 불교계에서도 불교 철학에 대한 논의가 활발하게 이루어졌다. 중고기의 '轉輪聖王說' '석가족 인식' 등 이데올로기적 성격에서 탈피하여 불교에 대한 지적인 탐구가 진지하게 진행되었다. 玄奘에 의해 新譯된 經論의 전래 및 求法僧들의 귀국은 이러한 분위기를 한층 고취시켰을 것이다. 이 과정에서 나온 '一乘'에 대한 논의는 '불교를 통해 무엇을 할 수 있는가'라는 신라 지식인의 질문에 대한 원효나 의적 나름의 답이었다고 생각한다. 대승불교의 교리 체계가 '一乘'이라는 술어로 신라인들에게 각인되어 갔다.

가) 무릇 지극한 도는 형상의 바깥을 포함하므로 보아도 그 근원을 볼 수가 없으며, 큰 소리는 천지 사이에 진동하므로 들어도 그 울림을 들을 수가 없다. 이 때문에 假設을 열어 三乘의 심오한 가르침을 관찰하게 하고 신령스런 종을 내걸어 一乘의 원만한 소리를 깨닫게 한다.[4]

인용문 가)는 「聖德大王新鐘銘」의 도입부이다. 성덕대왕신종은 聖德王의

---

3) 하일식, 1996, 「신라 정치체제의 운영원리」, 『역사와 현실』 20, 30~31쪽.
4) 金弼奧 撰, 「聖德大王新鐘銘」.

공덕을 기리고 중대 왕실의 번영
을 기원하려는 목적에서 景德王
때 계획되었다가 혜공왕 7년
(771)에 완공되었다.5) 명을 쓴 사
람은 朝散大夫 兼 太子朝議郎 翰
林郎을 역임한 金弼奧이다. 종명
이 가지는 위상이나 문장의 수준
을 봤을 때 김필오는 당대 최고의
문장가였을 것이다. 당대 지식인
의 불교 이해가 농축되었다고 볼
수 있는 이 문장에서 불교의 가르
침을 三乘·一乘으로 표현하고 있
다. '一乘 圓音'이 불교의 가르침
을 대표하는 명사로 이해되고 있
었던 것이다.

성덕대왕신종

　여기에서 유추해볼 때 원효나 의적은 『법화경』 일승의 논의를 통해
단순히 『법화경』 종지를 설명한 것이 아니라 大乘佛教의 가르침이 무엇인가
를 말해주고자 했던 것이라 생각된다. 일승을 내세우는 것은 華嚴思想도
마찬가지로, 의상의 저술명이 바로 『華嚴一乘法界圖』이다. 다만 의상의
저술에 일승이 무엇인가에 대한 구체적 논의는 보이지 않고, 布施·愛語·利行
·同事의 四攝法과 慈·悲·喜·捨의 四無量心으로 三乘을 一乘으로 나아가게
할 수 있다고 말할 뿐이다.6) 분명한 것은 신라 중대에 새로운 불교사상
체계가 확립되어 가는 과정에서 『화엄경』이나 『법화경』에 의거한 논의가
활발하게 이루어졌는데 그것이 一乘이란 술어로 표출되었다는 점이다.7)

　5) 한국고대사회연구소편, 1992, 「聖德大王新鐘銘」, 『譯註 韓國古代金石文 3』, 383쪽.
　6) 정병삼, 1998, 『의상 화엄사상 연구』, 서울대학교출판부, 127~128쪽.

『법화경』의 一(佛)乘 개념에는 기본적으로 '누구나 成佛할 수 있다'는 사상이 내재되어 있다. 원효와 의적도 모든 사람이 성불할 수 있다는 사고를 바탕에 놓고서, 거기서 나아가 '法界이자 法身인 이치[理]'이자 추구해야 할 '더 없이 좋은 것[無上]'으로 一乘을 묘사하고 있다. 원효는 오랜 시간에 걸친 止觀을 통한 無上覺 획득만이 아니더라도 다양한 방법으로 쉽게 누구나 깨달음을 얻을 수 있다고 하였다. 이는 의적도 마찬가지이다. 한편 의적의 계율관을 보면, 奴와 主人의 구분, 남녀의 尊卑, 세속의 貴賤을 인정하였다. 의적은 기본적으로 戒를 먼저 받은 사람이 윗자리에 앉아야 한다고 하였지만, 奴와 주인의 경우에는 계를 받은 것으로 차례를 삼을 수 없다고 하였던 것이다.[8] 이 경우에, 신분에 상관없이 제자로 받아들이고 교단 내의 평등을 실천하였던 의상이라면 어떻게 하였을까. 이는 신라 사회의 질서와 佛法의 조화라는 점에서 당시 매우 어려운 문제였을 것 같다. 다만 의적은 재가자가 법을 설할 수도 있고, 부부가 서로 法師가 되어 계를 줄 수 있다고 하였다. 이러한 유연성을 생각할 때, 의적이 신라의 신분제나 사회 관념을 인정한 위에서 불법을 펼친 것이지 차별을 옹호하였다고 말하기는 어려울 것 같다. 의적은 현재의 차이를 根機의 차이일 뿐이라고 보고, 때가 되기를

---

7) 여기서 法華一乘과 華嚴一乘의 차이점이 무엇인가에 대한 의문이 제기될 것이다. 이에 대해서는 논자들마다 견해가 다른 것 같다. 두 가지의 견해만 소개해보면 다음과 같다. 8세기 중엽의 화엄 승려인 表員은 『華嚴經文義要決問答』에서 법화일승은 삼승을 부정하는 일승(遮三之一)이고 화엄일승은 체를 드러내는 일승(表體之一)이라 하였다(金天鶴譯註, 1998,『華嚴經文義要決問答』, 民族社, 292쪽). 吉津宜英은 법화일승은 自燈明一乘이고 화엄일승은 法燈明一乘이라 표현하고 있다. 즉『法華經』은 일승이 진실일 뿐만 아니라 방편인 이승, 삼승의 가르침도 모두 진실이라는 의미를 담고 있으므로 自燈明一乘이고, 『華嚴經』은 '이것만이 불교다'라는 특정 진리의 至上性을 일승으로 표현하려는 입장이므로 法燈明一乘이라고 하였다(吉津宜英, 1991,「自燈明一乘論について」,『宗教研究』 64-4, 190쪽).

8) 義寂의 계율관은 崔源植, 1999,「신라 義寂의 梵網菩薩戒觀」,『新羅菩薩戒思想史研究』, 民族社, 159~184쪽 참조. 奴와 主人을 구분하였다는 점에서 의적이 차별적인 신분제를 옹호하였다고 평가하기도 한다(정병삼, 2000,「신라보살계사상사연구 서평」,『한국고대사논총』 10, 359쪽).

기다리면 누구나 성불할 수 있다고 하였다. 의적의 법화교학은 이러한 인식을 구체적으로 실천하기 위한 방법에 대한 논의라고 볼 수 있다.

원효나 의적은 '누구나 성불할 수 있다'에서 '누구나'를 성불의 길로 이끌기 위해 『법화경』 설법을 듣고, 독송하고, 한 글자라도 쓰라고 말하였고, 이를 더욱 권장하기 위해 영험담까지 유포하였던 것이다. 당시 신라 사회에서 '成佛'의 의미는 무엇이었을까. 거리에서 교화를 펼치던 원효나 金山寺에서 설법하던 의적은 성불을 무엇이라 말하였을까. 그리고 그 설법을 들은 사람들이 이해한 성불은 무엇이었을까. 장기간의 전쟁으로 죽음 앞에 무기력해진 사람들에게 성불의 의미를 사변적으로만 늘어놓지는 않았을 것이다. 삼국통일이라는 거대한 위업 아래 가족과 이웃들이 쓰러져가는 것을 지켜보아야만 했던 살아남은 사람들에게 삶은 공포였을 것이다. 이런 상황에서 개개인이 모두 부처의 아들이자 성불 가능한 존재라는 메시지는 그들을 위로하며 생존을 가능케 하는 힘이 되지 않았을까 한다. 법화교학은 결국 신앙의 문제로 귀결되고, 그 속에서 궁극적인 의미를 찾아봐야 할 것이다.

한편 의적이나 경흥이 '止觀 修行을 통한 淸淨國土'의 성취를 강조한 사실이 지니는 의미에 대해서도 생각해볼 필요가 있다. 고대 한국인들은 인간의 現世에서의 삶에 더 많은 관심이 가지고 있었고, 현실적 행복을 얻기 위해 끊임없이 인간의 생활을 좌우하는 초월적 존재들과 접촉할 것을 요구하였다고 한다.[9] 中古期의 彌勒信仰이나 7處伽藍說 등에서도 이러한 모습을 볼 수 있다. 즉 신라 중고기에는 미륵하생신앙이 유행하였는데, 신라인들은 용화회상을 死後가 아닌 現世에서 맞이할 수 있는 이상세계라고 생각하였다.[10] 또한 신라가 일찍부터 佛國과 인연이 있는 나라라고 인식하는 佛國土思想이 성립하였다. 통일 이후 중대 초기 불교사상도 내세보다는 현실을 강조하는 경향이 있었다. 중대의 阿彌陀信仰에는 현실긍정적

---

9) 나희라, 2000, 「고대 한국의 샤머니즘」, 『한국고대사논총』 9, 94~95쪽.
10) 최연식, 2002, 「삼국시대 미륵신앙과 내세의식」, 『강좌 한국사』 8, 260~261쪽.

부석사 무량수전 앞 풍경

성격이 강하여 현재의 신라 땅에 아미타불과 제불보살이 상주한다거나 신라 땅에서 아미타불과 미륵이 성불했다는 사상이 있었다고 한다.[11] 華嚴思想을 정립한 의상도 자신의 마음을 깨끗하게 정화하여 완전하게 하는 데서 나아가 적극적으로 사회 정화에 매진하여 얻는 즐거움이 바로 極樂淨土라 여기고 이러한 생각을 浮石寺에 담았다고 한다.[12] 이는 의적, 경흥, 현일 등의 유식 승려들이 강조한 淨佛國土와 사상사적 맥락을 같이 한다. 수행을 통해 국토를 청정하게 할 수 있다는 것이다. 즉 현실에서 지관 수행을 통해 번뇌를 떨치고 無分別智·後得智를 획득한 상태가 바로 淨土라는 것이다. 그 정토는 『법화경』에 묘사된 것처럼 무량한 수명의 부처가 함께 하는 불국토라는 것이다. 이와 같이 중대 초 유식 승려들이 전개한 法華敎學은 淨土敎學과 맞물려서 신라불국토설을 강화시켜 나갔다. 통일신라, 그

---

11) 김영미, 1995, 『新羅佛敎思想史硏究』, 民族社.
12) 정병삼, 1998, 『의상 화엄사상 연구』, 서울대출판부.

중에서도 중대는 불교 미술의 전성기라 평가된다. 예술 작품이 그 시대 인간의 사고 깊이를 드러내는 것이라고 한다면, 중대 불교 미술은 신라 땅을 불국토로 만들고자 했던 많은 지성들의 발현이라고 생각한다. 憬興의 경우 신라의 國老로서 戰後 신라 사회의 안정에 공헌하였을 것이다. 왕실을 오가며 행했던 설법에서 신라 불국토 구현을 강조하였을 수도 있다. 경흥에게, 그리고 당시 지성인들에게『법화경』은 구현해야 할 불국토의 모델로서 중요하게 자리매김하고 있었으리라 생각한다.

2) 會三歸一의 해석

한국 법화사상에 대한 연구에서 가장 주목받은 술어는 '會三歸一'이다. 법화사상의 핵심을 會三歸一思想이라 정의내리고, 그것이 가지는 함의를 해명하는 데 노력을 기울여왔다. 회삼귀일의 의미에 대한 지금까지의 논의는 크게 세 가지로 설명할 수 있다.

첫째, 三國統一의 논리가 되었다는 견해가 있다. 元曉가『法華宗要』에서 펼친『법화경』일승의 논리가 삼국통일의 이념으로 뒷받침되었다고 주장한다.[13] 둘째, 원효 화쟁 철학의 논리를 제공하였다는 견해가 있다. 원효가『법화경』으로부터 화쟁의 정신을 배웠고 이는 다른 불교 문헌들을 해석하는 지침이 되었다고 한다.[14] 셋째, 정치 융합의 논리로 작용하였다는 견해들이 있다. 예를 들어 고구려 慧慈가『법화경』을 통해 護國불교적 성격을 강조하였고 이것이 영양왕이 추구하였던 왕권 강화에 일정한 역할을 하였다고 한다.[15] 백제의 경우 잦은 遷都에 따른 갈등을 하나로 조정하는 데 회삼귀일

13) 安啓賢, 1982,『韓國佛教史研究』, 同和出版社, 71쪽.
14) 李永子, 1988,「원효의 천태회통사상 연구」,『한국 천태사상의 전개』, 71~72쪽 ; 김종인, 2003,「『法華宗要』에 나타난 元曉의 『法華經』이해」,『淨土學研究』6, 364~365쪽.
15) 정선여, 2007,「7세기대 佛教政策의 변화」,『고구려 불교사 연구』, 서경문화사, 107쪽.

242

사상이 필요하였다고 한다.16) 신라 緣會의 國師 임명에 대해서는 중대말 하대초 불교계의 종파간 사상 대립 문제, 金良相, 金周元, 金敬信 세 세력의 귀족연립정권 등의 상황 때문에 회삼귀일의 일불승을 강조하는 법화사상이 필요하였다고 해석하기도 한다.17)

역사학계의 연구에는 세 번째 해석이 가장 많다. 법화사상이 귀족들을 융합하여 왕권을 강화하는 정치 논리로 작용하였다는 것이다. 그런데 이러한 해석의 타당성을 점검하기 위해 선결해야 할 문제는 당시 論者들이 『법화경』의 종지를 무엇으로 보았는가 하는 것이다. 경전의 이해는 승려들의 해석에 의거할 수밖에 없는데, 『법화경』一乘과 三乘의 관계에 대한 이해는 승려들마다 달랐고 그 용어도 다양하였다. 회삼귀일은 일승과 삼승의 관계를 설명하는 술어 가운데 하나일 뿐이다. 예를 들어 智顗는 會三歸一, 破三顯一 등의 10가지로 정의하였고, 吉藏은 會三歸一, 開三顯一, 破三歸一, 廢三立一의 4가지로 설명하였다. 慈恩은 會三歸一이 아니라 會二歸一을 말하고 있다.18) 元曉도 用三爲一, 將三致一, 會三歸一, 破三立一의 네 가지로 정의하였다. 삼승의 가르침을 바로 일승의 가르침으로 여기고[用三爲一], 삼승의 사람을 모두 一乘果인 法佛菩提·報佛菩提·應化佛菩提에 이르게 한다[將三致一]. 그리고 會三歸一하고, 삼승의 사람이 각기 다른 길을 가고, 삼승의 가르침이 방편이 아니고 삼승의 인과가 다르다는 집착을 없애라는[破三立一] 것이다.19) 이 가운데 원효가 강조해서 설명하는 것은 會三歸一이지만 破三立一도 말하고 있음을 간과해서는 안 된다. 법화교학에서 會三,

---

16) 조경철, 2006, 「百濟佛敎史의 展開와 政治變動」, 한국학중앙연구원 박사학위논문, 90~91쪽.
17) 곽승훈, 2009, 「신라 하대 전기의 신정권과 법화사상」, 『韓國思想史學』 32, 184~185쪽.
18) 野村耀昌, 1983, 「一佛乘の思想」, 『法華思想』, 春秋社(慧學 譯, 1997, 『法華思想』, 경서원, 194~224쪽).
19) 『法華宗要』(『韓國佛敎全書』 1, 491b3~8).

會二와 더불어 많이 등장하는 것이 破三, 破二이다. 義寂의 경우 世親의 『法華經論』에 의거하여 일승과 삼승의 관계를 破二明一, 즉 二乘이 둘이라는 집착을 깨뜨려서 일승을 밝히는 것이라 정의하였다. 궁극적으로 一乘을 지향하는 것은 같지만 그 방법으로 '破'를 이야기하는 것과 '會'를 이야기하는 것은 전혀 뉘앙스가 다르다. 隋 仁壽 元年(601) 闍那崛多와 達磨笈多가 번역한 『添品妙法蓮華經』의 序를 보면 "妙法蓮華經者 破二明一之指歸也"[20]라고 하여 『법화경』의 주제를 破二明一로 파악하고 있다. 이는 『법화경』을 회삼귀일사상으로만 이해하지 않았음을 단적으로 보여준다. 논자들이 『법화경』을 통해 언제나 '삼승의 공존' '통합' '회통'만을 말하였던 것은 아니다. 그러므로 『법화경』이 등장한다고 하여 이를 회삼귀일사상으로 일관하여 이해하는 것은 오류가 있지 않을까 한다.[21]

한편 『법화종요』의 회삼귀일 개념을 삼국통일 및 후삼국 통일의 논리나 정치 통합의 논리로 보는 데에는 隋 文帝와 天台 智顗와의 관계가 주요 논거가 되고 있다.

나) 人王과 法王이 대대로 세상에 나오는 법은 비록 다르나, 그 混一된 것으로 왕을 삼고 歸一된 것으로 부처를 삼는 것은 또한 서로 멀지 않으니, 만일 風土에 맞는 법으로 그 왕업을 돕는다면 어찌 병에 따른 좋은 약과 때에 맞는 단비와 같지 않으랴. 그러므로 옛적에 隋가 장차 일어나려 할 때에 陳과 齊가 나란히 서서 천하가 세 갈래로 갈라졌다. 隋의 지혜 있는 신하 周弘正이란 자가 文帝에게 권하기를, "들으니 會三歸一의 法門이 있는데 이름이 妙法華라고 합니다. 만일 이 법을 天台山 아래 國淸寺에서 넓힌다면 천하가 하나가 될 것입니다"라고

---

20) 『添品妙法蓮華經』 卷1, 「添品妙法蓮華經序」(『大正藏』 9, 134b24~27).

21) 화엄 승려들은 『법화경』에 대한 비판적 입장에서 '破'의 측면을 강조하는 것 같다. 표원은 『법화경』의 일승을 '구별을 깨뜨리고 일승을 밝힌 것(破異明一)' 또는 '삼승을 부정하는 일승(遮三一)' 등으로 표현하고 있다(金天鶴譯註, 1998, 『화엄경문의요결문답』, 民族社, 291~292쪽).

하였다. 문제가 그 말대로 하였더니 과연 통일이 되었다. 지금 이 東韓의
땅도 일찍이 삼분되었다. 그래서 우리 太祖가 創業하던 때에, 行軍福田
四大法師 能兢 등이 글을 올리기를, "듣건대 大唐에 會三歸一의 『妙法蓮
華經』과 天台智者의 一心三觀禪法이 있다 합니다. 聖君께서 三韓을
합하여 한 나라로 이룬 것과 풍토가 서로 합치되니, 만일 이 법을
구하여 세상에 널리 행하도록 한다면 뒤를 잇는 龍孫의 수명이 연장될
것이고, 왕업도 끊어지지 않아서 항상 한 집안이 될 것입니다"라고
하였다.22)

　　인용문 나)는 『東文選』에 실려 있는 閔漬(1248~1326)의 글로, 會三歸一의
정치적 해석 및 고려초 천태 승려의 존재를 증명하는 자료로 즐겨 인용되고
있다. 간단히 요약하면, 隋 文帝가 周弘正의 권유로 國淸寺를 후원하여
통일을 이루었고, 때문에 고려 태조의 후삼국 통일 시 能兢이 會三歸一
및 一心三觀 법문을 구하라고 글을 올렸다는 것이다. 이 「國淸寺金堂主佛釋
迦如來舍利靈異記」는 고려후기 천태종 승려로서 忠宣王 1년(1309) 國淸寺
주지에 임명되었던 無畏 丁午가 국청사를 천태종의 중심 사찰로 키우기
위해 金堂 및 釋迦三尊像 등을 건립하고서 1315년 낙성식을 개최한 것을
배경으로 하고 있다.23) 인용문 나) 부분은 14세기 초 천태종의 인식을
반영하고 있다고 할 수 있는데, 당시 천태종은 왕실의 적극적인 후원 속에
세력을 확장하고 있었다. 無畏 丁午가 국청사 주지가 되었을 때는 王師의
신분이었고, 忠肅王 1년(1314)에는 國統이 되었다. 그러므로 會三歸一에
정치적 의미를 부여하고 있는 이 기록은 치밀한 고증이 필요하다. 두 단계의
검증을 거치고자 한다. 먼저 隋 文帝의 통일과 天台 智顗와의 관계를 검토하
고, 이어서 고려 태조와 能兢과의 관계를 추적해보도록 하겠다.

22) 閔漬, 「國淸寺金堂主佛釋迦如來舍利靈異記」, 『東文選』卷68 ; 민족문화추진회, 1977,
『국역동문선VI』, 167쪽.
23) 윤기엽, 2004, 「고려후기 사원의 실상과 동향에 관한 연구」, 연세대 박사학위논문,
142~145쪽.

첫째, 隋 文帝(재위 581~604)와 天台 智顗(538~597)의 관계에 대해서이다. 우선 수 문제에게 國淸寺의 후원을 권유하였다는 周弘正이 누구인지 살펴보도록 하자. 인용문 나)에는 周弘正이 '隋의 지혜 있는 신하'라고 묘사되어 있다. 그런데 周弘正은 陳 宣帝 치세인 太建 6년(574)에 79세로 죽었다. 생몰년이 496~574년이고, 그가 벼슬을 한 것은 梁~陳왕조였다. 周弘正은 隋가 건립되기 전에 죽었고, 隋 文帝와 만난 적도 없다. 周弘正은 周易, 老莊 및 佛典 이해에 뛰어나 많은 이들이 그에게 학문을 배우러 왔다고 한다.[24] 그러므로 후대 사람이 그의 이름을 가탁하였을 가능성은 있으나, 그가 隋 文帝에게 국청사의 후원을 건의하였다는 것은 사실로 성립되기가 어렵다.

한편 隋 왕실이 天台 智顗에게 접근한 것은 사실이다. 開皇 8년(588) 훗날 煬帝가 되는 晉王 廣이 총사령관이 되어 강남으로 진격하였을 때 智顗는 이미 강남 불교계의 지도적 인물이었다. 때문에 수 문제나 진왕 광은 개인적인 존경심에서, 그리고 강남 불교계의 효율적인 지배를 위해 지의에게 접근하였던 것이다. 강남을 정복한 후인 開皇 10년(590) 수 문제가 지의에게 귀의하는 칙서를 보내긴 하지만, 지의와 직접 만나고 교유한 것은 晉王 廣이었다. 開皇 11년(591)에 지의는 晉王 廣에게 보살계를 주었고, 晉王 廣은 이에 대한 보답으로 國師 및 智者라는 호를 하사하였다. 이후 지의가 세 차례에 걸쳐 『維摩經疏』를 晉王 廣에게 바쳤다는 사실이 보여주듯 계속적인 교유가 있었다. 이러한 행적에 대해서 지의에게 정치적 의도가 있었느냐 아니냐는 해석의 논란이 있다. 天台宗이 隋 왕실의 후원 하에 성장한 것은 사실이지만, 여기에는 智顗가 아니라 제자인 章安 灌頂의 공이 컸다는 견해도 있다.[25]

---

24) 『新校本陳書』 卷24, 列傳18, 周弘正.
25) 鎌田茂雄, 1994, 『中國佛敎史 5 : 隋唐の佛敎(上)』, 東京大學出版會, 34~36쪽 ; 京戶慈光 지음, 최기표·김승일 역, 2006, 『천태대사의 생애』, 시대의창, 168~215쪽 참조.

智顗의 隋 왕실에 대한 태도를 정치적이라 평가할지라도, 분명한 것은 수 문제의 통일 의지와 智顗의 天台教學을 직접 연결시킬 수는 없다는 것이다. 이는 화엄사상 자체가 전제왕권의 이념이라는 주장이 성립하기 어려운 것과 같다. 즉 則天武后가 法藏을 우대하였고 법장 스스로도 측천무후와 밀착하였으므로, 법장의 화엄사상이 측천무후의 전제주의와 무주혁명을 정당화하는 데 기여하였다는 주장이 일면 타당성이 있으나 逆으로 화엄사상 자체가 전제왕권의 이념이라는 주장은 성립하기가 어렵다고 한다.26) 이와 마찬가지로 天台 智顗의 會三歸一·一心三觀 등의 교리가 수 통일의 사상적 근거가 되었다고 볼 수는 없다.

둘째, 고려 太祖와 能兢의 관계에 대해서 생각해보도록 하자. 이와 관련하여 주목되는 기록이 있다.

> 다) 옛날 聖朝[태조]가 처음 나라를 열었을 때 行營福田 能兢이 직접 道詵의 성결을 전하였다. "삼승을 일승으로 모으고, 삼관을 일심에 두는 깊고 깊은 묘법이 세 나라를 통일해야 할[會三之國] 우리에게 부합하오니 [이는] 임금님께 하늘의 총명함이 있기 때문입니다." (중략) 세 나라를 통일하는 풍토와 서로 부합하는 뜻이 비단 도선에게서 처음 말해진 것은 아닙니다. 옛날 천태 제9조 형계선사가 『법화문구기』에서 '會'를 이미 해석하였는데, 마치 부절을 합한 듯합니다. 문장이 매우 상세하므로 그 요점을 간추려보면 다음과 같습니다. "과거 아직 '會'하지 않았을 때에는 마치 한 나라 안에 두, 세 小王이 각각 백성들을 다스려서 아직 大國으로 돌아가지 않다가 '會'한 이후에는 동일하게 교화되니 백성에게 두 주인이 없고 나라에 두 왕이 없다." 형계조사의 이 말로써 황조의 성쇠를 기필할 수 있으니 의심할 것이 조금도 없습니다.27)

---

26) 남동신, 1996, 「의상 화엄사상의 역사적 이해」, 『역사와 현실』 20, 52~53쪽.
27) 『眞靜國師湖山錄』 卷上, 「答芸臺亞監閔昊書」(『韓國佛教全書』 6, 204a~b). 고익진, 1979, 「白蓮社의 思想傳統과 天頙의 著述問題」, 『佛教學報』 16, 132쪽에서 천책의 국가의식과 관련하여 이 구절을 간단히 언급하고 있다.

인용문 다)는 了世의 제자이자 白蓮結社 제4대 社主인 眞靜國師 天頙
(1206~?)이 閔昊에게 보낸 회답문인「答芸臺亞監閔昊書」의 일부이다. 천책
이 출가 전 上舍에서 같이 지냈던 민호에게 호의에 감사하며 천태종으로의
귀의를 권하는 내용으로, 천태종의 유구함과 뛰어남을 피력하고 있다.
여기서 천태종의 기원을 고려 太祖대로 소급하면서 道詵秘訣을 언급하고
있다. 즉 能兢이 태조에게 전한 '三乘을 一乘으로 모으고, 三觀을 一心에
두는 깊고 깊은 妙法'에 대한 이야기가 能兢 자신의 견해가 아니라 道詵의
주장이라는 것이다. 天頙이「答芸臺亞監閔昊書」를 쓴 때는 고종 28년(1241)
경으로 강화 천도기이다. 몽고의 침입으로 국가의 존망이 위태로운 상황에
서 천태의 교리에 근거하여 후삼국 통일을 이루어냈다는 위력을 강조하는
것만큼이나 좋은 선전책은 없었을 것이다. 더욱이 이 편지에서 천책은
민호를 白蓮結社에 귀의하도록 회유하고 있다. 그러므로 인용문 다)의 太祖
와 能兢의 관계는 첫째, 자료의 작성 시기가 몽고 침입기라는 점, 둘째
儒者인 민호를 백련결사로 영입하고자 하는 의도가 있었다는 점, 셋째
도선비결이라고 말하고 있는 점에서 사실로 보기 어려운 면이 있다.

天頙은 荊溪 湛然(711~782)의『法華文句記』를 인용하며 천태종의 가르침
으로 皇朝의 성쇠를 기필할 수 있다고 하였다. "과거 아직 '會'하지 않았을
때에는 마치 한 나라 안에 두, 세 小王이 각각 백성들을 다스려서 아직
大國으로 돌아가지 않다가 '會'한 이후에는 동일하게 교화되니 백성에게
두 주인이 없고 나라에 두 왕이 없다"는 표현은 담연의 것 그대로이다.[28]
담연은『법화경』이 경전 가운데 王中王인 이유가 여러 小王을 폐하고 오직
한 왕을 세우기 때문이라고 하면서, 會의 의미도 國·王의 비유로 설명하고
있다.『華嚴經』등과 비교하며『法華經』至上主義를 내세웠던 담연의 입장이

---

28)『法華文句記』卷7, 釋信解品(『大正藏』34, 285b5~8), "在昔未會 如一國內 二三小王
各理蒼品 未歸大國 故方便敎主王名不無 但兼部中圓極主弱 若會已後同霑一化 民無
二主國無二王."

248

잘 드러난다. 담연이 어떠한 정치적 의도를 가지고 國·王으로 비유하였는지 알 수 없지만, 충분히 정치적 해석이 가능한 표현이다. 그리고 이를 天頙이 적극적으로 활용하였다. 천책 이전 천태 승려의 글에서는 아직까지 會三歸一과 후삼국 통일 등 왕조의 성쇠를 연결시키는 해석은 보이지 않는다. 13세기 중반 天頙의 사유가 14세기 초반의 天台宗에까지 계승되고 있는 것을 볼 때, 이는 고려후기 천태종 승려들의 시대 인식을 잘 보여준다고 하겠다.[29] 정리하면 天頙의 「答芸臺亞監閔昊書」나 閔漬의 「國淸寺金堂主佛釋迦如來舍利靈異記」를 통해 신라말~고려초에 能兢이라는 천태 승려가 있었다는 것은 알 수 있지만, 能兢이 高麗 太祖에게 천태교학을 후삼국 통일의 이데올로기로 제공하였다고 보기에는 무리가 있다고 생각한다.

원효가 『법화종요』에서 회삼귀일을 통해 말하였던 것은 '佛性, 善根 및 佛에 대한 믿음과 자각'이었다. 그러므로 원효의 법화사상이 지니는 역사적 의미는 그가 중시했던 대중 교화나 신앙의 측면에서 생각해보아야 할 것이다. 원효의 『법화경』 이해를 신라의 삼국통일과 직접 연결시킬 수 없다고 생각한다. 만약 원효가 신라의 삼국통일을 會三歸一에 빗대어 말했었다면, 회삼귀일의 의미를 적극적으로 해석한 天頙이 원효를 언급하였을 법한데 천태종의 기원을 고려 초까지만 소급하고 있다. 사상이 지니는 시대성이나 역사성을 외면할 수는 없지만, 조심스러운 해석이 필요하다고 생각한다.

---

29) 고려 천태종에서 會三歸一·一心三觀을 정치적으로 해석한 것은 대몽항쟁기를 보냈던 天頙에게서 처음 나타나고, 다른 종파와의 경쟁에서 천태종의 역사적 정통성을 확립하려 하였던 丁午에 의해 더욱 강조되었다는 것이다. 강호선, 2001, 「원간섭기 천태종단의 변화 : 충렬·충선왕대 묘련사계를 중심으로」, 『보조사상』 16, 359~368쪽.

2. 신라 사회의 변동과 法華信仰

1) 신라 법화신앙의 전개 양상

『법화경』이 신라에 전해진 것은 6세기 무렵으로 추정된다. 신라는 麻立干期를 지나 6세기에 접어들면서 南北朝와의 교류가 활발해지고 이 과정에서 불교의 공식적인 수용이 이루어졌다. 527년 法興王의 불교 공인 이후 使臣이나 求法僧들에 의해 신라에는 많은 경전이 수입되었다. 이 과정에서 『법화경』도 자연스럽게 전래되었으리라 생각한다.[30]

圓光이 귀국하는 600년을 전후하여 신라의 불교계는 비약적으로 발전한다. 구법승들이 증가하였을 뿐만 아니라, 정치·사회적으로 승려의 역할이 커져 갔다. 圓光이나 慈藏이 대표적이라 할 수 있다. 이러한 분위기에서 신앙으로서 불교를 이해하는 모습이 등장하는데, 바로 『法華經』「觀世音菩薩普門品」에 의거한 觀音信仰이었다. 자장의 아버지 김무림은 아들 낳기를 바라며 관음보살상을 조성하였다. 자장의 출생연도를 감안할 때, 7세기 초반부터 관음신앙이 행해졌음을 알 수 있다. 관음신앙과 더불어 朗智의 普賢信仰도 법화신앙의 한 형태로 등장한다. 낭지는 靈鷲山에 은거하여 『법화경』을 독송하며 普賢行을 실천하였다. 이렇게 법화신앙은 출가자의 수행으로서의 면모도 지니고 있었다. 天台 智顗의 문하에서 수학한 緣光이 도읍에서 활동하며 『법화경』 보급에 노력하였고, 출가하여 『법화경』 독송을 일삼았던 金果毅의 아들 같은 인물이 있었다. 이와 같이 중고기부터 여러 형태의 법화신앙이 신라 사회에서 나타났다.

中代에 접어들면서 『법화경』에 대한 교학적 이해가 시도되었다. 『법화경』에 본격적으로 관심을 표명한 이는 元曉(617~686)였다. 원효는 『法華宗要』

---

30) 신라 법화신앙의 전개 양상은 본문의 내용을 시대 순으로 재정리한 것이므로 중복되는 부분의 각주는 생략하였다.

등『법화경』관련 여러 글을 썼다. 그리고 유식 승려들이『법화경』에 대한 새로운 논의를 펼쳤다. 順憬의『法華經料簡』, 玄一의『法華經疏』, 義寂의『法華經論述記』(현존),『法華經綱目』,『法華經料簡』,『法華經集驗記』(현존), 道倫(遁倫)의『法華經疏』, 憬興의『法華經疏』, 太賢의『法華經古迹記』등이 확인된다. 승려들의 저술 활동은 그 자체로 그치지 않고, 법화신앙의 형성에 직·간접적으로 기여하였을 것이다. 법화신앙의 측면에서 가장 주목되는 저술은 의적의『법화경집험기』이다.

『법화경집험기』는 道宣의『集神州三寶感通錄』이나 道世의『法苑珠林』등 의적이 접할 수 있었던 책들에서『법화경』관련 영험담들을 모아 편찬한 책이다. 기존 영험담을 수집한 것이지만 의적은『법화경집험기』를 엮으면서 讀誦, 轉讀, 書寫, 聽聞의 편목을 설정하는 등의 노력을 기울였는데, 이는 唐 僧祥의『法華傳記』나 日本 鎭源의『大日本法華經驗記』의 편찬 시 본보기가 되었다. 특히 聽聞편을 설정했다는 사실에서 글자를 읽을 줄 모르는 일반 민들에게도『법화경』공덕에 대해 말해주고자 했던 의적의 의도를 읽을 수 있다. 의적은『법화경집험기』別序에서『법화경』한 품의 제목만 들어도 오래 살 수 있고 어려움에서 벗어날 수 있으며『법화경』을 쓰기 위해 한 획만 찍어도 그 공덕이 크다고 하였다. 의적은『법화경』공덕을 쌓는 것이 바로 善根을 쌓는 것이라고 보고, 이를 사람들에게 권하였던 것이다.『법화경집험기』에서 의적이 강조하였던 것은『법화경』에 의거한 신앙 행위였고, 또한 법화신앙은 쉽다는 것이었다. 의적이 출가 제자들을 대상으로『法華經論』을 강의하면서 다른 한편으로 이와 같이 법화영험담을 이야기한 것은 대중교화를 위한 방편이었을 것이다.

신라의 천태 승려로는 唐에서 左溪 玄朗(673~754)의 문하에서 천태교학을 수학하고 聖德王 29년(730) 귀국한 法融, 理應, 英純이 있다. 李華의 「故左谿大師碑銘」, 晁說之의『仁王護國般若經疏』序文, 閔仁鈞의「萬德山白蓮社主了世贈諡圓妙國師敎書·官誥」등이 이들의 존재나 영향을 증명해주고

있다. 이들의 귀국은 바로 법화신앙의 보급으로 이어졌을 것이다. 좌계
현랑은 止觀의 실천을 강조하였는데, 천태종의 止觀은 단순한 관법이 아니라
신앙의례와 밀접한 관련이 있다. 그러므로 신라의 불교의례 체계가 갖추어
지는 데 미친 영향도 적지 않았으리라 생각한다.

　　중대 법화신앙의 구체적 면모를 보여주는 것은 현세구복적 관음신앙이
다. 중대에 접어들면서 관음신앙에 求道的 성격, 極樂往生 보조자로서의
성격 등이 더해지지만 중고기부터 시작되었던 현세구복적 성격의 관음신앙
이 가장 보편적이었다. 현존하는 관음보살상의 경우 정확한 연대를 알
수 없지만,『三國遺事』에 등장하는 敏藏寺 관음보살상이나 衆生寺 관음보살
상은 신라 중대의 작품이다. 관음보살도로는 率居가 그린 芬皇寺의 관음보살
이 유명한데, 그 조성 시기가 경덕왕대로 추정된다. 이러한 불상이나 불화의
조성은 지배층 및 승려들이 주도하였겠지만, 이는 곧 일반 민의 신앙 행위로
이어졌다. 가난한 여인 寶開가 민장사 관음보살을 찾아가 뱃길 떠난 아들의
무사귀환을 빈다거나, 希明이라는 여인이 다섯 살 난 아이의 눈을 뜨게
해달라고 분황사 관음보살을 찾아간 사례들이 이를 말해준다. 이처럼 법화
신앙은 지배층의 신앙에서 점차 가난한 일반 민의 신앙으로까지 확산되었
다. 보개나 희명의 사례가 모두 경덕왕대인 것으로 보아 늦어도 8세기
중엽이 되면 법화신앙이 신라 사회 전 계층의 신앙으로 자리하게 되었음을
알 수 있다.

　　신라 하대에 들어서면서 다양한 형태의 법화신앙이 나타난다. 우선 많은
『법화경』독송 사례를 확인할 수 있다.『법화경』에 의거한 신앙 행위의
기본은 受持·讀誦이지만,『법화경』독송을 통해 추구한 바는 조금씩 달랐다.
오대산 서대에서는『법화경』독송을 통해 아미타불이 계신 극락으로의
왕생을 기원하였고, 靈鷲山의 緣會는『법화경』을 독송하며 普賢觀行을 닦았
다. 赤山 法花院의 사례를 통해 볼 때 사찰에서는 정기적인『법화경』강경
법회가 개최되었던 것 같다. 뿐만 아니라 승려들이 民家를 돌아다니며

252

『법화경』을 독송하며 교화 활동을 펼치기도 하였다. 釋超는 이웃집에서 어떤 승려가 『법화경』「妙莊嚴王品」을 독송하는 것을 듣고 출가하였고, 均如의 누이 秀明은 탁발승의 『법화경』 독송을 듣고 믿음이 생겼다. 이와 같이 사찰에서의 강경 법회나 탁발승의 『법화경』 독송으로 신라인들은 점차 『법화경』이 지닌 함의를 이해하고 되고, 출가를 하기도 하고, 믿음이 생기기도 하였던 것이다. 강경 법회나 탁발승의 교화 활동은 어떤 특정 계층이나 승려만을 대상으로 한 것이 아니었다. 『법화경』을 통한 교화 활동으로 전 계층의 적극적인 참여를 유도하였다는 점에서 법화신앙은 신라 사회 불교의 토착화에 기여한 바가 컸다고 생각한다.

하대 법화신앙 사례의 특징을 이전 시기와 비교하면 크게 세 가지로 말할 수 있다. 첫 번째는 '법화경신앙'이 등장하였다는 점이다. 중고기부터 『법화경』을 독송하고 중대에도 『법화경』 공덕을 강조하긴 하였지만 '법화경신앙'의 구체적인 사례가 등장하는 것은 하대에 들어서이다. '법화경신앙'이란 『법화경』의 내용뿐만 아니라 『법화경』 자체가 지닌 영험한 힘을 믿는 경전신앙을 말한다. 『법화경』을 돌에 베껴 써서 새긴 昌林寺의 '法華經石經'이나 百城山寺 妙吉祥塔에 『법화경』 등의 경전을 봉안한 사실에서 '법화경신앙'의 모습을 확인할 수 있다. 두 번째로 화엄 승려들의 『법화경』 관련 활동이 보인다는 점이다. 百城山寺 妙吉祥塔은 해인사 승려 僧訓이 주도한 佛事인데, 해인사는 화엄사찰로 유명하다. 또한 秀明의 집을 찾아와 『법화경』을 독송하던 승려가 자신을 菩提留支, 수명을 德雲比丘에 비견하는 것으로 보아 이 승려는 화엄 승려인 듯하다. 세 번째로 법화신앙을 통해 극락왕생을 기원한다는 점이다. 창림사 법화경 석경의 조성, 그리고 오대산 서대에서의 『법화경』 독송에서 극락왕생의 추구라는 공통점이 발견된다.

2) 법화신앙의 사회적 의미

선행 연구에서 밝혀진 다른 불교 사상 및 신앙과의 비교를 통해 법화신앙이 지니는 특징 내지 차별성을 설명하는 방식으로 그 의미를 찾아보도록 하겠다.

첫째, 법화신앙은 고대의 전통 속에서 불교가 어떠한 모습으로 수용되었는가를 잘 보여준다. 신라인들은 아주 오래전부터 초월적 존재를 모시고 그들의 힘에 의지하며 현세에서의 삶을 누렸다고 한다. 그 초월적 존재들을 역사서는 天神, 山神, 水神, 龍神, 虎神, 日月神 등 神이라는 용어로 표현하고 있다. 『三國遺事』에 나오는 仙桃山 안흥사의 벽화 내용을 보면, 菩薩, 53佛, 聖衆, 天神, 山神 등이 本尊의 설법을 듣고 본존을 보호하는 존재로서 자리하고 있다. 이는 전통적 神 관념 속에 새로 부처라는 불교적 존재가 포함되고 나아가 점차 기존의 천신, 산신을 대신하여 부처가 최고의 신앙대상이 되었음을 보여준다.[31] 불교의 가르침에서 불, 보살은 自我의 존재론적 각성을 일깨워주는 존재들이지 소원을 비는 대상은 아니다. 그런데 불교 수용 초기에 신라인들이 불, 보살에 대해 이러한 인식을 가지고 있었을 것 같지는 않다. 오히려 불, 보살을 기존의 신들과 크게 다르지 않다고 느꼈던 것 같은데, 이를 잘 보여주는 것이 바로 현세구복적 관음신앙이다.

『법화경』「관세음보살보문품」에 의거한 관음신앙은 인간의 현세적 욕망에 충실한 샤머니즘의 모습과 그렇게 다르지 않다. 이는 관음신앙이 신라 사회에서 가장 일찍, 그리고 가장 보편적으로 받아들여진 이유일 것이다. 아들 낳기를 바라며 관음보살상을 조성하는 金武林의 모습에서 중고기 지배층의 일상 속에서의 불교 의미를 생각해보게 된다. 김무림이 어떤 경로로 관음보살을 알게 되었는지 정확히 알 수 없으나, 승려들의 교학적 이해에 앞서 신앙 행위가 먼저 나타나고 있다는 점도 주목할 필요가 있다.

[31] 『三國遺事』 卷5, 感通, 仙桃聖母隨喜佛事.

중국에서도 『법화경』에 대한 교학적 논의가 전개되기에 앞서 관음신앙이 널리 유포되었고, 曇鸞, 道綽, 善導 등에 의해 정토교학이 정립되기 이전인 5세기 말부터 서방정토신앙이 유행하였다.[32] 원효나 의적 등에 의해 『법화경』이 해석되고 법화신앙이 고취되기에 앞서 관음신앙이 등장하였다는 사실은 동아시아에 수용된 불교의 의미를 다시금 생각하게 한다. 오늘날까지도 불교신앙의 저변을 형성하고 있는 관음신앙은 8세기 중엽이 되면 신라 모든 계층의 귀의를 받게 된다. 특히 하층민이 현실의 어려움을 호소할 수 있는 대상으로서 사랑을 받았다.

　6세기의 신라는 사회·경제적으로 비약적인 발전을 도모하고 있었다. 이 과정에서 이웃한 남북조와의 교류가 활발해졌는데, 교류 활동에 승려들도 주도적 역할을 담당하였다. 신라 사회에서 승려는 성직자이자 지식인 계급이었다. 특히 유학을 다녀온 승려들은 신라인의 지적 욕구를 채워줄 수 있는 존재들이었다. 물론 儒家, 老莊 등 많은 중국의 학문과 역사서들을 중고기 때부터 접할 수 있었지만 유교 소양을 갖춘 지식인의 활동은 신라 하대에 가서야 활발해졌다. 반면 승려들은 개인적인 求道熱과 국가적인 지원으로 7세기 전반부터 대거 유학을 떠났다.[33] 구법승들은 새로운 문화 수용의 선구자들이었다. 『법화경』을 독송하며 普賢行을 실천했던 朗智를 통해 신라 사회에 은둔수행 문화도 등장하였음을 알 수 있다. 낭지는 산에 들어가 오로지 수행에 전념하였다. 7세기 전반의 고구려, 백제, 신라 삼국이 대치하던 상황에서 지식인이 求道의 길을 걷는다는 것은 쉽지 않은 선택이었을 것이다. 신라의 법화신앙은 출가자의 수행문화와 깊은 관계를 가지며 출발하였다.

---

32) 侯旭東, 2001, 「五,六世紀北方民衆佛敎信仰」, 『中國佛敎學術論典 45』, 法藏文庫, 218~213쪽.

33) 黃有福·陳景福, 1994, 『海東入唐求法高僧』, 中國社會科學出版社 ; 김상현, 2001, 「7世紀의 新羅西域求法高僧考」, 『東國史學』 35·36 ; 김복순, 2006, 「수·당의 교체 정국과 신라 불교계의 추이」, 『韓國古代史硏究』 43.

둘째, 법화신앙은『법화경』이라는 경전에 의거한 신앙 행위를 강조한다
는 점에 특징이 있다. 중대에 접어들면서 신라 불교계는 元曉,[34] 義相[35]
등에 의한 새로운 불교 철학의 정립으로 교학에 대한 이해가 깊어졌고,
阿彌陀信仰,[36] 彌勒信仰,[37] 藥師信仰[38] 등의 다양한 신앙 형태가 등장하였
다. 이와 함께『법화경』에 의거한 교학 정립과 신앙 행위도 행해졌다.
다른 불교신앙과 비교하였을 때 법화신앙이 가지는 가장 큰 특징은『법화경』
이라는 경전을 중심으로 전개된다는 점이다. 아미타신앙, 미륵신앙, 약사신
앙 등은 所依經典이 있긴 하지만, 경전보다는 존격에 대한 신앙이 우선이다.
아미타불, 미륵불, 약사불이 지닌 힘에 의지하는 것이다. 이는 물론 법화신앙
의 한 범주인 관음신앙도 마찬가지였지만, 義寂의『法華經集驗記』를 통해
볼 때『법화경』자체의 공덕을 강조하는 분위기가 중대초부터 성립하였음을
알 수 있다. 경전을 강조하는 것은 화엄신앙도 같지만, 신라의 화엄 승려들은
『화엄경』과 더불어 화엄교학을 펼친 의상의 저술도 중시하였다. 즉 의상계
화엄 승려들은 의상의『華嚴一乘法界圖』를 신앙하였다고 한다. 반면 법화신
앙의 경우,『법화경』관련 주석서는『법화경』해석의 보조 자료일 뿐『법화
경』자체의 受持, 讀誦이 제일 우선시되었다.

한편 의적이『법화경』을 대중 교화의 수단으로 내세웠다는 사실은 圓光의
경우와 비교된다. 600년에 신라로 귀국한 원광은 귀국 후 얼마 지나지
않아 청도 가슬갑사에 주석하였는데, 그곳에서 매년 두 차례씩『成實論』,
『般若經』,『涅槃經』,『攝大乘論』등 대승경전 강의를 열어 제자들을 양성하였

34) 남동신, 1995,「元曉의 大衆敎化와 思想體系」, 서울대 박사학위논문 ; 이병학, 2008,
「元曉 『金剛三昧經論』 思想 硏究」, 국민대 박사학위논문.
35) 정병삼, 1998,『의상 화엄사상 연구』, 서울대 출판부 ; 全海住, 2003,『義湘華嚴思想史
硏究』, 民族社.
36) 김영미, 1995,『新羅佛敎思想史硏究』, 民族社.
37) 김혜완, 1992,「新羅時代 彌勒信仰의 硏究」, 성균관대 박사학위논문.
38) 김혜완, 1985,「新羅의 藥師信仰 : 藥師如來 造像을 中心으로」,『千寬宇先生 還曆紀念
韓國史學論叢』, 정음문화사.

다. 하지만 경전 강의로는 대중 교화를 실천하는 데 한계가 있어 占察法會를 시행하게 된다.39) 그런데 의적은 경전을 통한 교화를 실현하였다고 볼 수 있다. 이 차이는 기본적으로 '시간'에서 비롯된 것일 것이다. 원광이 활동하였던 7세기 초반보다 의적이 활동한 7세기 후반~8세기 초반의 신라인들에게 불교는 덜 생소한 것이었을 것이다. 그리고 의적이 경전의 내용보다는 영험담을 통해 접근하였기 때문에 사람들이 쉽게 받아들일 수 있었을 것이다.

신앙이 대중적인 힘을 가지기 위해서는 가장 쉬운 방법으로 가장 많은 공덕을 얻을 수 있어야 하는데, 법화신앙은 이러한 조건에 잘 맞았다. 법화신앙에서는 『법화경』을 受持, 讀誦, 聽聞함으로써 얻게 되는 공덕을 강조하는데, 원효나 의적은 처음부터 공덕을 얻는 방법이 쉽다는 것을 강조하였다. 원효의 경우 대중교화의 수단으로 아미타신앙을 내세웠다. 원효가 아미타신앙을 통해 궁극적으로 의도했던 것은 중생은 누구나 佛性이 있으므로 成佛할 수 있다는 사실을 믿게 하는 것이었다.40) 원효가 『法華宗要』에서 펼치는 논리도 이와 같은 구조를 지니고 있다. 인간은 누구나 佛性이 있고, 불성이 있기에 과거에 쌓은 善根이 있다고 한다. 그러므로 佛果를 획득할 수 있으며, 나아가 佛果의 교화를 받을 수 있다고 한다. 즉 원효에게는 모든 중생에게 '불성'이 있다는 사고가 저변을 이루고 있고, 일승의 作因으로서 '선근'도 강조하였다. 원효는 선근을 쌓는 것에 대해 『법화경』 「방편품」을 인용하여 "나무불을 한 번 외는 것만으로도, 합장하는 것만으로도, 장난삼아 탑을 쌓는 것만으로도" 즉 이렇게 쉬운 방법으로도 가능하다고 말하고 있다. 원효가 구체적으로 『법화경』 독송을 강조하였다거나 선근을 쌓았을 때 얻는 공덕이 무엇인가를 말한 자료는 없다. 하지만 『법화종요』를 보건대, 원효는 대중교화의 방편으로 아미타신앙과 더불어

---

39) 박광연, 2002, 「원광의 점찰법회 시행과 그 의미」, 『역사와 현실』 43.
40) 김영미, 1995, 『新羅佛教思想史研究』, 民族社.

법화신앙을 강조하였을 듯하다.

　법화신앙을 교화의 방편으로 적극 활용한 인물은 바로 의적이었다. 의적은『법화경론술기』에서 누구나『법화경』설법을 들음으로써 자신이 지닌 장애를 없앨 수 있다는 점을 강조하였다. 그리고 법화영험담을 통해 더욱 실감나게 법화신앙의 공덕을 설명하였다.『법화경』공덕으로 죽어서 다시 인간 세상에 태어나고, 수명이 남아 있는 자는 다시 살아나기도 한다. 지옥에 있는 동료들을 구해주기도 하고, 함께 잡혀 있던 죄수들을 풀려나게도 한다. 도적이 쳐들어와도 해를 입지 않고, 병이 낫기도 한다. 죽어서 忉利天이나 安養(極樂)에 날 수 있다고도 한다. 보현보살이 코끼리를 타고 앞에 나타나기도 하고, 관세음보살이 와서 먹을 것을 주기도 하며, 공중에서 꽃비가 내리고 꽃향기가 두루 퍼지기도 한다. 더욱이『법화경』공덕을 쌓는 것이 어렵지도 않다고 한다.『법화경』한 글자를 점찍기만 해도, 두 문장을 베껴 쓰기만 해도, 두 품을 외우기만 해도 된다고 한다. 한 품의 제목을 듣기만 해도 오래 살 수 있고 어려움에서 벗어날 수 있다고 한다.『법화경』의 청문을, 그리고 영험을 강조하는 의적의 이야기들은 바로 일반 민들을 불교에 입문하게 하는 방편이었던 것이다. 이와 같이 법화신앙은 무엇보다 쉽고, 공덕이 크다는 서민신앙의 요소를 충분히 갖추고 있었기 때문에 그 사회적 파급력도 컸을 것으로 생각된다. 이를 통해 볼 때 법화신앙이 신라 사회에 가장 크게 기여한 바는 신라인의 불교신앙을 성숙시키고, 확산시킨 점이라고 생각한다.

　셋째, 신라 법화신앙이 가지는 특징은 승려들이 전공에 상관없이『법화경』을 독송하고 교화의 방편으로 사용하였다는 점이다. 신라 불교계는 화엄 승려와 유식 승려로 크게 대별되는데,[41] 중대에는 유식 승려들이 왕실과 가까웠다면, 하대로 갈수록 유식 승려들의 세력은 미약해지고 화엄

---

41) 金相鉉, 1991,『新羅 華嚴思想史 硏究』, 民族社.

승려들의 활동이 두드러지게 된다고 한다.[42] 소위 '華嚴宗'과 '法相宗'의 관계는, 『三國遺事』 「賢瑜伽海華嚴」이 상징하듯이, 왕실을 사이에 두고 대결 구도를 이루었고 '화엄종'은 『華嚴經』을 '법상종'은 『金光明經』을 내세웠다고 한다.[43] 그런데 『법화경』에 대한 태도는 달랐던 것 같다. 유식 승려들은 『법화경』 관련 저술을 쓰고 영험담을 편찬하는 등 적극적으로 법화신앙의 고취에 노력하였고, 화엄 승려들은 『법화경』의 一乘的 측면을 인정하였을 뿐만 아니라 法身舍利나 포교용으로 『법화경』을 이용하였다. 또한 左溪 玄朗의 제자 法融, 理應, 英純의 귀국 이후 천태 승려들의 활동도 이어졌을 것이다. 이처럼 신라의 법화신앙은 어느 특정 교단에 의해서만 강조되지 않았다.

이는 중국의 경우와는 그 양상을 달리하는 것 같다. 중국에서는 천태종이 『법화경』 연구 및 법화신앙을 선점하였다. 그러다가 慈恩이 『法華玄贊』을 저술한 이후 법상종에서도 『법화경』을 강조하게 된다. 唐 德宗 貞元 연간 (785~804)에 법상종의 대가였던 淸素는 安國寺를 중심으로 활동하였는데, 그곳에서 法華道場이 개최되었음을 볼 수 있다.[44]

> 동경 안국사 비구니 慧忍이 法華道場을 열었다. 지금 전국에서 이를 모방하여 그 근본이 흐려졌다. 이 비구니는 의거하는 바가 어디인지 모르겠지만 직접 보현보살을 감응하였다고 한다.[45]

안국사에서 개최된 법화도량에 대해 천태종의 荊溪 湛然은 그의 『法華文 句記』에서 비판하고 있다.[46] 『법화현찬』에 의거한 慈恩 일파의 『법화경』

---

42) 金福順, 1990, 『新羅華嚴宗硏究 : 崔致遠의 佛敎關係著述과 관련하여』, 民族社.

43) 최연식, 2005, 「8세기 신라 불교의 동향과 동아시아 불교계」, 『불교학연구』 12.

44) 塚本善隆, 1936, 「佛敎史料としての金刻大藏經」, 『東方學報』 京都第6冊(1975, 『中國 近世佛敎史の諸問題』, 大東出版社 재수록, 135쪽).

45) 『法華文句記』 卷10, 釋普賢品(『大正藏』 34, 359c9~13).

46) 『法華文句記』가 완성된 것은 777년 가을 이전이다. 兪學明, 2006, 『湛然硏究』, 中國社

해석이 불교계에 미친 영향력이 커지는 데 대한 위기감에서 담연은『법화현찬』의 학설을 조목조목 비판하였다.47) 이후 법상종과 천태종의『법화경』해석 논쟁이 계속되었다. 한편 신라에서는 천태 승려의 역할이 두드러지지 않는다. 그 원인에 대해서는 정확히 알 수 없지만, 여러 전공의 승려들이 교화의 수단으로『법화경』을 공유하던 상황도 하나의 배경이 되었으리라 생각한다. 신라 불교계가 교학적 입장이나 권력의 측면에서는 서로 논쟁하고 견제하였겠지만, 대중교화의 수단으로서『법화경』을 인정하고 이용하는 것과 같이 공통된 측면도 있었음을 알 수 있다.

이밖에도 법화신앙이 신라 문화 전반에 기여한 바로 다음의 두 가지 측면도 생각해 볼 수 있다. 하나는 經典 讀誦 文化를 일으켰다는 점이고, 그리고 또 하나는 修行 文化를 확산시켰다는 점이다. 우선 경전 독송 문화는『법화경』의 受持를 강조한 자연스런 결과일 것이다. 신라 하대가 되면 다양한『법화경』독송 사례가 등장하고 있다. 특히 승려들이 탁발을 다니면서『법화경』을 독송하는 모습에서, 경전 독송이 신라인의 일상적인 삶에서 자연스러운 일이 되었음을 알 수 있다. 한편『법화경』독송과 당시 유행하던 아미타신앙이 결합하면서 신라 하대가 되면『법화경』독송을 통한 極樂往生의 기원 사례가 등장하게 된다. 이는 화엄신앙이나 아미타신앙이 신라 하대에 접어들어서 모두 현재의 이 땅에서 佛國淨土를 실현한다는 理想은 약화되고 내세적 성격이 강한 死後 극락왕생을 기원하게 되는 것과 그 양상을 같이 한다.48) 즉 신라 하대에 들어 來世에 대한 인식이 확대되면서 법화신앙을 통해 극락왕생을 추구하는 양상이 나타나게 되었다는 것이다. 한편 중국에서는 4~5세기부터 극락왕생을 기원하며『법화경』을 독송하는

會科學出版社, 335쪽.

47) 林鳴宇, 2004,「神智從義の慈恩宗批判」,『印度學佛教學研究』53-1, 120~122쪽.
48) 김영미, 1994,『新羅佛教思想史研究』, 民族社 ; 정병삼, 1998,『의상 화엄사상 연구』, 서울대 출판부.

사례들이 있었던 데 비하여 신라에서는 하대에 가서야 나타나는 차이점이 있다.

다음으로 법화신앙은 신라 사회에 修行 文化를 확산시키는 데도 기여하였다고 생각한다. 불교가 또 하나의 보편종교인 儒敎와 가장 다른 점은 修行이라는 측면에 있다. 聖人의 가르침을 배우고, 그것을 따른다는 점에서 유교에도 실천이 있다고 말할 수 있다. 그런데 불교에서의 수행은 단순히 성인의 가르침을 따르는 것 이상의 실천 개념이 있다. 출가자의 수행인 경우 구체적인 行法이 있고, 이를 몸으로 실천하여 인식의 전환을 이룰 것을 강조한다. 재가자의 경우도 전문적인 수행을 하지 못하더라도 禮懺이나 탑돌이 등의 행동이 요구된다. 불교에서는 마음과 더불어 몸으로 직접 깨달을 것을 강조한다. 통일신라 불교계에서 수행을 실천하였다고 거론되는 이들은 8세기 전후 義相과 그의 문도들, 8세기 중엽의 眞表 정도이다. 중대 유식 승려들은 다분히 '학문적' 성격이 강하다고 한다. 그런데 중대 유식 승려들의 淨土敎學이나 法華敎學을 볼 때 학문적이기만 하다는 평가가 정당할까 하는 생각이 든다. 지금까지의 '학문적'이라는 평가는 義相과의 비교, 후대 眞表와의 비교, 그리고 禪宗과의 비교를 통해 내려진 것이다. 의상과 그의 제자들은 저술 활동에 심혈을 기울이지 않고 제자들의 교육과 수행에 몰두하였던 데에 비하여 중대 유식 승려들은 저술 활동만 하였다는 것이다. 진표는 亡身懺悔를 몸소 실천하고, 占察法會나 彌勒信仰을 통해 교화에 노력하였던 데에 비하여 중대 유식 승려들은 저술 활동만 하였다는 것이다. 선종에서는 일상의 깨달음을 추구한 데 비하여 유식 전공 승려나 화엄 전공 승려들은 경전이나 논서 저술에 치중하였다는 것이다. 그런데 의적이나 경흥이 왜 많은 저술을 하였으며, 저술 속에서 말하고자 하였던 것은 무엇인지, 그리고 그들의 활동이 저술로만 끝난 것인지 아닌지에 대한 고민은 지금까지 없었던 것 같다. 의적이나 경흥의 『법화경』에 대한 이해를 볼 때 그들이 불교를 머리로만 이해하지는 않았던 것 같다. 의적은 止觀行을 통한 8地 이상의 획득이 『법화경』 一乘의 경지임을 말하였고, 경흥은 止觀行을 통한 淨佛國土의 구현을 강조하였다. 의적이나 경흥의 주장은 설법 등을 통해 신라인들에게 전달되었을 것이다. 朗智와 緣會의 普賢行에서도 법화신앙과 수행 문화의 관련성을 알 수 있다. 특히 연회의 경우에서 『법화경』 독송을 통한 보현행이 신라 하대에도 행해졌고, 그것이 사회적인 인정을 받아 國師가 되었다는 사실은 매우 주목되는 부분이라고 생각한다.

VI. 결 론

신라 사회의 변화에 불교가 미친 영향을 규명하는 작업의 일환으로 신라 사회에서의『법화경』의 수용, 교학적 이해, 그리고 법화신앙의 양상을 문헌학적 방법으로 연구하였다. 신라 법화교학의 전개는 현전하는 元曉의 『法華宗要』, 義寂의『法華經論述記』, 憬興의『無量壽經連義述文贊』과『三彌 勒經疏』를 통해 살펴보았다. 신라 법화신앙의 양상은 義寂의『法華經集驗 記』와『三國遺事』,『三國史記』, 金石文 등에 등장하는 사례를 유형별로 정리하고 그 성격을 밝혀보았다. 불교사상을 역사학의 관점에서 접근할 때는 사상 내용과 정치·사회 상황을 유기적으로 연결해서 이해하는 태도가 필요한데, 본서는 신라 법화사상에 대한 보다 정확한 이해를 일차적인 과제로 삼았다. 신라 법화사상의 역사적 의미는 정치 상황과의 즉자적인 연결보다는 문화나 신앙 관념에 미친 영향에 초점을 두어 생각해보았다. 본문에서 전개한 내용을 간략하게 정리하면 다음과 같다.

『법화경』은 대승불교를 대표하는 경전 가운데 하나로, 인도에서 성립된 후 중앙아시아 등 각지로 전파되었다. 중국에 3세기 경에는 전해졌고, 모두 6차례 이상의 번역이 이루어졌다. 이 가운데 竺法護의『正法華經』(286) 과 鳩摩羅什의『妙法蓮華經』(406)이 오래도록 유통되었다. 신라에는 6세기 경『법화경』이 전해졌고, 7세기 전반에 관음보살상을 조성하거나 보현보살의 감응을 기대하는 형태로 법화신앙이 나타났다. 자장의 아버지 김무림이 아들 낳기를 바라며 관음보살상을 만들었는데, 이는『법화경』「관세음보살보문품」에 의거한 신앙이었다. 유학을 다녀온 것으로 추정되는 낭지는 늘 『법화경』을 독송하며 보현행을 실천하였다. 또한 김과의의 아들은 출가하여 『법화경』을 즐겨 독송하였다고 한다. 이로써 중고기에 이미 『법화경』이 수용되어 출가자 및 지배층을 중심으로 유포되기 시작하였음을 알 수 있다.

『법화경』에 대한 교학적 이해가 시작된 것은 신라 중대에 들어서이다. 원효의 『법화종요』를 비롯하여 많은 승려들의 『법화경』 관련 저술이 쏟아졌다. 이 저술들의 공통점은 저자가 원효를 제외하고는 順憬, 玄一, 義寂, 道倫(遁倫), 憬興, 太賢 등 유식 승려라는 것과 저술 시기가 7세기 중반~8세기 중반이라는 것이다. 이 가운데 원효의 『법화종요』와 의적의 『법화경론술기』만이 현재 전한다. 원효와 의적은 저술에서 一乘이 무엇인가를 중점적으로 논의하고 있다. 원효는 모든 사람에게 佛性이 있고, 불성이 있기에 善根이 있고, 선근이 있기에 常住果를 받고, 미래의 부처가 다시 선근을 낳게 도와주고 교화함이 一乘이라고 보았다. 의적은 『법화경론』에 나오는 十種無上, 즉 위없는(최고의) 種子, 行, 增長力, 令解, 淸淨國土, 說, 衆生敎化, 成大菩提, 涅槃, 勝妙力이 일승이라 하였다. 이들의 일승에 대한 논의에는 기본적으로 누구나 성불할 수 있다는 전제가 깔려 있고, 선행 법화교학에 얽매이지 않는 독자성이 있다. 한편 경흥은 淨土因을 닦아 획득해야 할 淨土果의 세계가 『법화경』에 묘사된 세계라고 설명하고 있다. 경흥은 일승이 곧 부처의 지혜라고 이해하고, 부처의 自利利他의 덕, 부처의 무량한 수명, 他受用土로서의 佛國土 등을 『법화경』으로 설명하면서 보살행의 실천을 요구하였다.

이와 같이 원효, 의적, 경흥은 『법화경』을 통해 일승 개념을 독자적으로 정의함으로써 『법화경』, 나아가 대승불교가 신라 사회에서 무엇을 할 수 있는가에 대한 답변을 던져주고 있다. 삼국통일의 위업을 달성한 7세기 중후반의 신라 사회는 한편으로는 전쟁의 상처에 시달리면서, 다른 한편으

264

로는 새로운 도약을 시도하고 있었다. 이런 분위기에 맞물려 신라 불교계에서도 중고기의 이데올로기적 성격을 탈피하여 불교 철학에 대한 논의가 활발하게 이루어졌다. 『법화경』에 대한 해석은 그들의 불교 인식을 구체적으로 실천하기 위한 방법에 대한 논의였다.

원효나 의적은 모든 사람들을 성불의 길로 이끌기 위해 다양한 방법을 제시하였다. 원효는 「방편품」에 의거하여 "나무불을 한 번 외는 것만으로도, 합장하는 것만으로도, 장난삼아 탑을 쌓는 것만으로도" 선근을 쌓을 수 있다고 하였다. 의적은 출가자들에게는 止觀 수행을 요구하였겠지만, 다른 한편으로 『법화경』 설법을 들음으로써 자신이 지닌 장애를 없앨 수 있다는 점을 강조하였다. 그리고 법화영험담을 통해 더욱 실감나게 법화신앙의 공덕을 설명하였는데, 이는 근래에 우리 역사학계에 소개된 『法華經集驗記』를 통해 이를 확인할 수 있다.

의적의 『법화경집험기』는 도선의 『集神州三寶感通錄』 등 기존의 법화영험담 가운데 『법화경』과 관련된 사례만을 모은 것으로, 讀誦, 轉讀, 書寫, 聽聞의 목차 설정은 동아시아 법화영험집 가운데서 선구적이다. 『법화경』 설법을 듣기만 해도 된다는 '聽聞'을 말한 점, 신분과 관계된 표현은 의도적으로 삭제한 점, 영험을 강조하는 점 등에서 의적이 법화신앙을 글자를 읽을 줄 모르는 일반 민들까지 교화하기 위한 방편으로 이용하였음을 알 수 있다. 의적의 금산사 주석 사실을 감안할 때, 법화신앙으로 오랜 전쟁에 시달린 백제 유민을 교화하고자 했을 가능성도 있다.

중대 법화신앙의 구체적 면모를 보여주는 것은 현세구복적 관음신앙이다. 敏藏寺 관음보살상이나 衆生寺 관음보살상, 그리고 芬皇寺의 관음보살도 등 지배층 및 승려 주도의 불상·불화의 조성이 이루어졌다. 이는 곧 일반민의 신앙으로 이어져 관음신앙은 늦어도 8세기 중엽이 되면 신라 사회 전 계층의 신앙으로 자리잡게 된다. 관음신앙 외에도 점차 다양한 형태의 법화신앙이 나타났다. 우선 많은 『법화경』 독송 사례를 확인할 수 있다.

『법화경』을 독송한다는 이유로 대승사의 주지가 되기도 하고,『법화경』을 독송하며 보현행을 실천하던 緣會는 원성왕의 국사가 되었다. 오대산 서대에서는 『법화경』 독송을 통해 극락으로의 왕생을 기원하였다. 적산 법화원의 경우처럼 사찰에서는 정기적인 『법화경』 강경 법회를 개최하였고, 승려들은 民家를 돌아다니면서 『법화경』을 독송하며 교화 활동을 펼치기도 하였다.

한편『법화경』 관련 저술을 많이 남긴 유식 승려나 『법화경』을 소의경전으로 하는 천태 승려뿐만 아니라 화엄 승려들도『법화경』을 포교에 활용하였음을 해인사묘길상탑기와 均如의 누이 秀明의 사례를 통해 확인할 수 있다. 어떤 특정 교단에 의해서만 법화신앙이 강조되지 않았다. 신라 불교계가 교학적 입장이나 권력 측면에서는 서로 논쟁하고 견제하였겠지만, 대중 교화에는 모두 적극적이었고 교화의 수단으로서 『법화경』을 인정하고 이용하였다.

이와 같이 사찰에서의 강경 법회나 탁발승의『법화경』 독송으로 신라인들은 점차 『법화경』이 지닌 함의를 이해하게 되고, 출가를 하기도 하고, 믿음이 생기기도 하였을 것이다. 강경 법회나 탁발승의 교화 활동은 어떤 특정 계층이나 승려만을 대상으로 한 것이 아니었다.『법화경』을 통한 교화 활동으로 전 계층의 적극적인 참여를 유도하였다는 점에서 법화신앙은 신라 사회 불교의 토착화에 기여한 바가 컸다. 법화신앙은 정불국토 관념이나 경전 독송 문화나 수행 문화 등 여러 측면에서 새로운 문화를 형성하기도 하고, 아미타신앙 등 다른 신앙과 결합해 가면서 신라 문화의 일면을 이루어 갔다.

신라의 법화사상이 고려, 조선으로 이어지면서 어떠한 모습으로 변모되는지, 그리고 중국이나 일본의 법화사상과는 무엇이 다른지 등에 대한 연구는 한국 문화의 특징을 이해하는 하나의 초석이 되리라 생각한다. 앞으로의 과제로 삼도록 하겠다.

참고문헌

1. 기초자료

1) 史書·文集·金石文 등

『三國史記』   『三國遺事』

『高麗史』   『入唐求法巡禮行記』

『崔文昌侯文集』   『大華嚴首座圓通兩重大師均如傳』

『海東高僧傳』   『大覺國師文集』

『東國李相國集』   『東文選』

『新增東國輿地勝覽』 『新校本陳書』

『唐文粹』   『宋史』

許興植編著, 1984, 『韓國金石全文 中世上』, 亞細亞文化社.

韓國歷史研究會 編, 1996, 『羅末麗初金石文(上·下)』, 혜안.

韓國古代社會研究所 編, 1992, 『譯註 韓國古代金石文2·3』, 駕洛國史蹟開發研究院.

李智冠, 1994, 『譯註校勘歷代高僧碑文(新羅篇)』, 伽山佛教文化研究院.

한국사데이터베이스(http://db.history.go.kr/)

한국고전종합DB(http://db.itkc.or.kr/)

한국금석문종합영상시스템(http://gsm.nricp.go.kr/)

2) 신라·고려 불교 관계 저술

元曉, 『法華宗要』.

元曉, 『金剛三昧經論』.

元曉, 『大慧度經宗要』.

元曉, 『無量壽經宗要』.

元曉, 『彌勒上生經宗要』.

元曉, 『菩薩瓔珞本業經疏』.

268

元曉,『涅槃宗要』.
義相,『華嚴經問答』.
義相,『華嚴一乘法界圖』.
義寂,『無量壽經述義記』.
義寂,『法華經論述記』.
義寂,『法華經集驗記』.
法位,『無量壽經義疏』.
玄一,『無量壽經記』.
憬興,『無量壽經連義述文贊』.
憬興,『三彌勒經疏』.
表員,『華嚴經文義要決問答』.
見登,『華嚴一乘成佛妙義』.
均如,『釋華嚴教分記圓通鈔』.
義天,『新編諸宗教藏總錄』.
天頙,『禪門寶藏錄』.
天頙,『眞靜國師湖山錄』.
了圓,『法華靈驗傳』.
『法界圖記叢髓錄』.
한국불교전서 검색시스템(http://ebti.dongguk.ac.kr/)

3) 經論類

『觀普賢菩薩行法經』	『金剛三昧經』
『金光明經』	『合部金光明經』
『金光明最勝王經』	『大般涅槃經』
『大方廣佛華嚴經』	『正法華經』
『妙法蓮華經』	『添品妙法蓮華經』
『無量壽經』	『菩薩瓔珞本業經』
『悲華經』	『勝鬘師子吼一乘大方便方廣經』
『究竟一乘寶性論』	『大智度論』
『佛地經論』	『攝大乘論釋』
『成唯識論』	『瑜伽師地論』

4) 기타 불교 관계 저술

『高僧傳』

『開元釋敎錄』

『廣弘明集』

『大方廣佛華嚴經普賢行願品別行疏』

『大周刊定衆經目錄』

『妙法蓮華經文句』

『妙法蓮華經玄贊』

『無量壽經優婆提舍』

『法華經義記』

『法華義記』

『法華傳記』

『佛祖統紀』

『三寶感應要略錄』

『阿彌陀經疏』

『歷代三寶記』

『仁王護國般若經疏』

『衆經目錄』

『芝園遺編』

『出三藏記集』

『華嚴經內章門等雜孔目章』

『華嚴經傳記』

『華嚴經行願品疏鈔』

『金山寺事蹟』

『續高僧傳』

『觀彌勒上生兜率天經贊』

『大唐內典錄』

『大方廣佛華嚴經隨疏演義鈔』

『東域傳燈目錄』

『妙法蓮華經玄義』

『妙法蓮華經優婆提舍』

『法苑珠林』

『法華文句記』

『法華義疏』

『法華玄論』

『四明尊者敎行錄』

『釋門正統』

『樂邦文類』

『往生西方淨土瑞應傳』

『注進法相宗章疏』

『止觀輔行傳弘決』

『集神州三寶感通錄』

『弘贊法華傳』

『華嚴經普賢觀行法門』

『華嚴經探玄記』

『華嚴五十要問答』

『金山寺誌』

2. 연구문헌

1) 저서

(1) 한국어

강희정, 2004, 『中國觀音菩薩像硏究 : 南北朝時代에서 唐까지』, 일지사.

강희정, 2006, 『관음과 미륵의 도상학 : 한국과 중국의 보살상을 중심으로』, 학연문화
  사.

270

鎌田茂雄, 章輝玉 역, 1996, 『中國佛敎史 3 : 南北朝의 佛敎(上)』, 장승.

京戶慈光, 최기표·김승일 역, 2006, 『천태대사의 생애』, 시대의창.

高翊晉, 1989, 『韓國古代佛敎思想史』, 동국대 출판부.

곽승훈, 2002, 『統一新羅時代의 政治變動과 佛敎』, 國學資料院.

곽승훈, 2006, 『新羅古文獻研究』, 韓國史學.

권희경, 1986, 『고려사경의 연구』, 미진사.

권희경, 2006, 『고려의 사경』, 글고운.

길기태, 2006, 『백제 사비시대의 불교신앙 연구』, 서경문화사.

金東華, 1973, 『唯識哲學』, 寶蓮閣.

金東華, 1984, 『韓國佛敎思想의 座標』, 保林社.

金杜珍, 1995, 『의상 : 그의 생애와 화엄사상』, 민음사.

金杜珍, 2002, 『신라 화엄사상사 연구』, 서울대 출판부.

김묘주 譯註, 2008, 『成唯識論 외』, 동국역경원.

김문경 譯註, 2001, 『엔닌의 입당구법순례행기』, 도서출판 중심.

金福順, 1990, 『新羅華嚴宗研究 : 崔致遠의 佛敎關係著述과 관련하여』, 民族社.

金福順, 2002, 『韓國古代佛敎史研究』, 民族社.

金相鉉, 1991, 『新羅華嚴思想史研究』, 民族社.

金相鉉, 1999, 『신라의 사상과 문화』, 일지사.

김수태·조범환, 2006, 『전라도 지역의 선종산문과 장보고 집단』, 해상왕장보고기념
　　　　사업회.

金英美, 1994, 『新羅佛敎思想史研究』, 民族社.

金煐泰, 1985, 『百濟佛敎思想研究』, 동국대 출판부.

金煐泰, 1990, 『삼국시대 불교신앙 연구』, 불광출판부.

金煐泰, 1992, 『三國新羅時代佛敎金石文考證』, 民族社.

金天鶴 譯註, 1998, 『華嚴經文義要決問答』, 民族社.

김천학, 2006, 『균여 화엄사상 연구 : 根機論을 중심으로』, 은정불교문화진흥원.

金玄海, 1996, 『法華經要品講義 : 법화사상의 새 해석』, 民族社.

노중국, 2003, 『백제부흥운동사』, 일조각.

東國大學校 佛敎文化研究所編, 1976, 『韓國佛敎撰述文獻總錄』, 동국대출판부.

馬華·陳正宏, 1997, 『중국은사문화』, 동문선.

朴相文 편, 1981, 『法華經의 世界』, 正印閣.

佛敎文化研究所編, 1983, 『韓國天台思想研究』, 동국대출판부.

佛敎史學研究所編, 1994, 『元曉의 華嚴·法華思想』, 중앙승가대 불교사학연구소.

徐聖雨, 1997, 『법화경연구 : 방편품의 일승사상을 중심으로』, 운주사.

辛鍾遠, 1992, 『新羅初期佛敎史硏究』, 民族社.

安啓賢, 1987, 『新羅淨土思想史硏究』, 玄音社.

李基東, 1997, 『新羅社會史硏究』, 일조각.

李基白, 1974, 『新羅政治社會史硏究』, 일조각.

李基白, 1986, 『新羅思想史硏究』, 일조각.

李箕永, 1982, 『韓國佛敎硏究』, 韓國佛敎硏究院.

李箕永, 1994, 『元曉思想硏究 I』, 韓國佛敎硏究院.

李永子, 1988, 『韓國 天台思想의 展開』, 民族社.

李永子, 2002, 『법화·천태사상연구』, 동국대 출판부.

이재호 옮김, 1997, 『균여전』, 솔출판사.

이종철, 2008, 『중국 불경의 탄생』, 창비.

장일규, 2008, 『崔致遠의 社會思想 硏究』, 新書苑.

全海住, 2003, 『義湘華嚴思想史硏究』, 民族社.

정경희, 1990, 『韓國古代社會文化硏究』, 일지사.

정병삼, 1998, 『의상 화엄사상 연구』, 서울대 출판부.

정선여, 2007, 『高句麗 佛敎史 硏究』, 서경문화사.

정성본, 1995, 『신라 선종의 연구』, 民族社.

정승석 편, 1986, 『법화경의 세계』, 지양사.

조범환, 2008, 『羅末麗初 禪宗山門 開創 硏究』, 경인문화사.

조영록 외, 2004, 『장보고 선단과 해양불교 : 9~10세기 동아시아 해상불교 교류』,
  해상왕장보고기념사업회.

中川日史, 法華 역, 1968, 『법화경의 신앙』, 영산법화사출판부.

차차석, 2005, 『법화사상론』, 운주사.

최광식, 2007, 『한국 고대의 토착신앙과 불교』, 고려대학교출판부.

최영성 역주, 1998, 『崔致遠全集1·2』, 亞細亞文化社.

崔源植, 1999, 『新羅菩薩戒思想史硏究』, 民族社.

추만호, 1992, 『나말여초 선종사상사』, 이론과실천.

平川彰 외 편, 慧學 역, 1990, 『법화사상』, 경서원.

平川彰 외 편, 차차석 옮김, 1996, 『법화사상』, 여래.

平川彰, 慧能 역, 2004, 『법화경의 세계 : 믿음으로 깨어나기』, 부다가야.

許興植, 1995, 「眞靜國師와 湖山錄」, 民族社.

272

(2) 외국어

鎌田茂雄, 1994, 『中國佛敎史 5 : 隋唐の佛敎(上)』, 東京大學出版會.

菅野博史, 1994, 『中國法華思想の研究』, 春秋社.

菅野博史, 2003, 『法華經思想史から學ぶ佛敎』, 大藏出版.

宮本正尊, 1954, 『大乘佛敎の成立史的研究』, 三省堂.

宮次男他, 1989, 『法華經の眞理 : 救いをもとめて』, 集英社.

吉田龍英, 1941, 『法華經研究』, 靑梧堂.

金倉圓照, 1974, 『法華經の成立と展開』, 平樂寺書店.

渡邊寶陽編, 1985, 『法華佛敎の佛陀論と衆生論』, 平樂寺書店.

渡邊顯正, 1978, 『新羅·憬興師述文贊の研究』, 永田文昌堂.

藤善眞澄, 2002, 『道宣傳の研究』, 京都大學學術出版會.

藤井學, 2002, 『法華文化の展開』, 法藏館.

藤浦慧嚴, 1942, 『天台敎學と淨土敎』, 淨土敎報社.

望月眞澄, 2007, 『法華信仰のかたち : その祈りの文化史』, 大法輪閣.

望月海淑, 1999, 『法華經における信と誓願の研究』, 山喜房佛書林.

牧田諦亮, 1970, 『六朝古逸觀世音應驗記の研究』, 平樂寺書店.

松濤誠廉·長尾雅人譯, 1975·1976, 『法華經 Ⅰ·Ⅱ』, 中央公論社.

勝呂信靜, 1993, 『法華經の成立と思想』, 大東出版社.

植木雅俊, 2008, 『梵漢和文照·現代語譯 法華經(下)』, 岩波書店.

安藤俊雄, 1963, 『天台學 : 根本思想とその展開』, 平樂寺書店.

庵谷行亨, 1986, 『法華經信仰の世界 : 生命の證』, 山喜房佛書林.

岩本裕, 1985, 『インド佛敎と法華經』, 第三文明社.

鹽田義遜, 1978, 『法華敎學史の研究』, 日本圖書センダ.

苅谷定彦, 1983, 『法華經一佛乘の思想 : インド初期大乘佛敎研究』, 東方出版.

奧野光賢, 1990, 『三論敎學の研究』, 春秋社.

奧野光賢, 2002, 『佛性思想の展開 : 吉藏を中心として法華經受容史』, 大藏出版.

窪德忠, 1998, 『東アジアにおける宗敎文化の傳來と受容』, 第一書房.

劉亞丁, 2006, 『佛敎靈驗記研究 : 以晉唐爲中心』, 巴蜀書社.

兪學明, 2006, 『湛然研究』, 中國社會科學出版社.

伊藤瑞叡, 1987, 『華嚴菩薩道の基礎的檢討』, 平樂寺書店.

伊藤瑞叡, 2007, 『法華經成立論史 : 法華經成立の基礎的研究』, 平樂寺書店.

日比宣正, 1966, 『唐代天台學序說』, 山喜房佛書林.

日比宣正, 1966,『唐代天台學硏究』, 山喜房佛書林.

張劍, 2005,『中原文化硏究叢書：晁說之硏究』, 學苑.

長尾雅人, 1982,『攝大乘論 和譯と註解(上)』, 講談社.

田村芳朗, 1969,『法華經：眞理·生命·實踐』, 中央公論社.

中村瑞隆, 1980,『法華經の思想と基盤』, 平樂寺書店.

淺井圓道編, 1991,『本覺思想の源流と展開』, 平樂寺書店.

塚本啓祥, 1986,『法華經の成立と背景：インド文化と大乘佛敎』, 佼成出版社.

塚本啓祥編, 1982,『法華經の文化と基盤』, 平樂寺書店.

塚本善隆, 1942,『支那佛敎史硏究：北魏篇』, 弘文堂.

塚本善隆, 1975,『中國近世佛敎史の諸問題』, 大東出版社.

太田晶二郞, 1981,『法華經集驗記』, 貴重古典籍刊行會.

坂本幸男·岩本裕共譯, 1962·1964·1967,『法華經(上·中·下)』, 岩波文庫.

坂本幸男編, 1965,『法華經の思想と文化』, 平樂寺書店.

坂本幸男編, 1975,『法華經の中國的展開』, 平樂寺書店.

平川彰, 1992,『初期大乘と法華思想』, 春秋社.

平川彰外, 1983,『法華思想』, 春秋社.

布施浩岳, 1934,『法華經成立史』, 大東出版社.

丸山孝雄, 1978,『法華敎學硏究序說』, 平樂寺書店.

黃有福·陳景富, 1994,『海東入華求法高僧傳』, 中國社會科學出版社.

橫超慧日, 1975,『法華思想の硏究』, 平樂寺書店.

橫超慧日, 1975,『法華思想』, 平樂寺書店.

橫超慧日, 1986,『法華思想の硏究 2』, 平樂寺書店.

2) 논문

(1) 한국어

John Jorgensen, 2003,「『천태사교의』의 '역사'」,『천태학연구』5.

康甫丞, 1998,「韓國『法華經』敎義思想의 展開」, 원광대 석사학위논문.

강봉용, 1997,「新羅의 僧官制와 地方支配」,『전남사학』11.

강영철, 1996,「원효와 천태의 교판에 관한 비교 연구」, 한국교원대 석사학위논문.

강우방, 1995,「태안마애삼존불」,『한국불교조각의 흐름』, 대원사.

강우방, 1997,「태안 백화산 마애관음삼존불고：백제 觀音道場의 성립」,『百濟硏究
論叢』, 충남대 백제연구소(2000,『法空과 莊嚴』, 열화당 재수록).

강호선, 2001, 「원간섭기 천태종단의 변화 : 충렬·충선왕대 묘련사계를 중심으로」, 『보조사상』 16.

강희정, 2003, 「발해 후기의 불교 조각과 신앙」, 『동악미술사학』 4.

高翊晉, 1979, 「白蓮社의 思想傳統과 天頙의 著述問題」, 『佛敎學報』 16.

郭磊, 2008, 「7~8세기 唐代의 譯經事業과 新羅學僧」, 동국대 석사학위논문.

곽승훈, 2009, 「신라 하대 초기 신정권과 법화사상」, 『韓國思想史學』 32.

權江美, 2003, 「통일신라시대 사천왕상 연구」, 『文物研究』 7.

권덕영, 2001, 「在唐 新羅人 社會와 赤山 法花院」, 『史學研究』 62(2005, 『재당 신라인 사회 연구』, 일조각 재수록).

권덕영, 2008, 「新羅 관련 唐 金石文의 기초적 검토」, 『韓國史研究』 142.

近藤浩一, 2002, 「적산 법화원과 평로군절도사」, 『한국고대사연구』 28.

길기태, 2005, 「백제 사비시기 법화신앙」, 『대구사학』 80.

金敬姬, 1996, 「『法華驗記』의 諸相 : 설화의 배역에 대하여」, 『日本文化學報』 2.

金敬姬, 2003, 「義寂의 『法華經集驗記』에 대한 고찰」, 『日本文化學報』 19.

김남윤, 1984, 「新羅中代 法相宗의 成立과 信仰」, 『韓國史論』 11.

김남윤, 1993, 「新羅 法相宗 研究」, 서울대 국사학과 박사학위논문.

김덕원, 2004, 「新羅 眞智王代의 王權强化와 彌勒信仰」, 『史學研究』 76.

金杜珍, 1989, 「慈藏의 文殊信仰과 戒律」, 『韓國學論叢』 12.

金杜珍, 1991, 「의상의 관음신앙과 정토」, 『진단학보』 71·72.

金杜珍, 2003, 「高麗前期 法華思想의 변화」, 『韓國思想과 文化』 21.

김리나, 1975, 「경주 굴불사지 사면석불에 대하여」, 『진단학보』 39.

김문경, 1967, 「적산 법화원의 불교의식」, 『史學志』 1.

김문경, 1970, 「儀式을 통한 佛敎의 대중화활동」, 『史學志』 4.

김문경, 1987, 「在唐新羅人의 集落과 그 構造」, 『古代韓中關係史의 研究』, 三知院.

김문경, 1999, 「신라 교역선과 일본 천태종」, 『田雲德總務院長華甲紀念 佛敎學論叢』, 大韓佛敎天台宗 總本山 救仁寺.

김문경, 1999, 「신라 무역선단과 관세음신앙」, 『장보고와 21세기』, 혜안.

김문경, 1999, 「신라 무역선단과 법화3사」, 『불교춘추』 15.

김부룡, 1999, 「元曉의 一乘思想 연구」, 동국대 석사학위논문.

金福順, 1988, 「新羅下代 華嚴의 1例 : 五臺山事蹟을 中心으로」, 『史叢』 33.

金福順, 2002, 「新羅 石經 研究」, 『동국사학』 37.

金福順, 2002, 「華嚴寺 華嚴石經의 造成 背景과 史的 意義」, 『화엄사·화엄석경』, 대한불교 조계종 제19교구본사 화엄사.

金福順, 2005, 「9~10세기 신라 유학승들의 중국 유학과 활동 반경」, 『역사와 현실』 56.

金福順, 2006, 「수·당의 교체 정국과 신라 불교계의 추이」, 『韓國古代史硏究』 43.

金福順, 2006, 「신라 불교의 연구현황과 과제 : 중대와 하대를 중심으로」, 『신라문화』 26.

김상기, 1934·1935, 「古代의 貿易形態와 羅末의 海上發展에 就하야 : 淸海鎭大使 張保皐를 主로 하야(1)·(2)」, 『震壇學報』 1·2.

金相鉉, 1983, 「고려초기의 천태학과 그 史的 의의」, 『한국천태사상연구』.

金相鉉, 1984, 「新羅華嚴學僧의 系譜와 그 活動」, 『新羅文化』 1.

金相鉉, 1993, 「新羅 法相宗의 成立과 順璟」, 『伽山學報』 2.

金相鉉, 1994, 「輯逸金光明經疏」, 『東洋學』 24.

金相鉉, 1995, 「慈藏의 政治外交的 役割」, 『佛敎文化硏究』 4.

金相鉉, 1996, 「法華經集驗記」, 『불교사연구』 1.

金相鉉, 1996, 「日本에 現傳하는 新羅 義寂의 『法華經集驗記』」, 『佛敎史硏究』 1.

金相鉉, 1996, 「『錐洞記』와 그 異本 『華嚴經問答』」, 『한국학보』 84.

金相鉉, 1999, 「三國遺事 慈藏 기록의 검토」, 『田雲德總務院長華甲紀念 佛敎學論叢』, 大韓佛敎天台宗 總本山 救仁寺.

金相鉉, 2000, 「(輯逸)金光明最勝王經憬興疏」, 『新羅文化』 17·18.

金相鉉, 2000, 「義寂의 『法華經集驗記』에 대하여」, 『東國史學』 34.

金相鉉, 2001, 「7世紀의 新羅西域求法高僧考」, 『東國史學』 35·36.

金相鉉, 2006, 「『華嚴經問答』 再考」, 『동국사학』 42.

金相鉉, 2007, 「7세기 후반 新羅佛敎의 正法治國論 : 元曉와 憬興의 國王論을 중심으로」, 『新羅文化』 30.

김선군, 1996, 「패러다임으로 본 『법화경』의 관음신앙」, 『인도철학』 6.

김성희, 2006, 「北魏의 河北 支配와 그 志向」, 이화여대 박사학위논문.

김수태, 1999, 「新羅 文武王代의 對服屬民政策 : 百濟遺民에 대한 官等授與를 중심으로」, 『신라문화』 16.

김수태, 2000, 「백제 법왕대의 불교」, 『선사와 고대』 15.

김수현, 2004, 「『三國遺事』 避隱篇의 檢討」, 『東國史學』 40.

김양순, 2007, 「『無量壽經連義述文贊』의 四十八願」, 『불교학연구』 18.

김양순, 2009, 「憬興의 『無量壽經連義述文贊』 硏究」, 한국학중앙연구원 박사학위논문.

金英吉, 1998, 「원효의 『법화경종요』로 본 일승 통일」, 『元曉學硏究』 3.

金英美, 1992, 「慈藏의 佛國土思想」, 『韓國史市民講座』 10.

金英美, 1995,「불교 수용과 유학」,『한국역사입문 2』, 풀빛.

金英美, 1997,「高麗前期의 阿彌陀信仰과 天台宗 禮懺法」,『史學研究』55·56합.

金英美, 1997,「신라 사회의 변동과 불교신앙」,『한국사상사방법론』, 소화.

金英美, 1998,「삼국 및 통일신라 불교사 연구의 현황과 과제」,『한국사론』28.

金英美, 2000,「불교의 수용과 신라인의 죽음관 변화」,『한국고대사연구』20.

金英美, 2002,「古代人의 人間觀 : 신라 중고기의 倫理觀을 중심으로」,『강좌 한국고대사 8』, 가락국사적개발연구원.

金英美, 2009,「신라 승려들의 여성성불론」,『천태학연구』11.

金煐泰, 1969,「新羅 佛敎 大衆化의 歷史와 그 思想 硏究」,『佛敎學報』6.

金煐泰, 1976,「新羅의 觀音思想 : 三國遺事를 중심으로」,『佛敎學報』13.

金煐泰, 1977,「법화신앙의 전래와 그 전개」,『한국불교학』3(1983,「三國時代의 法華受容과 그 信仰」,『韓國天台思想硏究』, 동국대출판부 재수록).

金煐泰, 1979,「百濟의 觀音信仰」,『馬韓百濟文化』3, 원광대 마한백제문화연구소 (1985,『百濟佛敎思想硏究』, 동국대출판부 재수록).

金煐泰, 1980,「三國遺事 所傳의 觀音信仰」,『신라문화제학술발표회논문집 1』(1992,『佛敎思想史論』, 民族社 재수록).

金煐泰, 1988,「삼국의 관음신앙」,『韓國觀音信仰硏究』, 동국대출판부.

金煐泰, 1997,「53존불신앙과 천태종과의 관계」,『53존불 및 만불 신앙의 경교사상과 역사성』, 삼광사.

김영호, 1993,「법화경의 일승원리와 종교 다원주의 : 원효의 법화경종요를 중심으로」,『震山韓基斗博士華甲紀念 韓國宗敎思想의 再照明(上)』, 원광대 출판부.

김은희, 1996,「천태지자의 문하인 신라 연광스님」,『金剛』134.

김일권, 2000,「元曉와 憬興의『金光明經』註疏에 나타난 신라의 天文 星宿 世界觀」,『新羅文化』17·18.

김정임, 2001,「高麗時代 觀音菩薩像 硏究 : 金銅觀音菩薩像의 圖像을 中心으로」, 동국대 석사학위논문.

김종두, 2000,「천태지의의 사종삼매 성립에 관한 고찰」,『淨土學硏究』3.

김종두, 2002,「천태의 사종삼매에 관한 고찰 : 常坐三昧를 중심으로」,『보조사상』18.

김종두, 2003,「『마하지관』의 성립에 관한 고찰」,『한국선학』6.

김종인, 2002,「『법화경』방편사상에 나타난 해석학적 관점」,『淨土學硏究』5.

김종인, 2003,「법화종요에 나타난 원효의『법화경』이해」,『淨土學硏究』6.

김천학, 2003,「湛睿의 華嚴法華同異觀 :『花嚴法花同異略集』을 중심으로」,『천태학연

구』 4.

김철준, 1968, 「高麗初의 天台學 研究 : 諦觀과 義通」, 『東西文化』 2(1975, 『韓國古代社
      會研究』, 知識産業社 ; 1993, 『韓國史學史研究』, 서울대 출판부 재수록).

김춘실, 2000, 「백제 7세기 불상과 중국 불상」, 『선사와 고대』 15.

김풍기, 2003, 「오대산 인식의 역사적 변천과 의미」, 『강원문화연구』 22.

김혜완, 1985, 「新羅의 藥師信仰 ; 藥師如來 造像을 中心으로」, 『千寬宇先生還曆紀念
      韓國史學論叢』, 正音文化社.

김혜완, 1992, 「新羅時代 彌勒信仰의 研究」, 성균관대 박사학위논문.

김흥삼, 2000, 「羅末麗初 堀山門 研究」, 강원대 박사학위논문.

나희라, 2000, 「고대 한국의 샤머니즘」, 『한국고대사논총』 9.

南東信, 1988, 「元曉의 敎判論과 그 佛敎史的 位置」, 『韓國史論』 20.

南東信, 1992, 「慈藏의 佛敎思想과 佛敎治國策」, 『韓國史研究』 76.

南東信, 1993, 「나말여초 화엄종단의 대응과 『화엄신중경』의 성립」, 『외대사학』 5.

南東信, 1995, 「신라 중대의 불교교학과 불교대중화」, 『한국역사입문 2』, 풀빛.

南東信, 1995, 「元曉의 大衆敎化와 思想體系」, 서울대 국사학과 박사학위논문.

南東信, 1996, 「의상 화엄사상의 역사적 이해」, 『역사와 현실』 20.

남풍현, 2003, 「신라승 順璟과 憬興의 法華經 주석서에 대하여」, 『구결연구』 10.

南希叔, 1991, 「新羅 法興王代 佛敎受容과 그 主導勢力」, 『韓國史論』 25.

多田孝文, 2004, 「천태대사와 『유마경』」, 『천태학연구』 6.

藤能成, 2001, 「원효의 정토사상의 형성」, 『원효의 정토사상 연구』, 民族社.

라정숙, 2009, 「『삼국유사』를 통해 본 신라와 고려의 관음신앙」, 『역사와 현실』 71.

柳炳德, 1980, 「古代韓日佛敎文化交流에 關한 研究(一)」, 『韓國宗敎』 4·5, 원광대.

목정배, 1996, 「한국불교와 법화경 : 삼국시대와 고려시대를 중심하여」, 『불교대학원
      논총』 3.

목정배, 2000, 「법화·천태사상의 전개」, 『한국불교학의 현대적 모색』, 동국대 출판부.

文明大, 1974, 「신라 법상종의 성립문제와 그 미술」, 『역사학보』 62·63합.

文明大, 1976, 「傳大典寺出土 靑銅二佛竝坐像의 一考察」, 『동국사학』 13.

文明大, 1977, 「新羅四方佛의 起源과 神印寺(南山 塔谷 磨崖佛)의 四方佛」, 『한국사연
      구』 18.

文明大, 1980, 「신라 사방불의 전개와 칠불암 불상조각의 연구」, 『미술자료』 27.

文明大, 1980, 「新羅四天王像의 研究 : 韓國塔浮影像의 研究2」, 『佛敎美術』 5.

文明大, 1987, 「백제 사방불의 기원과 예산 석주 사방불상의 연구」, 『韓國佛敎美術史
      論』, 民族社.

문해숙, 2000, 「길장의 법화경관 연구」, 동국대 석사학위논문.

278

閔泳珪, 1959, 「新羅章疏綠長編 不分卷」, 『白性郁博士頌壽記念佛教學論文集』.

박광연, 2002, 「원광의 점찰법회 시행과 그 의미」, 『역사와 현실』 43.

박광연, 2006, 「眞表의 점찰법회와 밀교 수용」, 『韓國思想史學』 26.

박광연, 2007, 「의적의 『법화경집험기』 편찬 배경과 특징」, 『역사와 현실』 66.

박광연, 2008, 「新羅 義寂의 『法華經』 이해 : 『法華經論述記』 분석을 중심으로」, 『佛教學研究』 21.

박광연, 2008, 「新羅 中古期의 法華信仰」, 『韓國思想史學』 31.

박광연, 2008, 「『法華經論述記』의 構成과 話者」, 『梨花史學研究』 37.

박광연, 2009, 「고려전기 유가업의 『법화경』 전통 계승과 그 의미」, 『역사와 현실』 71.

박남수, 1995, 「新羅 僧官制에 관한 再檢討」, 『가산학보』 4.

朴魯俊, 1986, 「五臺山信仰의 起源研究 : 羅·唐 五臺山 信仰의 比較論的 考察」, 『嶺東文化』 2.

朴魯俊, 1992, 「羅·日 五臺山信仰의 比較研究 : 變容과 習合을 中心으로」, 『嶺東文化』 4.

朴魯俊, 1995, 「韓·中·日 五臺山信仰의 전개과정」, 『嶺東文化』 6.

朴魯俊, 1997, 「唐代 五臺山 文殊信仰과 그 東아시아的 展開에 關한 研究」, 성신여대 박사학위논문.

박미선, 2007, 「新羅 五臺山信仰의 成立時期」, 『韓國思想史學』 28.

박서연, 2003, 「신라 義相系의 저술과 『華嚴經問答』의 관련성 연구」, 『韓國佛教學』 34.

박선영, 1995, 「三國時代 觀音菩薩像의 연구」, 『불교미술연구』 2.

박현규, 2004, 「高麗 慧月이 보수한 房山 石經山 石經 답사기」, 『동북아문화연구』 6.

拜根興, 2006, 「九世紀唐與新羅關系考述 : 以雙方使者往來爲中心」, 『佛教研究』 25.

서인렬, 1992, 「초기 대승불교에서 법화경의 위치」, 『연구논집』 22, 동국대 대학원.

서인렬, 1997, 「마하지관 서분에 나타난 천태지관」, 『태공송월주스님화갑기념논총 보살사상』, 간행위원회.

서인렬, 1999, 「법화삼매의 형성 과정에 관한 소고」, 『중앙승가대학교논문집』 8.

서인렬, 2001, 「법화경의 성립과 구성에 관한 고찰」, 『중앙승가대학교논문집』 9.

서정문, 1983, 「법화신앙과 관음신앙」, 『석림』 17, 동국대 석림회.

서창렬, 1991, 「법화경에 나타난 교화정신」, 『이기영박사고희 불교와 역사』, 한국정신문화연구원.

석길암, 2004, 「원효의 보법화엄사상 연구」, 동국대 박사학위논문.

송기호, 1992,「발해 불교의 전개과정과 몇 가지 특징」,『韓國佛教文化思想史(上)』, 伽山佛教文化振興院.

신동하, 1997,「新羅 五臺山信仰의 구조」,『人文科學研究』3.

신승오, 2006,「7세기 新羅菩薩像 研究」, 홍익대 석사학위논문.

辛鍾遠, 1977,「新羅의 佛教傳來와 그 受容過程에 對한 再檢討」,『白山學報』22.

辛鍾遠, 1982,「慈藏의 佛教思想에 대한 再檢討 : 新羅佛教 初期戒律의 意義」,『韓國史研究』39.

辛鍾遠, 1987,「'道人'使用例를 통해 본 南朝佛教와 韓日關係 : 新羅 法興王·眞興王代 佛教를 中心으로」,『韓國史研究』59.

辛鍾遠, 1987,「新羅 五臺山事蹟과 聖德王의 卽位背景」,『崔永禧先生華甲紀念 韓國史學論叢』, 探求堂.

辛鍾遠, 1992,「백제 불교미술의 사상적 배경」,『백제의 조각과 미술』, 공주대 박물관.

安京學(道悟), 1997,「元曉와 憬興의 彌陀思想에 대한 比較研究」, 원광대 석사학위논문.

安啓賢, 1977,「백제불교에 관한 제문제」,『백제연구』8.

安啓賢, 1982,「法華思想과 三國統一理念」,『韓國佛教史研究』, 同和出版社.

安啓賢, 1983,「元曉著書에 보이는 引用書」,『韓國佛教思想史研究』, 동국대출판부.

安啓賢, 1991,「三國遺事와 佛教宗派」,『新羅文化祭學術發表會論文集』1.

안병우, 2002,「고려와 송의 상호인식과 교섭 : 11세기 후반~12세기 전반」,『역사와 현실』43.

안중철, 1993,「海東天台의 原流」,『중앙승가대학교논문집』2.

안현정, 2009,「統一新羅金銅菩薩立像」, 동국대 석사학위논문.

여성구, 1997,「新羅 中代의 入唐求法僧 研究」, 국민대 박사학위논문.

오지연, 2010,「敦煌寫本『妙法蓮華經』異本에 관한 고찰」,『불교학연구』25.

오형근, 1978,「新羅 唯識思想의 特性과 그 歷史的 展開」,『한국철학연구(상)』.

우제선, 2006,「법화경의 범어사본과 현대학계에서의 연구동향」,『천태학연구』9.

윤기엽, 2004,「고려후기 사원의 실상과 동향에 관한 연구」, 연세대 박사학위논문.

윤선태, 1998,「新羅의 力祿과 職田」,『韓國古代史研究』13.

尹鍾培, 1995,「『三國遺事』高僧說話에 나타난 民衆意識」,『東洋古典研究』4.

이기동, 1978,「羅末麗初 近待機構와 文翰機構의 擴張」,『역사학보』77.

李基白, 1972,「신라 오악의 성립과 그 의의」,『진단학보』33.

이기봉, 2002,「中古期 新羅 王京에서 불교의 공인과 都市의 변화」,『新羅文化』20.

李箕永, 1973,「7, 8세기 신라 및 일본의 불국토사상」,『종교연구』2.

李箕永, 1982,「經典引用에 나타난 元曉의 獨創性」,『韓國佛教研究』, 한국불교연구원.

李箕永, 1983, 「법화종요에 나타난 원효의 법화경관」, 『韓國天台思想研究』.

李箕永, 1984, 「원효의 법화사상」, 『新羅文化』 1.

李箕永, 1984, 「원효의 윤리관」, 『김정배박사고희기념논문집』(1994, 『원효사상연구 1』 재수록).

李起雲, 1996, 「신라 義寂의 法華思想 연구」, 『대학원연구논집』 26, 동국대.

李起雲, 1997, 「신라 의적의 법화경집험기 연구」, 『彌天睦楨培博士華甲記念論叢 未來 佛敎의 向方』, 藏經閣.

李起雲, 2002, 「신라 의적의 법화경론술기 1」, 『불교원전연구』 3.

李起雲, 2002, 「신라 의적의 법화경론술기 2」, 『불교원전연구』 4.

李起雲, 2003, 「신라 의적의 『법화경집험기』 1」, 『불교원전연구』 5.

李起雲, 2004, 「신라 의적의 『법화경집험기』 2」, 『불교원전연구』 6.

이도학, 1989, 「사비시대 백제의 4방계산과 호국사찰의 성립 : 법왕의 불교이념 확대시책과 관련하여」, 『백제연구』 20.

李萬, 1986, 「일본 법상관계 제소에 인용된 태현법사의 유식사상」, 『불교학보』 23.

李萬, 1987, 「見登의 大乘起信論同異略集에 引用된 太賢의 唯識思想」, 『한국불교학』 12.

李萬, 1990, 「法相關係 論疏와 新羅人의 撰述書(Ⅰ)」, 『불교학보』 27.

李萬, 1991, 「法相關係 論疏와 新羅人撰述書:散逸本을 中心으로」, 『佛敎學報』 28.

李萬, 2002, 「新羅 憬興의 唯識思想」, 『韓國佛敎學』 32.

李萬, 2004, 「新羅 義寂의 一乘思想과 修行論」, 『佛敎學報』 41.

李妙先(智曉), 1997, 「元曉 法華經觀의 硏究」, 원광대 석사학위논문.

이범직, 1992, 「蘇軾의 高麗排斥論과 그 배경」, 『한국학논총』 15.

李丙旭, 1997, 「元曉 法華宗要의 敎理體系 硏究」, 『韓國佛敎學』 23.

李丙旭, 1998, 「천태종과 화엄종의 사상 비교」, 『논쟁으로 보는 불교철학』, 예문서원.

李丙旭, 1999, 「한국 법화·천태사상 연구의 현황과 과제」, 『한국종교연구』 6.

이병학, 2008, 「元曉의 『金剛三昧經論』 思想 硏究」, 국민대 박사학위논문.

이상섭, 2003, 「法華 一乘思想의 硏究」, 동국대 박사학위논문.

이수훈, 1990, 「新羅 僧官制의 성립과 기능」, 『부대사학』 14.

李永子, 1979, 「天頙의 湖山錄」, 『韓國佛敎學』 4.

李永子, 1988, 「元曉의 法華經 理解」, 『제5회국제학술회의논문집 2』, 한국정신문화연구원.

李永子, 1988, 「元曉의 天台會通思想 硏究」, 『韓國 天台思想의 展開』, 民音社.

李永子, 2001, 「한국 천태불교와 법화신앙의 성격」, 『법화사상과 동아시아 불교교류』.

이평래, 2004, 「원효의 천태지관 수용에 관하여」, 『천태학연구』 6.

이혜경, 2009, 「유식사상에서 意識의 구조와 전환에 관한 연구」, 이화여대 박사학위
논문.

이홍직, 1968, 「羅末의 戰亂과 緇軍」, 『史叢』 12·13.

日空, 1995, 「元曉의 法華宗要에 대하여」, 『僧伽學人』 2.

임석규, 1995, 「발해 반립성 출토 이불병좌상의 연구」, 『불교미술연구』 2.

장애순, 2005, 「법장 저술의 찬술연대 재검토」, 『普照思想』 25.

장일규, 2007, 「신라 하대 서남해안 일대 천태 관련 사찰과 장보고 선단」, 『新羅史學報』
10.

장충식, 2000, 「新羅 法華經 石經의 復元」, 『佛敎美術』 16.

鄭明愛, 1996, 「憬興의 彌勒思想 硏究 : 彌勒上生經料簡記를 中心으로」, 동국대 석사학
위논문.

정미숙, 2002, 「新羅 中代初 唯識學 승려의 佛性論」, 『역사와 경계』 42.

鄭炳三, 1982, 「統一新羅 觀音信仰」, 『韓國史論』 8.

鄭炳三, 1992, 「統一期 新羅 佛教界의 동향」, 『擇窩許善道先生停年紀念韓國史學論叢』,
一潮閣.

鄭炳三, 1995, 「통일신라 금석문을 통해 본 僧官制度」, 『국사관논총』 62.

鄭炳三, 2007, 「8세기 신라의 불교사상과 문화」, 『新羅文化』 25.

鄭柄朝, 1982, 「新羅時代 地藏信仰의 硏究」, 『佛教學報』 19.

鄭柄朝, 1991, 「新羅法會儀式의 思想的 性格」, 『新羅文化祭學術發表會論文集』 4.

정수아, 1995, 「고려중기 대송외교의 재개와 그 의의 : 북송 개혁정치의 수용을
중심으로」, 『국사관논총』 61.

정순모, 2006, 「唐代 寺院과 張保皐의 法華院」, 『대외문물교류연구』 536.

정영호, 1998, 「발해의 불교와 불상」, 『고구려연구』 6.

정재윤, 2002, 「신라의 백제고지 점령 정책 : 완산주 설치 배경을 중심으로」, 『國史
館論叢』 98.

정제규, 1992, 「新羅 下代 法相宗의 性格과 그 變化」, 『史學志』 25.

조경철, 1999, 「百濟의 支配勢力과 法華思想」, 『韓國思想史學』 12(2005, 「百濟佛敎史
의 展開와 政治變動」, 한국학중앙연구원 박사학위논문 재수록).

조경철, 2004, 「백제 사택지적비에 나타난 불교신앙」, 『역사와 현실』 52.

조경철, 2005, 「百濟佛敎史의 展開와 政治變動」, 한국학중앙연구원 박사학위논문.

조범환, 2002, 「장보고와 적산 법화원 : 적산 법화원과 9세기 동아시아 세계」, 『대외
문물교류연구』 창간호.

조양숙, 1996, 「일본의 중국 천태교학 연구사」, 『일본의 인도철학·불교철학연구』,

藏經閣.

조영록, 2002,「張保皐 船團과 9세기 동아시아의 佛教交流 : 赤山·寶陀山과 洛山의 내적 연관성의 모색」,『대외문물교류연구』창간호.

조영록, 2003,「법안종의 등장과 그 해양불교적 전개 : 10세기 중국 동남연해의 한중 불교 교류」,『이화사학연구』30.

조원영, 2006,「신라 사방불의 형식과 조성 배경」,『부대사학』30.

조이옥, 1997,「신라 경덕왕대 대발해교섭」,『백산학보』48.

佐藤厚, 2001,「의상계 화엄학파의 사상과 신라불교에서의 위상」,『보조사상』16.

차옥신, 1991,「渤海 佛像에 관한 연구」, 이화여대 석사학위논문.

채상식, 1989,「고대 중세초 사상연구의 동향과 국사 교과서의 서술」,『역사교육』45.

최기표, 2000,「천태 점차지관의 수행체계 연구」, 동국대 박사학위논문.

최동순, 2000,「천태 지의의 연화장세계」,『대각사상』3.

최동순, 2002,「荊溪 湛然의 종파적 입장」,『한국불교학결집대회논집』1.

최동순, 2004,「초기 天台祖統說의 성립 연구」,『보조사상』21.

최병헌, 1972,「신라 하대 선종구산파의 성립」,『한국사연구』7.

최병헌, 1987,「고려 불교계에서의 원효 이해 : 의천과 일연을 중심으로」,『원효연구논총』(1989,『원효대사의 철학세계』, 民族社 재수록).

최병헌, 1987,「삼국유사에 나타난 한국고대불교사 인식」,『三國遺事의 綜合的 檢討』, 한국정신문화연구원.

최성은, 2007,「발해 불교조각의 새로운 고찰」,『고구려발해연구』4.

최연식, 1999,「均如 華嚴思想 硏究 : 敎判論을 중심으로」, 서울대 박사학위논문.

최연식, 2001,「新羅 見登의 著述과 思想傾向」,『韓國史研究』115.

최연식, 2002,「삼국시대 미륵신앙과 내세의식」,『강좌 한국사』8.

최연식, 2003,「義寂의 思想傾向과 海東法相宗에서의 위상」,『불교학연구』6.

최연식, 2005,「8세기 신라 불교의 동향과 동아시아 불교계」,『불교학연구』12.

최연식, 2008,「月出山의 觀音信仰에 대한 고찰」,『천태학연구』10.

최은영, 2003,「天台大師 智顗의 佛身觀 연구」, 고려대 박사학위논문.

최인표, 1996,「朗慧無染의 現實認識과 指向社會」,『대구사학』51.

하일식, 1996,「신라 정치체제의 운영원리」,『역사와 현실』20.

하일식, 1997,「해인사田券과 妙吉祥塔記」,『역사와 현실』24.

한명숙, 2002,「삼국의 불교수용과 발전」,『伽山學報』10.

한정호, 2001,「감은사지 동서삼층석탑의 연구」, 동국대 석사학위논문.

한종만, 2000,「원효의 각「宗要序」에서 본 현실관」,『元曉學研究』5.

한지연, 2008,「西域 凉州지역의 불교 특성 연구」,『불교연구』29.

한지연, 2012,「서역에서의 법화신앙 전개 : 천산남로와 양주를 중심으로」,『불교학
    연구』31.

韓泰植, 1991,「憬興의 生涯에 관한 再考察」,『불교학보』28.

허흥식, 1986,「瑜伽宗의 繼承과 所屬寺院」,『高麗佛敎史硏究』, 一潮閣.

현해, 1973,「한국 불교의 특징과 법화경의 중심사상」,『梵聲』3.

慧南(盧在性), 1999,「澄觀의 五臺山 信仰」,『중앙승가대논문집』8.

홍기삼, 1997,「巫佛교체기의 관음신앙」,『불교문학연구』, 집문당.

홍선, 1996,「경전신앙의 성립에 관한 일고찰」,『중앙승가대학교논문집』5.

홍승기, 1976,「관음신앙과 신라사회」,『호남문화연구』8(2001,『고려사회사연구』,
    일조각 재수록).

홍윤식, 1980,「영산회상탱화와 법화경신앙」,『한국불화의 연구』, 원광대 출판부.

홍윤식, 1997,「新羅時代 眞表의 地藏信仰과 그 展開」,『佛敎學報』34.

홍정식, 1974,「法華經 成立過程에 관한 硏究」, 동국대 박사학위논문.

황수영, 1962,「충남 태안의 마애삼존불상」,『歷史學報』17·18.

황수영, 1964,「忠南燕岐 石像祖師」,『예술원논문집』3.

(2) 외국어

江田俊雄, 1977,「新羅の慈藏と五臺山」,『朝鮮佛敎史の硏究』, 國書刊行會.

姜昌鎬, 1995,「璟興の佛身觀 : 無量壽經連義述文贊を中心として」,『印度學佛敎學硏
    究』44-1.

鎌田茂雄, 1998,「海東天台宗的形成 : 朝鮮佛敎與『法華經』」,『世界宗敎硏究』1998-2(72),
    北京社會科學院世界宗敎硏究所.

關口眞大, 1977,「韓國天台宗の實相」,『天台學報』19.

吉津宜英, 1991,「自燈明一乘論について」,『宗敎硏究』64-4.

吉村誠, 2001,「唯識學派における一乘の解釋について : 圓測と基の議論を中心に」,
    『印度學佛敎學硏究』50-1.

吉村誠, 2004,「唯識學派の五性各別說について」,『驅澤大學佛敎學部硏究紀要』62.

金昌奭, 1978,「韓國古代天台について : 高麗天台宗成立以前を中心として」,『大學院
    佛敎學硏究會年譜』12, 駒澤大學.

金昌奭, 1979,「元曉の法華宗要について」,『印度學佛敎學硏究』27-2(梁銀容編,『新羅元曉
    硏究』, 원광대 출판부 재수록).

金天鶴, 2003,「均如の華嚴學における三つの法華經觀」,『韓國佛敎學Seminar』9.

盧在性, 2000, 「淸凉澄觀の法華經觀」, 『印度學佛敎學硏究』 48-2.

道端良秀, 1975, 「中國佛敎と法華經の信仰」, 『法華思想』, 平樂寺書店.

渡邊顯正, 1985, 「憬興師と唐佛敎の交渉」, 『龍谷敎學』 20.

渡邊顯正, 1985, 「憬興師の無量壽經第十八願觀」, 『印度學佛敎學硏究』 34-1.

藤近惠市, 2003, 「大乘佛敎成立の問題點」, 『宗敎硏究』 73-4.

末光愛正, 1984, 「吉藏三車家說の誤りについて」, 『曹洞宗硏究員硏究生硏究紀要』 16.

木村宣彰, 1977, 「元曉の涅槃宗要：特に淨影寺慧遠との關連」, 『佛敎學セミナ-』 26.

福士慈稔, 1988, 「朝鮮半島における法華經傳播について」, 『大岐學報』 145, 立正大學.

福士慈稔, 1990, 「元曉著述における天台の影響について」, 『印度學佛敎學硏究』 39-1.

福士慈稔, 1991, 「元曉の法華宗要における諸問題」, 『天台思想と東アジア文化の硏究』,
        山喜房佛書林.

師茂樹, 2000, 「新羅元曉の三時敎判批判：『大慧度經宗要』を中心に」, 『印度學佛敎學
        硏究』 49-1.

三友健容, 2004, 「新羅義寂と天台敎學」, 『韓國佛敎學結集大會論集』 2-1.

森重敬光, 1995, 「新羅義寂の古逸書『大乘義林章』に關する一考察」, 『龍谷大學佛敎學
        硏究室年譜』 8.

桑谷觀宇, 1939, 「憬興師の『述文贊』と親爛聖人」, 『宗學硏究』 18.

上田晃圓, 1982, 「唯識の觀法にみる此土淨土」, 『宗敎硏究』 55-3.

徐輔鐵, 1985, 「法華宗要における元曉の和諍思想」, 『駒澤大學佛敎學部論集』 16.

徐輔鐵, 1985, 「法華宗要の硏究」, 『印度學佛敎學硏究』 33-2.

松林弘之, 1966, 「朝鮮淨土敎に於ける憬興·義寂の一考察」, 『佛敎學硏究』 22, 龍谷大
        學.

水野弘元, 1965, 「部派佛敎と法華經の交渉」, 『法華經の思想と文化』, 平樂寺書店.

勝呂信靜, 1975, 「窺基の法華玄贊における法華經解釋」, 『法華經の中國的展開』, 平樂
        寺書店.

安藤俊雄, 1968, 「智顗の法華學」, 『天台學：根本思想とその展開』, 平樂寺書店.

鹽入良道, 1984, 「新羅元曉大師撰『宗要』の特質」, 『天台學報』 26.

由木義文, 1974, 「智顗と普賢觀經」, 『印度學佛敎學硏究』 23-1.

伊藤隆壽, 1992, 「三論敎學の根本構造」, 『中國佛敎の批判的硏究』, 大藏出版.

林鳴宇, 2004, 「神智從義の慈恩宗批判」, 『印度學佛敎學硏究』 53-1.

張愛順(戒環), 2003, 「三國遺事における一然の華嚴宗觀」, 『印度學佛敎學硏究』 51-2.

梯信曉, 1989, 「新羅義寂『無量壽經述義記』の一考察：世親『淨土論』の位置付について」,
        『印度學佛敎學硏究』 38-1.

梯信曉, 1991, 「元曉の佛土論について」, 『印度學佛敎學硏究』 40-1.

梯信曉, 1992,「憬興『無量壽經連義述文賛』の一考察」,『印度學佛敎學硏究』41-1.

佐藤心岳, 1973,「六朝時代における『大智度論』の硏究講說」,『印度學佛敎學硏究』21-2.

佐藤智水, 1977,「雲岡佛敎の性格：北魏國家佛敎成立の一考察」,『東洋學報』59-1·2.

千葉照觀, 1986,「五台山金閣寺について」,『(大正大學)綜合佛敎硏究所年報』8.

村上眞瑞, 1985,「『釋淨土群疑論』における阿彌陀佛の佛身佛土」,『印度學佛敎學硏究』
      34-1.

春日禮智, 1973,「新羅義寂とその『無量壽經述義記』」,『新羅佛敎硏究』, 山喜房佛書林.

何勁松, 2000,「韓國受容佛敎與民族佛敎的分水嶺：論義天和知訥的佛敎思想和歷史地
      位」,『中國佛學』3-1, 臺北.

賀幡亮俊, 1967,「璟興の無量壽經疏について」,『印度學佛敎學硏究』16-1.

下田正弘, 2003,「大乘佛敎起源論にみる日本の佛敎學界と佛敎界」,『宗敎硏究』73-4.

下田正弘, 2003,「インド大乘佛敎硏究の現狀」,『伽山學報』11.

韓普光, 1991,「憬興の生涯と著述」,『新羅淨土思想の硏究』, 東方出版.

韓泰植, 1991,「憬興の淨土思想の特色」,『印度學佛敎學硏究』40-1.

惠谷隆戒, 1958,「義寂の『無量壽經述義記』について」,『佛敎大學硏究紀要』35(1976,『淨
      土敎の新硏究』, 山喜房佛書林 재수록).

荒槇純隆, 1998,「圓仁の五臺山受法について」,『天台學報』40.

侯旭東, 2001,「五,六世紀北方民衆佛敎信仰」,『中國佛敎學術論典 45』, 法藏文庫.

采睪晃, 2002,「中國における大乘思想の受容」,『印度學佛敎學硏究』49-2.

ABSTRACT

A Study of Beophwa Thought (法華思想) in the Silla

This paper will review the development of Beophwa (法華) thought in the Silla (新羅) Dynasty and how Buddhism influenced the change of Silla society. The *Beophwa gyeong*(法華經 *Lotus Sutra*) is one of the preeminent sutras of Mahayana Buddhism. It was transmitted to Silla around the 6th century and became the basis of *Beophwa* faith(法華信仰) in Silla society around the 7th century. According to the Chapter of the Universal Gate (觀世音菩薩普門品) in the *Lotus Sutra*, Kim Murim (金武林) created an image of Avalokitêśvara-bodhisattva (觀音菩薩像) in order to have a son, a typical practice in the *Beophwa* faith. Nang-ji (朗智), a monk who is believed to have studied Buddhism abroad, always practiced Samantabhadra (普賢行) by reading and chanting the *Lotus Sutra*. The *Lotus Sutra* was circulated among the ruling class and among monks in the middle-ancient (中古) Silla era.

A scholastic understanding of the *Lotus Sutra* was achieved around the middle of the Silla era (新羅中代), and scholastic writings about it began to appear in Silla from the middle of the 7th century to the middle of the 8th century. Among these, the *Beophwa jong-yo* (法華宗要 Doctrinal Essentials of the Lotus Sutra) by Wonhyo (元曉) and the *Beophwa gyeong-ron sulgi* (法華經論述記 Description on the Discourse of the Lotus Sutra) by Euijeok (義寂) still exist and are quite famous. The Buddhist doctrine of the "One Vehicle (一乘)" was especially emphasized in the writings of both Wonhyo and Euijeok. Its premise is that everybody can attain enlightenment and is not bound by any previous Beophwa doctrines. Gyeongheung (憬興) claimed that practice of the Pure Land faith will lead to the realization of the ideal world described in the *Lotus Sutra*. Wonhyo, Euijeok, and Gyeongheung defined the practice and realization of the One Vehicle as it is presented in the *Lotus Sutra*, thus explaining how Mahayana Buddhism would contribute to Silla society. A new Buddhist ideology was established in the middle of the Silla era, breaking from the previous ideology. During this period, there was much active debate about the *Lotus Sutra* and the *Hwaeom gyeong* (華嚴經 Flower Ornament Sutra), culminating in the doctrine of the One Vehicle.

Both Wonhyo and Euijeok proposed various ways to lead all people to enlightenment. Wonhyo emphasized the Amitâbha faith along with the Beophwa faith to edify the people. On the other hand, Euijeok preferred the Beophwa faith as a means of edification. Euijeok urged monks and nuns to practice cessation (止 śamatha) and observation (觀 vipaśyanā). However, for edification of the common people he emphasized only listening to recitations of the *Lotus Sutra*. He convincingly explained the merits of the Beophwa faith through stories of its miraculous efficacy. Euijeok's *Beophwa gyeong Jiphyeumgi* (法華經集驗記 Collection of Experiences from the Lotus Sutra) contains chapters on "Reading and Chanting (讀誦)," "Quick Sutra Recitation (轉讀)," "Transcription (書寫)," and "Hearing (聽聞)," among others, gleaned from traditional stories of its miraculous efficacy. Euijeok emphasized that listening to the *Lotus Sutra* had miraculous efficacy. In addition, he intentionally left out references to the status and ranks of the people in the stories. These reflect his intent to use the Beophwa faith as an expedient means to edify illiterate commoners.

One specific aspect of Silla's Beophwa faith is seen in devotion to Avalokitêśvara (觀音) through which believers seek to accrue merit and good fortune. Creating images or paintings of Avalokitêśvara was first undertaken by monks and Silla's ruling class. Devotion to Avalokitêśvara was common among the ordinary people of Silla and became a common expression of Buddhist faith around the middle of the 8th century. In addition to devotion to Avalokitêśvara, other forms of *Beophwa* faith appeared at this time.

Reading and chanting the *Lotus Sutra*, carving sutras in stone, and devotion to relics of the Buddha's dharma body were also very popular at that time. One could become the abbot of a temple or a "national master" (a high ranking Buddhist office) just by reading and chanting the *Lotus Sutra*. Rebirth in the Western Paradise

(極樂往生) and the practice of Samantabhadra (普賢行) were achieved by reading and chanting the *Lotus Sutra*. Regular Dharma assemblies with lectures on the *Lotus Sutra* were held in many temples, and monks actively propagated Buddhism and edified the masses by reading and chanting it.

Regardless of their preferred doctrines, all monks used the *Lotus Sutra* to propagate Buddhism in the latter Silla era (新羅下代). Monks of the Consciousness-only School (唯識 Skt. vijñapti-mātratā), the Hwaeom School (華嚴), and the Tiantai School (天台) all used the *Lotus Sutra* to spread Buddhism. As a result, the Silla people began to understand the *Lotus Sutra* and established their Buddhist faith on it, many of them becoming monks. Silla's Beophwa faith contributed greatly to the acceptance of Buddhism through teaching of the sutras, and it was actively practiced by people from all walks of life. It is also very significant that the culture of sutra reading and practice was encouraged through the Beophwa faith.

Beophwa thought is very important in understanding Silla Buddhism in terms of both scholarship and faith. First of all, Beophwa faith was socially influential because it was easily accessible and also beneficial to ordinary people. Up until now, Silla Buddhism has usually been explained from the perspective of Hwaeom thought here I have examined it from the perspective of Beophwa thought. My hope is that my research will broaden our understanding of Silla Buddhism.

찾아보기

자